André Maurau

Mirabeau

Mirabeau s'est imposé à ses contemporains — comme à la postérité — comme une des figures les plus fascinantes de la Révolution. Brillant mais intrépide, il use une partie de sa jeunesse dans l'affrontement avec son père. Interdit, embastillé, victime de l'arbitraire, il est devenu l'apôtre de la liberté.

Aristocrate, mais écœuré par l'injustice des privilèges, la morgue des nobles et de la roture fardée, il a pris fait et cause pour le Tiers État. Adversaire résolu de la monarchie absolue, il a été, dans la Révolution, le plus ardent défenseur d'un régime constitutionnel et du parlementarisme.

Préserver les droits de l'individu, garantir sa liberté contre tout retour de despotisme et, en même temps, assurer au pouvoir exécutif l'autorité suffisante pour éviter les risques d'anarchie, de démembrement ou de faiblesse : telle fut la signification de son combat qui fit de lui le tribun légendaire de la Révolution et le rempart de la liberté contre les tentations terroristes auxquelles les révolutions n'échappent jamais.

Guy Chaussinand-Nogaret, de l'École des hautes études en sciences sociales, spécialiste du XVIIIe siècle, a déjà écrit de nombreux ouvrages — notamment une Vie quotidienne des Français sous Louis XV *(Hachette, 1979). Il a collaboré aussi à l'*Histoire de la France urbaine, *t. III (Éd. du Seuil, 1981).*

Du même auteur

Les Financiers de Languedoc au XVIIIᵉ siècle
SEVPEN, 1970

Gens de finance au XVIIIᵉ siècle
Bordas, 1972

Une histoire des élites, 1700-1848
Mouton, 1975

La Noblesse au XVIIIᵉ siècle
De la féodalité aux Lumières
Hachette, 1976

La Vie quotidienne des Français sous Louis XV
Hachette, 1979

Les Masses de granit
Cent mille notables du premier Empire
en collaboration avec Louis Bergeron
Éditions de l'École des hautes études
en sciences sociales, 1979

Contribution à
Histoire de la France urbaine
Le Seuil, t. III, 1981

Guy Chaussinand-Nogaret

Mirabeau

Éditions du Seuil

TEXTE INTÉGRAL

EN COUVERTURE : *Mirabeau* par Boze
Archives Bulloz

ISBN 2-02-006734-X
(ISBN 1ʳᵉ publication : 2-02-006087-6)

1. Gabriel et Émilie : le procès

Le 22 octobre 1782 un voyageur pénétrait dans Aix presque clandestinement. Il était précédé, dans la petite capitale provençale, par une réputation de scandale. Sorti de prison depuis moins de deux ans, à peine remis d'un procès pour rapt et adultère où il avait failli perdre la tête, démuni, sans amis, étranger dans cette cité hostile, le comte de Mirabeau rentrait, à trente-trois ans, dans le pays de ses ancêtres pour y livrer un combat décisif dont dépendaient son bonheur, sa fortune et son avenir.

Émilie de Marignane, sa femme, riche héritière épousée par un coup d'audace, vivait ici, fragile otage d'un entourage obstiné à la perte de Mirabeau. Séparée depuis 1774 d'un mari qui avait passé dans les geôles royales de sombres années de désespoir, Émilie avait mis ce temps à profit pour mener, en toute indépendance, une vie vouée aux plaisirs et aux galants, sans autre surveillance, sans autre chaperon qu'un père libertin et complice. C'est cette existence de rêve, toute consacrée à la dissipation, que l'arrivée de Mirabeau risquait d'interrompre, et ce n'était du goût ni du père d'Émilie ni d'Émilie elle-même, et encore moins des amphitryons ordinaires de cette société élégamment et spirituellement corrompue. Cet ouragan qui tombait du haut du donjon de Vincennes — pourquoi l'en avait-on tiré ? — venait troubler le cours des fêtes et des idylles, priver les salons et les châteaux d'une égérie dont la gaieté, la facilité, la jolie voix et l'aimable talent de comédienne faisaient la distraction ordinaire. Et qui était cet insolent, ce trouble-fête qui arrivait à l'improviste avec l'intention avouée de jeter la désolation dans la petite société aixoise, de rompre la subtile harmonie de ses plaisirs, de dérégler le mécanisme savant d'une

vie d'abandon et de félicités ? Un Mirabeau, couvert de dettes,
presque étranger à la province, accablé d'opprobre et d'une
réputation tapageuse que ses frasques avaient répandue dans
toute l'Europe. En Provence même il s'était signalé à l'attention
de ses compatriotes par des dérèglements sans nombre et
surtout par un affront dont le Tout-Aix rougissait encore : à la
barbe de ses soupirants, et ils étaient nombreux, il avait enlevé,
par une manœuvre scandaleuse, la plus riche héritière du pays,
cette Émilie de Marignane, qu'on avait enfin réussi à récupérer,
et que cet énergumène voulait arracher à ses admirateurs et à
ses éventuels héritiers. Il en était bien capable ! Combien ce
séducteur au visage ingrat mais à la parole de miel avait-il enlevé
de femmes, brisé de ménages, déshonoré de vierges ? L'imagination amplifiait ses méfaits. Toutes les mémoires résonnaient
encore du bruit de l'enlèvement de Sophie de Monnier, et des
cornes plantées au front du malheureux président du parlement
de Bourgogne, cagot septuagénaire qui avait jeté dans son lit
une jeune femme de vingt ans. Mirabeau avait détruit ce
ménage stérile, jeté la panique dans d'honorables familles,
provoqué plus de scandales qu'il n'avait d'années. Et c'est cet
homme-là, ce revenant que l'on croyait à tout jamais perdu,
enseveli sous les murs des prisons d'État, c'est ce semeur de
tempête, cette terreur des familles, ce concurrent des maris, qui
venait, la bouche en cœur et l'œil égrillard, jeter le désarroi dans
la société, l'hôtel des Marignane et le cercle du Tholonet dont
Émilie était la reine et la divinité.

Allait-on le laisser faire et, sans se battre, s'avouer vaincu ?
Ne se fût-il agi que de garder une femme, peut-être aurait-on
cédé. Mais l'enjeu du défi lancé par Mirabeau allait bien
au-delà : c'était l'existence même, la suprématie, le pouvoir
et le prestige de la société rassemblée autour d'Émilie que
l'intrus mettait en question. C'était une question de vie ou de
mort. La riposte fut à la mesure de l'enjeu. Le clan Marignane
dressa ses plans de bataille : il fallait interdire au trublion de
reprendre sa femme, de rompre l'équilibre que cette société
avait patiemment établi, d'intervenir dans ses calculs et ses
secrets.

Curieux épisode que ce duel entre une ville qui défend son
plaisir et son bon plaisir, et un homme qui défend son honneur,

son avenir et son bonheur ; entre une société que ses privilèges mettent au-dessus du droit, et un mari qui se réclame de la justice. Simple épisode judiciaire, ou premier acte d'une révolution que divers indices annoncent imminente ? La Provence ne s'y trompa pas.

Tandis que les privilégiés unissent leurs forces, le tiers état provençal — nobles non privilégiés, bourgeois et paysans — devine que sa cause et celle de Mirabeau ne font qu'une. Le combat qui s'engage n'est pas une simple querelle d'époux ; c'est la lutte entre privilège et égalité : la victoire de Mirabeau serait celle de la justice sur l'intérêt de classe, des faibles et des opprimés sur une aristocratie qui se flatte d'être au-dessus du droit commun et de la loi, et de dicter aux tribunaux leurs sentences. L'oligarchie aixoise, qui fait front tout d'une pièce, est alors toute-puissante. Elle tient la magistrature et l'administration de la province. Eh quoi ! un homme seul, dépourvu d'appuis, un homme mis au ban, qui n'appartient à personne et que personne ne reconnaît, pourrait, par sa seule bonne foi et son talent, venir à bout des intrigues, obtenir de ses juges un verdict favorable ? Dénouement improbable sans un éclatement des solidarités fondamentales. Il exigerait que l'oligarchie se divise, que la magistrature lui échappe, que le parlement, *son* tribunal, juge en toute indépendance. Les privilèges de cette caste superbe seraient alors en grand danger, et son autorité ne pèserait pas lourd face à des vassaux enhardis, face à tout ce tiers état que ses immunités, surtout fiscales, font bouillir de colère. Et les Provençaux de toute condition, depuis les nobles de droit commun qui partagent les servitudes du peuple, jusqu'aux paysans des communautés qu'une antique tradition d'indépendance a formés à la résistance aux seigneurs, ne sont pas dupes : ce qu'ils acclament en Mirabeau, tout au long du procès, c'est le tribun qui a déclaré la guerre à l'aristocratie et à ses privilèges.

Mirabeau est prêt à livrer un combat inégal. Il connaît l'adversaire, le méprise mais ne le mésestime pas. Certes, il a foi en son étoile, confiance en son talent.

Devant ses juges de Pontarlier, alors qu'il risquait sa vie, il a testé son éloquence, mesuré son pouvoir. Il sait que son organe et son discours ont une singulière puissance de conviction ; il peut attendrir, séduire, effrayer, passer du sarcasme au lyrisme, de la prière à la menace. Il sait aussi qu'il est nu, dépourvu des armes de ses adversaires : les relations, l'intrigue, l'argent, la subtile corruption qui s'insinue dans les salons dorés pour circonvenir les juges. Les juges ! Ne sont-ils pas partie dans cette affaire ? Alliés au clan Marignane, reçus, fêtés, choyés au Tholonet et chez le père d'Émilie — qui dispose d'un atout suprême : il a le meilleur cuisinier de Provence —, ils sont pris dans les filets subtils de la sociabilité courtisane, ensorcelés, ravis par les mille jouissances qu'on leur prodigue avec mesure, avec parcimonie même pour leur en mieux faire connaître le prix.

Le clan Marignane, l'État Marignane, dispose de la Provence. Il a la fortune, le prestige, la puissance. Ses membres monopolisent les états de la province, occupent les plus hauts postes de l'administration et du parlement. L'intendant, des Gallois de La Tour, qui est aussi premier président de la cour souveraine, est des leurs. Les meilleures terres, les grandes seigneuries leur appartiennent. Quelques-uns ont de hautes fonctions dans l'armée royale, et les relations à la cour ne leur manquent pas. Cette caste orgueilleuse qui administre la province comme une propriété de famille forme la noblesse privilégiée que l'on a abusivement tendance à confondre avec les nobles de droit commun, plus nombreux, immergés dans la foule et assujettis à toutes les obligations qui frappent le tiers état. L'oligarchie privilégiée est très minoritaire au sein de la noblesse : quelque deux cents familles — et ce chiffre n'est pas ici symbolique — monopolisent les fiefs et les droits qui y sont attachés ; les cinq cents autres familles nobles que compte la Provence sont, sur bien des plans, solidaires du tiers état dont elles partagent les charges et les incapacités. Pays de taille réelle, où l'immunité relève de la terre et non de la personne, la Provence ne reconnaît de privilège qu'aux possesseurs de fiefs qui monopolisent ainsi le pouvoir politique — droit exclusif d'entrer aux états — et l'exemption fiscale. Exclusion et assujettissement pour les uns, privilèges et immunités pour les autres : ainsi se nourrissent et s'entretiennent défiance, rancœurs et ressentiments qui éclateront en défi fratricide en 1789.

Les deux cents familles de l'oligarchie provençale (entre

lesquelles la fortune engendre une hiérarchie rigoureuse[1]),
suivent aveuglément une dizaine de leaders dont le prestige
s'appuie sur des charges flatteuses et des fortunes considérables ; ils servent d'amphitryons, dans leurs hôtels aixois et leurs
châteaux provençaux, aux plus modestes qui, semblables aux
Barnabotes vénitiens qui vendaient leurs suffrages pour un
chapeau et deux sequins, paient leur écot en formant une
clientèle fidèle à ses chefs dans l'assemblée de la province.

Moins de vingt familles disposent de plus de 30 000 francs de
rente chacune. Au premier rang, Crésus fastueux, les Galliffet
père et fils : leurs fiefs et leurs plantations de Saint-Domingue
leur assurent plus de 500 000 francs par an. Champion olympique de la munificence aixoise et ténors de la vie mondaine, ces
Galliffet, qui siègent au parlement, entretiennent dans leur
château du Tholonet une brillante cour épicurienne où fréquen-
tent magistrats et petits-maîtres : la reine est Émilie de Marignane. Le père de cette souveraine sans cruauté pour les galants
jouit de 60 000 livres de revenus et partage les destinées
mondaines des d'Albertas, des Bruny, des Arbaud de Jouques,
tous représentés au parlement. La cohésion de ce groupe qui
domine Aix par sa richesse est encore renforcée par les
nombreuses alliances, l'amitié, la communauté de vie et de
plaisir, les intérêts, le divertissement, le loisir qui se prend en
commun. Les centres où viennent se fondre les éléments de
cette compagnie légère et raffinée sont la maison d'Émilie et de
son père, la *cour d'amour* de Tourves, dont Marignane est le
« desservant » jusqu'à la mort du comte de Valbelle son
animateur, et le Tholonet, château du président de Galliffet,
dont le jeune fils est l'Apollon et Émilie la déesse. Mlle Clairon,

---

1. Les états d'afflorinement pour 1787 (Archives des Bouches-du-Rhône
C. 1840) divisent les fieffés en 6 classes, qui comptent :

la 1re	18 personnes ; elle paie plus de	407 florins soit	22 fl. 6 sols		par personne
la 2e	22 —	183	8 fl. 20 sols 11 deniers		—
la 3e	24 —	128	5 fl. 33 sols		—
la 4e	26 —	88	3 fl.		—
la 5e	29 —	65	2 fl. 20 sols 4 deniers		—
la 6e	61 —	58	moins d' 1 fl.		—

Le florin peut être évalué à environ 3 000 livres de revenu, mais les petits fiefs
sont sans doute surestimés. Ceux de la première classe ont donc un revenu moyen
qui peut être estimé à plus de 60 000 livres, et ceux de la sixième classe à moins de
3 000 et souvent sans doute à moins de 1 000.

dont le jeune comte de Galliffet est le protecteur, joue avec eux
la comédie. Émilie, que ses succès ravissent, oublie sur les
planches du petit théâtre toute retenue et toute pudeur : elle est
sur scène, et ne s'interrompt pas, lorsqu'un courrier lui annonce
que son mari, le comte de Mirabeau, vient d'être condamné par
le tribunal de Pontarlier à avoir la tête tranchée ; et c'est encore
entre deux reprises qu'elle apprend, le 8 octobre 1778, la mort
de son fils.

Émilie est légère, vaine, incapable d'un amour profond,
satisfaite, grisée d'une vie bruyante et vide. Mais elle est
poussée à cette dissipation, par son père d'abord, épicurien un
peu terne et dolent, et plus encore par les collatéraux qui ont vu
d'un si mauvais œil le mariage avec Mirabeau : si Émilie n'a ni
mari ni postérité, l'héritage Marignane leur reviendra.

Contre Mirabeau qui veut récupérer sa femme et, ce faisant,
vient détruire les calculs de la cupidité et la belle ordonnance
des plaisirs du Tholonet, c'est donc toute la belle société qui se
met en branle. Sous les yeux d'un mari irrité, à qui l'on tient les
portes fermées, mais qui est là aux aguets dans la ville, la vie
languit, le cœur n'y est plus, un dernier reste de pudeur met un
frein aux ébats familiers ; la vie mondaine est soudain grippée,
les fournisseurs eux-mêmes se plaignent de ne plus rien vendre
depuis que bals et comédies sont interrompus au Tholonet [1].

Mirabeau faisait donc figure de trouble-fête dans cette petite
société provençale qui n'avait d'autre souci que sa distraction,
d'autre règle que son bon plaisir. Sa dissipation tournait parfois
au scandale. Dans l'entourage immédiat d'Émilie on avait
depuis longtemps jeté sa gourme et la jeune femme avait sous
les yeux des exemples peu édifiants. Son père, le marquis de
Marignane, était le fils des amours illégitimes du marquis de
Villeneuve-Vence et de Marguerite d'Orcel, qui avait fait porter
de bien cruelles cornes à son mari. Il était lui-même séparé de sa
femme, vivait publiquement avec Mᵐᵉ de Croze, une habituée
de la cour de Tourves, dont Mᵐᵉ des Rollands, sa cousine, faisait

---

1. Lettre du bailli au marquis de Mirabeau, 14 janvier 1783, in *Mémoires
biographiques, littéraires et politiques de Mirabeau, écrits par lui-même, par son père,
son oncle et son fils adoptif* Lucas de Montigny, 1835-1841, 8 vol., t. III, p. 328, n. 1
(cet ouvrage sera désormais cité par l'indication « Montigny », suivie du tome et
de la page).

les honneurs. Avec ces deux femmes, filles et sœurs de magistrats, c'est le parlement qui se trouve mêlé aux intrigues et aux galanteries de la société Marignane. Au reste, les parlementaires ne dédaignent pas de se montrer en personne au Tholonet et de compromettre la dignité de leur robe dans des plaisirs frivoles en compagnie de dames galantes et d'aristocrates dissolus. La haute noblesse provençale semble se complaire dans la turpitude. Insouciante des devoirs que lui impose son état, elle rejette toute contrainte, ne préserve même pas les apparences et donne à ses écarts tout l'éclat que les procès publics ajoutent à la publicité naturelle des scandales.

Si les Mirabeau, ces Atrides provençaux, font retentir la France de leurs querelles familiales, de leurs procès sordides, de leurs divorces, de leurs incestes, ils ne sont pas les seuls, loin de là, à transformer la liberté de ton et la frivolité de cette seconde moitié du XVIIIe siècle en crapulerie et en crime. On peut en rendre responsables la violence du climat et le salpêtre qui circule dans des sangs trop vifs. La vie de dissipation, l'absence totale de contrainte de cette élite dévoyée qui a banni jusqu'à l'apparence de la vertu pour se livrer en toute liberté à ses plaisirs et à ses débauches, laissaient la voie libre à tous les excès et presque à tous les vices. Les éclats fréquents de la « société » provençale ne contribuaient à son prestige ni aux yeux de la bourgeoisie envieuse de son luxe, humiliée par sa hauteur, scandalisée par ses écarts, ni aux yeux du peuple déjà terriblement réticent à l'égard de cette minorité dominatrice exempte des charges financières qui retombaient sur lui, ni à ceux de la noblesse non fieffée que ses privilèges exaspéraient d'autant plus qu'elle estimait avoir des droits à les partager.

Les scandales de la haute noblesse provençale alimentaient la chronique quotidienne des châteaux et des chaumières. Les plus illustres familles de la province s'en trouvaient éclaboussées, et les magistrats eux-mêmes souillaient la réputation du parlement par une conduite incompatible avec la gravité de leurs charges, voire par les crimes odieux de quelques-uns dont le déshonneur rejaillissait sur toute l'institution.

Tandis que la Provence entière retentissait des frasques libertines du président d'Albertas, de Louise de Cabris, d'Angélique de Bruny, fille d'un autre président du parlement, et de la

conduite déshonorante de Julie de Villeneuve et du marquis de
Julhans, la France entière était à l'écoute des excès du marquis
de Sade et du crime du président d'Entrecasteaux. La fréquence
du désordre comme l'horreur de certains crimes dépassent
largement la tolérance autorisée dans la bonne société de
l'Ancien Régime finissant. En reculant sans cesse les limites de
la décence, en outrepassant les bornes de ce que la morale
sociale de l'époque considérait comme tolérable, la noblesse
provençale s'est livrée à une escalade à la déchéance et à
l'indignité, et a autorisé la révolte des populations soumises à sa
dépendance. Des ressentiments trop réels dressaient contre elle
urbains et ruraux. Dans cette province au particularisme si vif,
l'esprit égalitaire n'avait pas été assoupi par des siècles de
soumission. Les vassaux des fiefs ruraux voulaient vivre en
république sous l'autorité de leurs conseils communaux ; le
peuple citadin saisissait toutes les occasions pour manifester
bruyamment son hostilité aux privilégiés dont il contestait les
exemptions.

Récemment, en 1778, Aix a eu la possibilité d'exprimer
clairement ses sentiments. A l'occasion d'un procès qui opposa
Beaumarchais au comte de La Blache, où le père de Figaro vint
en personne plaider sa cause et, contre toute attente, l'emporta
sur le grand seigneur, la foule se déchaîna. Cette victoire de la
roture sur la noblesse, du droit sur le privilège, était la sienne et
justifiait sa liesse, tandis que les seigneurs scandalisés s'indignaient d'une défaite dont ils étaient encore loin de prévoir
toutes les conséquences. « La canaille, s'exaspérait l'un d'eux, a
été si aise de voir un homme comme Beaumarchais avoir le
dessus sur un homme de qualité, qu'elle a fait mille folies [1]. » Si
les privilèges de la haute noblesse étaient la raison profonde de
cette hostilité, le dévergondage des grands fortifiait les ressentiments. Le peuple aime que ceux qui se prétendent ses chefs
soient à l'abri du soupçon ; il les veut somptueux, magnifiques,
entourés de respect. Ils doivent, en échange, échapper aux
faiblesses et aux mépris. La noblesse provençale donnait non
seulement le spectacle de l'immoralité et de la corruption ; elle

---

1. Le bailli de Mirabeau à son frère ; sur le procès La Blache-Beaumarchais,
voir H. Carré, *La Noblesse et l'Opinion publique au XVIIIe siècle*, 1920.

semblait perdre tout sens et jusqu'au goût de l'honneur. Trop de ses fils tombaient dans la crapule. Blasée, sans scrupule, sans autre but que la jouissance du présent, elle semble ne plus croire à elle-même et à son rôle historique, se retire, loin du peuple, dans un monde secret où la satisfaction de ses appétits est la seule règle, insouciante de l'image répulsive qu'elle donne d'elle-même et qui la désigne au mépris et à la haine du peuple, petits nobles, bourgeois et paysans, qui ne voient en elle qu'une société gangrenée, étrangère à la substance de la province, mais qui en organise méthodiquement l'exploitation, repliée sur ses privilèges pour en jouir jusqu'à la nausée, jusqu'à la forfaiture, jusqu'à l'infamie la plus horrible : l'assassinat.

Qu'un président du parlement, d'Albertas, que ses augustes fonctions devraient écarter de la carrière grivoise des roués, affiche publiquement sa maîtresse dans son château de Gémenos et, sans respect pour la vertu des couvents, corrompe une abbesse, passe encore. Qu'une Mirabeau, que l'inceste n'effraie pas plus que l'adultère, couche avec son frère ; qu'une Villeneuve, femme d'un président au parlement, se livre à la débauche comme telle autre fille de magistrat, une Bruny d'Entrecasteaux par exemple, voilà pour cette société qui a brisé toute entrave de simples accidents de parcours, vite oubliés : les Messalines et les prostituées jouissent d'une indulgente complaisance. Au même moment, le marquis de Julhans purge aux îles Sainte-Margueritte la peine de ses forfaits : ivrogne, escroc, faussaire ; il a mis le comble à son indignité en devenant tenancier d'une maison de débauche, tandis que le marquis de Sade poursuit une carrière que l'opinion imagine jalonnée de tortures, de sodomie, d'empoisonnements.

Cette société sans vergogne et sans frein touche le fond l'année même où Mirabeau vient à Aix plaider la cause de son foyer. Et c'est dans ce qu'elle devrait avoir de plus honorable, de plus rigide, de plus vertueux, qu'elle est une fois de plus atteinte. Après deux tentatives infructueuses d'empoisonnement, un jeune homme de vingt-quatre ans, mais déjà président au parlement, un Bruny d'Entrecasteaux, tranche la gorge à sa jeune femme pour vivre plus librement avec sa maîtresse, Mme de Saint-Simon, jeune veuve galante, fille et sœur de parlementaires, qui fait partie, comme son amant, du très

épicurien cercle du Tholonet. Le parlement poursuit son indigne
confrère, mort à Lisbonne au cours de sa fuite, mais sa
maîtresse, bien protégée, n'est pas inquiétée[1]. Le corps judiciaire, prisonnier du milieu dont il est un des ornements, hésite à
déranger l'harmonie d'une société où il a sa place, et qui l'a si
bien et si profondément corrompu.

Comme les autres parlements de France, le parlement de
Provence s'est signalé au cours du XVIIIe siècle par son opposition à la volonté royale, surtout lorsque celle-ci, prenant
conscience du scandale évident que constituait le privilège fiscal,
a prétendu y mettre fin. Il s'est fait remarquer surtout par son
intolérance et son fanatisme au cours du grand procès qui devait
aboutir à l'interdiction des jésuites sur le sol français. Il n'a pas
hésité alors (on est en 1763) à se déchirer, à mettre en jugement
et à frapper ceux de ses membres qui, à l'exemple du président
d'Éguilles, ne partageaient pas ses fureurs tyranniques. A
l'étonnement de la France, on vit alors à Aix des magistrats
condamner, pour simple délit d'opinion, d'autres magistrats.
D'Éguilles fut banni du royaume, sept conseillers furent rayés
de la liste des officiers de la cour, et deux autres interdits pour
quinze ans. Le roi dut intervenir pour modérer l'esprit partisan
et réhabiliter les magistrats qui n'avaient fait que leur devoir en
parlant selon leur conviction et leur conscience[2]. Heureusement
dépossédé de son autorité par la réforme Maupeou en 1771, le
parlement destitué recouvra son existence sous Louis XVI.
Traumatisé par une sanction qui avait failli lui coûter la vie, il fut
désormais docile et même servile. Mais il resta ferme sur la
défense des privilèges et des privilégiés. Lorsque Calonne puis
Brienne proposèrent d'établir l'égalité devant l'impôt et de
soumettre les nobles exempts à la subvention territoriale, les
magistrats déclarèrent la France en danger et se rangèrent aux
côtés du Parlement de Paris pour s'opposer à une mesure qui les
frappait dans leurs intérêts les plus essentiels. Un historien de la
Provence a marqué au fer rouge ce parlement égoïste, et son
jugement ne pèche pas par excès de sévérité : « Depuis

---

1. J. Audouard, *Le Crime du marquis d'Entrecasteaux,* 1910.
2. P. Cabasse, *Essai historique sur le parlement de Provence,* 1826, t. III, p. 378-
396.

longtemps ce parlement corrompu n'avait plus de voix et d'énergie que pour la défense de ses privilèges ; heureuse la province quand son intérêt se trouvait d'accord avec celui de son parlement ! La justice était publiquement tarifée et vendue ; on savait d'avance ce que le gain d'un procès devait coûter, et les plaideurs, au lieu de bonnes raisons, portaient de l'or à leurs juges[1]. » On connaissait les cousinages, les compérages, les complaisances des juges pour leurs parents. Pratiques courantes qui devaient peser lourd dans le procès de Mirabeau. Les Marignane et la société de Tourves tenaient de fort près au parlement. Le président Grimaldi de Raguse était cousin de la douairière de Marignane ; le président de Charleval était le frère de Mme de Croze, maîtresse du père d'Émilie, et Mme des Rollands était la sœur du conseiller de Montvallon. Les cajoleries allaient bon train, et l'on ne sait qui étaient les plus empressés, des magistrats d'être conviés dans la meilleure société d'Aix, ou des plaideurs intéressés à tenir la main sur leurs juges. Cette popularité mondaine avait son revers : les magistrats étaient détestés du peuple. En 1771 toute la province s'était réjouie d'être enfin débarrassée du parlement et, dans les cabarets de village, on rappelait ironiquement un vieux proverbe : « Le parlement, la bise et la Durance sont la ruine de la Provence. »

C'est à cette justice, toute livrée aux intérêts des puissants, et à ces puissants eux-mêmes, que Mirabeau jette le gant. Il n'est pas tout à fait seul. Il a pour lui les paysans et le peuple des

---

1. C. Lourde, *Histoire de la Révolution à Marseille et en Provence*, 1838, t. I, p. XVIII. Ceci n'est pas propre à la Provence. Ailleurs les parlements donnent de fréquentes preuves d'arbitraire. Visitant la France, l'agronome anglais Young était scandalisé par les pratiques de la justice :

« La conduite des parlements était odieuse et coupable. Dans presque toute cause l'intérêt l'emportait et malheur à qui n'avait, pour se concilier la faveur des juges, ni une belle femme ni autre chose. »

« Beaucoup d'écrivains ont prétendu que sous l'Ancien Régime la propriété était aussi bien garantie en France qu'en Angleterre..., mais pour les cours de justice il n'y avait pas l'ombre de sûreté, à moins que les parties ne fussent également tout à fait inconnues, également d'une probité parfaite ; en tout autre cas le mieux recommandé l'emportait. »

« Il arrivait souvent que les juges prononçaient dans les causes particulières dans lesquelles eux-mêmes étaient parties : ils commettaient ainsi de cruelles injustices que le roi n'eût pas osé se permettre » (cité par P. Ardascheff, *Les Intendants de province sous Louis XVI*, 1904, p. 440-441).

villes, tous ceux que les vexations de l'oligarchie ont blessés, tous ceux que ses privilèges scandalisent.

Les rancunes des Provençaux contre leurs seigneurs ne datent pas d'hier. De tous temps des procès ont opposé les communautés aux possesseurs de fiefs. Mais, dans la seconde moitié du XVIIIe siècle, ces conflits s'aigrissent, deviennent plus âpres et souvent réglés par l'intendant ou le parlement au profit des seigneurs. Surtout ces procès n'opposent plus seulement les parties pour des questions d'intérêts matériels. C'est désormais l'autorité et la dignité des seigneurs qui se trouvent contestées par leurs vassaux. Le bailli de Mirabeau, dont le frère était lui-même en procès, écrivait non sans quelque exagération : « Il n'y a plus six seigneurs, en Provence, qui ne plaident à présent contre les communautés. » Comme dans d'autres provinces, ces contestations prennent parfois la forme de violences révolutionnaires. On voit, par exemple, les habitants de Ramatuelle, dans le Var, menacer de mort leur seigneur détesté. Les droits seigneuriaux étaient généralement — mais la situation varie d'une seigneurie à l'autre — peu onéreux[1]. Les procès intéressaient surtout les droits d'usage ou de pacage sur les terres gastes ou les bois, et le paiement des tailles : ainsi à Mirabeau et à Beaumont, aux Tourrettes et à Entrecasteaux. Mais ce qui est plus grave et marque un changement d'esprit, une dégradation des sentiments de respect et de soumission des populations, c'est la multiplication des procès pour injure et rébellion au seigneur. Ainsi, au Bar, trente habitants sont emprisonnés pour résistance et rébellion ; François de Ripert, seigneur de Montclar, se voit refuser l'hommage que lui doivent les consuls du village de Selonnet. Le conflit qui oppose en 1762 les coseigneurs de Vence et la communauté est très révélateur du nouvel état d'esprit. L'évêque et le marquis de Vence se partageaient la seigneurie. Un incident bénin relatif à la muraille, et à l'organisation du carnaval que le marquis désapprouvait, avait mis le feu aux poudres. Les consuls, il est vrai, ne ménageaient pas la susceptibilité des seigneurs. La commune avait acquis la seigneurie de Malvans avec pleine juridiction et droit de chasse, si bien que les bourgeois de Vence, copropriétaires, pouvaient

---

1. P. Masson, *La Provence au XVIIIe siècle*, 1836, t. II, p. 255-262.

chasser librement, droit réservé exclusivement aux seigneurs, et
le maire pouvait orgueilleusement se parer du titre de seigneur
de Malvans et marcher avec le marquis presque son égal.
Impatienté de ce manque de tact, le marquis de Vence porta
plainte devant l'intendant de la province. Ses avocats représen-
tèrent l'audace de cette communauté qui oubliait sa dépendance
et son respect : « Cette bourgade perdue dans les montagnes,
écrivaient-ils, se donne des airs de grandeur et d'indépendance :
fief seigneurial, elle veut vivre en république... Elle se nomme
des procureurs du roi, des maires, des consuls qui se croient les
égaux du seigneur ; possesseurs d'un fief déserté [Malvans] les
habitants marchent sur les brisées d'une des plus illustres
familles de Provence [1]. » D'ailleurs, sans attendre, le marquis de
Vence leur fit bien voir que, en dépit de leur seigneurie, les
habitants de Vence n'étaient que des manants. Un de ses garde-
chasse, rencontrant un jour un bourgeois à l'affût, déchargea
son arme sur lui. Le coupable, protégé par son maître, ne fut pas
poursuivi. La communauté alerta le roi, exposa ses droits et ses
griefs, accusa sans détour son seigneur : « Le coup de fusil du
24 décembre dernier, en plein jour, aux portes de la ville, sans
que l'on ait puni l'assassin, nous montre ce que nous avons à
attendre de nos coseigneurs. » Le marquis bondit sous l'injure.
Il était puissant, avait des amis à la cour et à Aix. Le parlement
de Provence n'allait pas laisser sans punition l'outrage fait à un
seigneur de la province. Le président des Gallois donna l'ordre
d'arrêter les consuls et le conseil de la commune ; on les mena à
Aix, on leur fit leur procès. Ils furent condamnés à faire amende
honorable à genoux, à payer les frais et 6 000 francs d'amende à
leur seigneur. La sévérité de la sentence, obtenue par un passe-
droit, témoigne de l'intransigeance des privilégiés, de leur refus
de laisser de nouveaux venus bénéficier des droits, honorifiques
et utiles, dont ils entendaient se réserver le monopole. Du reste,
le président des Gallois exprimait sans aucun détour la doctrine
officielle du parlement : « La qualité de coseigneurs, écrivait-il,
les met à niveau pour les droits honorifiques avec des personnes
qualifiées, et il est très naturel que ces dernières ne veuillent

---

1. Cité par E. Tisserand, *Histoire de Vence*, 1860, p. 255-262.

pas se trouver en concours avec des gens de cette espèce[1]. »

Quoi qu'il en soit, ces procès révélaient la dégradation du climat social, la partialité de la justice, l'esprit d'indépendance des communautés, l'exaspération des seigneurs et la volonté de revanche du tiers état. En conflit avec leurs vassaux en qualité de possesseurs de fiefs, les seigneurs réunissaient également contre eux, cette fois en qualité de privilégiés, l'ensemble de la population provençale. Le privilège fiscal dressait contre eux toutes les classes, noblesse non seigneuriale, bourgeoisie, peuple des villes et ruraux. Dans cette province, où la taille était *réelle,* et frappait par conséquent toutes les terres roturières, seuls échappaient à l'impôt les possesseurs de fiefs ; ceux-ci, je l'ai déjà dit, étaient peu nombreux et faisaient contre eux l'unanimité du tiers état et de la noblesse non fieffée, la moins riche mais aussi la plus nombreuse.

C'est donc, contre les Marignane et leurs suppôts, toute la province qui vole au secours de Mirabeau, parce que, s'attaquant au clan des seigneurs, il devient le leader de la cause provençale. Six ans avant la révolution s'ouvre à Aix, en avant-première, une lutte sans merci qui oppose le privilège au droit, une province à ses maîtres, l'arbitraire de la richesse, des relations et de l'intrigue, à un homme seul, démuni de tout soutien contre ses puissants adversaires, mais armé de la justice de sa cause et de son talent : comment le tiers état aurait-il pu ne pas reconnaître en lui un frère, et dans son combat son propre combat ?

Le bruit du procès retentit dans toute l'Europe. A Aix-en-Provence où chaque clan comptait les coups comme s'il se fût agi de l'avenir de la province, les passions se déchaînèrent. Des étrangers assistèrent aux séances. On vit lord Petersborough, ami de Mirabeau ; mais surtout l'archiduc d'Autriche, propre frère de Marie-Antoinette, de passage dans la région, vint écouter avec sa femme celui que la rumeur publique désignait déjà comme un orateur de génie. Jamais le palais n'avait retenti d'une telle éloquence et Mirabeau lui-même s'émerveillait de ce « don du ciel si étonnant et si rare, inconnu à nos siècles esclaves ».

---

1. Cité par F.-X. Emmanuelli, *Provence royale et Vie régionale en Provence au déclin de la monarchie,* Université de Lille-III, 1974, t. II, p. 280.

Ce procès, si scandaleux déjà par sa nature, et que la publicité et l'iniquité des juges allaient rendre plus scandaleux encore, Mirabeau ne l'avait pas voulu. Il y avait été contraint. La famille Marignane et son clan avaient fait le siège d'Émilie pour la persuader de garder son indépendance ; le jeune Galliffet l'avait séduite par des propos qui flattaient sa légèreté et sa passion pour la vie sans contrainte : « Qu'y a-t-il de plus joli, lui répétait-il sans cesse, que d'être veuve à vingt-six ou vingt-sept ans, avec la perspective de 60 000 livres de rente. » Dès 1782 les Marignane avaient pris des garanties contre le retour de l'indésirable. Ils avaient consulté tout ce qu'Aix comptait de juristes et d'avocats réputés — vingt-trois en tout — de manière à les ranger sous leur bannière, ou du moins à les neutraliser : Mirabeau trouverait un barreau monopolisé par ses adversaires.

Cependant la cause de Mirabeau était bonne et il avait montré devant le siège de Pontarlier que son éloquence pouvait faire pâlir d'envie les maîtres les plus éminents, les talents les plus confirmés du palais. On chercha d'abord, dans des manœuvres dilatoires, à le placer en position de faiblesse. Le déshonorer, l'intimider, paraissait de bonne guerre. On réunit les lettres que son père, le marquis de Mirabeau, avait écrites à Émilie et à Marignane, lettres atroces dictées par la colère, par la rage insensée d'un homme au tempérament tyrannique que la résistance de son fils avait poussé à d'indignes calomnies, à des condamnations monstrueuses, à des jugements iniques jusqu'à le traiter de « scélérat achevé, et qu'il fallait soustraire au souvenir des humains ». En menaçant de rendre ces lettres publiques, dissuader Mirabeau de faire appel à la justice et l'obliger à abandonner la partie sans combattre ; et, pour baliser le terrain, les amis, les cousins de Grasse (les héritiers), et le jeune Sigisbée Galliffet faisaient courir dans Aix des extraits de ce libelle infâme, tandis que Marignane, préparant l'avenir, traitait somptueusement les magistrats dans sa maison de la rue Mazarine. Cependant Mirabeau, bon prince, proposait tous les moyens de conciliation. A ses efforts pour provoquer une réunion amiable, Émilie répondit par le dédain, retourna ses lettres sans les décacheter, lui interdit la porte de sa maison. Mirabeau introduisit alors, devant le lieutenant général de la Sénéchaussée, une demande judiciaire en réunion. Émilie

riposta aussitôt en produisant une demande en séparation. Il
appartenait désormais aux juges de trancher. Les deux parties se
présentaient devant eux avec des forces apparemment inégales.
Mirabeau n'avait trouvé à Aix qu'un avocat que les Marignane
avaient négligé, le jeune Jaubert, intelligent mais inexpérimenté
et médiocre orateur. Émilie était défendue par les ténors du
barreau d'Aix, Siméon et son fils, Pascalis, et surtout Portalis,
que sa défense du comte de La Blache contre Beaumarchais
avait mis en vedette en 1778. Il ne restait à Mirabeau qu'une
solution : plaider lui-même contre l'usage, privilège qu'il obtint
malgré les avocats de la partie adverse qui redoutaient son talent
et tremblaient d'affronter son verbe magistral, son éloquence
neuve et hardie. Devant le tribunal de la Sénéchaussée, devant
ces magistrats subalternes étrangers au monde d'Émilie, sans
prévention et sans intérêt, Mirabeau fit entendre les accents
d'une éloquence inédite qui attendrirent l'assistance et convain-
quirent les juges. Le 24 mars, la demande d'Émilie fut rejetée,
aux applaudissements des bourgeois et du peuple qui avaient
envahi la salle, et firent escorte à Mirabeau jusque chez lui.
Émilie, aussitôt, interjeta appel au parlement, et celui-ci, sans
se soucier d'afficher clairement le parti où penchait son cœur,
prit une décision qui révèle son parti pris. Le tribunal de la
Sénéchaussée avait ordonné à Émilie de rejoindre provisoirement son mari ou, si elle préférait, de se retirer dans un couvent
en attendant la décision finale. Le parlement interdit l'exécution
provisoire de cette sentence et autorisa Émilie, contre toute
bienséance, à vivre librement dans la dissipation au cours du
procès.

Sur ses juges, Mirabeau ne se faisait aucune illusion et raillait
volontiers leur impartialité. « Le parti de Mme de Mirabeau est
composé de la plupart des gens de qualité et surtout des
conseillers au parlement accoutumés à trouver chez M. de
Marignane une maison toute dévouée où ils sont regardés
comme la meilleure compagnie et même la seule du pays, et
M. de Mirabeau ne peut être aux yeux de bien des gens qu'un
malavisé chicaneur d'en venir troubler les joies [1]. » Et, ajoutait-

1. Archives des Affaires étrangères, mémoires et documents, France, 1888 ;
lettres écrites par un ancien magistrat à un ami sur le procès du comte et de la
comtesse de Mirabeau.

il non sans malice, « certains de MM. de la grand-chambre, pour payer leur écot et celui de leurs enfants, ont initié l'insouciant, le paresseux, l'épicurien M. de Marignane et sa fille dans les mystères du palais ». De son côté, l'oncle de Mirabeau, l'ineffable bailli, notait avec tristesse : « La grand-chambre est hautement contre nous, et l'on ne saurait voir un exemple plus frappant de ce que peut une maison montée et un grand crédit dans une petite ville... Les Marignane ont tout le monde pour eux et nous sommes ici sans parents[1]. » Mirabeau avait un atout, un seul : son talent.

L'audience s'ouvrit le 7 mai. Portalis, orateur sarcastique et violent, juriste habile, et décidé à jeter Mirabeau hors de ses gonds pour le pousser à commettre des fautes, plaida le premier. Le tribunal était plein à craquer. Ceux qui n'avaient pu pénétrer dans la salle recueillaient des bribes d'un discours prononcé d'un ton dédaigneux et insultant.

« J'ai des horreurs à dévoiler sur mon adversaire[2]. »

Dès les premiers mots, le combat est engagé. Le ton monte, des phrases outrageantes traversent la salle ; Mirabeau est impassible, l'auditoire frémit. L'accusation, gratuite, tombe comme un tonnerre :

« M. le comte de Mirabeau, on vous a vu, déguisé tantôt en ecclésiastique, tantôt en étranger décoré de cordons, en embuscade dans la forêt de Candumi... Vous avez changé votre nom en Hollande pour ne pas y traîner le vôtre, et vous étiez à la tête d'une bande de brigands. »

Ces accusations, prononcées d'un ton flétrissant, Portalis serait bien en peine d'en apporter un commencement de preuve. Mais cela ne lui suffit pas. L'avocat veut que la cour et le public englobent dans un même mépris le fils et le père, cet « Ami des Hommes » dont la réputation et la gloire l'offusquent peut-être. Alors, il imagine un sordide complot ourdi contre les Marignane par les indignes Mirabeau :

« Cette insouciance de toute vérité, de toute vertu, ce machiavélisme de famille n'était pas encore connu... Les

---

1. Lettres du bailli du 11 avril et du 23 juin 1783, Montigny, t. III, p. 400.
2. Le plaidoyer de Portalis n'est connu que par la réponse de Mirabeau et par une note de sa main citée par Dauphin-Meunier, *La Comtesse de Mirabeau*, 1908, p. 265-266.

maximes du marquis de Mirabeau sont le scandale des mœurs, de la religion, de la société... Le besoin d'argent, occasionné par la perte d'un procès, est l'unique cause qui a valu de son père, au comte de Mirabeau, la permission de redemander sa femme... Le marquis de Mirabeau convoite la fortune de sa belle-fille. »

Et, dans une formule calomniatrice, croyant achever son adversaire, perdant toute pudeur, l'avocat s'emporte :

« Mieux vaut être diffamé que loué par vous ! »

Le 13 mai, Mirabeau, dont le plaidoyer dure de huit à treize heures, réfute un à un les arguments de la défense : les sévices imaginaires (auxquels il oppose les tendres lettres d'Émilie), la diffamation (n'a-t-il pas été diffamé beaucoup plus qu'elle et publiquement ?), l'adultère (commis de toute façon pendant leur séparation et dont le tribunal de Pontarlier l'a lavé). Il plaide splendidement la cause du mariage indissoluble. A la fois pathétique et habile, il interroge la conscience des juges. Les devoirs de l'épouse seraient-ils de vains préjugés ? Des erreurs de jeunesse, non suivies de torts directs du mari envers sa femme, pourraient-elles constituer des griefs, reconnus par la cour, et des motifs suffisants pour entraîner le divorce ? Il fait justice des calomnies et, dans un élan d'éloquence dont le palais frémit, se tournant vers Portalis, pâle et anéanti, il flétrit l'avocat calomniateur qui, sous la violence du coup, s'évanouit :

« Oui, sans doute, ils sont bien respectables ceux qui dévoués à la défense des opprimés et des faibles apportent aux fonctions du barreau une âme délicate, un esprit éclairé, un amour pur, un sain respect de la justice... Mais si l'un d'eux, à l'abri de l'impunité accordée et due à la profession dont l'indépendance est l'âme, n'est connu que par cette facilité coupable qui, toujours imbue de passions étrangères, s'apaise et s'irrite à leur gré ; si, pour toute éloquence, il vomit les déclarations injurieuses, le mensonge, l'emportement, la calomnie ; s'il invente et dénature les faits ; s'il trompe et falsifie les pièces qu'il cite et qu'il se garde bien de lire parce qu'il veut se ménager l'excuse de l'infidélité de sa mémoire, un tel homme, du plus libre des états, se ravale jusqu'à l'esclavage de la plus servile des passions, et Martial l'a nommé pour moi : c'est un marchand de mensonges, de paroles et d'injures. »

Il fallut emporter Portalis foudroyé. Il ne fut pas le seul à pâlir sous les terribles coups de boutoir d'un Mirabeau déchaîné. Émilie, jusqu'alors ménagée, fut à son tour livrée au mépris du public aixois. Tirant de son portefeuille une lettre d'aveux, Mirabeau dévoila l'adultère de sa femme avec le chevalier de Gassaud. Mari magnanime, il avait alors pardonné, caché à tous la trahison ; aujourd'hui, face à ses accusateurs, il révélait enfin la vérité.

Désormais, il n'existe plus aucun espoir de réconciliation. Mirabeau le sait et ne ménage plus. Se tournant vers les juges, il les brave ; superbe de dédain, il les somme de rendre une sentence honorable mais ne cache pas ses doutes sur leur partialité :

« Enfin, Messieurs (souffrez que je vous le dise et que cette profession de foi, que cette noble liberté vous soit le plus sûr garant de ma confiance en votre réputation et de mon respect pour vos vertus), vous ne sauriez vous dissimuler que, dans le fatal procès qui nous assemble, on ose annoncer le jugement. Oui, la confiance de mes adversaires est telle qu'ils ne gardent pas même les apparences, et qu'à moins d'articuler clairement qu'ils dicteront l'arrêt, ils ne peuvent pas afficher plus nettement qu'ils disposent de la cour souveraine.

» Mais un tel blasphème ne m'a pas effrayé. Que dis-je ? Il a redoublé ma confiance. J'attends de la cour un arrêt d'autant plus équitable que mes adversaires sont plus notoirement honorés de l'amitié et de l'alliance d'un très grand nombre de mes juges. Ce n'est point aux liaisons, ce n'est point aux prières, c'est aux raisons des plaideurs qu'ils accordent la justice ; et sans doute ils connaissent trop la vraie grandeur du magistrat pour descendre du tribunal, où ils laisseraient leur dignité et leurs vertus, et se rabaisser au rang des parties[1]. »

Remis de son moment de faiblesse, Portalis, dans une nouvelle plaidoirie, reprit à son compte les accusations que le libelle d'Émilie avait répandues dans le public. Mêlant le vrai et le faux, justifiant le mépris dont l'avait accablé Mirabeau, il

---

1. On trouvera le texte intégral de la plaidoirie de Mirabeau in L. de Loménie, *Les Mirabeau, nouvelles études sur la société française au XVIIIᵉ siècle*, 1879-1891, t. III, annexe (cet ouvrage sera désormais cité par l'indication « Loménie », suivie du tome et de la page).

déshonora une fois encore sa profession par son dédain de la vérité et même de la vraisemblance. A défaut d'arguments, il eut recours à la calomnie :

« Toute sa vie ne présente que tissu de dettes bassement contractées, d'engagements oubliés et méprisés, de folies, de violences, de désordres accumulés. Il a attenté à la propriété d'autrui ; il a porté la ruine et la désolation dans des familles étrangères ; il a diffamé et déchiré des citoyens honnêtes. Il a été flétri par des décrets, par des procédures, par des sentences infamantes... Il a été mauvais fils, mauvais époux, mauvais père, mauvais citoyen, sujet dangereux. »

La réplique de Mirabeau, à la fois digne et éloquente, en montrant l'indignité des moyens employés par ses adversaires, tournait en dérision le jugement, presque avéré déjà, qui rendrait à Émilie sa liberté[1]. Au-delà des juges, il avait l'habileté d'en appeler à l'opinion :

« Chers et dignes concitoyens, n'ai-je pas été outragé sans mesure. Qui de vous me répondra : non, vous n'avez pas été outragé ? Lequel de mes ennemis même, lequel de mes plus forcenés détracteurs osera dire : l'imputation d'escroquerie et de vol à vous faite, parlant à vous ; cette imputation atroce autant qu'absurde, à laquelle il est démontré faux que Mme de Mirabeau ait cru un instant, l'accusation d'une vile et sordide cupidité, d'une duplicité lâche et monstrueuse, lancée sur vous et sur les vôtres, ne sont point des outrages ? Ce sont les jeux du combat judiciaire... La nécessité de la défense l'exige. La nécessité ! C'est le mot de ralliement des brigands. Eh ! Messieurs, vous envoyez tous les jours à l'échafaud les complices de la nécessité ! Peut-il y avoir jamais nécessité à calomnier ?... Eh bien ! Messieurs, on vous supplie, on prostitue l'éloquence à vous en supplier ; récompensez cette conduite en dispensant Mme de Mirabeau de tous ses devoirs d'épouse. Punissez-moi parce que j'ai voulu me justifier. Déshonorez-moi pour la maintenir en libre possession de son indépendance. Oui, déshonorez-moi de peur qu'on ne croie qu'elle m'a calomnié. »

Enfin, dans une envolée qui attendrit l'assistance, Mirabeau

---

1. Observations du comte de Mirabeau sur une partie de sa cause, Aix-en-Provence, 1783.

évoquait en conclusion l'avenir auquel le condamnerait un
verdict prononcé contre lui :

« Condamné à l'ennui, aux dangers, aux sacrifices d'un
célibat involontaire, les doux noms d'époux et de père ne
seraient-ils plus faits pour moi ? Et je le fus cependant ! et ils ne
pourraient plus être prononcés devant moi sans déchirer mon
cœur ! N'est-ce point assez ? faudra-t-il encore que je fuie la
société des vivants, pour ne pas lire dans tous leurs regards ; le
voilà le mauvais fils, le mauvais père, le mauvais citoyen, le
sujet dangereux ; le voilà l'homme féroce qui, par des forfaits de
tout genre, s'est rendu indigne du nom d'époux, et auquel il
n'est plus permis d'être père. »

Les débats s'achevèrent sur une facétie. Mirabeau, qu'une
indiscrétion avait mis en possession du réquisitoire de l'avocat
général, Maurel de Calissanne — un compère d'Émilie et des
Galliffet — l'avait d'avance réfuté avec une machiavélique
habileté. Le magistrat décontenancé était resté sans voix et dut
réclamer deux jours de délai au terme desquels il déposa des
conclusions tendant à la séparation. Les débats furent clos le
5 juillet, la délibération eut lieu aussitôt et les magistrats — qui
n'avaient retenu qu'une seule charge contre Mirabeau, la
diffamation, mais l'estimaient suffisante pour interdire une
réunion — rapportèrent un arrêt ordonnant la séparation et
laissant à Émilie l'entière disposition de sa personne et de ses
biens.

Les Marignane triomphaient, mais, couverts de boue, quit-
taient Aix précipitamment pour aller cacher leur honte sur leurs
terres. Les juges avaient été sifflés et l'opinion unanime se
prononçait en faveur de Mirabeau que le peuple acclama et
accompagna triomphalement chez lui. Galliffet, le galant d'Émilie, fut chansonné. Mirabeau le provoqua, un duel s'ensuivit où
Galliffet fut blessé. Fanfaronnade de capitan : Mirabeau n'en
était pas moins vaincu par la coalition des privilégiés.

Il a perdu femme, fortune, avenir. Le gain de son procès
aurait été sa dernière chance de retrouver sa place dans la
noblesse provençale. Victorieux, il eût regagné tous ses droits ;
ses erreurs passées, sa réputation ternie, tout se trouvait effacé,
sa femme lui rendait les moyens de se faire une place conforme à
son ambition et à son talent. Toutes les portes s'ouvraient

devant lui, il pouvait devenir ambassadeur ou ministre, il était désormais reconnu par ses pairs. Mais le verdict l'accable. Chassé de sa province, sans famille, sans argent, renié par sa femme et par son père, il n'a d'autre avenir que celui des aventuriers. Tous les atouts que lui ont apportés sa naissance et son mariage lui ont filé entre les doigts. Il lui reste son talent : mais dans cette société où l'argent, les honneurs et les places sont réservés à la faveur et au crédit, le talent ne permet que de survivre. Mirabeau, déclassé, serait une épave si la conscience orgueilleuse de son génie, et la volonté de ne pas s'avouer vaincu, si l'espoir aussi de quelque événement prévisible qui bouleverserait l'ordre des choses, ne le tenaient debout.

2. Le marquis et son fils

Gabriel-Honoré Riquetti de Mirabeau a vu le jour en 1749 dans une famille des plus en vue, sinon des plus anciennes de Provence. D'origine relativement récente, elle a réussi, par d'adroites alliances, à pénétrer dans la haute noblesse de la province. Comme la plus grande partie des nobles de Provence et de France, les Mirabeau doivent leur appartenance au second ordre, à l'argent, aux charges et au roi.

Certes, quelques rares familles, les Grasse, les Blacas, les Villeneuve, les d'Agoult d'Ollières sont de noblesse immémoriale. Toutes les autres, d'origine roturière, ont été anoblies depuis le XVIe siècle : par lettres royales comme les Suffren (1557) ou les Gautier du Poët (1723), mais surtout par charge de secrétaire du roi, la fameuse *savonnette à vilain,* comme les Bruny de La Tour d'Aygues, ou de conseiller au parlement comme les Boyer d'Éguilles ou les Galliffet. Sorties de la paysannerie, du tabellionnage et surtout du commerce, ces familles ont de grandes prétentions. Leur activité intellectuelle favorite consiste à construire des fables qui leur attribuent une origine illustre, que confirment ensuite des généalogistes complaisants. Ainsi, les Valbelle, qui descendent d'un apothicaire de Marseille, s'inventent une origine gothique ; les Castellane se découvrent, en Castille, une origine royale ; les Barrigue de Montvallon, que les docks marseillais ont enrichis, prétendent se rattacher à une antique famille portugaise[1].

Chez les Mirabeau ? Même soif honorifique et même construction légendaire. Élaboré sans vergogne, le mensonge de

---

1. Jeanne Allemand, *La Haute Société aixoise dans la seconde moitié du* XVIIIe *siècle,* Faculté d'Aix-en-Provence, 1936 (DES).

leur illustre origine finit par s'imposer et Gabriel pourra en
toute bonne foi revendiquer des ancêtres imaginaires. La
tromperie n'est ni gratuite ni innocente. Elle est un des traits les
plus profonds de l'imaginaire nobiliaire. Elle traduit tout à la
fois la conviction et la fragilité de la conscience du groupe ; elle
entretient le sentiment de la différence dont la noblesse a besoin
pour fonder son identité. Pour prendre toute sa force et garder
sa capacité de conviction, elle a besoin d'enracinement dans un
passé lointain et obscur. La tricherie est essentielle à la
noblesse, car, ramenée à sa réalité vénale, elle perd toute
consistance. Si elle n'est qu'acquisition bourgeoise, l'idéologie
qui la soutient, fondée sur la vertu du sang transmis sans tache,
sans contamination de substance vile, populaire ou bourgeoise,
de génération en génération depuis la plus haute Antiquité,
s'effondre, car c'est alors l'argent qui fonde les valeurs, les
dignités, les hiérarchies. Incapable de résister à l'invasion des
hommes nouveaux qui investissent ses rangs, la noblesse soutient et confirme le mythe : le meilleur moyen de préserver la
pureté de l'idéologie est encore de concourir à la reconnaissance
des légendes familiales. Aussi les tricheurs, comme les Mirabeau, trouvent-ils de nombreux complices dans une noblesse
très intéressée à soutenir les prétentions mensongères de ceux
qu'il n'est pas possible d'exclure. Et en effet les complicités ne
leur manquèrent pas, et les Mirabeau trouvèrent en Provence
les appuis nécessaires pour confirmer leur usurpation. Leur
patronyme, Riquet ou Riquetti, leur grande fortune, la complaisance de généalogistes peu scrupuleux, celle de témoins intéressés ou soudoyés, permirent de faire passer insensiblement la
légende de l'état de rumeur à celui de vérité officielle.

   Le premier Riquet notable apparaît au XVIe siècle. Jehan, fils
d'Honoré (venu de Digne à Marseille), d'abord maître d'écriture puis marchand, élargit le commerce de son père, fonde des
manufactures d'étoffes, participe à une compagnie du corail, fait
enfin une si belle fortune qu'il réussit à épouser une Glandevès.
Premier consul de Marseille en 1564, il achète le fief de
Mirabeau. Le voilà seigneur. La partie n'est pourtant pas encore
gagnée. On lui conteste sa noblesse et on l'assujettit au *franc-
fief*, impôt que doivent les roturiers propriétaires de seigneuries.
Riquet court alors les risques d'un procès. On enquêta d'abord à

Seyne, établissement primitif supposé des Riquet, puis à Digne. Jehan Riquet était un battant ; il n'allait pas se laisser flouer par des considérations oiseuses. Il eut recours aux grands moyens, soudoya des témoins. Ceux-ci firent du zèle. Les plus audacieux déclarèrent, à la faveur d'une vague ressemblance dans la consonance des noms, que les Riquetti descendaient des Arrighetti, illustres patriciens de Florence bannis par les Gibelins, que leur exode aurait conduits à Seyne. D'autres attribuèrent à un Pierre Riquet, noble citoyen, la fondation de l'hôpital de Seyne. Aucune preuve ne vint confirmer ces fantasmes. Le seul acte authentique produit par l'enquête prouve qu'un Pierre Riquet a occupé en 1346 les modestes fonctions de consul de la bourgade de Seyne. Même si la filiation entre ce Riquet et les Mirabeau était prouvée, ce qui n'est pas le cas, on serait loin de l'origine prestigieuse qu'ils s'attribuaient. On ne trouva pas davantage à Digne les ancêtres glorieux que l'on espérait. Qu'à cela ne tienne ; on s'en tira par un tour de passe-passe, d'usage très fréquent ; les preuves auraient disparu pendant les guerres de religion. Jean Riquet était riche, puissant, bien allié : ses mensonges furent acceptés et il fut déchargé de franc-fief.

Avec son petit-fils, Thomas, un nouveau pas fut franchi. Il s'allia à l'ancienne maison de Pontevès qui lui donna ses entrées dans la grande noblesse provençale. Il ne restait plus qu'à légaliser l'usurpation. En 1639, grâce à des attestations de complaisance obtenues de vrais gentilshommes, son fils fut reçu chevalier de Malte. Il ne manquait plus qu'une formalité : figurer avantageusement dans les nobiliaires. D'Hozier, généalogiste officiel, n'était pas à vendre. Mais il existe, en Provence même, un astucieux faiseur de faux. Très en verve, il se surpasse, concocte une admirable généalogie qui fait de Pierre Riquet un Guelfe banni de Florence par les Gibelins et mentionne, entre autres prodiges, une alliance avec les Médicis au XIIᵉ siècle, ce qui permettra à Mirabeau, superbe, de lancer un jour en toute bonne foi : « Il n'y a jamais eu qu'une mésalliance dans notre famille, c'est celle des Médicis. » Les prétentions des Riquet, qui avaient obtenu de Louis XIV l'érection de Mirabeau en marquisat, devaient être officiellement consacrées par l'*Armorial de France* en 1764 : l'article, rédigé par le père de Mirabeau lui-même, confirmait l'origine florentine[1].

C'est donc dans une famille dont personne ne conteste la noblesse, et devenue depuis peu plus parisienne que provençale, que naît Gabriel le 9 mars 1749, au château du Bignon que son père a récemment acquis en Gâtinais. Il vient au monde un an après Sieyès, mais neuf ans avant Robespierre, dix ans avant Danton, onze avant Desmoulins et douze avant Barnave. Il est de la génération de ceux qui auront quarante ans en 1789. Les fées ne se sont pas penchées sur son berceau. Né avec une tête énorme, un pied tordu et deux grandes dents, le bébé tenait du monstre. Il fallut préparer le père avant de lui présenter son enfant. « Ne vous effrayez pas », le prévint la nourrice en lui découvrant l'horrible rejeton. Mais, la première épouvante passée, on s'habitua au masque formidable. L'enfant était vigoureux et, malgré sa tête un peu forte, ses traits s'affinaient lorsque, à trois ans, une petite vérole, imprudemment traitée, mit sa vie en danger. Il en réchappa au prix de séquelles qui défigurèrent irrémédiablement un visage désormais couturé de profondes cicatrices.

Cette disgrâce est d'autant plus choquante que les Mirabeau ont tous de jolis visages et que le père a de la peine à se reconnaître dans cette figure grêlée que l'adolescence rendra encore plus ingrate ; « Ton neveu, écrit-il à son frère, est laid comme celui de Satan. » A cette malfaçon grossière, le jeune Mirabeau joint une autre disgrâce que son père lui pardonne encore moins. Le malheureux enfant, que la nature n'a décidément pas gâté, a les traits, toute la physionomie et jusqu'à l'expression de sa famille maternelle, les Vassan, objet du mépris et de la haine de son père qui note avec dépit cette malencontreuse ressemblance : « Il était, écrit-il avec rage, la portraiture achevée de son odieux grand-père[2]. » Plus qu'une

---

1. Mirabeau portera toujours très haut l'orgueil de sa noblesse, et ses conceptions antinobiliaires elles-mêmes expliquent son attachement sans critique à la tradition familiale. S'il condamne en effet, « les inconvénients sans nombre de la noblesse héréditaire, invention bizarre et vraiment antisociale », il a le plus grand mépris pour « l'abjection de la noblesse achetée, vendue, commercée ». Sa noblesse, au moins, l'imaginait-il immémoriale.
2. Le marquis de Mirabeau au bailli son frère, 3 novembre 1770, Loménie, t. III, p. 3.

inconvenance physique, sa laideur était ressentie par son entourage comme une tare morale : l'importance que l'on attribuait à l'hérédité devait se manifester dans les traits tout autant que dans le comportement. Pour plaire à son père, il fallait être *tout Mirabeau* ; Gabriel était *tout Vassan*. Énorme faute qui pèse sur cet innocent comme le péché originel sur les fidèles du christianisme, et qui explique l'éloignement, la méfiance et la crainte superstitieuse que le père éprouve pour cet enfant avant même qu'il ait eu le temps de grandir et de démériter.

Le physique ingrat de Mirabeau ne relève pas seulement du pittoresque ; il a joué un grand rôle dans sa vie et dans sa déchéance. Jamais il n'eut la beauté, ni non plus l'élégance, les manières, la politesse d'un gentilhomme. On peut difficilement comprendre aujourd'hui l'importance qu'attachait à l'apparence la société aristocratique. De tous les fantasmes nés de l'idéologie nobiliaire, un des plus tenaces et des plus subtils est la mythologie du corps. Un gentilhomme est beau, fin, délié, élégant ; il a la voix agréable et l'esprit bien placé. Être bien né, c'est aussi être né *bien* de sa personne. Dans une société, comme celle du XVIIIe siècle, où les différences de culture s'effacent, seuls la distinction des traits, le raffinement du costume, les rites sociaux et toute une manière de paraître, distinguent l'aristocrate du commun des mortels. Selon ces critères sélectifs — on ne peut employer le mot de racisme, tant le terme s'est chargé depuis de connotations monstrueuses —, tout déclasse Mirabeau : grossièreté des traits, négligence du costume, rusticité des manières et, plus que tout peut-être, une énorme, une scandaleuse familiarité. On ne sent pas en lui le grand seigneur. Un aristocrate peut à la rigueur être laid ; il ne doit pas l'être comme tout le monde, il doit y mettre du piquant et, au moins, de l'insolence. Mirabeau est vulgaire et insensible au bon ton. Homme de désir, il ne respecte ni les convenances ni les règles tacites. Et sa liberté dérange ; elle est ressentie comme une incorrection et surtout comme une provocation, crimes bien plus graves que la véritable corruption. La société aristocratique reconnaît la validité de la jouissance, elle l'exalte même et en fait sa règle de vie. Mais elle l'a codifiée pour en faire un principe conservateur de l'ordre. La vie de Mirabeau exalte la

liberté du désir, égalitaire et révolutionnaire, là où la société ne
voulait reconnaître que la légitimité du plaisir, aristocratique et
mondain.

« L'Ami des Hommes[1] ne fut celui ni de sa femme ni de ses
enfants. » Ce trait lapidaire, cette condamnation vitriolée
lancée par Gabriel contre son père, résume toute l'ambiguïté
d'un personnage paradoxal qui unit en lui les contraires : libéral
et généreux en politique, despote et cruel dans son intérieur,
féodal par tempérament mais en avance sur son temps quand la
réflexion l'emporte sur l'instinct. Né en 1715 d'une mère qui fit
de la hauteur et de la rigidité la règle de toute sa vie, et d'un
père chevaleresque dont l'imagination de son fils fit un héros
hautain qui manquait à la galerie de Plutarque, Victor de
Mirabeau symbolise assez bien les déchirements, les incertitudes, la crise profonde et salutaire que traverse la noblesse de sa
génération. Féodal anachronique, mais l'un des penseurs libéraux de son temps, accroché à ses parchemins douteux comme
un corbeau sur la branche d'un chêne, mais renonçant à suivre la
carrière des armes seule permise alors, selon les préjugés du
temps, à un homme de son rang, il est dévoré d'une ambition
moderne et révolutionnaire, de celle qui marque la qualité de
l'homme, de celle aussi qui annonce des temps nouveaux et
renverse les normes et les valeurs traditionnelles de la société :
se faire un nom par sa plume[2]. Ambition révolutionnaire, ai-je
dit, et c'est bien cela : c'est le rêve irrévérencieux d'un
gentilhomme à qui le nom de ses ancêtres ne suffit pas. Il a
pourtant l'orgueil de sa maison ; il a pourtant — ce n'est pas en
lui l'unique paradoxe — quitté la Provence parce que « on ne s'y
prosternait plus devant les vieilles races[3] ». Il a vingt-trois ans
lorsqu'il écrit à son ami Vauvenargues : « L'ambition me
dévore, mais d'une façon singulière ; ce n'est pas les honneurs
que j'ambitionne, ni l'argent ou les bienfaits, mais un nom ou
d'être enfin quelqu'un[4]. » Phrase étonnante ! Elle tend à rien

1. Ce nom a été donné au marquis de Mirabeau après le succès de son livre qui
portait ce titre.
2. François Furet a, le premier, signalé ce phénomène dont il a fait une brillante
analyse dans sa préface aux *Discours de Mirabeau*, Gallimard, 1973.
3. Lettre à son frère, 23 avril 1770, Montigny, I, 217.
4. Cité par A. Vallentin, *Mirabeau avant la Révolution*, 1946, t. I, p. 9.

moins qu'au renversement des valeurs nobiliaires. Se faire un nom est ambition de roture ; dans l'idéologie nobiliaire c'est un non-sens et presque un blasphème, une agression contre la lignée. Qu'un Mirabeau l'ait faite sienne correspond à une révolution. Elle indique un changement de sensibilité et un transfert, au moins un glissement des valeurs. Être et se vouloir noble s'accommode d'une double soumission : n'être qu'un maillon, presque anonyme, dans une longue chaîne héréditaire sur laquelle repose la gloire d'une maison ; l'individu assure la transition mais n'est rien par lui-même. La seule ambition légitime ne peut être que d'égaler, et si possible de surpasser, la valeur des ancêtres dans le métier qui les a illustrés : dans cette haute noblesse vouée au service des armes, ce ne peut être que l'armée. Vouloir être reconnu pour soi-même, comme individu, c'est affirmer sa différence avec la lignée qui vous a produit et avec le groupe auquel on appartient. C'est affirmer la supériorité du *mérite* individuel sur la *vertu* transmissible ; c'est du même coup reconnaître l'excellence de la roture susceptible, par mérite, des plus hautes destinées. Implicite chez le marquis de Mirabeau, cette affirmation audacieuse sera clairement et sans ambiguïté exprimée par son fils : « De tous les hommes de qualité du monde, je n'en connais pas un qui vaille les grands écrivains qui ont gagné leur vie avec leur plume. » Ces hommes qui désirent fonder leur gloire sur leurs propres ressources, ces nobles prêts à partager les combats et les lauriers des roturiers ont déjà un pied dans l'avenir et j'emprunte à la science-fiction le nom qui leur convient le mieux : des *mutants*. Certes, ils ne sont pas nombreux, mais ils forment l'avant-garde vigilante de la noblesse. Ils devinent l'évolution que quelques indices annoncent déjà, ils démontent les mécanismes de la monarchie absolutiste qui, monopolisant les pouvoirs, banalise les états et les distinctions, et, par l'assujettissement de tous aux mêmes devoirs et à la même obéissance, démocratise une société dont elle s'efforce de faire disparaître les différences et les privilèges. Ils se laissent contaminer par l'idéologie du siècle qui tend à définir la meilleure part de la nation sur des critères nouveaux qui donnent le pas à l'acquis sur l'inné, au mérite sur l'hérédité, à ce que l'individu a de plus authentique, de plus personnel sur ce qu'il doit à la naissance et au milieu. Ils ont compris la

nécessité de participer à la compétition, de relever le défi des
Lumières avec les armes du présent. Ils savent que si la noblesse
reste sur la rive, repliée sur ses antiques valeurs devenues des
fantasmes, si elle reste étrangère au grand effort de réflexion et
à l'élaboration des principes nouveaux qui commencent à fonder
la légitimité sociale des individus, elle risque de se laisser
déborder, de rester en rade, de se découvrir un beau matin dans
le costume désuet d'un mannequin dérisoire, comme l'image
stérile d'un passé à jamais révolu. Si la direction de la pensée lui
échappe, si les valeurs actuelles s'élaborent en dehors d'elle,
elles se retourneront contre elle, et la société lui échappera.
C'est ce qu'ont bien compris Montesquieu, d'Argens, Vauvenargues, bien d'autres, et c'est ce que la démarche du marquis
de Mirabeau illustre parfaitement.

   Il s'agit d'abord de rompre avec les préjugés et de se mettre à
l'écoute du temps. Finies les rêveries médiévales, les chevau-
chées, les illusions militaires. Pour conserver sa place dans la
société qui s'ébauche, la noblesse doit la conquérir et il n'existe
qu'un moyen : s'engager à fond dans le combat intellectuel,
politique et social. Elle doit renoncer au mirage de l'épée,
hochet archaïque d'un temps révolu, et prouver sa valeur à la
pointe de sa plume, l'arme noble du présent. Le marquis de
Mirabeau ne s'embarrasse pas de périphrases pour condamner
la carrière militaire, « métier suranné et aussi passé de mode
que les tournois », et toute son ambition est de faire de son fils,
non pas un fringant officier mais un économiste. Lui-même jette
sa casaque aux orties et s'enferme dans son cabinet. Il rompt
ainsi avec des habitudes ancestrales et échappe à la banalisation.
Plus grave encore, il construit un ordre nouveau où l'individu
devient un être irréductible. Pour la noblesse, qui cultive
l'esthétisme de la différence anonyme et collective, cette
émergence de la différence individuelle signe l'acte de décès de
la communauté aristocratique. Pour cette noblesse sans visage le
présent s'inscrit dans la continuité de l'histoire, et l'individu
n'existe que s'il participe à la continuité d'une lignée. La
noblesse vit dans la délectation de l'histoire. Ce que des
hommes comme le marquis de Mirabeau portent en eux, et
qu'ils empruntent à la roture, c'est l'exaltation de la perfor-
mance individuelle et l'affirmation de la non-valeur de l'histoire

en tant qu'héritage vivant. L'histoire s'inscrit désormais dans les scores d'une action immédiate et personnalisée qui inverse les termes : à la fécondation du présent par le passé se substitue la maturation du futur dans un individu sans racine qui vit l'accomplissement de l'histoire dans le devenir de sa propre destinée. La fonction intellectuelle, parce qu'elle est unique et en prise directe sur le présent, est celle qui permet le mieux d'intégrer l'individu au devenir de l'histoire.

Rester sur la touche, laisser l'histoire défiler en gardant les yeux fermés, ou s'engager à corps perdu dans la voie nouvelle ; former un bataillon nostalgique de porte-étendard et de colonels empanachés, ou constituer la moderne intelligentsia porteuse du devenir du royaume, tel est le choix auquel la noblesse se trouvait confrontée. Le marquis de Mirabeau n'eut pas d'hésitation.

Ayant fait son choix, il quitte l'armée, s'installe à Paris, capitale des lettres et des beaux esprits, s'impose rapidement comme homme de plume. Rien ne manque à son palmarès de « philosophe ». Un livre, *l'Ami des Hommes,* lui donne d'un coup, en 1756, un nom et la célébrité. Son engagement, à la suite de Quesnay, dans la secte des économistes, fait de lui un chef d'école : il devient le dogmatique et pesant patron des physiocrates. Rien ne manque à sa gloire, ni les inimitiés profondes et durables comme celle de Marmontel ni un séjour à Vincennes, hébergement dans une prison d'État qui marque pour un écrivain la reconnaissance officielle de la notoriété, que lui vaut sa *Théorie de l'impôt.* Pour le reste, celui que ses contemporains appellent désormais l' « Ami des Hommes » mène une vie assez peu édifiante dans son intérieur, mais conforme à ses vœux d'économiste éclairé. Il a épousé une riche héritière du Limousin, Marie-Geneviève de Vassan, qui ne lui apporte guère que des espérances jamais réalisées, une tournure disgracieuse, un visage plutôt laid, mais avec qui il partage pendant plus de dix ans une passion érotique traversée d'orages et de scènes de ménage quasi permanentes. Chaque rapprochement qui unit leur fièvre donne un enfant à ce couple batailleur. La maison du Bignon comme l'hôtel de Paris, entre lesquels la vie se partage, n'offrent pas un foyer très accueillant aux cinq enfants qui survivent. La mère du marquis de Mirabeau, austère et distante, regarde sa bru, indolente et souillon, comme une intruse. Le marquis, méprisant et terrible, despote sans indulgence et sans pitié, l'écrase de son orgueil et de sa brutalité. Extrême en tout, et sans scrupule, il introduit sa maîtresse, Mme de Pailly, au Bignon. Après la séparation des époux, elle y règne sans partage, entretenant la flamme de destruction qui pousse son amant à persécuter ses enfants après avoir anéanti sa femme. Au reste, mauvais ménager de ses deniers, ce doctrinaire bouffi d'orgueil et d'incapacité malmène son héritage et compromet dans des spéculations hasardeuses (ici l'achat ruineux du duché de Roquelaure, là l'exploitation sans succès d'une mine en Limousin) les 16 000 livres de rentes héritées de son père. Convaincu, avec cette intolérance que les naïfs apportent à leurs convictions, que l'économisme qu'il professe doit régénérer le monde, il entreprend de convertir toute sa famille, fils, filles, frère, à la divine science, et poursuit les réfractaires de son implacable fureur. Cet homme, si libéral dans sa doctrine, est un inquisiteur pour les siens. Il a inventé à son profit le dogme de l'infaillibilité et érigé la terreur en méthode d'éducation. Tout doit plier devant cet orgueil entêté et puéril qui n'admet ni remontrances ni contradictions, et Gabriel, le fils aîné, est la victime privilégiée de ce matamore tyrannique, hypocrite et démesuré.

Le marquis de Mirabeau, dont la cruauté ne peut être trop sévèrement jugée, avait pourtant sinon des excuses, du moins des prétextes. Il s'était réjoui de la naissance d'un héritier en qui il mettait toutes les espérances d'une famille dont il entendait faire une des premières de France. Le crédit qu'il s'était acquis par son talent, les mérites de son frère le bailli laissaient espérer, si l'enfant s'en montrait digne, une grande destinée pour lui, un grand éclat pour son nom. Si la postéromanie du marquis était satisfaite par la naissance de Gabriel, sa vanité était blessée par la disgrâce physique de ce rejeton qu'il fallait, pour en deviner le charme mystérieux, regarder ailleurs qu'au visage. Sa laideur privait Gabriel des grâces de l'enfance ; son aspect vulgaire, ses manières rudes et ses fanfaronnades accusaient des airs de capitan et un comportement de soudard qui contrastaient fort avec les grâces que le marquis se plaisait à admirer sur le visage de ses filles et surtout de son fils cadet, tout Mirabeau lui, et pourvu de cette beauté physique qui faisait si cruellement défaut à son aîné.

Ni l'incompatibilité d'humeur, ni le despotisme d'un père imbu jusqu'à la folie de sa prérogative de chef de famille, ni le report sur un innocent de sa haine démesurée contre la famille de sa femme, ni même les sujets réels de mécontentement que Gabriel donna à un homme qui ne supportait aucune faiblesse chez les autres, ne suffisent à expliquer l'horrible acharnement que, dans sa solennelle et stupide ivresse de pouvoir, il mit à persécuter un fils en qui il plaçait pourtant les ultimes espérances de son orgueil. Le marquis était sensible jusqu'à l'angoisse à la fragilité des races. Sa maison, déjà illustre et bien placée pour prétendre aux plus hautes destinées, pouvait soudain venir à manquer. Son avenir, sa fortune, son éclat, reposaient entièrement sur ce rejeton qui pouvait élever les Mirabeau au premier rang, les laisser retourner à l'anonymat, pis encore les conduire à la déchéance. Le drame du fils ne doit pas masquer celui que, de son côté et par sa faute, vécut un père dont la rigueur hypocrite — Dieu sait qu'il était lui-même un petit saint ! — était un peu le fruit vénéneux de l'anxiété. Chaque fois que la conduite de son fils le rendit à l'optimisme, il fonda de grandes espérances sur ses facultés exceptionnelles. Il n'hésita pas à l'accabler avec une inhumaine cruauté dès qu'il crut avoir à craindre quelque infamie dont son nom et lui-même eussent à souffrir. De là la contradiction et la variété de ses jugements sur un fils traité tantôt en aîné d'avenir, tantôt voué à la malédiction d'un père sans entrailles qui voit fondre ses espoirs et s'évanouir ses rêves de grandeur.

À cinq ans, espiègle et curieux, Gabriel donne au marquis ces petites satisfactions d'orgueil que les pères puisent dans les saillies de leurs enfants et qui s'en flattent avec la naïveté de la paternité comblée. « On parle de son savoir dans tout Paris », écrit-il à son frère en 1754. Toutefois la vanité seule et non le cœur est touché. Il n'hésite pas au même moment à porter sur son fils un jugement dont la sévérité paraît scandaleuse quand on pense qu'il s'applique à un enfant de cinq ans ; il avait, certes, plus besoin de la tendresse et des soins d'une mère, que de la philosophie dérisoire d'un censeur qui refusait tout contact corporel avec un bambin à peine sorti des langes. Que peut bien

signifier cette sentence emphatique qui sent moins le trait aigu
du psychologue que l'imbécillité du raisonneur orgueilleux :
« Peu de vices, hors une inégalité machinale, si on la laissait
percer, mais peu de sensibilité. » En fait, le jeune Gabriel est
dissimulé et menteur. Eh ! qui ne le serait sous la férule
indiscrète d'un pareil magister, toujours prêt à gronder et à
sévir. Mais la dissimulation stratégique de l'enfant, que son père
attribue à un vice de nature, offre au marquis une trop belle
occasion de s'abandonner à son démon familier pour qu'il la
laisse échapper. Et de déplorer la pernicieuse hérédité du sang
maternel : « Je dois renoncer que cet individu-là ait le caractère
de notre race. » Eh ! que fait-il de sa jeunesse voluptueuse et de
l'ivrognerie de son frère qu'il fallait, dans ses jeunes années,
ramener chez lui fin saoul presque chaque soir ! Mais cette
indignation hypocrite voue Gabriel à l'infamie. Il n'a que dix
ans, des peccadilles d'enfant à se reprocher, et son père tonne :
« L'aîné de mes garçons vendra son nom. » Peu après, pourtant, dans cet esprit chimérique qui tourne au vent comme une
girouette, l'image de Gabriel semble s'améliorer : « Il promet
un fort joli sujet, n'ayant plus trace d'humeur, de bassesse ni de
mensonge. » Mais à la moindre alerte la suspicion renaît et
désormais la prévention du marquis devient définitive. Mirabeau n'a que douze ans et son père, qui jusqu'alors a eu parfois
des instants de lucidité, le juge irrémédiablement perdu. « Cela
ne fait que de naître et l'extravasement est déjà marqué. C'est
un esprit de travers, fantasque, fougueux, incommode, penchant vers le mal avant de le connaître et d'en être capable[1]. »
Parfois il se montre plus équitable pour ce *matamore ébouriffé* à
qui il reconnaît « un cœur haut sous la jaquette d'un bambin ».
Mais les esprits faux n'ont de constance que dans l'erreur. Aussi
se reprend-il aussitôt pour annuler l'effet de ce jugement
raisonnable : « C'est un type profondément inouï de bassesse,
platitude absolue, et la qualité de chenille raboteuse et crottée,
qui ne déchenillera pas[2]. » Victime de la rancune qu'il nourrit
pour son mariage raté, aveuglé par la haine qu'il a vouée à sa
femme et à ses ascendants, ulcéré par la laideur de son fils, il

1. A Le Franc de Pompignan, 15 novembre 1761, Montigny, t. III, p. 254.
2. Au bailli, 3 décembre 1761.

veut y voir le miroir d'une âme affreuse ; le manque de grâce de
Gabriel devient symptôme de vilenie, et il reporte entièrement
sur ce fils mal aimé l'exécration que lui inspire les Vassan. Il sait
pourtant, et sa vanité s'en flatte, reconnaître une exceptionnelle
qualité chez cet enfant déroutant : « C'est une intelligence, une
mémoire, une capacité qui saisissent, ébahissent, épouvan-
tent[1]. » Mais cette concession, arrachée par l'évidence, est
aussitôt compensée par l'injure ; il ne veut voir en son fils que
bassesse et crapule. Quel enfant peut mériter, à douze ans, cette
condamnation atroce : « Il y a des excréments dans toute
race[2]. » Qu'a-t-il fait, quel est ce monstre endurci que son père
flétrit avec la rigueur réservée aux criminels de la pire espèce ?
Que lui reproche-t-il ? Des désobéissances, des mensonges, une
certaine veulerie et dissimulation que la crainte de ce mentor
terrible et atrabilaire suffit à expliquer. Le souci de la qualité ne
conduit jamais à de tels excès, et l'on ne peut invoquer ici que la
prévention, la sécheresse de cœur, et même une espèce de folie
qui s'empare de cet esprit haineux devant tout ce qui lui
rappelle les Vassan, cette race qu'il juge « si scélératement et
coupablement folle ».

Dans cette volonté d'obliger son fils à ressembler au modèle
auquel il s'identifie, dans cette proscription morale de la famille
de sa femme et de tout ce qui la rappelle, on devine un refus de
l'autre, de sa différence, de son identité. Trait commun à toute
la noblesse que le marquis de Mirabeau porte seulement au
dernier degré de l'intolérance. Gabriel est ressenti par son père
d'abord, par le groupe plus tard, comme un corps étranger qui
menace la famille et le milieu dans leur existence, parce qu'il ne
réalise pas le référent sur lequel repose la cohésion du groupe.
Sa non-conformité physique (la laideur), morale (la familiarité),
menace de confusion le clan nobiliaire. La familiarité de
Gabriel avec les grands comme avec les subalternes est beaucoup plus qu'une banale revendication d'égalité. C'est un défi
lancé à la complaisance vulgaire des minorités élitistes à se
conformer à des rites d'exclusion dont le but est de signifier aux
autres communautés l'infranchissable fossé de leur différence.

1. Au bailli, 16 janvier 1762, Montigny, t. III, p. 255.
2. *Ibid.*, 18 mars 1762.

En trinquant familièrement avec les rustres de Provence ou du Limousin, en frappant sur le ventre des ministres, Mirabeau ne manifeste pas seulement le sans-gêne d'un tempérament débraillé : il exprime la non-signifiance des liturgies sur lesquelles se fondent les hiérarchies et les distinctions sociales. Par ce geste symbolique autant qu'irrévérencieux, il anéantit les artifices de la hiérarchie sociale pour leur substituer la relation personnelle où un individu impose à l'autre sa supériorité par la seule force de son ascendant et de sa qualité intrinsèque ; l'écran opaque des distinctions artificielles, des préjugés et des privilèges, fait place à la transparence de l'homme nu. Un danger pour l'ordre social : tel apparaît bien Gabriel de Mirabeau dans ses jeunes années. C'est bien ainsi que le marquis, d'un regard courroucé mais lucide, perce la vraie nature de ce colosse d'irrespect qui porte en lui un feu de destruction qui peut embraser la société.

Le marquis, effrayé d'avoir produit ce monstre, songe à le réformer. La famille, la société doivent se défendre. Toutes les ressources de l'autorité paternelle, dont l'arbitraire est d'autant plus efficace qu'il peut s'exercer avec la bénédiction et le concours de l'État, seront successivement employées pour dompter cette nature récalcitrante et dévoyée. A six ans, Gabriel est soumis aux châtiments permanents, et son père note avec complaisance et une jouissance sinistre la longue suite d'épreuves auxquelles il soumet le petit martyr confondu : « M. le comte ne sort pas de sa suite de pénitences ; et en vérité il en a et en mérite prou[1]. » Gabriel, mauvaise tête peut-être, mais de bonne composition, loin de se rebeller contre l'injustice, s'humilie, se montre doux et repentant. C'est un motif supplémentaire pour l'accabler. Puisqu'il rend grâce, c'est qu'il est veule et lâche : « Cet enfant, quoique turbulent, est doux et facile, mais d'une facilité qui verse à l'ignavie[2]. Comme il ne ressemble pas mal à Polichinelle, étant tout ventre et dos, il me paraît très apte à faire la manœuvre de la tortue ; il présente l'écaille et se laisse frapper[3]. »

1. Au bailli, 3 octobre 1756, Montigny, t. III, p. 248.
2. Lâcheté.
3. Le duc de Nivernais au bailli, 11 septembre 1760.

En 1763 Gabriel entre dans l'adolescence. Les ressentiments de son père contre la famille Vassan se sont accrus, comme a grandi son éloignement pour ce fils qu'il déclare désormais « mal né, fol invinciblement maniaque, en sus de toutes les qualités viles de son antique ressemblance ». Bon Dieu ! quel aveuglement ! Gabriel avait de quoi plaire. Sa sensibilité et sa spontanéité d'enfant s'accommodaient de remarquables dispositions pour l'étude et d'une capacité rare à son âge. Son esprit délié et piquant est loin de justifier le jugement de son père qui lui attribue « une platitude absolue ». Spirituel et fécond en saillies, voyez comme, à l'âge de neuf ans, il se venge de sa disgrâce physique. Sa mère le taquinait sur sa laideur ; ne serait-ce pas un obstacle le jour où il voudrait prendre femme ? « J'espère, répondit-il, qu'elle ne me regardera pas au visage. — Et où veux-tu qu'elle te regarde ? », s'étonna-t-elle. Et le petit de répondre fièrement : « le dessous aidera le dessus. » Mais voici un de ces traits que les biographes aiment prêter à leur héros car ils semblent annoncer l'avenir. S'il n'annonce pas le futur tribun, il révèle un talent, qu'il développera plus tard avec éclat, pour trouver au bon moment le mot ou le geste qui enthousiasme les foules. Mirabeau, onze ans, jouait chez le duc de Nivernais qui organisait des courses pour les enfants du village. Gabriel gagne le prix, qui était un chapeau, se tourne vers un adolescent qui n'avait qu'un bonnet, et lui mettant son propre couvre-chef sur le front : « Tiens, dit-il, je n'ai pas deux têtes [1]. »

Les brillantes qualités du jeune Mirabeau, l'énergie et l'audace d'un caractère qui perçaient déjà sous les enfantillages du gamin, auraient dû forcer l'indulgence et, à défaut d'amour, lui valoir au moins la complaisance de son père. L'enfant, profondément marqué par ce défaut d'affection, sans doute aigri par les préférences que le marquis accordait à ceux de ses enfants en qui il croyait se reconnaître, se souvint toute sa vie de ce premier contact avec l'autorité paternelle. Devenu homme, et plus que jamais victime de l'excessive sévérité, il gémira du fond du cachot où il croupit : « Mon père, je pourrai dire que

---

1. Le marquis à la comtesse de Rochefort, 21 septembre 1758, Montigny, t. III, p. 251.

dès mon enfance et mes premiers pas dans le monde, j'ai reçu
peu de marques de votre bienveillance ; que vous m'avez traité
avec rigueur avant que je puisse avoir démérité de vous ; que
vous avez dû voir de bonne heure cependant que cette méthode
excitait ma fougue naturelle, au lieu de la réprimer... ; que je
n'étais pas fait pour être traité en esclave. » Et il pousse un cri
déchirant et si vrai : « Je vis que j'aurais toujours tort, parce
que je n'étais point aimé [1]. »

Au Bignon, une présence maligne, dont l'ombre romantique
empoisonne la vie de Mirabeau, envenime les rapports de
l'homme et de l'enfant. Depuis 1762 le marquis et sa femme se
sont séparés. Mais une *dame noire* hante le château.
Mme de Pailly, maîtresse, intrigante, insidieuse, s'est emparée
de l'esprit et du cœur du marquis, joue les belles-mères et les
marâtres, surveille, régente, attise la méfiance du père, juge
l'enfant « fort désagréable ». L'oncle de Gabriel, qui fut
souvent son bon génie, dénonce en vain la méchanceté de cette
femme : « Je dois te dire, parce que je le sais, que toute la
famille, en me comptant, a auprès de toi un serpent qui siffle
contre elle [2]. » Jusqu'à l'adolescence Gabriel grandit dans cette
atmosphère empoisonnée, ballotté entre l'outrance haineuse
d'un père dévoyé et la malignité d'une étrangère peu scrupu-
leuse, sinon désintéressée. Dans ce milieu hostile, le jeune
Mirabeau, victime d'une persécution qu'il ne s'explique pas,
réagit par la dérobade : il se révèle sournois et hâbleur, défense
dérisoire d'un enfant mal régi, trop sévèrement puni, qui
souffre de la méfiance et du mépris qu'il suscite. Lorsqu'il ne
gronde pas, le père le tient à distance car il ne souffre pas
l'apparence de la camaraderie. La grand-mère, qui aurait pu
adoucir un peu le sort de Gabriel, est impérieuse et sévère.
L'enfant grandit dans une totale solitude sentimentale, privé de
cette tendresse à laquelle il est si sensible et dont la moindre
marque, de la part de son père, lui arrachera des larmes dans
des moments, il est vrai assez rares, d'attendrissement.

Cependant la haute idée que le marquis de Mirabeau se faisait
de son rôle d'éducateur, son désir de réformer selon ses vœux un

1. Mémoire de Mirabeau à son père, in *Lettres* écrites du donjon de Vincennes,
éd. Merilhou, t. IV, p. 206 *sq*.
2. 21 mars 1782, Montigny, t. II, p. 214.

enfant qu'il jugeait si mal, son zèle à le façonner, à lui imprimer sa marque, eurent au moins un aspect positif. Il ne négligea rien pour l'éducation de son fils, ne l'abandonna pas, comme tant d'enfants de son milieu, aux soins incompétents de valets promus au rang d'éducateurs subalternes. Dès quatre ans, il lui donna un précepteur, un M. Poisson, avocat sans cause mais régisseur de ses terres. Sur les conseils du marquis, l'instituteur improvisé s'acharna, avec un zèle maladroit, à *dresser* son pupille dont l'enjouement naturel et le tempérament de feu eussent souhaité plus de modération, de souplesse et de compréhension. Dans un moment de lucidité, le marquis avouera qu'il a « manqué » son fils. Du moins n'a-t-il rien négligé pour donner de l'élan à ses facultés intellectuelles. Mirabeau s'est plaint qu'on lui ait peu appris. Mais il a reçu de ses maîtres les instruments qui lui permettront d'acquérir, dans la solitude de ses prisons, une formidable culture, monstrueuse peut-être parce que mal réglée, mais d'une incontestable étendue. Élève difficile, indocile, cervelle tout à l'envers ? C'est son père, dont on connaît le peu d'indulgence et les préventions, qui le dit.

A quatorze ans, il est temps que Gabriel quitte précepteur et maison paternelle. Pour un jeune homme de cet âge, destiné par son milieu au métier militaire, la voie semblait toute tracée. Des académies, où l'on enseignait l'équitation et les armes, formaient les jeunes gens de l'aristocratie. Mais la liberté dont jouissaient les élèves de ces établissements ne faisait pas l'affaire du marquis de Mirabeau, plus que jamais persuadé que son fils avait besoin d'une surveillance sévère et de la discipline d'un magistère implacable. Il confia d'abord Gabriel à la férule d'un ancien officier qui se déclara rapidement débordé par l'exubérante personnalité de son élève, puis à la pension de l'abbé Choquart, établissement à la mode où les adolescents étaient très rigoureusement contrôlés. Des étrangers, qui resteront les amis de Gabriel, fréquentaient cette institution, dont la renommée avait débordé les frontières de la France. Le jeune Mirabeau arrivait à la pension Choquart sous le nom claironnant de Gabriel de Pierre-Buffière. Il était d'usage de donner aux enfants le nom d'une terre. Celle de Pierre-Buffière, que la mère de Gabriel possédait en Limousin, était flatteuse pour le

père et le fils puisqu'elle entraînait le titre de premier baron du
Limousin. Ce baptême n'était donc pas, comme on l'a dit, une
humiliation supplémentaire infligée au jeune Mirabeau comme
ce sera le cas plus tard lorsque son père lui imposera de
s'appeler très modestement M. Honoré. Sévère, austère même,
l'abbé Choquart se prit rapidement d'affection pour son nouvel
élève. Généralement, ceux dont on voudra faire les geôliers de
Mirabeau ne résisteront pas à son charme et deviendront ses
amis. Pierre-Buffière fit de rapides progrès, apprit les langues
anciennes et modernes, les mathématiques, la musique où il
excellait, la danse, l'équitation, la paume, la natation. Il reçut
là, assurément, une éducation bien supérieure à celle de la
plupart des jeunes nobles confiés dès l'âge de treize ou quatorze
ans à la férule d'un capitaine dans l'atmosphère peu propre à
l'étude d'un régiment. Chez Choquart, outre les études traditionnelles, les exercices physiques et la manœuvre militaire,
l'enseignement était d'une grande modernité comme en témoigne un plan d'enseignement d'économie politique, science alors
toute neuve, dressé par le père de Mirabeau lui-même à
l'intention de l'établissement.

Selon les critères du temps, Pierre-Buffière, à quinze ans,
était presque un homme. Avant de quitter la maison paternelle
il a prouvé sa virilité à la fille de son précepteur qui a essuyé ses
premiers assauts, préambule juvénile d'une longue carrière
amoureuse. Chez Choquart, après une adaptation un peu
difficile et quelques alertes qui faillirent le conduire dans une
maison de correction, il eut une conduite exemplaire, travailla
avec assiduité et cueillit des lauriers qui purent flatter l'orgueil
du marquis. Chargé de composer le discours d'honneur du
collège, il le fit avec un talent qui frappa les journalistes, et
Bachaumont le signala en termes propres à rassurer mais peut-
être aussi à piquer la jalousie de l'Ami des Hommes : « On voit
que le jeune aiglon vole déjà sur les traces de son illustre père.
Le fils a plus de netteté, plus d'élégance dans le style et son
discours est fort bien écrit [1]. » Est-il vrai que dès cet instant le
père redouta que la gloire de son fils dépassât un jour la sienne ?
Il me paraît bien inutile de noircir encore, par des suppositions

1. Cité par Loménie, t. III, p. 28.

gratuites, un personnage que les seuls faits certains chargent déjà tant. Gageons plutôt que ce succès de son fils le réjouit. Mais sa rigueur ne se relâcha pas. Redoutant les influences étrangères, surtout celle de sa mère, il interdit toute correspondance, laissant Mirabeau dans un isolement complet, le privant même des secours de celle qui lui avait donné le jour. Comme Mme de Mirabeau, soucieuse de compenser la ladrerie de son mari, avait envoyé quelques louis à Gabriel, comme toujours totalement démuni, le marquis s'emporta et accusa sa femme de « débaucher la partie véreuse de sa famille ».

Pierre-Buffière a maintenant dix-sept ans. Malgré sa conduite irréprochable, son père ne désarme pas. Il faut pourtant caser ce garçon et il songe à lui faire prendre du service. Selon les usages du XVIIIe siècle, un jeune homme de grande maison n'a pas à passer par les grades — sinon à la va-vite — pour devenir officier, capitaine, voire colonel. Il serait normal d'acheter au jeune Mirabeau, dans un délai assez rapproché, un régiment, à tout le moins une compagnie. Le marquis, dont la situation financière est, il est vrai, assez périlleuse, n'y songe même pas. Pourtant, pour sa fille Caroline mariée en 1766 à M. du Saillant, il a trouvé 80 000 livres de dot ; pour son frère le bailli, il a emprunté 150 000 livres pour l'acquisition de la charge de grand maître des galères. Mais pour son fils aîné : rien. C'est qu'il mijote pour lui de nouvelles épreuves. Il sera *volontaire,* c'est-à-dire simple soldat gentilhomme, « à la plus rude école militaire » sous un régime que le marquis espère « dur et froid », dans le régiment de Berry-cavalerie en garnison à Saintes sous les ordres du marquis de Saint-Lambert, brillant officier, mais hautain et sévère, admirateur de l'Ami des Hommes dont il se pique — quel encens pour Mirabeau père — d'être le disciple en physiocratie. Jusqu'ici Gabriel n'a été qu'un enfant difficile, puis un adolescent quelque peu ingrat. Par ses rigueurs excessives son père a favorisé le développement d'une exigence qu'il espérait au contraire étouffer, celle de l'indépendance. Libre désormais, Mirabeau piaffa, s'enivra de sa liberté. Se sentant hors de page pour la première fois de sa vie, le jeune soldat fut tenté d'user, et d'abuser, de son indépendance et des occasions de dérèglement, au reste fort modestes, qu'offrait la vie de garnison.

Il se conduit d'abord à la satisfaction de ses supérieurs. Mais il
supporte impatiemment l'autorité de son jeune colonel, hautain
et inflexible ; sensible à la persuasion, Gabriel se cabre avec
l'impétuosité de ses dix-sept ans devant la rigueur maladroite
d'un chef guère plus âgé que lui qui le traite avec trop de
hauteur. Déclaré forte tête, il passe cinq mois de sa première
année de carrière en prison ; mais on ne lui refuse pas un brevet
de sous-lieutenant. Dès lors Gabriel partage la vie des jeunes
officiers. Bien sanglé dans son bel uniforme, il court les jeunes
beautés de la ville, noue quelques romans, fait quelques dettes,
d'ailleurs peu importantes. Comment y aurait-il échappé ? Son
père, fidèle à ses principes, le laisse sans le sou. Mais le marquis,
maître en hypocrisie, fait de ces petits dérèglements, communs à
tous les jeunes officiers, de monstrueuses dépravations. La rage
l'étouffe. Quoi ! Quarante louis de dettes et Gabriel est encore
libre ! Le marquis voit rouge et, pour la première fois, lui vient
l'idée sinistre d'enfermer ce fils dépravé dans quelque prison
bien close d'où il ne sortirait de sa vie. Au moment où, après
Beccaria, Voltaire plaidait pour que la justice proportionnât la
peine au délit, l'autorité paternelle exerçait encore son redoutable pouvoir avec la même démesure que les tribunaux civils
qui condamnaient à mort pour des vols domestiques. Repris par
ses fantasmes punitifs, le marquis donna la mesure de ses
rancœurs. Il déversa sa bile dans le sein de son frère et
l'outrance de sa réaction révèle une fois de plus la gravité de ses
préventions et leur nature. « Le voilà bien moulé sur le type de
sa race maternelle qui mangerait vingt héritages et douze
royaumes, si on les lui mettait sous la main. Mais de celui-là au
moins, je n'endurerai qu'autant que je voudrai, et une geôle
bien fraîche et bien close va modérer son appétit, et amincir sa
taille [1]. » Et Mirabeau est coupable d'une dette de quarante
louis ! Mais son père n'eut pas à montrer l'odieux de sa nature ;
un éclat de Gabriel, une escapade d'enfant, lui évita d'être son
juge ; pour son bonheur, ce fut l'autorité publique, mille fois
plus clémente, qui se chargea de la punition. A la suite d'une
algarade avec son colonel, Gabriel avait pris peur et, quittant
son régiment, s'était enfui à Paris. Un ordre du ministre de la

---

1. Au bailli, 30 août 1768, Montigny, t. III, p. 286.

Guerre le ramena à Saintes, et il fut enfermé à l'île de Ré. Gabriel l'avait échappé belle ; si on eût laissé au marquis le choix de la sentence, il l'eût condamné à mort. Il projetait de l'envoyer à Surinam d'où personne ne revenait. Soucieux de se dédouaner, de faire partager à d'autres sa répulsion pour son fils et de ne pas porter seul la responsabilité de son sinistre projet, il trace de Gabriel le portrait d'un scélérat, et le doux et bienveillant bailli lui-même s'y laisse prendre, non toutefois sans quelques réticences, et voyez ce qu'il écrit, inhumain, monstrueux, quand on songe qu'il s'agit d'un jeune homme de dix-huit ans coupable d'une amourette et d'une médiocre dette de jeu : « Après avoir ruminé trois jours depuis la réception de ta lettre, sur le parti unique à prendre, je n'y vois qu'un seul moyen. C'est d'après l'inspection bien détaillée de la chose, à toi à savoir s'il faut employer ce moyen, c'est-à-dire si les excès de ce misérable méritent qu'il soit à jamais exclu de la société, et dans ce cas la Hollande [c'est-à-dire les colonies hollandaises] est le meilleur de tous. On a la sûreté de ne voir jamais reparaître sur l'horizon un malheureux né pour faire le chagrin de ses parents et la honte de sa race[1]. »

À l'abri des desseins criminels de son père, Gabriel passe en prison six mois pleins d'agrément. Car ce *scélérat* fait la conquête de tous ceux qui l'approchent. Son geôlier lui ouvre fréquemment les portes du fort de Ré pour des sorties nocturnes à La Rochelle où il se répand et se fait aimer. À l'intérieur même de la citadelle, la fille de M. de Malmont, commandant en second, se montre accueillante à ses épanchements sentimentaux. Quant au gouverneur, le bailli d'Aulan, séduit par son prisonnier, il réclame bientôt son élargissement.

Sorti de prison, Mirabeau vit pendant quelques mois la plus belle période de son existence agitée. Autorisé à rejoindre le régiment de Lorraine qui devait participer à la pacification de la Corse insurgée contre l'occupation française, il prit part à cette promenade militaire où, à défaut d'exploits martiaux, il se couvrit de lauriers de boudoir. Si cette campagne de 1769 ne lui permit pas de s'illustrer, en dépit de ses naïves prétentions à être

---

1. Le bailli au marquis, 10 septembre 1768, Aix-en-Provence, musée Arbaud, fonds Mirabeau, registre 27, F° 475.

grand capitaine (« ce que je suis le plus né, c'est homme de
guerre »), elle lui permit d'acquérir l'estime de ses chefs dont il
reçut de multiples preuves et les éloges.

Il regretta plus tard et dénonça publiquement à la tribune de
l'Assemblée nationale cette expédition sauvage, cette conquête
brutale d'un peuple soulevé pour la sauvegarde de sa liberté ;
mais, pour le moment, il est tout à l'enivrement de la guerre et
de sa liberté reconquise. Quelle joie aussi de pouvoir satisfaire à
la fois la fougue de sa jeunesse dans l'exercice, et les excès de
son tempérament sensuel dans des conquêtes faciles, agrémen-
tées de ce piment du scandale qui sera toujours chez lui le
complément indispensable du plaisir : aujourd'hui le sacrilège
avec une nonne trop jolie, demain l'inceste avec sa sœur, bientôt
l'adultère. Guerre en dentelles, mais campagne amoureuse
conduite au pas de charge. Ne pouvant se vanter de trophées
militaires, il a du moins de fringants jupons à accrocher à son
étendard de « mâle le plus vigoureux qui ait peut-être jamais
existé ». S'il ne fabule pas, ce qui n'est pas exclu, il enlève
successivement les défenses d'une nièce de curé, d'une Grecque
et d'une Génoise, d'une Romaine et de la femme de l'intendant,
d'une boulangère et de plusieurs grisettes et surtout, dessert
raffiné, de la supérieure d'un couvent qui prit tellement goût
aux jeux de l'amour qu'elle finit par assister en tiers aux ébats de
Mirabeau et de ses conquêtes. Réalité, forfanterie, rêve érotique ? Hâbleur, Mirabeau l'est avec naïveté ; d'une constitution
exigeante, audacieux avec les femmes et irrévérencieux, il l'est
aussi. Son récit n'est peut-être pas mensonger et, comme il
l'avoue simplement, il devait « donner de l'exercice à ses sens
quand il n'en pouvait donner à son cœur [1] ».

Mais c'est aussi durant cette campagne qu'apparaît un des
traits qui, à travers ses passions, ses égarements et ses supplices,
restera constant toute sa vie : sa curiosité inlassable, sa passion
du travail, sa capacité d'assimilation qui feront de lui, à trente
ans, l'esprit le plus apte à s'exercer aux réflexions graves, aux
sujets les plus arides aux jugements les plus audacieux. Celui
que son père, esprit rance et persifleur, nomme avec mépris « le
flibustier corse », se révèle pour la première fois homme de

---

1. Musée Arbaud, fonds Mirabeau, registre 65.

plume et, dès vingt ans, observateur prudent et lucide d'un peuple dont l'histoire — des siècles d'oppression génoise — suscite en lui ses premières réflexions d'adulte. En effet, il visite l'île, la décrit en détail, s'informe, interroge les témoins. Ce n'est pas encore une œuvre, mais cette ébauche surprend le bon oncle qui en fait l'éloge en termes imprudents que l'on dirait tout exprès choisis pour blesser la vanité de son frère : « Il vient dans cette promenade de ce matin de me lire l'avant-propos d'une histoire de Corse qu'il prétend ne contenir que les quarante dernières années, mais où il met en précis l'antécédent de cette époque. Je t'assure qu'à vingt ans tu n'en aurais pas tant fait et moi à quarante je n'en aurais pas su faire la centième partie. J'y ai trouvé des principes clairs et dictés par une tête pleine d'élévation, de feu, de nerf et de génie et par un cœur ferme, fort et bon [1]. » Le bailli était bon juge, l'aiglon commençait à déployer ses ailes.

Mais la campagne était achevée, la Corse allait être vite oubliée. Gabriel revint en France où il débarqua en mai 1770. Sa carrière militaire, par la volonté de son père, devait s'arrêter là : le marquis avait d'autres projets.

1. Le bailli au marquis, 21 mai 1770, musée Arbaud, fonds Mirabeau, registre 28, F° 330.

3. Le matin d'un hobereau

Gabriel de Pierre-Buffière découvre, à son retour de Corse, le château de Mirabeau et son oncle, bailli de Malte et général des galères. Ancien chenapan repenti, devenu le plus honnête homme de la famille, le bailli ne connaît son neveu que par le portrait peu flatteur que lui en a croqué son frère. La rencontre des deux hommes pouvait tourner court. D'un côté des réticences, de l'autre une volonté de plaire, une conviction assurée de son mérite, un charme insinuant qui enlève la place d'autorité dès le premier contact. Le bailli ne résiste pas à la présence de Pierre-Buffière, encore moins à la séduction de sa parole. Il est saisi par la laideur, mais conquis par la sensibilité du cœur, émerveillé par la jactance, ébloui par l'esprit. Le drôle en a à revendre, sait en jouer à son avantage. En quelques jours, Gabriel a réussi la première phase de sa mission : séduire son oncle pour tenter de rentrer en grâce auprès de son père.

A la vérité, l'oncle n'est pas seulement séduit ; il est, à la lettre, ensorcelé. Ses lettres au marquis ne tarissent pas d'éloges, des plus flatteurs et des plus exaltés. Le jeune homme, tant décrié par son père, n'est ni un dévoyé ni un songe-creux ; c'est la plus belle organisation, ce sont les plus belles qualités, et l'on peut fonder sur lui de très grands espoirs : « Je te le répète, ou c'est le plus habile persifleur de l'univers, ou ce sera le plus grand sujet d'Europe pour être pape, ministre, général de terre ou de mer, chancelier, et, peut-être, agriculteur. » Enfant prodigue, soit ! l'oncle veut bien l'admettre. Mais, en sus de ses brillantes facultés intellectuelles, le jeune Mirabeau n'a-t-il pas, avec tout le feu et l'exubérance de sa jeunesse, tous les entours d'un homme bien né, tous les préjugés et l'orgueil seigneurial si

profondément enracinés dans toute la famille ? Un vrai Mirabeau, digne de perpétuer la race, avec juste ce qu'il faut de
hauteur et de conformisme pour que le bailli s'attendrisse
devant ce matamore ébouriffé, déjà corpulent, à la tignasse
léonine, qui déverse, avec une prolixité infatigable, les suavités
d'une éloquence à laquelle aucun homme ne résiste et que les
femmes boivent comme un élixir. Un beau parleur, que
quelques frasques de jeunesse rendent intéressant, un jeune
aristocrate très imbu des préjugés de sa caste et que rien ne
signale à l'attention des démocrates : Mirabeau ne perce pas
encore sous Pierre-Buffière. Les quelques années que Gabriel,
rendu à la vie civile, passe auprès de son oncle et de son père,
révèlent un homme en accord parfait avec son milieu dont il
partage entièrement les idéologies et les préjugés. Rien ne
signale en lui le futur tribun, le pourfendeur de l'aristocratie, le
porte-parole passionné des revendications sociales du tiers état.
Seules l'épreuve et la réflexion qui s'ensuivra dépouilleront la
chrysalide de son cocon de conformisme et de révérence. Pour
le moment, il partage benoîtement les chimères féodales de son
oncle, les rêveries économistes de son père ; non sans un peu de
complaisance, il est vrai, car la duplicité ne coûte guère à cet
esprit insinuant qui ne s'embarrasse pas de scrupules. Il est
essentiel, en effet, pour lui, de rentrer en grâce auprès de son
père et, pour y réussir, rien ne le rebute.

Mais le marquis ne se laisse pas aisément convaincre, s'étonne
et s'irrite de la naïveté de son frère dupe des simagrées de son
neveu. Il le met en garde contre l'entregent de Gabriel, son
talent de comédien, la « dorure de son bec ». Il refuse d'adoucir
son ton, et conteste à son fils jusqu'au droit de poursuivre ce
qu'il appelle dédaigneusement ses rêveries militaires, cette
carrière pour laquelle le jeune homme se croyait fait et qui lui
eût au moins donné un état et une position dans la société. C'est
qu'outre ses réticences sur le métier des armes, il redoute le
désœuvrement des garnisons ; surtout, il ne veut faire aucun
effort financier — un régiment coûte cher — pour ce fils mal
aimé dont il refuse de payer les dettes. Manque-t-il d'argent ? Il
a, cette même année 1770, richement marié sa fille Louise au
marquis de Cabris. Union étrange, mal assortie à tous points de
vue. Cabris est impuissant, son hérédité malsaine, son esprit

dérangé. Louise a dix-sept ans, une vive intelligence, une imagination de feu.

Le frère et la sœur ne se connaissent pas ; ils se sont perdus de vue depuis la petite enfance. les retrouvailles, à Mirabeau, sont pour l'un et l'autre un émerveillement : l'une est parée de toutes les grâces, l'autre sent l'homme. Louise devient l'héroïne de l'idylle la plus douce de la vie orageuse de Mirabeau. Idylle scandaleuse, à peine soupçonnée par les proches, où la suavité de la tendresse fraternelle est relevée par le piment de l'inceste. L'aveu qu'en fera Mirabeau ajoutera pour la postérité à sa réputation de débauche. Les mœurs du XVIIIe siècle n'attachaient pas de flétrissure à ces égarements du cœur dont l'hypocrisie morbide du XIXe siècle fera une profanation.

Entre une sœur passionnément éprise dans les bras de laquelle le jeune Gabriel roucoule comme un enfant, la marquise de Limaye-Cariolis qui lui offre généreusement des plaisirs sans doute plus substantiels, et le bon oncle définitivement subjugué, Pierre-Buffière piaffe comme un jeune étalon, consacrant à l'étude les heures qu'il soustrait à l'amour. L'Ami des Hommes, dans sa pédantesque prétention à se croire le plus grand génie de l'Europe, a statué une fois pour toutes qu'il n'y avait de formation que dans la lecture de ses œuvres. Hors de l'économisme, professe-t-il hardiment, point de salut. Admirez la naïveté ou la paranoïa : « Il est indispensable, s'il veut porter mon nom, qu'il sache à fond ma science. » Mme du Saillant, la sœur de Gabriel, a été la première victime de cette pédagogie orgueilleuse. Et Gabriel devra à son tour se plier aux caprices paternels : faire retour à la terre, lire les Économiques, les Éphémérides, un catéchisme économique. Les Évangiles de l'économisme selon saint Mirabeau père laissent de glace un Gabriel incrédule et goguenard, plus porté vers l'action que vers la rêverie ; il fait volontiers des gorges chaudes du fanatisme évangélisateur du pape des physiocrates, mais se jette à corps perdu, avec la fougue quelque peu désordonnée de son tempérament, dans l'étude du concret, c'est-à-dire de son petit royaume provisoire, le fief de Mirabeau. Ici il se bat avec quelque chose qui existe et qu'il sent. « Il travaille comme un forçat à se mettre la terre de Mirabeau dans la tête ; le drôle y

mord bien, il fait des plans de campagne contre la Durance, et
en fait des volumes [1]. »

Tant de bonne volonté devrait ravir son père ; ce serait mal
connaître cet esprit chimérique, obstiné, plein de rancune et de
bile rentrée. Rien ne peut lever, et rien ne lèvera jamais, les
préventions du soupçonneux marquis. Il fait pourtant, car la
situation est grave, provisoirement taire ses aigreurs : son fils
fait partie de ses projets ; il sera l'un des pions d'une de ces
combinaisons sordides qu'il met alors sur pied pour capter
l'héritage Vassan. Gabriel lui est indispensable en Limousin où
se prépare une tragédie qui va le plonger dans l'horreur et
l'ignominie, et le confronter, comme dans le drame antique, à
toutes les criminelles passions des Atrides.

Appelé par l'Ami des Hommes, Pierre-Buffière arrive le
21 septembre 1771 à Aigueperse. Bien chapitré par le bailli, le
marquis reçoit son fils, qu'il nomme avec bonté le comte de La
Bourrasque, avec des marques d'amitié. L'affection que Gabriel
porte à sa mère va lui servir au moment où se joue sa fortune.
La comtesse de Vassan, mère de sa femme, se mourait.
L'héritage allait-il tomber dans les mains de Mme de Mirabeau,
épouse exécrée et depuis longtemps indépendante, ou le marquis réussirait-il à faire main basse sur ce pactole tant convoité
en se faisant confier l'administration des biens communautai-
res ? Pour satisfaire sa cupidité, il habille son fils en diplomate.
Chargé de mission, Gabriel doit tenter de circonvenir sa mère.
Sans pudeur, le marquis a déversé devant son fils ses griefs et
son fiel. Chez sa mère il entend de la bouche d'une femme qui
n'est certes pas irréprochable, mais que l'odieuse tyrannie d'un
mari despotique a poussée à bout, des vomissures d'injures.
Voulant la convaincre, Gabriel ne réussit qu'à l'exaspérer
jusqu'à la folie, jusqu'à l'horreur, jusqu'au meurtre : hors
d'elle-même, inconsciente, furieuse, elle décharge un pistolet
sur son propre fils étourdi, écœuré de cet attentat infâme qui,
heureusement, a épargné sa vie. L'atrocité de ce geste réjouit le
marquis : il rendait la mère odieuse à son fils. Leur réconciliation en fut facilitée et d'autant plus aisément que Pierre-
Buffière, pour oublier le drame qu'il vient de vivre, se jette à

----

1. Le bailli au marquis, 30 mai 1770.

corps perdu dans le travail et se comporte à Aigueperse — chef-lieu de la baronnie — de manière à flatter toutes les vanités de son père, en vrai physiocrate conscient de satisfaire aux exigences de l'école. En accord avec l'intendant de la province, qui n'est autre que Turgot, il lutte contre la disette, achète du blé et du riz, ouvre des travaux pour les chômeurs ; enfin, par courtisanerie et par goût de l'activité sociale, il exécute un grand projet de son père : la création d'un tribunal de conciliation qui devait éviter aux vassaux de la seigneurie le recours à la justice régulière chaque fois qu'un arrangement amiable serait possible.

Le marquis, qui voyait son fils devenir son disciple, en fut ébloui et, pour la première fois de sa vie, Gabriel trouva grâce devant celui qui l'avait si constamment méconnu et avili ; il risqua un compliment : « Le drôle fait, je t'en réponds, de bonne besogne », écrivit-il à son frère [1].

Et aussitôt il le récompense. Il le ramène avec lui à Paris, le présente à Versailles, le traîne dans les salons. Quelle aubaine pour Gabriel ! Paris l'enivre. Il court le monde, les bibliothèques et, bien sûr, les ruelles. Il fait, en affamé, provision de femmes et satisfait à grandes lampées son robuste appétit sexuel. Mais l'intermède dure peu. Son père, une fois de plus, a besoin de ses services pour une mission délicate en Provence, une occasion pour Gabriel de révéler sa nature.

Un conflit oppose la communauté de Mirabeau à son seigneur. La cause du marquis est injuste, indéfendable. Pierre-Buffière qui, bientôt, tonnera contre les aristocrates et s'offrira comme avocat passionné de la cause du tiers état, embrasse le parti de son père avec enthousiasme et le défend avec une hauteur et un orgueil féodal qui font de lui, alors, l'allié le plus efficace de la réaction seigneuriale. Défenseur des seigneurs contre leurs vassaux paysans, il se révèle fidèle à la tradition des Mirabeau, hautain et cassant, prêt à tout, menaces et violences, pour imposer aux communautés les décisions arbitraires du maître et de sa justice.

Les Mirabeau avaient autorité sur deux villages, Mirabeau et

---

1. Au bailli, 11 janvier 1771, musée Arbaud, fonds Mirabeau, registre 28, F° 438.

Beaumont, peuplés respectivement de plus de 600 et de plus de
900 habitants. Ce sont des communautés rurales, certes, mais
fortement urbanisées, avec une vie collective active et une
importante population non paysanne. Mirabeau compte une
dizaine de bourgeois vivant noblement : un notaire, un chirur-
gien, un maître d'école, un aubergiste, deux négociants, une
quinzaine d'artisans. L'urbanisation est encore plus sensible à
Beaumont : 10 % de la population est non agricole. La plus
grande masse des habitants se consacre à la culture du terroir :
3 696 hectares à Mirabeau, 5 607 à Beaumont, très largement
constitués de terres ingrates à la merci des débordements de la
Durance, de garrigues, de collines, mais aussi de vallées
irriguées. A Mirabeau où forêts, garrigues et terrains de
parcours domaniaux occupent une grande partie de l'espace, il
reste 40 % de terres labourables, plus quelques vignes, prés et
vergers. La population se partage la plus grande partie des
terres non privilégiées. Les exploitants les plus aisés, ceux qui
cultivent plus de 5 hectares, forment un tiers de la population et
détiennent 60 % des terres paysannes ; certains émergent de la
foule avec des propriétés de 80 hectares. Mais les deux tiers des
paysans, avec des exploitations de 2 à 5 hectares, ne contrôlent
qu'un dixième du territoire. Un bon quart est sans terre et
cultive en fermage les champs des Mirabeau qui concentrent
environ 11 % des terroirs de Mirabeau et de Beaumont. Les
paysans possèdent donc les deux tiers du terroir, non compris les
terres communales. Les quelque 20 % restant appartiennent à la
bourgeoisie locale ou à des bourgeois d'Aix, de Marseille ou de
La Tour d'Aigues. Quant à la propriété du clergé, elle est
négligeable à Beaumont, inexistante à Mirabeau. Les Mirabeau,
il est vrai, tiennent les meilleures terres : 80 % de leur domaine
sont en terres labourables et ils possèdent, en outre, les bois
entretenus et les prés irrigables. Comme seigneurs, ils perçoi-
vent la *tasque* ou champart, et des contributions diverses
attachées à la seigneurie[1].

Ces droits seigneuriaux provoquent des résistances de la part

1. Le terroir de Mirabeau et de Beaumont a fait l'objet d'une étude de Michel
Vovelle, que j'ai suivie ici : « Mirabeau et Beaumont. Deux communautés
paysannes face à leurs seigneurs », in *Les Mirabeau et leur temps,* Centre aixois
d'études et de recherches pour le XVIIIe siècle, 1968.

des communautés. Ces populations de Provence sont vives et ardentes, accoutumées à gérer leurs affaires avec une grande indépendance, peu enclines à courber la tête sous les coups d'autorité d'un seigneur dont elles contestent traditionnellement les privilèges. L'affrontement qui va se produire, et au cours duquel le jeune Mirabeau manifestera son intransigeance, n'est pas une nouveauté. Ce que l'on appelle la *réaction seigneuriale*, c'est-à-dire la volonté des seigneurs de faire respecter l'intégralité de leurs droits, n'est pas apparu dans la seconde moitié du XVIIIe siècle. Déjà Jean-Antoine de Mirabeau, le grand-père de Gabriel, terrorisait ses vassaux, décidait unilatéralement de s'emparer des terres communales et faisait bastonner un procureur d'Aix venu au secours des paysans. La principale source de conflit entre le seigneur et la communauté remonte en effet au XVIe siècle, à l'époque où les Riquet ont fait l'acquisition du fief de Mirabeau (1570). Le sort des terroirs communaux, bois et terres gastes ou incultes, et les droits respectifs du seigneur et des communautés avaient été réglés par une transaction de 1551, que les Mirabeau avaient dû ratifier au moment de l'acquisition, mais qu'ils entendaient bien ne pas respecter. Ils s'obstinèrent à revendiquer la propriété de ces terroirs tandis que, de leur côté, les paysans, forts du règlement de 1551, prétendaient conserver leurs droits d'usage, coupe de bois, fabrication de charbon et parcours des troupeaux. Le marquis de Mirabeau, reprenant à son compte les prétentions de son père et de son grand-père, a décidé de rentrer dans ce qu'il considère à tort comme son droit. Il a fait annuler, sans autre forme de procès, la convention de 1551 par son juge seigneurial, et la sentence est aussitôt exécutée. On imagine sans peine l'émoi des communautés dépossédées d'un coup d'avantages considérables ; certains habitants étaient privés de ressources d'appoint, les moins favorisés voyaient s'aggraver une situation déjà précaire. Ce fut la révolte. Le soulèvement, inattendu, irrita la colère du marquis, il fulmina contre « l'orgueil, la médisance et l'animosité provençales ». Il n'eut plus désormais qu'un but : réduire ces factieux à l'obéissance. Connaissant la violence de son fils, il en espéra des résultats rapides et définitifs. « A propos de fous, écrit-il le 26 décembre 1771, j'ai envoyé l'élixir de ma race en ce genre à Mirabeau pour aviser à

quelques bêtises populaires que ma police des bois a excitées
sitôt que j'ai eu le dos tourné. » L'Ami des Hommes, philan-
thrope de cour, physiocrate bercé de bergeries idylliques, mais
propriétaire absentéiste, ne badinait pas quand il s'agissait de
défendre le droit, réel ou arbitraire, du seigneur.

Mais ce que Gabriel trouve en Provence est loin de correspondre à son attente. Au lieu d'une masse inerte et révérencieuse de
paysans terrorisés, il se heurte à des communautés organisées,
dirigées ou conseillées par un noyau de propriétaires aisés fort
indisposés à l'égard du marquis et de ses vexations, et par des
hommes de loi retors et animés d'un fort esprit antiseigneurial.
Les *conseils* de Mirabeau et de Beaumont se réunissent et
délibèrent régulièrement. Ils reçoivent les avis, depuis Aix, de
Me Mottet, avocat à la cour et procureur des deux communautés ; sur place la rébellion est dirigée par le notaire Gastaud à
Mirabeau, par le juge Boyer à Beaumont. Représentants de la
petite bourgeoisie judiciaire, ces hommes de loi ont une forte
influence sur l'opinion paysanne, stimulent l'esprit de résistance
des communautés, en conseillant les formes et les moyens de
défense. Ils prennent parfois, et non sans courage, la tête des
initiatives antiseigneuriales. Claude Boyer, licencié en droit,
juge royal au Pertuis depuis 1768, victime avec sa famille d'abus
qui lui ont laissé beaucoup d'amertume, est le prototype de cette
classe de juristes ouverts aux idées nouvelles, très braqués
contre toutes les formes d'arbitraire, qui joueront un rôle décisif
dans les événements de 1789.

C'est à ces hommes, que les communautés respectent, que
Mirabeau se heurte avec toute la jactance insolente d'un
hobereau qui ne tolère aucune résistance : il n'attend de ses
vassaux qu'une soumission respectueuse à sa volonté, pronon-
cée avec hauteur sans possibilité de compromis. Conflit de deux
états d'esprit, de deux mondes qui, près de vingt ans avant 1789,
s'affrontent dans une seigneurie provençale avant d'embraser
toute la France. Mais, pour cette fois, Mirabeau se trouve du
côté du passé, il défend le privilège contre la justice, il est le bras
de l'aristocratie contre le tiers état. Dès son arrivée, dès le
premier contact, il tonne comme un maître et son discours
n'admet pas de réplique : « Feu mon grand-père a écrasé deux
fois la communauté ; je ferai pire encore, j'appesantirai ma main

et écraserai tout. » Croyant avoir, par ces paroles effrayantes, terrorisé les habitants de Mirabeau, il se rend à Beaumont où le conseil l'évite, où Boyer l'ignore. Ne sachant à qui adresser ses menaces, humilié, rageur, bastonne-t-il, comme ses adversaires l'en accusent, un paysan rencontré sur le chemin du retour? Quoi qu'il en soit, la balle n'est plus dans son camp ; face à lui se dressent des communautés décidées à la riposte. Boyer a fait, a dit ce qu'il fallait pour les galvaniser. Aux premiers mots de soumission prononcés par les habitants les plus modérés, il a rugi : « Si vous fléchissez, je vous abandonne pour toujours, et je vous laisserai dévorer à petit feu. » Il a si bien relevé le cœur de ses troupes, que la peur déserte Mirabeau et Beaumont. Un coup de force se prépare : le petit juge pourra impunément insulter le seigneur sous la protection de la foule menaçante. L'incident se produit le 6 janvier 1772, jour des Rois. Toute la communauté, bourgeois et paysans, est assemblée pour la cérémonie des *fasçailles*, les feux de joie sont allumés. Mirabeau paraît au milieu du rassemblement, bientôt suivi par Boyer qui passe auprès de lui sans le saluer. Outré de l'insolence, Mirabeau, d'un coup de canne, jette à terre le chapeau du provocateur. La suite de l'affaire est peu claire. Boyer se contente-t-il de défier Mirabeau? Le frappe-t-il, comme certains affirment l'avoir vu ? On ne sait. Ce qui est sûr, c'est que le lieutenant criminel de la seigneurie voulut arrêter Boyer. Mirabeau s'interposa sagement devant la colère des habitants qui firent à leur défenseur un rempart de leurs corps, tandis que les plus exaltés couraient chez eux prendre des armes[1].

La modération de Mirabeau, qui a compris qu'en laissant arrêter Boyer il ne ferait qu'accroître les ressentiments des habitants, ne lui fut cependant pas comptée : ni par la Chambre des eaux et forêts qui annula la sentence du juge seigneurial et condamna le marquis aux dépens, ni par son père qui le rendit responsable de la perte de son procès.

Ce n'est peut-être pas sans surprise que l'on découvre ici un Mirabeau peu conforme à sa légende, et en effet fort différent de ce qu'il devait devenir plus tard. La personnalité d'un homme n'est pas une fois donnée. Il obéit d'abord au déterminisme du

---

1. L. Caste, « Le mariage de Mirabeau », *Provincia*, XI, 1931, p. 246.

milieu et ce n'est que par la réflexion que, avec la maturité, il lui
arrive de prendre du champ. D'abord, par désir de plaire et par
mimétisme, il reproduit l'image toute-puissante du père. Mirabeau n'a pas échappé à ce conformisme et seules ses épreuves
précipiteront son évolution.

Pour le moment, le jeune privilégié qu'il est encore accepte
sans discussion les *a priori* de la famille et du milieu. Sa pensée
est domestiquée, soumise, dominée par la révérence aux
idéologies aristocratiques. Durant son séjour à Mirabeau il eut
avec son oncle de longues discussions. Elles révèlent un homme
déjà passionné par la réflexion sur la nature du régime, mais sa
critique ne dépasse pas celle que véhiculait alors la noblesse
éclairée, principalement la haute noblesse. Il partage entièrement les vues de cette élite aristocratique qui voit dans
l'absolutisme une perversion du pouvoir, le résultat d'une
évolution historique qui a élevé l'arbitraire en système de
gouvernement, un régime où l'abaissement des grands est
devenu le symptôme de la servitude. Liberté et contrôle
politique du souverain sont, depuis Louis XIV, deux revendications complémentaires de la noblesse ; depuis Boulainvilliers [1],
qui en a été le plus cohérent mais non l'unique théoricien,
l'aristocratie a élaboré une doctrine du pouvoir. Elle voit dans
un régime inspiré du gouvernement féodal, à la fois l'assurance
de la liberté (celle des Francs libres) et la justification de
l'inégalité entre citoyens face à l'uniformisation qu'impose
inexorablement le rouleau compresseur de l'absolutisme centra-
lisateur. Avant que quelques-uns, et Mirabeau sera du nombre,
voient le salut dans l'unification morale de la nation, la noblesse
a cherché dans l'affirmation de ses droits historiques le meilleur
argument contre la tyrannie. Ressusciter les usages des Francs
qui délibéraient librement auprès du souverain apparaissait
alors comme le meilleur moyen d'empêcher la dégénérescence
du pouvoir monarchique en régime arbitraire. Ces idées, qui
trouvaient un terrain peu favorable dans la petite noblesse
habituée à servir docilement dans l'administration et les armées
du roi, étaient au contraire bien accueillies par l'aristocratie qui
s'assimilait volontiers aux anciens barons francs.

---

1. Voir F. Furet et M. Ozouf, « Mably et Boulainvilliers : deux légitimations
historiques, de la société française au XVIIIe siècle », *Annales ESC*, 1979.

Hostile, comme tout son milieu, à l'absolutisme, mais loin de la conversion qui l'amènera à voir dans le tiers état le principe de toute lutte efficace ; n'ayant d'ailleurs encore que des idées bien vagues sur l'arbitraire, Mirabeau partage l'idéologie à la mode et ne se signale ni par l'originalité ni par l'audace : les rêveries féodales forment le fonds d'une pensée nourrie de l'opinion familiale. L'accord le plus parfait règne entre l'oncle et le neveu, et le bailli se réjouit de cette conformité de vue : « Ton fils regarde, ainsi que moi, le régime féodal comme le seul qui puisse empêcher une monarchie d'être un despotisme oriental, parce que, ainsi que moi, il sent que cette sorte de respect attaché à des races dont plusieurs tiennent entre elles, et font une espèce de tribu, est le seul qui puisse mettre en considération et retenir un roi ; c'est-à-dire un homme à qui la plus vile portion de l'humanité a persuadé continuellement sa toute-puissance... Au reste, si l'on a fait jadis abus de cet ordre féodal, ce qui est vrai, mais ce qui n'est plus guère possible, il est cependant le seul frein du despotisme. C'est sur ce chapitre que ton fils est curieux à entendre [1]. »

Moins curieux pourtant que quelques années plus tard, lorsque Mirabeau, ayant pris ses distances avec la pensée familiale, condamnera sans ambiguïté un régime qu'il avait prôné avec tant d'éloquence : « L'anarchie féodale, écrira-t-il dans l'*Essai sur le despotisme,* n'était autre chose que le despotisme réuni sur plusieurs têtes. »

Mais pour l'instant le ralliement de Mirabeau au conformisme officiel apparaît encore en 1771 dans un conflit qui passionna l'opinion et partagea les esprits. Il s'agit d'une de ces révolutions dont les régimes affaiblis et menacés dans leur existence sont quelquefois capables. Les jugements sont alors d'autant plus passionnés qu'une réforme de l'importance de celle que tentait alors la monarchie ne portait pas seulement atteinte aux préjugés, mais lésait des intérêts rendus vénérables, sinon légitimes, par la tradition. Il s'agissait de briser la classe parlementaire, porte-parole officiel des privilégiés, qui s'opposait de tout son pouvoir usurpé à la réforme de la fiscalité, prévoyant l'égalité devant l'impôt et la suppression des immuni-

1. Le bailli au marquis de Mirabeau, 23 août 1770.

tés. Les parlements avaient le pouvoir d'enregistrer les lois et, par l'abus de ce droit, avaient acquis celui de refuser l'enregistrement et donc de neutraliser toutes les velléités législatives du gouvernement. Pour couper court à la tyrannie des juges et à la paralysie du pouvoir, Louis XV autorisa en 1771, sur les conseils du chancelier Maupeou, une réforme révolutionnaire de la justice : les parlements furent supprimés et remplacés, la vénalité des charges fut abolie, les magistrats furent nommés, la justice devint gratuite. Les anciens parlementaires pouvaient se regarder comme spoliés par un coup d'État, par un abus de pouvoir qui semblait justifier toutes les méfiances à l'égard d'un régime qui ne respectait rien, ni les états ni les propriétés. Dieu sait, pourtant, si cette mesure se justifiait par les excès de l'opposition parlementaire, coupable de paralyser l'État pour la sauvegarde d'intérêts égoïstes et de nuire aux justiciables en organisant fréquemment la grève de la justice pour faire pression sur le ministère et l'opinion. Débarrassé de cette opposition, tenant ou croyant tenir bien en main les nouveaux tribunaux, le régime pouvait espérer réaliser, après la réforme judiciaire, celle de la fiscalité qui, en lui donnant les moyens d'une gestion plus saine des finances, permettrait d'établir cette égalité que l'opinion commençait à réclamer avec véhémence. Les philosophes, Diderot et Voltaire en tête, qui voyaient se réaliser leurs espérances de *despotisme éclairé,* applaudirent. L'opinion nobiliaire, au contraire, condamna ce coup de force comme l'expression la plus violente de l'arbitraire d'un régime qui ne respectait ni les privilèges immémoriaux ni les propriétés qu'il avait pour mission de garantir. Les parlementaires dépossédés dénigrèrent, complotèrent, se posèrent en victimes d'un insupportable despotisme. En Provence la haute noblesse, dont nous avons vu tous les liens qui l'attachaient au parlement, prit fait et cause pour les proscrits. Et Mirabeau, par conviction mais aussi par calcul, se mit à hurler avec les loups. Ses arguments sont ceux de son père et de son oncle et du milieu provençal dans lequel il baigne alors entièrement. Le calcul, c'est de se faire bien voir de la société aixoise et surtout du clan Marignane qui a ouvert tout grands les bras aux persécutés et accable de son mépris tous ceux, les d'Albertas en tête, qui ont accepté des fonctions dans le nouveau parlement de la création du chancelier. Mirabeau, qui écrivait à son père : « Mes opinions à cet égard sont les vôtres », adopta en la circonstance tous les ressentiments des juges dépossédés contre « cet acte d'autorité formidable », cette « singulière révolution », et contre Maupeou, « sa sordide cupidité » et « la violation manifeste et authentique d'un si grand nombre de propriétés », violation qui faisait du gouvernement non seulement un tyran, mais « l'ennemi public » de la nation. Voulant ignorer que les parlements défendaient moins les libertés des Français que leurs privilèges et ceux de leur caste, il accuse les nouveaux magistrats de complaisance nécessaire : « Des hommes gagés par la cour, esclaves très rampants du roi, ou, ce qui est encore pire, de son chancelier, n'auraient pas le courage de lutter contre les coups d'autorité, et d'instruire la nation par leur résistance[1]. » Argument qui n'aurait pas été sans portée si les magistrats s'étaient signalés par leur intégrité et leur dévouement au bien public. Ce n'était pas le cas, et le peuple provençal qui se félicita d'être débarrassé de son parlement avait bien compris qu'il n'avait rien à attendre de sa justice ou de sa résistance au roi. Sa déférence pour le parti aristocratique, Mirabeau eut un peu plus tard l'occasion de la manifester encore, lorsque, dans l'assemblée de la noblesse, dont le marquis de Marignane était le syndic, il soutint les privilégiés contre les nouveaux parlementaires accusés de faire cabale contre eux. Le discours qu'il prononça alors en faveur de ces possédants de fiefs dont il devait devenir l'ennemi irréductible leur donna tant de satisfaction qu'il reçut les louanges de « tous les honnêtes gens[2] ».

Ce sont pourtant ces mêmes honnêtes gens qu'il s'apprête alors à berner avec un talent supérieur de l'intrigue et sans souci excessif de moralité. Privé d'avenir, puisque son père lui refuse la carrière militaire, sans le sou comme toujours, sans autre occupation que l'oisiveté et l'amour, Mirabeau, que l'inactivité dévore, entreprend de réaliser un mariage impossible. Toute la province est alors occupée d'Émilie de Marignane, le plus beau parti de Provence qui, à dix-huit ans, est bonne à marier, bonne à prendre pour tout un essaim de jeunes gens qui convoitent sa

---

1. *Essai sur le despotisme.*
2. Mémoire à son père, in *Lettres* écrites du donjon de Vincennes, *op. cit.*

fortune. Le bataillon des soupirants est en pleine campagne, et certains déjà fort avancés, quand Mirabeau décide de se mettre sur les rangs. Qu'a-t-il pour lui ? Son visage ingrat, sa réputation déjà bien établie de séducteur, mais une audace de fier-à-bras. La concurrence est rude. Le marquis de Valbelle, hôte complaisant de la cour d'amour de Tourves, que le père d'Émilie a accueilli avec transport, vient d'être écarté par sa maîtresse qui espère d'un prompt veuvage la liberté de convoler avec son amant. Le fils du président d'Albertas, grosse fortune aussi et cousin d'Émilie, mais qui a accepté des fonctions dans le nouveau parlement, a été mis sur la touche et toute la société s'est détournée de lui. Restent en lice le marquis de Gramont, le vicomte de Chabrillant, le marquis de Caumont et M. de La Valette. Tous se présentent avec de beaux revenus, de belles terres, une agréable figure. La Valette est retenu, les jeunes gens fiancés, le jour de la signature du contrat fixé. Mirabeau n'avait eu droit qu'à un haussement d'épaules. Piqué par ce dédain, et par les reproches de son père qui l'accuse d'avoir perdu sa fortune par sa faute, il décide de payer d'audace. Le temps presse. Il se lance dans une cour éperdue, met Mme de Vence, dont le mari est le demi-frère de Marignane, dans la confidence. Elle gagne Émilie qui trouve maintenant beaucoup moins de charme à son fiancé. Son père s'emporte : « Vous ne voulez point de M. de La Valette ? Eh bien vous ne l'aurez pas ; mais comme je ne veux point de M. de Mirabeau, vous ne l'aurez pas non plus. » Dès lors Gabriel n'hésite plus : enlever ou compromettre la fille n'est pas pour l'effrayer. D'abord, timidement, il laisse stationner sa voiture sous la fenêtre d'Émilie de Marignane. Peine perdue, personne ne s'émeut. Alors, une nuit, ayant gagné une femme de chambre, il pénètre dans l'hôtel Marignane et, au petit matin, apparaît, en chemise, à la fenêtre d'Émilie. Cette fois, le scandale était public, et il fallut marier au plus vite la demoiselle compromise et son séducteur.

Pour une fois le marquis de Mirabeau fit assez bien les choses. Il assura à son fils 6 000 livres de pension[1] et nomma Gabriel

---

1. Cette somme devait croître de 500 livres par an jusqu'à concurrence, de 8 500 livres.

aux substitutions de sa maison. Mais Marignane, ulcéré qu'on lui eût forcé la main, se montra parcimonieux et même avare : la plus riche héritière de Provence n'eut que 3 000 livres de pension. C'était peu, bien trop peu, et Mirabeau, qui ne sut jamais compter et avait des goûts dispendieux, allait être entraîné très vite dans l'engrenage de l'endettement. Croyant avoir fait un riche mariage, il avait épousé une fille sans dot. Les espérances étaient flatteuses mais lointaines, et Gabriel n'en vit jamais la couleur.

Aucun Mirabeau n'assista au mariage du fils aîné de la maison. Un peu plus tard, un autre mal-aimé connut le même abandon : lorsqu'il fut sacré évêque d'Autun, la famille de Talleyrand bouda la cérémonie. A Aix les fêtes n'en furent pas moins brillantes et durèrent huit jours. Marignane ayant refusé de prendre en charge les frais de la noce, tout retomba sur Gabriel ; à ses dettes anciennes s'en ajoutèrent de nouvelles dont bientôt son capital ne parvint même pas à payer les intérêts. Son mariage avait en fait sonné le glas de sa vie insouciante. Sa destinée alors se renverse. L'aristocrate va progressivement céder le pas au proscrit et un long déclassement le mener de condamnation en interdiction, d'errance en prison, du bonheur à l'angoisse des malheureux.

4. Un fou de liberté

Six ans après les grandes réjouissances provençales et les fastes seigneuriaux du mariage de Gabriel et d'Émilie, Mirabeau, malade et défait, brisé dans son corps comme dans son âme, faisait au bras d'un exempt une entrée fort peu triomphale dans le sinistre donjon de Vincennes. L'impression que fit sur cette âme forte l'ombre lugubre de la forteresse, pénitencier royal et familial où l'on enfermait avec les prisonniers d'État les jeunes gens que leur famille condamnait à une forte leçon, le bruit des portes tirées, l'écho des verrous à travers les couloirs déserts, Mirabeau les a ressentis et restitués avec toute l'intensité des sentiments dont il fut alors accablé et qui devait l'étreindre, lui serrer le cœur, mais non le briser, pendant les quatre années que dura sa détention. L'évocation dramatique frémit encore de l'indignation et de l'horreur suscitées dans un esprit sensible par les ombres, le silence et les résonances sinistres du tombeau où on le jetait. Gabriel a revécu bien des fois ce pénible moment, qui hante ses cauchemars et sa rêverie avec l'angoisse cuisante des souvenirs lancinants et amers qui forment une écume de terreur à la surface des consciences angoissées. Il a décrit les lueurs sépulcrales, les verrous, la lugubre harmonie des voûtes sonores, les grabats, l'indignation et la douleur des malheureux captifs, victimes bien souvent innocentes du ressentiment, de la haine ou de l'intérêt.

Tourbillon de pensées, sentiments contradictoires, accès de fureur suivis de longues dépressions, indignation, exaltation, colère : Mirabeau passait successivement par tous ces états d'âme et, dans ses instants de calme, faisait de longs retours sur son passé. Pour tromper l'ennui il écrivait traités, romans, essais, il accumulait lectures et traductions, il rédigeait un long plaidoyer, une apologie où, à sa façon, il décrivait ses premières fautes de jeunesse, l'enchaînement fatal des circonstances qui, depuis son mariage, l'avaient amené par degrés de ses premières dettes à ses premières prisons, de ses prisons au « crime », impardonnable aux yeux de son père, pour lequel il était aujourd'hui enfermé comme un traître ou un forban, au secret et privé de tous les adoucissements qui auraient pu rendre son incarcération moins pénible : des livres et le droit de correspondance avec l'extérieur, surtout avec cette Sophie de Monnier, héroïne fantasque d'une admirable passion romantique et cause aujourd'hui de tous ses tourments.

Durant d'interminables journées où le temps semble s'élargir jusqu'à perdre toute consistance, rythmées par la seule régulation de la promenade quotidienne, des repas et de la chandelle qui s'éteint, exaspéré par l'inaction, et l'horizon borné, dépourvu de tout, linge, lecture et papier, épuisé par de continuelles hémorragies et une infection des yeux, privé plus que tout de son « incomparable amante », Gabriel, fiévreux, écumant et presque halluciné, caressait avec délectation les images trop vivantes qui se pressaient dans sa mémoire. Exaspéré par une passion, que la claustration et l'éloignement enflammaient, échauffé par l'inaction, à la fois débilité et furieux, il rêvait voluptueusement et déversait sur le papier — arraché de haute lutte à l'attention de ses gardiens — ses rêveries et ses fantasmes érotiques en petits romans licencieux et en lettres lascives que la complicité de ses geôliers faisait parvenir à Sophie. Il revivait, en la transcrivant en dialogues romancés, la brève et splendide aventure : neuf mois seulement, mais une telle plénitude ! « Tant d'amants, écrivait Sophie avec reconnaissance, n'en ont pas eu autant. »

Comment Gabriel, ce jeune arbre plein de promesses, marié selon ses vœux et devant qui s'ouvrait le plus bel avenir, en était-il arrivé à déclencher une effroyable machine à le broyer ; comment avait-il rompu son ban, séduit la femme d'un magistrat, fui avec elle à l'étranger, et mis en branle contre lui la réprobation des bien-pensants, une procédure judiciaire et la terrible colère de son père ? Presque sans qu'il s'en aperçût, on serait tenté de dire sans qu'il fût coupable. Il y a une sorte de nécessité dans le destin tragique de Mirabeau, nécessité honteuse qui a nom la puissance paternelle. Une faute bénigne entraîne une punition ; un réflexe de défense l'amène à en commettre une plus grave pour échapper à la sanction : dialectique mortelle qui transforme la victime en coupable. La sévérité de son père se combinait admirablement avec la violence de son caractère et son aptitude naturelle à la provocation, pour le plonger dans des situations dont chacune aggravait les griefs de sa famille et de la société, et le conduisait par degrés à la déchéance. Le jeune aristocrate d'avenir, le mari comblé de 1772, n'était plus qu'un obscur prisonnier qu'une sentence de Pontarlier avait condamné à la peine capitale. L'argent, constante et presque unique cause de son naufrage, a été la source première de ses déboires et de sa longue plongée dans le désordre et l'aventure.

Au lendemain de son mariage Gabriel avait fait ses comptes. Fuyant Aix, ses ostentations, son luxe, ses dépenses, il s'était retiré à Mirabeau avec sa femme sur le domaine familial. Mais il y vit en seigneur prodigue, partagé entre ses occupations agronomiques et les plaisirs du lit conjugal. Il n'échappe pas à sa nature. Fastueux, panier percé, économe pour après-demain, il embellit le château, entreprend des travaux de restauration, tire des plans comme un financier, dépense, pour la seule décoration de la chambre de sa femme, plus de 20 000 francs. Encore tout imbu de ses privilèges aristocratiques, il continue à vivre comme il s'est marié, au-dessus de ses moyens. Il professe toujours la même maxime hautaine qui lui avait fait dire à ceux qui s'étonnaient de ses prodigalités : « Je n'ai pu me résoudre à me marier comme un marchand. » Confession prophétique ; il ne vécut jamais que sur les traites tirées sur l'avenir. A présent, dans l'ivresse d'avoir une maison, une femme, des gens à soi, il dépense sans compter, couvre Émilie de cadeaux, robes, bijoux ; il éblouit ses vassaux et court, insouciant et joyeux, à la dérive. Les dettes aux fournisseurs se multiplient, les emprunts aussi : au début de 1774 ses dettes montent à 150 000 ou 200 000 livres. Un gouffre certes, mais que la sagesse d'un père pouvait aisément combler avec un peu de compréhension et d'habileté. Les excès du jeune homme étaient excusables, les dettes, la plupart usuraires, pouvaient être réduites. Le marquis, que les prodigalités de son fils confirmaient dans ses

mauvaises dispositions, préféra le faire interdire. Cette interdiction, qui ne sera jamais levée et, à vrai dire, ne gênera pas
beaucoup Mirabeau, le privait de l'existence civile et le réduisait
à une pension de 3 000 livres. Le reste de ses revenus était
affecté au remboursement de ses créanciers. Le marquis n'avait
pas borné là la punition. Éternel quémandeur des grâces
empoisonnées du roi, il avait obtenu une lettre de cachet qui
reléguait Gabriel à Manosque avec interdiction formelle d'en
sortir. Il était donc chassé de la maison familiale, victime cette
fois-ci de ragots malveillants, ceux surtout du président d'Albertas heureux de prendre une revanche sur le ravisseur d'Émilie
qu'il convoitait, avec sa dot, pour son propre fils. Ces langues
venimeuses avaient convaincu le marquis, qui n'avait pas besoin
de cela, que son fils dilapidait son héritage, vendait ses bois, ses
meubles et jusqu'à l'or de ses rideaux.

A Manosque, Mirabeau s'installa avec sa femme chez ses amis
Gassaud. Ceux-ci avaient un fils, mousquetaire du roi, et de
figure charmante. Émilie, qui n'avait opposé qu'une faible
résistance aux assauts audacieux de Mirabeau, ne fut pas plus
farouche au séduisant cavalier. Gabriel l'apprit, s'emporta, prit
soin de faire signer des aveux par sa femme, pardonna. Mais il
avait hâte de se débarrasser de l'encombrant séducteur. Il
décida de le marier. Justement le marquis de Tourrettes, qui
habitait près de Grasse, avait proposé sa fille. Abandonnant
toute prudence dans sa précipitation, Gabriel rompit son ban,
quitta secrètement Manosque et se rendit à bride abattue auprès
de la demoiselle, porteur des propositions du chevalier de
Gassaud. Mme de Cabris habitait à Grasse. Il voulut revoir sa
sœur bien-aimée, poussa jusque chez elle. Sa mauvaise étoile
voulut qu'il rencontrât le marquis de Villeneuve-Mouans,
vieillard cacochyme, pleutre et vindicatif, qui avait tenu des
propos scandaleux, mais mérités sans doute, sur la marquise de
Cabris. A sa vue le sang de Mirabeau s'échauffa, il ne put se
contenir, l'interpella grossièrement ; les deux hommes en vin-
rent aux mains et se battirent comme des crocheteurs. C'était
une affaire entre gentilshommes, il n'existait qu'une réparation
convenable. Mouans en jugea autrement. Malgré le ridicule de
l'accusation, le peu d'élégance de son geste et la réprobation de
sa famille, il porta plainte en tentative d'assassinat au lieutenant

criminel de Grasse. La rupture de l'ordre d'exil de Gabriel devenait publique et un décret de prise de corps fut lancé contre lui. Désormais l'engrenage qui va le broyer est en marche.

Pourtant, tout commence comme une banale affaire de famille. Le marquis de Mirabeau, que la publicité d'une méchante procédure judiciaire n'enchante pas, use de son crédit à la cour pour obtenir une lettre de cachet qui soustrait son fils à la justice ordinaire mais le relègue dans une prison d'État. Arrêté à Manosque par la maréchaussée, Gabriel est enfermé au château d'If le 20 septembre 1774. En faisant interner son fils le marquis proclamait hautement son seul souci de l'éprouver. L'Ami des Hommes s'est toujours fort préoccupé de sa réputation et a couvert du voile de la vertu ses intentions les moins honorables. En réalité une arrière-pensée avait déterminé sa décision. La meilleure entente régnait entre Mirabeau et Mme de Cabris. Or celle-ci soutenait contre son père les intérêts de sa mère. Il fallait à tout prix rompre cette coalition alarmante, éviter, qu'au moment où, en procès avec sa femme, le marquis attendait quelque avantage pour sa fortune, Gabriel n'apportât à son adversaire le secours de sa pitié, l'appui de son talent.

Au château d'If, Gabriel jouit d'une liberté relative : il peut aller et venir à l'intérieur de la citadelle, mais toute communication avec l'extérieur, excepté avec sa femme, lui est interdite. Cette sévérité devait éviter tout risque d'intrigue avec sa mère et sa sœur. Cette réclusion aurait dû être brève, mais le marquis n'inclinait pas à l'indulgence. Il concoctait en fait, en maniaque de la persécution, une longue suite d'épreuves. Très habilement il mettait de son côté l'apparence de la justice, ne se pressait pas de régler la situation financière du prisonnier et laissait traîner en longueur le procès criminel de Grasse. Les mois passaient et Gabriel était toujours à If. Loin d'intercéder pour lui, sa femme se réjouissait de sa liberté recouvrée. Mirabeau trouvait, il est vrai, quelques compensations dans la galanterie : la jolie cantinière du fort, à qui il avait su plaire, ne lui était pas cruelle. Gabriel pouvait espérer : l'heure de la liberté allait peut-être sonner. Il commit alors une faute impardonnable. Grâce à une complicité subalterne il renoua avec sa sœur, entretint avec elle des relations régulières. Le marquis l'apprit, songea aussitôt à

l'éloigner. Les témoignages du gouverneur du fort étaient
élogieux, l'occasion était bonne pour l'éloigner de Mme de
Cabris en lui rendant une semi-liberté. Il l'assigna à résidence au
fort de Joux, près de Pontarlier, sous la seule responsabilité de
M. de Saint-Mauris, gouverneur du château.

Gabriel y arriva le 15 mars 1775. Après la captivité du château
d'If, c'était presque la liberté. Il put désormais aller et venir
librement, prendre un logement à Pontarlier, y fréquenter la
société, courir les salons et les bals. Cette vie, dont Gabriel
s'accommodait, durait depuis quelques mois lorsqu'une imprudence vint compromettre la douce quiétude d'une existence qui
n'était pas sans agrément. M. de Saint-Mauris apprit que
Mirabeau était l'auteur d'un ouvrage fort peu respectueux pour
le gouvernement, un ouvrage appelé à faire du bruit, l'*Essai sur
le despotisme,* qu'un libraire de Neufchâtel venait de publier.
Irrité, indigné de l'abus que Gabriel avait fait de sa confiance et
de ses bontés — Mirabeau soutiendra la thèse peu vraisemblable
d'un dépit amoureux —, le gouverneur le somma de regagner
immédiatement le fort et de n'en plus sortir. C'était perdre sa
liberté et beaucoup plus encore. Gabriel se garda bien d'obéir.
D'impérieuses raisons le retenaient. Au cours de son séjour à
Pontarlier il avait fait la connaissance d'une jeune femme, et
très vite était née entre eux une violente passion qui allait
devenir le plus romanesque des romans d'amour. Sophie de
Ruffey avait vingt ans, un teint éblouissant, un corps superbe,
un cœur neuf, de l'humour, du naturel, de la gaieté. A dix-
sept ans on l'a mariée, malgré sa jeunesse et sa résistance, à un
triste vieillard, bigot et avare. M. de Monnier, veuf et premier
président de la chambre des comptes de Dole, avait près de
soixante-dix ans. Ce vieux cagot n'est ni un libertin ni un
amateur de nymphettes. Il s'est remarié par dépit, pour
déshériter sa fille avec laquelle il est brouillé. Unie à ce cafard,
Sophie s'ennuie. De petites galanteries sans conséquence, sous
l'œil méfiant de son impuissant de mari, ont seules jusqu'à
présent apporté un peu d'imprévu dans sa vie monotone, quand
Mirabeau paraît. Sa fougue, sa laideur intéressante, son verbe
caressant, tranchent sur la banale suffisance des provinciaux qui
entourent de leurs plats hommages la jeune femme qui rêve et
que bouleverse ce matamore éloquent qui ne connaît pas

l'échec. Les rencontres se multiplient, Gabriel s'enhardit, Sophie faiblit puis succombe. C'est en plein bonheur que Gabriel reçoit l'ordre du gouverneur de renoncer à sa liberté, de regagner le fort, de s'y laisser enfermer pour une durée indéterminée et de renoncer à Sophie. Sa réaction n'est pas sage, elle est instinctive, elle est humaine. Sa passion naissante, les malheurs de Sophie que sa famille, informée de sa trahison, persécute, la conviction d'un devoir à remplir envers celle qui s'est compromise pour lui, et un insurmontable dégoût pour la prison, tout pousse Mirabeau à prendre un parti extrême, pour son bonheur immédiat mais aussi pour se perdre. Après cet esclandre, vite devenu public, grossi, envenimé, l'Ami des Hommes a sollicité une nouvelle lettre de cachet pour l'enfermer, cette fois très étroitement, au fort de Doullens. Gabriel est prêt à tout et à toutes les folies pour échapper à cette nouvelle épreuve. S'il le faut il quittera le royaume, fuira à l'étranger. Malesherbes lui-même, dont le libéralisme s'émeut de l'usage abusif des lettres de cachet, l'y encourage. Ce ministre, le plus honnête homme du monde, avait constitué une commission chargée d'examiner les ordres d'emprisonnement arbitraire si inconsidérément distribués à la demande des familles, des pères colères et des époux chagrins. Mais ce défenseur des droits de l'individu venait de tomber avec le ministère Turgot. Ne pouvant voler au secours de Mirabeau, il lui conseille la fuite.

Gabriel se garda bien de négliger cet avis ; mais il assortit son passage à l'étranger d'une circonstance aggravante. « J'étais, écrit-il, dans cette conjoncture où l'on ne peut plus faire que des fautes. » Menacé d'une longue incarcération, possédé par une passion d'autant plus violente qu'elle était la première qui troublât vraiment son cœur, il ne se connaissait plus et perdit toute prudence. Sophie l'absorbait, il en perdait le sommeil et tout sens du danger. « Jusque-là, confessa-t-il plus tard, je n'avais connu qu'un commerce de galanterie qui n'est point l'amour, qui n'est que le mensonge de l'amour. » Ce qu'il éprouvait à présent était tout nouveau : un sentiment impérieux qui lui faisait perdre la tête. « Ce n'était plus cette forte inclination de la nature, fondée sur les délices attachées aux plaisirs des sens, qui m'entraînait ; ce n'était pas même le plaisir de plaire à un juge d'un goût exquis qui m'excitait ; je sentais trop pour avoir de l'amour-propre. La convenance, l'uniformité des goûts, le besoin d'une société intime, d'une confidente que l'on maîtrise presque toujours plus que l'on en est maîtrisé, n'entraient presque point dans mes vues. De plus puissants attraits avaient remué mon cœur. Je trouvai une femme qui, bien différente de moi, a toutes les vertus de son tempérament, et aucun de ses défauts... Je la trouvai cette femme adorable et toute aimante, et elle réunit les rayons épars de ma brûlante sensibilité. Je la trouvai ; et mon cœur impérieusement entraîné fut fixé, fixé pour jamais [1]. »

Langage d'amant passionné, il correspond à sa conduite, naïve, impulsive, irréfléchie. Il quitte la France, passe en Suisse mais, incapable de s'éloigner de l'objet aimé, erre le long de la frontière au risque d'être dépisté par les espions qui le suivent. Il reçoit de Sophie, fragile victime d'un mari que Gabriel qualifie sans aménité de vil eunuque ou de sultan impuissant, des lettres déchirantes et des menaces de suicide. Un jour, à bout de résistance, Sophie s'enfuit, rejoint Mirabeau aux Verrières. De là les deux amants gagnent la Hollande où ils vont se cacher, pendant quelques mois, sous le nom de comte et comtesse Mathieu, un bonheur besogneux. Pour vivre, Mirabeau s'est mis aux ordres d'un libraire. Devenu bourgeois d'Amsterdam, libre sinon sans souci, il travaille comme un forçat, écrit, traduit, pour assurer le pain du ménage, pendant que Sophie donne des leçons d'italien. En France les persécuteurs des deux amants s'activent. Les parents de Sophie et le père de Gabriel ont obtenu une demande d'extradition. Le marquis de Mirabeau, auquel nulle sale besogne ne répugne, a lancé des limiers à leur poursuite ; leur trace est vite retrouvée. La justice non plus ne perd pas son temps. A Aix le jugement de l'affaire Villeneuve-Mouans le condamne au blâme infamant et à la perte de ses droits civiques. Le tribunal de Pontarlier, à la demande du président de Monnier, rend, sous l'inculpation de rapt et adultère, une sentence de mort aussitôt exécutée en effigie. Sophie n'est pas épargnée : elle est condamnée à la détention à vie dans une maison de refuge « pour y être rasée et vêtue comme les filles de la communauté ».

---

1. Mémoire à son père, in *Lettres* écrites du donjon de Vincennes, *op. cit.*

Pendant qu'en France se trament les sombres intrigues du marquis de Mirabeau, et que la justice déploie ses artifices les plus sordides, le comte et la comtesse Mathieu filent des jours heureux. Le drame leur tombe sur la tête comme un coup de foudre. Le 17 mai 1777, ils sont arrêtés, séparés, ramenés en France. Mirabeau est aussitôt incarcéré à Vincennes ; Sophie internée dans une maison pour filles publiques. Le marquis, qui n'a jamais autant mérité le jugement de son fils (« on s'apercevra tôt ou tard que mon père ne tient que de sa propre générosité le titre d'Ami des Hommes »), ne s'estime pas satisfait. Il est repris par ses anciennes chimères. S'il n'eût tenu qu'à lui, la vie de Gabriel se fût arrêtée là : « J'aurais voulu, osa-t-il écrire, qu'il fût possible de livrer ce misérable aux Hollandais pour l'envoyer aux colonies à muscade, d'où il ne sortirait de ses jours, car on n'en sort pas. » Le roi imposa heureusement des bornes à l'indignité paternelle. L'Ami des Hommes n'obtint qu'une lettre de cachet pour Vincennes. Ainsi Mirabeau devait à la magnanimité du roi de n'être qu'un misérable prisonnier dans la geôle la plus sinistre du royaume !

Gabriel se vengea par l'humour : cela ne lui rendit pas la liberté mais soulagea sa bile. Il composa contre son père de petits pamphlets, d'une ironie un peu courte ; le genre n'était pas tout à fait dans sa veine, mais le persiflage était dur et le trait acéré. Voici, par exemple, une « défense » que Gabriel mettait dans la bouche de son père. Ce n'est pas du Beaumarchais, c'est même un peu vulgaire, mais d'un incontestable effet comique :

« *Ma femme est une malheureuse ;* car je lui ai donné trois fois la v... ; j'ai dissipé le quart de son bien ; je l'ai tenue dix-sept ans exilée ; j'ai plaidé avec elle contre ma signature, et je l'ai fait renfermer le jour où j'ai gagné mon procès.

» *Mon fils est un scélérat ;* car tous mes biens lui sont substitués, et cela me gêne, quoique j'en aie vendu une bonne partie. Mon fils est un scélérat, car il aime tendrement sa mère et méprise ma maîtresse... Il a fait des dettes : or, ce n'est que quand on est père de famille, dépositaire de biens substitués et âgé de soixante ans, qu'il est permis de faire des dettes. Il a fait d'assez mauvais ouvrages, mais ces ouvrages n'étaient pas encore assez mauvais, et il y a une méchanceté diabolique à prétendre montrer des talents au moment où je commence à radoter...

» *Il m'est permis de mépriser mes ennemis et de ne pas leur répondre ;* car j'ai fait des livres, et tout homme qui a fait des livres est infaillible, pourvu qu'il soit *économiste :* cela me paraît démontré. Je suis l'Ami des Hommes ; car j'ai ainsi intitulé mon premier ouvrage, et je n'ai jamais tourmenté que ma famille, encore bien médiocrement, car je n'ai obtenu qu'à peu près cinquante lettres de cachet ou contre ma femme, ou contre un de mes frères, ou contre mes enfants, ou contre mes parents. Il est vrai que je n'ai jamais eu de place qui m'ait permis d'en tourmenter d'autres ; mais ce n'est pas faute de l'avoir désiré [1]. »

Ces petits essais satiriques étaient destinés à dépeindre sous les couleurs les plus noires l'Ami des Hommes aux bienfaiteurs de Mirabeau, Lenoir, lieutenant de police de Paris chargé de la surveillance des prisons, qui avait eu à souffrir des économistes, et Boucher, son commis.

Gabriel les a rapidement gagnés à sa cause, ce qui lui a valu bien des adoucissements. Il a d'abord obtenu de se promener dans les jardins de la citadelle, puis de circuler à peu près librement dans le donjon. On lui fournit des livres, du papier. Il put ainsi entretenir une correspondance officielle avec Sophie, doublée d'une correspondance secrète, plus libre et libertine, que des complicités actives se chargeaient d'acheminer. Dormant peu, travaillant quatorze heures par jour, Gabriel écrit d'interminables lettres, parfois entièrement empruntées à *la Nouvelle Héloïse*, à sa bien-aimée, traduit pour elle Tacite et des poètes, compose des pièces de théâtre, trompe ses fantasmes et traduit ses rêves érotiques dans de petits ouvrages licencieux. L'influence de Sade n'y est pour rien. Pourtant, depuis 1779, Mirabeau a pour voisin le divin marquis. Mais il ne sait pas que cette autre victime de l'arbitraire familial est son frère, et il s'étonne ingénument d'être confondu avec cet être corrompu « dont les forfaits étonnent les scélérats même les plus consommés [2] ».

Le séjour de Vincennes, renfermement mal supporté dans

1. Lettre à Lenoir, in *Lettres* écrites du donjon de Vincennes, *op. cit.*, 28 novembre 1778.
2. Lettre à Lenoir, *ibid.*, 1er janvier 1778.

une révolte quasi permanente, ne fut pas un temps mort, mais, dans cette vie tumultueuse, une halte laborieuse toute consacrée à l'étude et à la réflexion. Ce séjour aux Enfers correspondit à une intense activité intellectuelle, et Mirabeau mit à profit son inactivité forcée pour réaliser la seule ambition qui lui était laissée, se faire un nom parmi les philosophes, être de ceux qui marquent leur temps. Il se jeta avec fougue dans la composition d'ouvrages qui devaient lui faire une place dans la pensée du xviiie siècle parmi les dénonciateurs des superstitions et des abus.

De l'œuvre considérable qu'il accomplit durant son incarcération, tout ce qui est curiosité, érudition, ou simple délassement est aujourd'hui à peu près oublié. Les *Lettres* à Sophie elles-mêmes, un des plus beaux romans d'amour du xviiie siècle sur le modèle de Rousseau, ne se lisent plus guère. Comme dans ses *Dialogues,* qui opposent la passion innocente du jeune couple en rupture de ban à la débauche légale d'une très jeune vierge unie à un vieillard impuissant[1], il a tenté d'y justifier l'amour illégitime et le droit au bonheur.

Des milliers de pages qui sont alors sorties de sa plume, deux œuvres dominent. L'une est politique : c'est la plus forte dénonciation de l'arbitraire et de la tyrannie qu'on eût jusqu'alors produite. L'autre est d'une veine que l'hypocrisie des siècles bourgeois a rejetée comme impure et que, pour cette raison, les historiens ont voulu ignorer. Maudite, graveleuse, érotique, elle appartient à un des plus brillants courants littéraires du xviiie siècle. Mais elle est, et c'est l'essentiel, une réaction, une résistance, de caractère aristocratique, à cette grande tentation des pouvoirs déclinants : imposer un « ordre moral ». La cour, et avec elle la France, se sont, sous Louis XVI, *embourgeoisées.* La violente réaction qui fera du xixe siècle un désert du sexe et le temps majeur du refoulement s'est initiée sous Louis XVI, règne qui produit, la tradition libertine aidant, des protestations d'autant plus vives et remarquées que leurs auteurs leur donnent plus d'éclat[2].

1. I. Vincère, « Les dialogues du comte de M. et de la marquise de M. Autobiographie ou roman ? », in *Les Mirabeau et leur temps, op. cit.*
2. On peut dater le début de la réaction morale de la publication en 1755, de l'ouvrage de S.-A. Tissot, *L'Onanisme.*

Le libertinage homosexuel dans l'entourage de Monsieur,
sous Louis XIV, la dissipation de l'aristocratie sous la Régence,
avaient bénéficié d'une complaisance de bon ton qui rend
suspectes les sévérités du règne de Louis XVI. La disproportion
entre la faute (jusque-là objet de simples réprimandes lorsqu'il
s'agissait des classes supérieures) et la gravité du châtiment
désormais infligé aux libertins suggère une attitude nouvelle des
pouvoirs — paternel et monarchique — devant l'effritement de
l'autorité et la dégradation des mœurs : il s'agit de conjurer la
peur qui est, de tous temps, celle des sociétés dont la légitimité
est mal établie ou, comme ici, contestée. L'ordre politique et
social vacillait : l'ordre moral venait à point pour le soutenir.

Le libertinage n'est pas un phénomène nouveau ; il est de
tradition dans l'aristocratie. Mais personne ne s'était jusqu'alors
avisé qu'il constituait une menace pour la société. Parce que la
France monarchique, parce que la société aristocratique sem-
blaient inébranlables, la dissipation de la jeunesse, dont le
conformisme était par ailleurs sans faille, ne véhiculait aucune
force de subversion. La famille et l'État étaient si solidement
établis que le pouvoir ne redoutait rien d'une liberté de mœurs
que l'Église elle-même tolérait ou ne condamnait que du bout
des lèvres. Voyez alors l'audace des roués : un duc de Villars,
gouverneur de Provence, peut se produire à la cour sans la
moindre vergogne, lèvres carminées, sourcils peints, perruque
noyée sous un flot d'ambre, entouré du pimpant cortège de ses
mignons, sans provoquer plus qu'un sourire amusé, un haussement d'épaules comme d'ailleurs tous ces *messieurs de la
manchette* qu'épinglait gentiment d'Argenson. Quant aux petites maisons, qui ne les fréquente pas, gens en place et ministres,
chanoines et abbés, délicats sybarites et pervers consommés ?
L'exemple, il est vrai, venait de haut. Louis XV n'était pas un
parangon de vertu. Louis XVI est un mari fidèle et s'effarouche
vite. Pourtant, la rigueur avec laquelle on frappe, sous son
règne, Sade, Mirabeau et quelques autres, suggère plus que la
vertueuse indignation d'un monarque pot-au-feu. Si le roi et les
familles réagissent si vigoureusement c'est parce qu'ils ont senti
le danger, un danger confus mais partout présent, qui engendre
moins de colère que de peur, qu'une crainte superstitieuse dont
on ne sait trop comment se protéger. La nature du délit fait

naître l'angoisse : on redoute une démoralisation des élites susceptible d'entraîner la dissolution de la famille et de la société. L'intention des libertins de justifier leurs dérèglements, plus que ces dérèglements eux-mêmes, apparaît comme une menace contre l'ordre établi. Ceux que l'on emprisonne sont en effet des auteurs qui donnent à leur libertinage une forme littéraire philosophique.

La liberté de mœurs de la société aristocratique (qu'il ne faut pas confondre avec l'ensemble de la société nobiliaire souvent rangée et même austère) est bien établie, mais la société provençale semble surenchérir sur un comportement largement répandu. Au moment où Mirabeau est enfermé à Vincennes, des lettres de cachet pour dépravation frappent de nombreux Provençaux. Voici des Gallois de La Tour, fils du premier président du parlement d'Aix et l'un des chefs de l'oligarchie aixoise : enfermé pour débauche en 1777 à Saint-Lazare, il est ensuite transféré à la Bastille et, en 1781, à Charenton. Sade se trouve à Vincennes en même temps que Mirabeau, son lointain cousin, et ne sortira de prison, pour peu de temps, qu'en 1789. Leur proche voisin languedocien, le comte de Solages, est enfermé en même temps que sa sœur pour un crime que l'on tient secret mais que l'on devine incestueux. L'inceste, qui se pratiquait quelques années plus tôt sous les yeux mêmes du roi (les relations du duc de Choiseul et de sa sœur Mme de Gramont défrayaient la chronique), est devenu sous Louis XVI le plus impardonnable des forfaits. Terre des passions effrénées, la Provence avait, à l'égard des débordements sexuels, une indulgence dont pouvait se scandaliser le puritanisme d'un règne vertueux. La tribadie semble y avoir été largement répandue et un observateur attentif des mœurs sexuelles comme Casanova a pu être frappé par la fréquence des cas de saphisme[1]. Quant à Mirabeau, fornicateur olympique, adepte occasionnel de l'inceste, il a pu aussi être le témoin à Aix de scènes dont il s'inspira. C'est dans les milieux les plus mondains que la liberté à l'égard de la morale commune est la plus grande, où les

---

1. « Au reste, les Provençales inclinent généralement à ce goût, et loin de leur en faire reproche, je ne les en trouve que plus aimables », *Mémoires,* NRF, La Pléiade, t. III, p. 79.

comportements sont les plus lestes. Sade, descendant d'une des plus anciennes lignées de Provence, n'est pas une exception et le marquis d'Antonelle, son double moins bien doué, mais assez prudent pour échapper toute sa vie au sort de Sade ou de Mirabeau, pousse le dérèglement des sens jusqu'à l'anomalie et, de son propre aveu, ne trouve le plaisir que dans « les fantaisies les plus honteuses et l'infamie des goûts les plus pervers[1] ». Sade et Antonelle : deux Provençaux qui font figure de symbole. Militaires tous deux, démissionnaires l'un et l'autre, également cultivés, également défiants à l'égard de la religion, ensemble débauchés et portés aux déviances sexuelles, on les retrouve tous deux engagés dans la révolution : le premier secrétaire de la section des Piques, l'autre membre du tribunal révolutionnaire et impliqué dans le complot babouviste.

Le libertinage n'est pas politiquement innocent, et le pouvoir qui emprisonne Sade n'est pas naïf. Il flaire une odeur de décomposition, devine, dans le dérèglement sexuel qui frappe une partie de l'aristocratie une source de démoralisation. Le réflexe bourgeois du XIXe siècle qui pourchassera le sexe comme le facteur principal de dissolution des sociétés[2] est déjà en place dans cette France vertueuse du XVIIIe siècle finissant. Le libertinage, simple fantaisie aristocratique d'une société qui croit en sa légitimité, devient un dangereux ferment de dissolution dans une société qui s'effrite et dont la légitimité est contestée. Mis en cause le type de société — grande affaire de la seconde partie du siècle — et mise en cause la légimité des élites, la classe dirigeante s'aperçoit que la liberté sexuelle a anticipé sur toutes les libertés et qu'en se débarrassant d'un tabou moral elle a fait tomber tous les tabous qui la protégeaient. Elle découvre alors avec effroi que la licence aristocratique a ouvert la première brèche dans le respect des interdictions : première audace entraînant d'autres audaces qui risquent de se retourner contre elle.

Sade embastillé pour quelques bagatelles avec des filles

---

1. P. Guibal, « Un noble provençal contemporain de Sade, le marquis d'Antonelle », in *Le Marquis de Sade*, Centre aixois d'études et de recherches sur le XVIIIe siècle, 1968.

2. J.-P. Aron et R. Kempf, *Le Pénis et la Démoralisation de l'Occident*, Grasset, 1978.

publiques, Mirabeau emprisonné pour une idylle, on peut s'étonner de l'outrance. Elle s'explique par la violence de la peur d'une société qui se sent menacée, qui devine que la liberté sexuelle creuse son tombeau ; par cette voie peut s'écouler le flot de toutes les contestations, de toutes les remises en cause, de tous les attentats contre l'ordre et le pouvoir établi.

Mirabeau, dans son donjon, songeait-il à toutes ces implications, à la charge révolutionnaire des pages qu'il noircissait dans le feu du désir refoulé, et organisait en petits romans graveleux ou en essais « scientifiques » comme cet *Erotika Biblion*, chef-d'œuvre érudit d'érotisme philosophique ?

La littérature libertine du XVIIIᵉ siècle lui était familière, il en connaissait bien les recettes et le contenu. Son père était l'ami du marquis d'Argens dont la *Thérèse philosophe* avait fait un sort à la morale, cette grande inconnue de la Nature. Il savait aussi qu'aucun écrivain du temps, les Crébillon et les Nerciat, les Laclos, les Voltaire, n'avaient échappé au libertinage littéraire. Aucun discrédit ne s'attachait au genre pornographique ; même les plus graves, comme Diderot, lui avaient payé leur tribut. Et n'avait-il pas son utilité ? Ne servait-il pas, par son incomparable diffusion, les intérêts du militantisme, n'était-il pas le mieux adapté à la vulgarisation de la philosophie, de l'idéologie, de l'esprit des *lumières* ? Être libertin, en effet, c'est être philosophe sur le mode mineur ; par sa vocation au délice et au scandale, le roman érotique déborde largement le public des œuvres graves, par définition limité en ce siècle où la culture est un chuchotement confidentiel pour initiés. En prêchant la liberté sexuelle, le libertin contribue, au même titre que le philosophe, à l'établissement d'une morale naturelle, à l'épanouissement d'un individu libéré de toutes les oppressions, de tous les préjugés [1]. Mirabeau pornographe ne se veut pas simple libertin ; ce sont ses idées sur l'homme, sur les méfaits de la superstition, sur les responsabilités et les abus du pouvoir, qu'il glisse en sourdine, et parfois avec éclat, dans ses œuvres licencieuses, œuvres maudites pour la postérité bourgeoise, et que ses biographes ont voulu ignorer, ont vouées au mépris comme le fruit vénéneux de ses fantasmes de prisonnier, ou

1. Voir P. Nagy, *Libertinage et Révolution*, Gallimard, 1975.

comme la production inavouable d'un homme financièrement
aux abois. Livres pour l'*Enfer* des bibliothèques, sans doute, et
livres révolutionnaires, sans aucun doute aussi, ces petits
romans érotiques qui ont attiré l'attention des poètes, Baudelaire ou Apollinaire, sensibles aux correspondances entre libertinage et liberté. L'auteur des *Fleurs du Mal* aura été des
premiers à s'en aviser et à découvrir les profondes résonances de
ces œuvres de contestation et de combat. « 89 aura été l'œuvre
des libertins autant que des Encyclopédistes. Nerciat, Laclos,
Mirabeau fournissent les meilleurs documents sur l'esprit de la
noblesse à cette époque[1]. ».

De fait, l'*Erotika Biblion* est et se veut œuvre philosophique et
révolutionnaire. Elle procède de la même intention que les
œuvres sérieuses que Mirabeau rédige au même moment. Il
s'agit de faire, en jouant, la démonstration que les rois, avec
l'aide de la superstition et des prêtres, ont démoralisé leurs
peuples pour assurer leur despotisme. Mirabeau portait d'ailleurs sur son œuvre un jugement complaisant et se défendait
d'avoir écrit un livre libertin : « Ce sont, disait-il à Sophie, des
sujets bien plaisants, traités avec un sérieux non moins grotesque, mais très décent. Crois-tu que l'on pourrait faire dans la
Bible et l'Antiquité, des recherches sur l'onanisme, la tribade-
rie, etc., enfin sur les matières les plus scabreuses qu'aient
traitées les casuistes, et rendre tout cela lisible, même au collet
le plus monté, et parsemé d'idées assez philosophiques[2]. »
Notons la référence à Buffon, « le plus grand homme de ce
siècle », et l'intention encyclopédique de faire un dictionnaire
raisonné de l'érotisme, qui fait de Mirabeau l'ancêtre direct du
divin marquis de Sade et des *Cent vingt journées de Sodome*[3].
Sous une érudition un peu lourde, mais avec l'ironie amère d'un
élève doué de Voltaire, l'intention de l'*Erotika Biblion* est, au-
delà du discours libertin, de faire la démonstration du progrès
des mœurs et de l'esprit humain, et de dévoiler, dans un conte

---

1. Baudelaire, « notes sur Nerciat », in *Œuvres diverses,* édition critique de
F.-F. Gautier et Y.-G. Le Dantec, 1937.
2. Lettres à Sophie.
3. Voir, à propos de l'*Erotika*, D.-G. Plank, « Le comte de Mirabeau et le père
Roger Boscovitch : à propos de l'*Erotika Biblion* » ; J. Molina. « L'*Erotika Biblion*
de Mirabeau », in *Les Mirabeau et leur temps, op. cit.*

philosophique qui forme le premier chapitre de l'œuvre, les possibilités de perfection de la nature et de la société humaines. Les évocations complaisantes de l'onanisme et de la tribadie, de la sodomie, de la bestialité, de la nymphomanie, ne sont pas simples jeux de libertinage. Elles fournissent les arguments d'une démonstration. Les excès auxquels se livraient les Anciens, et particulièrement le Peuple de Dieu, montrent, par comparaison, les énormes progrès réalisés par les mœurs. Si les pratiques exécrables n'ont pas disparu, si les mœurs n'ont pas atteint ce point de perfection qui se confond avec le règne de la plus pure sensibilité, c'est que les gouvernements maintiennent volontairement les peuples dans l'abjection, « car les hommes sont à la longue tels que le gouvernement les fait [1] ». Cette remarque conduit Mirabeau à inventer une utopie, à décrire la cité idéale dont les sublimités procèdent autant de l'optimisme de l'humanisme que du triomphalisme des *Lumières*. Conte stellaire, l'*Anagogie*, chapitre initial de l'œuvre, est une fable sociale sur la perfectibilité de l'homme et l'excellence d'une société de liberté.

Les habitants de l'anneau de Saturne — puisque c'est d'eux qu'il s'agit — jouissent depuis longtemps « des avantages de la nature perfectionnée, sensible, intelligente » ; leurs observations et leurs sciences sont très avancées. Comme tout son siècle, Mirabeau accorde aux progrès de la connaissance le rôle majeur dans la progression morale de l'humanité. Cet état d'excellence qu'ont atteint les Saturniens les met physiquement en état d'apesanteur : « Tout y était presque aérien ; les sensations les plus délicates se perpétuaient sans émousser les organes. » Ce qui n'est pas sans conséquence, on s'en doute, sur le caractère moral de ce peuple heureux, doué de sens à nous inconnus, jouissant de cette absolue liberté sans laquelle il n'est point de progrès et point de perfection. Ici, l'information circule sans obstacle : « Ils avaient toutes les facultés possibles pour transmettre leurs idées, pour donner une rapidité inconcevable à leur exécution, pour hâter tous les progrès de leurs connaissances. » Le bonheur de ce peuple qui s'abandonne aux douceurs de la liberté est entier, leur plaisir est sain, leurs

1. *Erotika Biblion*, éd. de 1867, p. 80.

sensations plus profondes : « Les jouissances de deux amants [y
sont] semblables à celles d'Alphée qui, pour jouir d'Aréthuse
que Diane venait de changer en fontaine, se métamorphosa en
fleuve afin de s'unir plus intimement à son amante, en mêlant
ses ondes avec les siennes. » Mais la libre circulation des idées,
l'échange des savoirs, l'accès de tous à l'information, sont leurs
biens les plus précieux : ils assurent leur bonheur. « Dans
l'anneau de Saturne, les connaissances se transmettaient par
l'air à des distances considérables... De là résultait un concours
admirable dans les populations infinies qui, par cette intelligence, cette harmonie universellement répandue dans tout
l'anneau, ne s'occupaient que de leur bonheur commun, lequel
n'était jamais en contradiction avec celui d'aucun individu. » La
cité de perfection exige la culture des arts utiles ; aussi, dans
Saturne, « les arts qui tendent au bonheur et à la conservation
de l'espèce, étaient aussi perfectionnés qu'il soit possible de
l'imaginer et même de le désirer ». L'obscurantisme, la superstition et la guerre étaient étrangers à ces êtres idéaux qui savaient
que « la véritable gloire d'un être intelligent est la science et la
paix son vrai bonheur ». Mirabeau n'échappe pas à l'idéal
communautaire, cher au XVIIIᵉ siècle, et ses Saturniens, socialis-
tes avant la lettre, ignorent la propriété et vivent dans la plus
complète sérénité car « on sent que, là où il n'y a point de
propriété, il y a bien peu d'occasions de disputes, d'inimitiés, et
que la plus parfaite égalité politique règne, à supposer même
qu'il faille à de tels êtres un système politique ».

L'*Anagogie* est donc d'abord un plaidoyer en faveur de la
science et de la liberté (d'opinion, de la presse), et une
projection de la société saine et heureuse que les hommes
établiront après s'être défaits de la superstition qui en impose au
progrès du savoir, et du despotisme qui maintient les peuples
dans l'ignorance et les fers. Œuvre graveleuse ou œuvre sévère,
pour Mirabeau c'est tout un : un combat pour la philosophie et
un combat pour la liberté.

Dans son œuvre Mirabeau a fait la part belle à l'écriture
libertine : lettres clandestines à Sophie, malheureusement
détruites, et petits romans qui font aujourd'hui la joie des
bibliophiles et des amateurs de gravelures. Mais leur signification n'est pas anodine. Si *Ma conversion* raconte les débauches

d'un libertin de qualité, d'un gigolo mondain qui est aussi un type social, *L'Éducation de Laure*, dont le premier titre révélateur est *Le Rideau levé*, est, comme on a pu dire, un *Émile* libertin qui cache, derrière la lubricité des scènes et l'audace des situations, l'intention de vulgariser la science des Lumières et de libérer le corps et le plaisir des tabous gothiques qui l'emprisonnent. L'œuvre aura d'ailleurs une postérité et servira de modèle à Sade pour *la Philosophie dans le boudoir*.

Malgré ses résonances philosophiques, la littérature érotique reste pour Mirabeau un divertissement. Privé de sa liberté, emprisonné sans jugement, sans qu'aucun terme ait été fixé à son tourment, Gabriel était tout naturellement amené à s'interroger sur la nature d'un pouvoir qui s'arrogeait le droit d'interner et de maintenir indéfiniment sous clé des individus sans qu'un jugement régulier ait établi leurs torts et statué sur leur sort. Quelque motivée que pût apparaître la décision, elle n'en était pas moins un déni à la justice, une manifestation scandaleuse de l'arbitraire du pouvoir, un refus et une négation du droit. Elle ne pouvait qu'être assimilée à un acte de violence perpétré au mépris de la compétence des tribunaux et du droit des citoyens à n'être soumis qu'à leurs juges naturels. Mirabeau n'est pas le premier à dénoncer les lettres de cachet ; les parlements ont souvent protesté contre cette violence qui leur enlevait leurs justiciables. Malesherbes, courageux défenseur des libertés, avait inspiré les remontrances de la Cour des aides du 14 août 1770 : elles s'indignaient qu'on prodiguât les lettres de cachet et qu'on les consentît aux ressentiments des grands, à l'influence, à la faveur, au crédit, à la délation : « Il en résulte, Sire, osaient-elles dire, qu'aucun citoyen dans votre royaume n'est assuré de ne pas voir sa liberté sacrifiée à une vengeance. » Mais il fallut attendre le livre de Mirabeau, *Des lettres de cachet et des prisons d'État*, pour que leur dénonciation devînt un combat révolutionnaire. Le coup d'audace fut de lier la dénonciation de l'arbitraire à une critique globale de l'absolutisme, à la cause de la liberté et d'un régime fondé sur le droit naturel et le respect des règles du bon gouvernement.

Dénoncer la tyrannie du régime alors que, prisonnier, on ne peut espérer de libération que de sa clémence, ce pouvait être le geste d'un téméraire ou d'un désespéré. A moins qu'il ne

procède de la certitude de l'impunité. Mirabeau sait que ce
pouvoir, dont il est la victime, se débat comme un nageur qui se
noie mais qu'il n'a plus de force pour résister ; ses éclats, ses
violences sont des sursauts d'agonisant. Il a encore la force de
frapper, mais chaque coup qu'il porte l'affaiblit un peu plus.
Mirabeau pouvait-il rêver mieux que les lettres de cachet, pour
dévoiler la nature du régime, son mépris du droit, sa dépendance à l'égard d'intérêts privés, son secret épuisement ? Le
régime qui autorise de tels abus peut-il être sûr de sa légitimité ?
Obéit-il à d'autres règles que la loi de la jungle et un seul citoyen
y est-il en sécurité ? Loin d'être gouverné par des lois, le
royaume n'est que le jouet d'un despote et de ses satellites,
soumis à toutes les cruautés du droit du plus fort. On alléguera
les droits historiques du monarque, voire sa légitimité divine ?
Nous y voilà justement. Au nom de Dieu, la superstition permet
tous les abus. Cette « adulation impie » résulte de la crédulité et
de l'orgueil des prêtres ; elle a introduit le glaive dans les
disputes théologiques et les foudres célestes dans le système
politique. « Les deux autorités se sont aidées réciproquement à
asservir les corps et les esprits ; elles ont exigé l'obéissance
implicite, et partagé le droit divin de la tyrannie [1]. » Mais seul
est légitime ce qui découle du droit naturel, de la raison et du
consentement général, « tout ce qui est contraire ne saurait être
légitime » ; le droit divin n'est que le droit du glaive, tandis que
« le principe de toute législation est fondé sur la loi de nature,
les lumières de la raison, le vœu et le consentement général ».
Le terrorisme religieux a provoqué les coups d'autorité nécessaires au maintien d'opinions exclusives. La monarchie n'a pu
devenir ce despotisme effrayant « qui réunit aux folies du
pouvoir arbitraire, les fureurs de l'intolérance », que parce
qu'on a bouleversé la constitution, le gouvernement et les
mœurs. « On a oublié que le droit de la souveraineté résidant
uniquement et inaliénablement dans le peuple, le souverain
n'était et ne pouvait être que le premier magistrat de ce
peuple... ; les sujets en sont venus, aussi bien que les princes, à
se persuader que l'hérédité du sceptre était un droit indépen-

---

1. *Des lettres de cachet et des prisons d'État,* écrit à Vincennes, mais publié
seulement après sa sortie de prison.

dant du peuple, un don de Dieu, une acquisition de l'épée,
enfin, tout ce qu'ont imaginé la basse flatterie et l'orgueil
délirant[1]. » Pourtant, débarrassé des cagots et des esclaves, le
roi n'a d'intérêt que dans la justice qu'il doit à tous les citoyens.
La liberté n'est pas respectée dans un État vendu à l'intolérance
des prêtres ; la liberté ne peut exister que dans un État laïc où la
séparation des pouvoirs est fortement tranchée. Montesquieu,
qui a si clairement établi ce principe, admet cependant des
circonstances qui justifient l'arbitraire. Mais qui ne voit que
cette raison d'État, si souvent invoquée, entraîne la subversion
de toute liberté. La puissance du roi est si étendue, si illimitée.
Comment ne le confondrait-on pas avec un potentat oriental, un
sultan orgueilleux, sans le pouvoir judiciaire dont l'indépendance n'est cependant pas respectée et dont la compétence est
ridiculisée par l'usage des lettres de cachet. Que devient alors la
liberté du citoyen ? C'est pourtant là l'unique question : « A
quoi est bon le gouvernement si ce n'est à maintenir la
liberté ? » Voyez ce que nos rois ont fait pour elle : ils ont
préparé le règne de l'oppression, du fanatisme, de l'esclavage.
« Vantez ce que nos rois ont fait pour mériter notre confiance :
dans une période de cinq cents ans, trois en ont été dignes. »
Mais les rois ne sont pas seuls coupables. Les nobles, ces
« défenseurs-nés du despotisme », qui disent servilement : le
roi est le maître, achètent en s'humiliant le droit de tyranniser à
leur tour. Sans eux, *sans nous,* ajoute Mirabeau, car il n'oublie
pas qu'il appartient à la classe des nobles, la liberté serait
bientôt acquise : « Esclaves par état, par préjugé, par ignorance, et qui de plus nous vantons de l'être, nous avons plus
avancé le despotisme que n'ont fait et que ne feront tous les
autres corps ensemble, et c'est par nous qu'il se soutient. » La
conclusion coule de source : la monarchie illimitée, le pouvoir
arbitraire sont le cimetière des nations et de la liberté. Et que
surtout l'on n'évoque pas la vieille fiction qui fait des rois les
pères de leurs sujets : « Cette idée est précisément une chimère,
mais une chimère qui introduit le despotisme. » Il est temps de
rendre au judiciaire ce qui lui est dû, et ce qui est dû à la liberté.
Mais la condition d'une vraie santé politique exige davantage, et

---

1. *Des lettres de cachet..., op. cit.*

Mirabeau ici anticipe sur l'histoire. « Je sais, et je l'ai dit
formellement, que la loi, pour être juste, légitime, obligatoire,
enfin vraiment *loi*, doit avoir le sceau d'un consentement libre et
général ; j'ajoute que dans tout État où les citoyens ne partici-
pent point au pouvoir de la législation par la délégation d'un
corps de représentants librement élus par la plus grande partie
de la nation, sagement restreints par leurs instructions [...] il n'y
a point, il ne saurait y avoir de liberté publique [1]. » Ainsi, dix
ans avant 89, Mirabeau appelait de ses vœux une assemblée
élue, bien avant que l'idée d'une convocation des États généraux ne soit apparue comme une issue fatale et nécessaire à
l'agonie du régime.

Dénoncer l'arbitraire, défendre la cause de la liberté, proposer un régime représentatif, c'est à quoi Mirabeau souffrant et
captif employait ses loisirs forcés au donjon de Vincennes. En
prison, il a mûri, s'est fait. Mais le vieux Mirabeau n'est pas
mort. Dans les derniers mois de sa détention, alors que de
difficiles négociations préparent sa libération, Gabriel est repris
par ses démons. Tandis qu'il noue une correspondance suivie
avec une inconnue, cette Julie Dauvers dont s'enfièvre son
imagination fantasque, il tente de séduire les femmes du
château. Son tempérament autant que ses fantasmes l'emportent à nouveau dans une vie de dissolution, il est vrai toute
platonique, mais ce sont surtout des rêves de liberté qui
l'occupent maintenant qu'il voit poindre la fin de son supplice.
Tout le monde semble s'être donné le mot pour voler à son
secours : l'ami Dupont de Nemours, « le bon ange » Boucher,
la sœur du Saillant, Mme de Pailly elle-même font le siège de
l'Ami des Hommes pour arracher son consentement à la
libération de Gabriel enfermé depuis plus de quarante mois. Le
marquis a bien changé depuis l'époque où sa fureur envoyait
tous ses proches en prison, où, se croyant persécuté par sa
famille, la frénésie punitive du vieux fol ne connaissait plus de
bornes. Une sorte d'hystérie s'était emparée de lui, la cruauté
facétieuse était devenue son unique raison, la fureur dominait
tout autre sentiment chez cet homme pourtant spirituel et
intelligent.

---

1. *Des lettres de cachet..., op. cit.*

— Où est madame la marquise ? lui demande un jour un ami qu'il n'a pas revu depuis longtemps.

— Au couvent.

— Et monsieur votre fils ?

— Au couvent.

— Et madame votre fille de Provence ?

— Au couvent.

— Vous avez donc entrepris de peupler les couvents ?

— Oui, monsieur. Et si vous étiez mon fils, il y a longtemps que vous y seriez. »

Mais depuis l'époque de ce dialogue, qui n'est pas une farce, les circonstances ont bien changé. Le marquis a vieilli. Son procès contre sa femme va se juger ; s'il le perd, il sera ruiné. L'appui de Gabriel peut se révéler précieux. Enfin, la famille s'éteint. Son plus jeune fils, le chevalier de Mirabeau, connu plus tard sous le sobriquet de Mirabeau-Tonneau, est un effronté dissolu, et d'ailleurs s'apprête à rejoindre les Insurgents d'Amérique. Le seul espoir de continuer la lignée réside en Gabriel. Il peut encore récupérer sa femme, avoir un héritier. La postéromanie du marquis s'est accrue avec l'âge et c'est la chance de Mirabeau. Son fils, disparu prématurément, n'est plus là pour satisfaire la soif d'hérédité de l'Ami des Hommes et c'est à ce douloureux accident, qu'il a appris dans sa cellule, que Gabriel doit sa liberté. « Si mon pauvre petit-fils eût vécu, le père serait encore en geôle », écrira le marquis en 1782. Feignant de se laisser convaincre par son entourage, mais secrètement satisfait de devoir céder, le marquis consent à l'élargissement de son fils. C'est le 13 décembre 1780 qu'ému, chancelant, le prisonnier sort de Vincennes. Son père essaie de se persuader que c'est un homme nouveau, mûri par les épreuves, assagi et repentant, qui lui revient. Illusion ! Gabriel n'a pas changé, il est plus que jamais le jouet de ses violences et de ses passions, et sa liberté, si fraîchement recouvrée, l'enivre. A peine libéré, il contracte de nouvelles dettes. Qui l'en blâmerait, son père le laisse sans le sou. Il s'ébat, respire à pleins poumons, courtise des beautés de rencontre. En prison, son génie s'est déployé, ses énormes études ont étendu son savoir. Mais sa détention, loin d'amoindrir sa vitalité, semble avoir décuplé ses forces. Libre mais rendu à la pleine autorité de son

père par une nouvelle lettre de cachet, il feint d'ignorer la
tutelle, va la tête haute, arrogant, familier, insolent, sollicite les
ministres avec assurance, enfin justifie le jugement de son père :
« Cet homme n'est rien que par l'orgueil ; il est bien de la race et
fait pour le siècle ; et comme me disait la duchesse de Civrac,
fait pour leur grimper sur le dos à tous[1]. »

Reconquérir les bonnes grâces de son père, tout en gardant sa
liberté, est désormais l'unique souci de Gabriel. Avec cynisme il
prend contre sa mère le parti de son père. A peine évite-t-il la
scandaleuse tentation de plaider contre elle. L'Ami des Hommes n'en perd pas moins son procès et, sans l'aide de son frère le
bailli, eût été réduit à la misère. Circonstance aggravante pour
Gabriel que ses créanciers poursuivent déjà. M. Honoré — c'est
ainsi qu'il s'appelle désormais, son père lui ayant interdit de
porter son nom — reprend, pour peu de temps, la vie commune
au Bignon. A peine y est-il, qu'il disparaît. Pour échapper à ses
créanciers. Il fuit et, comme par hasard, arrive à Gien où il
retrouve Sophie. Mais c'est leur dernière entrevue. Exaltée
pendant les années de prison, cette grande passion ne survit pas
à la liberté. Mirabeau abandonne Sophie à son chagrin et à
d'autres amours. Elle se suicidera alors qu'en pleine gloire il
l'aura presque oubliée.

Après l'escapade de Gien, Mirabeau retourne au Bignon. Il y
demeure huit mois. Mais le marquis est impatient. Son fils doit
obtenir de sa femme la reprise de la vie conjugale. C'est
compter sans Émilie, enchantée de son indépendance et de la
vie galante que lui offrent, loin de son mari, Aix et l'aimable
cercle du Tholonet. Le marquis compte sur l'audace de son fils,
et celui-ci sur sa bonne étoile. Mais il faut d'abord, de toute
urgence, replacer sa tête sur ses épaules. Il est toujours sous le
coup de la contumace de Pontarlier qui l'a condamné à mort.
Premier acte : obtenir la révision du procès. Il risque sa tête, il
le sait, ne s'en émeut pas. Le 12 février il est à Pontarlier, se
constitue prisonnier et engage la lutte. Ni crainte, ni timidité ;
son arme est l'insolence. Accusé, lui ? Bien plutôt un accusateur. Il vient pour rétablir le droit, la vérité, la justice. Il gronde,
il menace, fait craindre à tous le scandale. Il effraie ses ennemis,

---

1. Lettre au bailli, 13 août 1780.

M. de Monnier, sa fille, les juges. Il ne se défend pas, il attaque.
Et il gagne. Il obtient un accommodement. Le voilà libre et prêt
à partir, une nouvelle fois, à la conquête de l'héritière de
Provence. Le 19 octobre, il arrive à Aix. Mais c'est une défaite
qui l'attend : sa femme obtient la séparation[1]. La chute est
terrible : Mirabeau vient de tomber dans un abîme. Sans
attache, sans ressources, il n'est plus désormais qu'un aventurier
qui regagne Paris sans autre bagage que la gloire suspecte que
son éloquence lui a value au cours du procès. Il n'en tirera profit
que beaucoup plus tard à la faveur d'un événement encore
lointain : la Révolution.

1. Voir chap. 1 : « Gabriel et Émilie : le procès ».

5. Les errances d'un proscrit

Mirabeau n'a pas d'argent, pas d'état, pas d'emploi. Suspect à tous, rejeté partout, mais libre, il s'engage dans la voie aride de ceux qui, n'ayant rien, s'efforcent par leur seul talent de se faire un nom, par leur seul mérite d'acquérir une place au soleil. Pour ceux-là, écrire est le seul moyen d'attirer l'attention. C'est dans cette carrière, celle des jeunes gens ambitieux et pauvres, déjà bien encombrée, que Mirabeau s'engage avec tout le dynamisme de ses trente ans. Il va partager pendant quelques années, et ce n'est sans doute pas un hasard, le sort d'autres jeunes loups, voyez Brissot, appelés à jouer comme lui un rôle dans la révolution.

Pendant quatre années, qui correspondent à une période dramatique pour la monarchie française, Mirabeau va exercer sa plume comme un quelconque folliculaire. Le dépérissement de l'État, l'affaiblissement de son autorité, son incapacité à se réformer, par-dessus tout la crise financière, le déficit chronique et chaque jour plus profond, annoncent, et les observateurs avisés ne s'y trompent pas, la fin d'un régime qui ne survit que par la force de l'habitude et des siècles de passivité. Mirabeau, qui cherche à attirer l'attention des ministres, leur annonce la crise, décrit le mal avec lucidité. « Est-ce que la France, écrit-il à Vergennes, peut compter sur dix années d'un gouvernement prospère ? Qui peut promettre qu'elle se régénérera ? Qu'a-t-on à lui donner à la place de la routine qui prolonge et protège sa décadence [1] ? » Mirabeau était plein d'illusions. Le gouvernement, éclairé sur la gravité de la situation, ne pouvait dédaigner d'employer un homme de sa trempe, ayant des solutions à

---

1. Cité par A. Vallentin, *op. cit.*, p. 325.

proposer, l'énergie pour les imposer. Mais il rêvait. Qui, dans cette France essoufflée mais ferme dans ses erreurs, obstinée sur ses principes, aurait l'audace, prendrait le risque d'employer, d'imposer, de mettre à la place qu'il mérite, un homme perdu, déchu, discrédité ? Mirabeau ne veut pas croire qu'on l'écartera toujours, il s'obstine, la conscience de sa supériorité soutient ses espérances, il assiège les ministres, multiplie avis et mises en garde, s'échine en démarches vaines qui, à l'exception d'une mission, d'ailleurs peu honorable, à Berlin, ne lui vaudront jamais l'emploi qu'il souhaite.

Son obstination, son orgueil, cette conviction terrible qu'une bonne cause doit toujours triompher, ne favorisent pas ses ambitions. A peine revenu d'Aix, encore tout meurtri, mais furieux, il décide d'obtenir la révision de son procès. Avec cette maladresse insolente qui lui fait tant de tort, il met en cause le garde des Sceaux, risquant la foudre : c'était se remettre, à peine libéré, dans le cas de tomber à nouveau sous le coup d'une lettre de cachet. Il craint dès lors pour sa liberté, décide de s'exiler. Il s'enfuit, mais ne part pas seul, il a trouvé galante compagnie. Malgré sa pauvreté qui l'a amené à mettre au clou son dernier habit brodé, il a poursuivi allégrement sa carrière casanovesque. Dès sa sortie de prison il en a cueilli le fruit, de la femme du sculpteur Lucas de Montigny ; le petit garçon né de cette idylle, et surnommé Coco, le suivra désormais dans ses pérégrinations à travers l'Europe. Aventure délicieuse, mais brève. Toute autre, par ses conséquences, son intrigue vaudevillesque avec la marquise de Saint-Orens, sa cousine. Le délire charnel qui les unit rend fou furieux le mari bafoué, mais Mirabeau, qui en a vu d'autres, ne s'en inquiète guère. Mme de Saint-Orens partage son appartement avec une jeune fille de dix-neuf ans, un bel ange candide, qui lui sert de chandelier. Mirabeau, que sa maîtresse lasse vite, s'éprend de cette Henriette-Amélie de Nehra, suave et jolie, sans père ni mère, qui est, comme lui, une déclassée. Cette orpheline, fille naturelle d'un homme d'État hollandais, est blonde, jeune, très fraîche. Sa candeur s'effraie d'abord, recule devant l'horrible visage couturé de son soupirant farouche ; mais très vite le charme opère, la laideur devient expression, elle apprécie la grâce du sourire, la chaleur de l'éloquence. Et Mirabeau est pris, capté par le désir, touché par l'amour qu'inspire cette physionomie angélique, sa pénétrante douceur, la séduction magique qui l'entoure. Henriette, joliment surnommée Yet-Lie, est à la fois mère et amante, un bon génie qui s'applique, tant que dure leur liaison, à régler Mirabeau, à lui éviter tout excès, à mettre de l'ordre non seulement dans sa maison mais en lui. Sans tempérament, presque frigide, Yet-Lie moins amoureuse que fascinée, supporte sans plainte les infidélités de son amant jusqu'au jour où, à bout de patience, elle se sépare de lui.

Mirabeau épris, Henriette subjuguée, ils fuient en Angleterre (août 1784). Une vague promesse des frères Elliot, anciens condisciples de la pension Choquart, n'est pas étrangère à ce choix. L'un est député, l'autre ministre plénipotentiaire à Copenhague ; ils n'ont cessé de s'intéresser à la destinée de leur singulier compagnon, ni d'être émus par les persécutions dont il a été l'objet. Arrivé à Londres, Mirabeau renoue avec Gilbert Elliot qui porte alors sur lui un jugement plus compatissant qu'admiratif. « J'ai retrouvé, écrit-il à son frère, notre ancien camarade d'école persécuté, aussi ardent ami que je l'avais laissé, et aussi peu changé que possible par vingt années, dont six se sont consumées en prison, et le reste en agitation domestique et personnelle. » Mais, ajoute-t-il, « Mirabeau est aussi tranchant dans sa conversation, aussi gauche dans ses manières, aussi laid de visage et mal tourné de sa personne, aussi sale dans ses vêtements et, avec tout cela, aussi suffisant que nous nous le rappelons ». Malgré tous ces défauts, si antipathiques au caractère anglais, Elliot jugeait son ami digne de toute sa sollicitude : « Son courage, son énergie, ses talents, son application et, par-dessus tout, ses malheurs et ses souffrances doivent plutôt accroître qu'affaiblir notre affection pour lui. »

Mirabeau n'avait ni mesure ni tact. Sa jactance, son effronterie, son audace avaient vite jeté l'alarme dans la famille Elliot. Soubrettes, femmes de chambre, maîtresse de maison, il avait tout épouvanté, tout bousculé, jusqu'à la sœur d'Elliot qu'il tenta d'enlever d'assaut sous les yeux atterrés de ses hôtes abasourdis. En comparaison, Mme de Nehra apparaissait au député anglais, malgré sa situation irrégulière, comme un ange de patience et il admirait son courage et sa fidélité à l'homme

qui était devenu sous sa plume l'un des « coquins les plus laids et
les plus misérables qui soient en Europe ». Malgré sa déconve-
nue, Elliot se montre empressé, introduit Mirabeau dans les
cercles, le mène au Parlement. Il prend des leçons d'éloquence
des grands debaters anglais, Pitt, Burke, Fox, et s'initie au
fonctionnement d'une assemblée. Il fréquente aussi les journalistes, Brissot, Linguet, Morande, qui ont fui la censure
française. Mirabeau n'avait pas obtenu des frères Elliot l'emploi
qu'il espérait. Il se retourna vers le journalisme, mais ses offres
de service furent rejetées. Il fallait vivre pourtant. Grand
écrivassier, Mirabeau produisait d'autant plus vite et abondam-
ment que les scrupules ne l'étouffaient pas. Publier sous son
nom des œuvres subtilisées à son entourage, s'emparer des
canevas et des idées d'autrui, mais donner à tout cela son tour,
rehausser des diamants de son esprit les travaux de collaborateurs, involontaires ou consentants, voilà qui n'a jamais gêné
Mirabeau, et il donnait un tel éclat à ce qu'il touchait que même
ses victimes finissaient par lui pardonner. A Londres, il écrit ou
achève deux ouvrages : le prix lui permet de survivre, le succès
lui acquiert une grande notoriété. Les *Considérations sur l'ordre
de Cincinnatus*, commandées par Franklin qu'il a rencontré à
Passy, sont reprises d'un pamphlet américain et écrites avec la
collaboration de Chamfort, de Target et de Brissot. La jeune
République américaine, disait-il, était en danger : l'établissement d'un ordre de chevalerie, les Cincinnati, allait faire courir
un grave péril à sa constitution. Il serait l'origine d'une noblesse
héréditaire, d'une aristocratie dont la puissance, l'orgueil et le
despotisme s'accroîtraient avec le temps et menacerait l'Amérique des maux dont souffrait l'Europe, qu'il avait déjà dénoncés,
qu'il combattait et continuait à combattre sous tous les cieux et
dans tous les pays. Le pamphlet visait ailleurs aussi, visait la
France. Pour la victime des préjugés et de l'excommunication de
la noblesse provençale, plus encore pour le philosophe qui avait
médité sur les faiblesses de la Constitution française et sur les
responsabilités de l'aristocratie dans la crise de l'État, la
noblesse était une plaie, un fléau, une maladie honteuse : il
fallait, au plus tôt, la sacrifier à la santé du royaume. Mirabeau
n'est pas le premier des aristocrates, voyez d'Argenson, ni le
dernier, à lancer l'anathème sur le groupe dont il est issu. Il

condamne sans nuance, flétrit avec une violence d'autant plus redoutable que l'histoire ne dément pas toujours ses propos. Formée, dans l'origine, « d'une troupe d'oppresseurs ou d'assassins », la noblesse « s'est recrutée de concussionnaires et de voleurs publics [1] ». Le ton est celui de l'injure, mais l'outrance est dans la forme beaucoup plus que dans le fond. Certes, il y a bien dans cette violence une part de ressentiment. Mis au ban, Mirabeau, qui ne pouvait compter sur sa qualité nobiliaire pour se faire une place dans la société, souhaitait, par intérêt et par dépit, le renversement des contraintes qui lui barraient la route. Déclassé, exclu, il partageait l'idéologie des réprouvés du tiers état, appelait de ses vœux une société méritocratique qui ferait du talent la mesure de la réussite. Quel plébéien ambitieux ne pouvait souscrire à cette déclaration de Mirabeau l'aristocrate : « L'exercice de la raison et de la vertu est la seule et vraie noblesse [2]. » Mais on ne peut expliquer par sa seule déchéance une opinion que Mirabeau doit d'abord à ses convictions. Pour ce champion des libertés, son authentique, sa profonde vérité, la noblesse est, par nature et par nécessité, l'obstacle majeur à la libéralisation du régime et le soutien le plus actif du despotisme. Le recrutement de l'ordre justifie sa condamnation. Si l'Angleterre renouvelle sa noblesse parmi les hommes de mérite, la France puise la sienne « parmi les satellites amis du monarque ou parmi les scribes et les publicains ». Leur origine garantit leur soumission, leur intérêt fait d'eux les esclaves du roi et les tyrans du peuple, ils ne sont, en un mot, et ne peuvent être que des instruments fidèles d'oppression. Verdict sans appel qu'on retrouve sous la plume de nobles libéraux comme d'Entraigues ou Kersaint. Mirabeau, historien et sociologue avisé, n'était pas dupe des mythes qui circulaient au XVIIIe siècle sur l'origine légendaire de la noblesse française. S'il ne niait pas que quelques familles fussent issues d'illustres lignées dont l'origine se perdait dans la nuit des temps — et pour sa propre race il acceptait ingénument la mieux démontrée des affabulations —, il savait aussi que, pour sa plus grande part, la noblesse était le fruit du trafic, de la dépendance et de l'argent, et que la

---

1. *Considérations...*, *op. cit.*
2. *Ibid.*

monarchie en faisait publiquement commerce. Par incapacité à faire payer les riches, et par compensation, le roi vendait des parchemins, multipliait ainsi les immunités, accroissait le mal fiscal, détériorait encore le sort des défavorisés. Avec ce sens de la formule qui le rendait si redoutable, mettant le doigt sur ce qu'elle s'efforçait de cacher par son discours officiel, Mirabeau gravait en lettres d'or la plus juste, la plus clairvoyante, mais aussi la plus humiliante des définitions de la noblesse : « En France la qualité de noble n'est précisément qu'une spéculation fiscale. » Certes, le second ordre était lui-même divisé sur la question de la vénalité. Les nobles les mieux établis regardaient avec condescendance, voire avec mépris, les ploutocrates parvenus. Mais Mirabeau ne s'en laisse pas compter et renvoie dos à dos tous ceux qui, quelle que soit l'origine de leur distinction, arguent de privilèges, conquis par l'oppression ou acquis par l'argent, pour fortifier le despotisme et tyranniser selon leurs moyens. « Je ne fais pas plus de cas, je l'avoue, de trente mille oppresseurs bardés de fer qui, la lance à la main, ont foulé sous les pieds de leurs chevaux de bataille dix ou douze millions de Gaulois, que je n'estime les milliers de vampires calculateurs qui ont sucé par le tuyau d'une plume le sang appauvri de vingt millions de Français... Les premiers se sont recrutés chez les seconds... Il m'est impossible de révérer le résultat et le produit de ce noble mélange[1]. »

Le sujet des *Considérations,* toutefois, n'était pas la France. Elle lui permettait seulement d'étayer sa démonstration sur une expérience. Tous les maux dont il rendait responsable la noblesse française, il craignait de les voir renaître aux États-Unis. Il condamnait donc l'institution des Cincinnati et exprimait son espoir dans le message de cette République américaine, « espérance du genre humain » qui, espérait-il, en deviendrait le modèle. Œuvre de commande et de circonstance, ces *Considérations* étaient aussi une œuvre alimentaire. De là, sans doute, la précipitation de sa conception, et, pour tout dire, le peu de consistance d'un travail trop rapide qui voulait prouver que la distribution de quelques médailles mettait en danger la République.

---

1. *Considérations..., op. cit.*

Mirabeau n'avait obtenu qu'une gloire tapageuse. S'il avait espéré faire carrière en Angleterre, il se retrouvait bien déçu. Il ne lui restait qu'à rentrer en France... Mais le retour du proscrit n'allait pas de soi. Le ministère voyait d'un mauvais œil l'auteur si peu modéré des *Considérations* et, ce qui était plus grave, la reine avait à se plaindre de lui. Dans un autre livre, fraîchement publié, Mirabeau avait violemment pris à partie son frère Joseph II[1]. Les circonstances étaient donc peu favorables à son retour. Les calomnies les plus diffamatoires couraient sur son compte, entretenues par un secrétaire qu'il avait amené à Londres et payé de mauvais traitements et de coups de bâton. Mais Mirabeau pouvait compter sur son amie, son dévouement, son sacrifice. Mme de Nehra partit en ambassadrice. Arrivée à Paris en mars 1785, elle remua ciel et terre, se rendit à Versailles, implora les ministres, obtint de Breteuil, ministre de la Maison du roi, la promesse que Mirabeau ne serait pas inquiété. On exigeait en échange qu'il se tînt coi.

Le 1er avril Mirabeau rentre en France, et de nouveau se posent les problèmes d'argent. La pension de 3 000 livres que lui doit son père est irrégulièrement payée et la vie de bohème dans les hôtels garnis coûte encore trop cher pour sa bourse. Il doit reprendre le collier, dans la seule profession ouverte à son activité, celle de publiciste. C'était s'engager dans une carrière sinon peu respectable, du moins peu respectée alors ; loin de le mettre en position de renouer avec son milieu d'origine, elle le condamnait à des fréquentations louches et lui fermait les portes des salons de l'aristocratie où d'ailleurs ses manières et son langage détonnaient. Son père ricanait, faisait des gorges chaudes des nouvelles ambitions de son fils : « Cet homme, qui mangerait en huit jours le trésor de Lorette, compte vivre de sa belle plume. Il écrira des libelles contre tout ce qu'il connaît pour soutenir son personnage de boute-feu publiciste. » Mirabeau se faisait du métier une opinion plus haute. Il se voulait dès lors la conscience de la nation, et le journalisme lui paraissait mériter toutes les considérations par la noblesse et la dignité de sa vocation. Il prenait hautement la défense de la profession et dénonçait le préjugé barbare qui la condamnait au mépris des

---

1. *Doutes sur la liberté de l'Escaut.*

honnêtes gens. « En vérité les Anglais nous valent, voire même
un peu plus ; eh bien ! il n'est pas chez eux un homme de mérite,
un homme public, un talent constaté, qui n'ait travaillé longtemps à ces écrits périodiques, à ces feuilles volantes, que notre
ininstruction dédaigne et qui, en tous lieux, ont produit de
grands changements dans les choses, de grandes révolutions
dans les idées, de grands effets sur les hommes. Je ne puis pas
me trouver humilié de faire ce que l'élite de l'Angleterre a
toujours fait, ce qu'elle fait encore ; et je ne croirai pas avoir été
inutile à mon pays, même en ce sens, si l'exemple d'un homme
dont le nom, ni le talent, ni la manière ne sont subalternes, y
détruit ce déraisonnable et nuisible préjugé [1]. »

Dès son retour à Paris, il retrouve Clavière, autrefois
rencontré à Neuchâtel, et Panchaud, banquier genevois, financier avisé et fondateur de la Caisse d'escompte. Par eux,
Mirabeau est introduit dans le monde bien parisien, mais aussi
un peu suspect, des spéculateurs, des donneurs d'avis, des gens
à gages que le ministère emploie pour manipuler l'opinion, au
moment où la crise financière et les débordements de la
spéculation atteignent des sommets. C'est dans les controverses
du marché financier que les futurs leaders de la révolution,
Mirabeau comme Brissot, font leurs premières armes.

En 1785, Calonne est contrôleur général des Finances. La
situation est déjà catastrophique, le déficit énorme. Malgré
l'accroissement général de la prospérité, les ressources du
Trésor restent stationnaires, les exemptions fiscales bloquent
toute progression des recettes, et, tandis que la France s'enri-
chit, le régime court à la banqueroute. Pour se procurer de
l'argent, l'État n'a qu'une solution : l'emprunt. Mais il se heurte
au drainage des capitaux par la Bourse, alors en pleine folie, qui
voit les valeurs particulières, actions de la Caisse d'escompte,
celles de la banque Saint-Charles et de la Compagnie des eaux
de Paris, atteindre des taux records. Pour attirer les capitaux
vers les emprunts du gouvernement, Calonne décide de faire
baisser les valeurs concurrentes. Il dispose d'une équipe de
conseillers, de plumes vénales, dont Panchaud est l'inspirateur.
Ce Genevois, qui vise le ministère, est le maître à penser de

---

1. Lettre à Montmorin, 25 novembre 1785.

toute une école qui compte parmi ses fidèles le duc de Lauzun,
le jeune abbé de Périgord (le futur Talleyrand), alors agent
général du clergé, Clavière (qui sera ministre des Contributions
publiques en 1792), le comte de Narbonne (ministre de la
Guerre en 1792), le comte d'Entraigues (reconverti plus tard à
la contre-Révolution), Brissot. Mirabeau, amené par Clavière,
s'enthousiasme aussitôt pour le génie financier de Panchaud, se
vend à Calonne sur sa recommandation, signe plus qu'il n'écrit
des ouvrages polémiques dus aux plumes de Brissot ou de
Clavière, mais auxquels il prête son nom, sa griffe et le feu de
son éloquence. L'enjeu est simple : provoquer l'effondrement
des valeurs sur lesquelles le public se porte de préférence aux
emprunts d'État. Prenant le parti des joueurs à la baisse, les
pamphlets réussissent merveilleusement. Les Saint-Charles s'ef-
fondrent, les Eaux de Paris aussi. Les spirituels sarcasmes de
Beaumarchais, l'un des administrateurs de la Compagnie parisienne, qui dénonce les *Mirabelles,* n'empêchent pas Mirabeau
de remporter un plein succès.

Mirabeau pouvait se flatter, sans forfanterie, de faire fléchir à
son gré le balancier de la Bourse. Il ne pouvait éviter qu'on
l'accusât de vénalité. Son père était, comme il se doit, au
premier rang de ses accusateurs. Pourtant Mirabeau ne s'est pas
enrichi. Dieu sait s'il le pouvait ! Des spéculateurs lui faisaient
des ponts d'or pour qu'il cessât ses attaques : il les refusa avec
hauteur. Il pouvait lui-même spéculer : il s'en garda toujours
avec une sorte d'horreur. Mieux encore : aux gages de Calonne
et censément dépendant, il manœuvra contre lui lorsqu'il
s'aperçut de sa duplicité. Le ministre, qui possédait un beau
paquet d'actions de la Compagnie des eaux, jouait à la hausse
contre l'intérêt de son département. Sans craindre sa colère,
s'exposant à ses représailles, Mirabeau continua à soutenir la
baisse quand on lui donna l'ordre de cesser. On peut le croire,
car sa pauvreté est là pour le prouver, quand il affirme : « Je
suis resté étranger à toute spéculation ; j'ai vécu, petitement
vécu, de mon travail et du secours de mes amis ; mais je n'ai
jamais joué un écu, ni reçu un sou en présent..., moi dont on
aurait payé le silence de tout l'or que j'aurais voulu accepter. »
« J'ai, ajoute-t-il, déjoué l'agiotage sous toutes ses formes,
l'agiotage qui engloutissait tout le numéraire du royaume,

décourageait toutes les industries honnêtes, et enfin, inoculé à la
cour, préparait à la France un débordement de corruptions
nouvelles. » En effet le mal était profond, frappait capitalistes
et courtisans, et le ministre des Finances lui-même profitait de
sa position pour spéculer effrontément. Mirabeau, tout à son
devoir civique, n'hésita pas à s'attirer les foudres de ce puissant
personnage qui, après l'avoir courtisé, redoutait à présent les
effets de sa plume. C'était peut-être de la provocation : mais
cette fois le civisme l'inspirait et Mirabeau allait payer de sa
défaveur son dévouement à une cause patriotique [1].

Calonne en effet l'avait pris de haut, grondait, menaçait.
Lauzun et Talleyrand s'interposèrent. On parvint à un compromis. Mirabeau se rendrait à Berlin pendant que ses amis
s'emploieraient à lui obtenir une mission du gouvernement.

Il partit de France à la fin de décembre 1785 avec sa
« horde », Mme de Nehra, le petit Coco et son chien. Il fut bien
accueilli par Frédéric II, qui se montra curieux de l'homme mais
imperméable à ses offres de service. Durant ce premier séjour à
Berlin, Mirabeau travaille beaucoup. Il écrit et, prenant son rôle
au sérieux, exalte le métier d'écrivain, le plus noble pour ceux
qui, méprisant « le vil métier de gladiateurs littéraires, se
croisent en véritables frères d'armes contre les préjugés, le
mensonge, le charlatanisme, la superstition, la tyrannie [2] ».
Payant d'exemple, il flétrit dans Cagliostro le charlatanisme des
imposteurs, et dans le christianisme philosophico-cabalistique
de Lavater, le fanatisme et l'intolérance [3]. Son éloquence la plus
noble, son talent le plus persuasif, il les consacre à une œuvre
humanitaire, téméraire et généreuse, à une dissertation superbe
contre le préjugé qui, dans toute l'Europe et particulièrement
en Allemagne, condamne les Juifs au mépris, à l'opprobre et
aux ghettos. Défense courageuse, plaidoyer passionné, ce grand
livre inspiré fait autant d'honneur à son esprit et à son cœur qu'à

1. « Tant que M. de Calonne n'a pas été chef de parti et de partie dans
l'agiotage, il a trouvé cela très bon et m'a même lancé... Quand le ministre a été
agioteur, il a voulu m'imposer silence, et j'en ai parlé plus haut. » (à son père, 4
octobre 1788, Montigny, t. IV, p. 188).
2. *Sur Moses Mendelssohn et la réforme politique des Juifs,* 1787, rééd. Paris,
1968.
3. Lettre du comte de Mirabeau à M. XXX sur MM. Cagliostro et Lavater,
Berlin, 1786.

son jugement. Devant lui bien des fautes s'effacent, et Mirabeau, pour cela seul, devrait être beaucoup pardonné[1]. Après
avoir montré que l'antisémitisme est à la fois hypocrite et
dangereux pour les nations, il conclut par une exhortation
magnifique et toujours actuelle où il blâme dans la haine raciale
une perversion de l'esprit. « J'exhorte les adversaires des Juifs
(je voudrais que le mot ennemi fût banni dans toutes les
langues) à chercher de bonne foi si dans cette importante
discussion ils n'ont pas toujours justifié l'oppression par les
suites de l'oppression, cherché la cause dans l'effet, calomnié
pour expliquer, supposé pour prouver, prédit pour répondre. Je
les exhorte à se demander si ce n'est pas une légèreté très
répréhensible que de renforcer par des objections frivoles ou
peu réfléchies, par des faits hasardés, si ce n'est pas absolument
faux, par des propositions odieuses et gratuites, un préjugé aussi
barbare qui mutile une nombreuse partie de l'espèce humaine,
et la dégrade au-dessous du rang qu'assigna la nature à tous ses
enfants... La nature humaine se ressemble partout. Les Juifs
seront ce que sont les autres citoyens dans chaque État où les
mêmes droits leur seront accordés, où les mêmes obligations
leur seront imposées. »

Pendant son bref séjour à Berlin, Mirabeau avait aussi
commis un volumineux factum, sous forme d'une lettre de
plusieurs centaines de pages qui, sous prétexte de justifier ses
écrits contre l'agiotage, portait une condamnation sans appel
contre un ministre accusé ouvertement d'incapacité. Avec une
témérité dangereuse, mais que justifiait son désir de servir les
intérêts supérieurs de la France, Mirabeau citait Calonne au
tribunal de l'histoire et priait ses amis de livrer sa lettre à
l'impression. Réquisitoire terrible, il fustigeait sans ménagement « le ministre malhabile sinon pervers qui ruine la
nation et la déshonore », l'homme qui « ravage la France par
son ignorance, son inapplication, sa frivolité ». Lauzun
et Talleyrand, plus prudents que l'auteur, se gardèrent bien
de publier ce pamphlet qui risquait d'envoyer Mirabeau tout
droit à la Bastille. Grâce à leurs sages précautions, il put revenir à Paris, s'y montrer sans risque et même obtenir de Calonne

---

1. *Sur Moses Mendelssohn...*

et de Vergennes une mission dans la capitale prussienne.

Frédéric II allait mourir. Au moment où sa succession devait
s'ouvrir et de grands changements s'opérer dans la politique et
la diplomatie de la Prusse, un habile observateur pouvait se
révéler utile aux intérêts français. En outre, Calonne, qui
redoutait la plume acérée de Mirabeau, préférait l'éloigner et
s'en faire un allié.

Le poste qu'on lui offre n'est pas une sinécure, ni flatteur
pour son ambition, ni à la hauteur de son talent. L'ambassadeur
officiel, le comte d'Esterno, est un médiocre. Mirabeau doit
suppléer son incapacité, mais sans titre et en quelque sorte dans
la coulisse, en sous-ordre inavouable, en espion plus qu'en
diplomate. Toutefois, sa position humiliante n'est pas sans
compensations : il peut dépenser à peu près sans compter, et,
malgré « la subalternité très pénible » de son état, les neuf mois
qu'il passe à Berlin, en compagnie de Mme de Nehra, en 1786 et
1787, lui permettent de donner la mesure de ses capacités, en
pure perte il est vrai. Le gouvernement ne s'en aperçut même
pas. A la cadence d'une dizaine par mois, il envoie ses rapports
à Talleyrand qui, après leur avoir infligé une rapide toilette, les
fait passer aux ministres et au roi. Ses analyses, à peine lues,
sont d'une exceptionnelle qualité et d'une clairvoyance qui
arracha un jour cette remarque à Chateaubriand : « J'ai été
frappé d'une chose, c'est de la légèreté, de l'incapacité d'un
gouvernement qui voyait la correspondance d'un tel homme et
qui ne devinait pas ce qu'il était [1]. » Mirabeau, quant à lui, ne se
méprenait pas sur sa valeur ; il s'indignait de la petitesse d'un
ministère qui lui mesurait les subsides, s'irritait de la médiocrité
du pauvre d'Esterno qui, de son côté, s'effrayait de l'audace de
ce subalterne que rien n'intimidait. De l'audace, Mirabeau en
avait à revendre. Dès l'avènement de Frédéric-Guillaume,
successeur du Grand Frédéric, il s'était signalé à l'attention du
nouveau monarque avec une témérité dont l'ambassadeur s'était
scandalisé. Avec cette hauteur qu'il se permit chaque fois qu'il
toucha à la chose publique, il avait tracé un plan ambitieux de
gouvernement et de réformes : sa lettre, poliment accueillie,

1. Cité par le duc de Castries, *Mirabeau ou l'Échec du destin*, Fayard, 1960,
p. 242.

fut, on peut le croire, parfaitement inutile pour le roi de Prusse. Il y soutenait, pour la première fois, les thèses libérales et sociales qui dirigeront toute son action politique ultérieure. Observateur rigoureux des idéologies, il constate d'abord le dépérissement du mythe monarchique. L'image sacrée du roi, personnage unique et distinct du commun des hommes, s'estompe dans la conscience de l'opinion qui ne veut plus désormais voir en lui qu'un magistrat, le premier magistrat du royaume, comptable de ses actes devant des citoyens majeurs et responsables. Le roi, dit-il, n'est plus une idole à qui tout est permis, tout licite, tout pardonné. « Les hommes qui ne voient que leur semblable sous le manteau royal, et qui en exigent des vertus, sont plus nombreux que jamais. » Au reste, ce qu'ils exigent est simple, conforme à la loi naturelle et, loin d'humilier le souverain, assurera à celui qui sera assez sage pour s'y soumettre une gloire plus grande et plus durable que celle des plus célèbres conquérants. « Si vous donnez à vos sujets toute la liberté qu'ils peuvent porter, si vous protégez toutes les propriétés, si vous facilitez les travaux utiles ; si vous effrayez les petits oppresseurs qui, sous votre nom, voudraient empêcher les hommes de faire, pour leur avantage, ce qui leur convient sans nuire à autrui, un cri unanime bénira votre autorité, la rendra plus sacrée, plus puissante. »

Assurer la liberté des citoyens est le premier devoir d'un roi qui doit rendre une justice prompte, respecter la tolérance la plus illimitée pour toutes les religions et, bien sûr, accorder la liberté civile aux Juifs. Reprenant une fois de plus son éternelle dénonciation des privilèges, Mirabeau recommande la suppression des exemptions et des insolents monopoles de la noblesse. Il initie ici un argument, qu'il développera plus tard, que l'État tire pouvoir, prestige et légitimité du peuple, et qu'il n'a pas de plus grand ennemi que l'aristocratie. « D'où vient le pouvoir du prince ? si ce n'est du peuple ; sa sûreté personnelle ? si ce n'est du peuple ; et qui sont les ennemis du prince si ce ne sont les grands, les aristocrates, qui voudraient que le roi ne fût parmi eux que *le premier entre égaux*, et qui, partout où ils l'ont pu, ne lui ont laissé de prééminence que celle du rang, se réservant celle du pouvoir ? » Il est nécessaire, et il suffit, d'accorder au peuple ce que les nobles se réservent : « Abolissez ces préroga-

tives insensées qui remplissent les grandes places d'hommes
médiocres, pour ne pas dire plus, et désintéressent le plus grand
nombre de vos sujets sur un pays où ils ne trouvent qu'entraves
et humiliations ; méfiez-vous de cette aristocratie universelle,
fléau des États monarchiques encore plus que des États
républicains, et qui, d'une extrémité du globe à l'autre, opprime
l'espèce humaine. » L'exigence de Mirabeau va bien au-delà de
la défense des droits de l'homme et de l'égalité civile. Ce n'était
pourtant déjà pas si mal. Mais, pour ce passionné de questions
sociales, la liberté paraît incomplète si le sort du peuple, celui
des plus défavorisés, n'est pas amélioré et ne constitue pas un
souci permanent du pouvoir. Il affirme avec force le droit au
travail et le droit à l'instruction, allant jusqu'à justifier la
rébellion si l'État néglige le sort de ses citoyens qui ont, tous
sans exception, un droit égal à la considération et à la
satisfaction de leurs besoins légitimes. « Soyez, conseille-t-il à
Frédéric-Guillaume, le premier souverain dans les États duquel
tout homme qui veut travailler trouve du travail ; tout ce qui
respire doit être nourri en travaillant ; c'est la première loi de la
nature, loi antérieure à toute convention humaine, c'est le lieu
de toute société car tout homme qui ne trouve que refus à l'offre
de son travail en échange de sa subsistance, devient l'ennemi
naturel et légitime des autres hommes ; il a le droit de guerre
privée contre la société. » Enfin Mirabeau, anticipant sur le
combat qu'il mènera bientôt en France, revendique hautement
le droit à l'instruction pour tous, premier devoir des souverains
qui ne veulent pas régner dans les ténèbres, la liberté de la
presse, « droit naturel », et l'information exacte de l'opinion ce
« premier ministre des bons rois[1] ».

Mirabeau quitta Berlin le 21 janvier 1787, arriva à Paris le 27.
La France était en proie à une profonde fermentation, le
ministère sombrait dans la panique. Ne sachant à quel saint se
vouer, il hésitait entre deux désastres : prononcer la banqueroute ou convoquer les États généraux. En arrivant au ministère, Calonne avait trouvé, sur 600 millions de recettes annuel-
les 175 millions consommés par anticipation, 250 millions

---

1. Lettre remise à Frédéric-Guillaume roi régnant de Prusse le jour de son
avènement au trône, Berlin, 1787.

d'arrérages de rentes et d'emprunts, 390 millions de comptes arriérés. Il dut à son tour s'endetter, sans espoir de rétablir la situation. Tandis que s'accroissaient les revenus du pays, ceux de l'État restaient fixes car les principaux bénéficiaires de la prospérité jouissaient de l'immunité fiscale. Calonne décida de sortir de ce cercle vicieux en faisant accepter par une assemblée de *notables* un projet d'imposition territoriale qui frapperait toutes les terres sans exception, proportionnellement à leur productivité. Cette assemblée, exclusivement composée de privilégiés mais où les libéraux ne manquaient pas, admit la légitimité d'un impôt égalitaire sans souscrire aux propositions de Calonne. L'opposition, à la tête de laquelle se trouvait Loménie de Brienne, essayait de le renverser. Mirabeau qui, contre son attente, n'avait pas été nommé secrétaire de l'Assemblée, et que Calonne avait maladroitement vexé, passa à son tour à l'opposition. Il publia la *Dénonciation de l'agiotage* : il y éclairait les notables sur les dangers de la spéculation effrénée qui faisait alors flamber la Bourse, dévoilait les tares du régime financier et, sans craindre de se faire de nouveaux ennemis, dénonçait les responsables. La monarchie par faiblesse, les ministres par facilité, avaient éludé la difficulté : alors qu'il fallait mettre tout en œuvre pour obtenir un rendement plus efficace de l'impôt, on avait avec une légèreté coupable, et par crainte de l'opposition aristocratique, préféré l'emprunt, c'est-à-dire l'accroissement de la dette et, à terme, la banqueroute. Necker plus qu'un autre avait abusé de ce moyen dangereux, avait multiplié dans ce domaine les initiatives les plus ruineuses, hypothéqué gravement l'avenir. Il avait aggravé le déficit, relancé la spéculation. « Disons, pour être rigoureusement juste, que l'une des sources principales, et peut-être la véritable cause première de l'agiotage, qui avait péri avec le système de Law, c'est le système, non moins chimérique, conçu par M. Necker, de fournir aux dépenses de la guerre [celle de l'indépendance américaine] au moyen d'emprunts continuels sans impôts. » Mirabeau pouvait bien avoir raison : il n'en était pas moins coupable, puisqu'il bafouait l'autorité. Menacé à nouveau d'une lettre de cachet, il dut s'enfuir en Belgique d'où, incorrigible, il écrivit ses *Lettres sur l'administration de M. Necker*. Il y traitait l'ancien ministre avec une violence que celui-ci ne devait plus oublier et son inimitié aura, lors de son second ministère, les conséquences les plus fâcheuses non seulement pour Mirabeau mais, plus gravement encore, pour la France.

Mirabeau se rend ensuite en Prusse ; il y achève un grand ouvrage sur la monarchie prussienne, pour lequel, depuis plusieurs années, le major Mauvillon rassemble des matériaux Mirabeau, qui a mis tout son talent dans ce livre, en attend un grand succès et une réputation encore plus grande : « Quand cet ouvrage paraîtra, je n'aurai à peu près que trente-huit ans. J'ose le prédire, il me fera un nom ; il se peut qu'il donne quelques regrets à mon pays, de laisser oisif un tel observateur et d'avoir mal récompensé de tels travaux. »

Lorsqu'il revient à Paris, à la fin de septembre 1787, Calonne est tombé. Brienne lui a succédé le 1er mai, et, le 21, La Fayette a demandé dans l'Assemblée des notables la convocation des États généraux. Une émotion fébrile s'est emparée de l'opinion, la révélation du déficit a échauffé les esprits, les clubs, les salons s'entretiennent fiévreusement de la crise financière et Mirabeau, à nouveau sur la brèche, réclame, dans ses analyses des *Papiers anglais,* une évolution libérale du régime et le contrôle du pouvoir par la nation[1]. Brienne, à la recherche d'appuis, aurait bien voulu s'attacher alors, pour l'utiliser et pour la modérer, une plume dont l'influence grandissait chaque jour. C'était faire bon marché de la sagacité de Mirabeau. Il était bien trop fin politique, trop prévoyant, trop conscient surtout de la fragilité du ministère, pour accepter, au moment où tout indiquait de profonds bouleversements, d'endosser la livrée du roi. « Laissez-moi, écrit-il alors à son ami, à mon obscurité ; je dis à mon obscurité, parce que mon dessein est d'y rester invariablement, jusqu'à ce qu'il sorte un ordre régulier du tumulte où nous sommes, et que quelque grande révolution, soit en bien, soit en mal, ordonne à un bon citoyen, toujours comptable de son suffrage et même de ses talents, d'élever la voix. Cette révolution ne saurait tarder[2]. »

1. Sur l'état d'esprit de la France, voir J. Égret, *La Pré-révolution française,* PUF, 1962 ; D. Richet, *La France moderne, l'esprit des institutions,* Flammarion, 1974.
2. Lettre à Soufflot, 4 octobre 1787, Montigny, t. IV, p. 448.

Les notables avaient accepté le principe d'un impôt égalitaire ; mais ils n'avaient que voix consultative. Il appartenait au Parlement d'enregistrer tout nouvel impôt. Ce corps privilégié, égoïste et vain, comptait bien quelques libéraux, comme Duport, Fréteau de Saint-Just ou de Pont, mais la majorité de ses membres restaient inébranlablement fidèles à leurs principes, à leurs préjugés, à la défense de leurs intérêts. La subvention territoriale, qui les touchait au premier chef, provoqua un tollé. Le ministère dut recourir à la force, tenir un lit de justice (6 août), exiler le Parlement à Troyes. Mesure de rigueur qui conduisait à une impasse : la situation était désormais bloquée. On entra dès lors dans la longue suite de négociations, de marchandages, usuels en pareil cas. Il n'existait qu'une solution, que Mirabeau réclamait inlassablement : la convocation, dans les délais les plus rapides, des États généraux. Le ministère n'en voulait pas. Brienne biaisait, promettait une assemblée nationale, après la constitution d'assemblées provinciales, tentait de reculer la date fatidique. Il proposa au Parlement la convocation des États pour 1792. Il espérait d'ici là rétablir la situation, redevenir le maître, rendre la convocation inutile. Contre cette concession inacceptable, il exigeait du Parlement la liberté de faire 420 millions d'emprunt en cinq ans. Devant l'opposition des magistrats, il fallut faire enregistrer l'édit de force. Le duc d'Orléans déclara l'enregistrement illégal et s'attira du roi cette réplique démodée, presque irréelle dans les circonstances présentes : « C'est légal parce que je le veux. »

Mirabeau avait flairé le piège : le ministère voulait repousser la date des États généraux dans l'espoir d'échapper à leur contrôle. Brienne ne cachait pas ses intentions ; sa volonté d'anéantir toute opposition. Et, dans son aveuglement, il comptait sur Mirabeau pour lui prêter main-forte ! Au moment où il préparait son coup de force de mai 88, qui devait transférer à une cour plénière le droit d'enregistrement du Parlement, il engageait Mirabeau à aiguiser sa plume contre les magistrats dont il s'apprêtait à abattre la puissance. Mirabeau voyait dans ce projet un nouvel acte de despotisme dont il ne voulait ni ne pouvait se faire le complice. A ses yeux, l'aristocratie des magistrats, sa bête noire depuis longtemps, devait être anéantie, c'était même un préalable indispensable à l'établissement d'un

nouvel ordre, mais ne pourrait l'être que lorsqu'une véritable
représentation nationale pourrait lui être substituée. « Je ne
ferai jamais, écrivait-il, la guerre au Parlement qu'en présence
de la nation... Si l'on ôte à la nation le fantôme qu'elle a
longtemps regardé comme le gardien de ses droits, sans
l'appeler à en surveiller elle-même la conservation et l'exercice,
elle ne croira pas que l'on détruit pour construire, que l'on
réprime l'ambition des corps pour constituer le royaume ; elle
croira que l'on marche au despotisme absolu, au simple et pur
arbitraire. » Le temps des coups de force est passé, celui de la
légalité commence. « Une constitution, voilà la base de toute
économie, de toute ressource, de toute confiance, de toute
puissance [1]. »

Les États généraux n'inspiraient pas seulement de la crainte
au ministère. Beaucoup de modérés étaient inquiets, pré-
voyaient des désordres, redoutaient des conséquences fâcheuses
pour la monarchie. Mirabeau entreprit dans sa *Réponse aux
alarmes des bons citoyens* [2], de les éclairer et de les rassurer. Il
soutenait que le pouvoir monarchique, loin d'être affaibli,
sortirait renforcé d'une réunion des États généraux, et condamnait l'illusion à laquelle se raccrochaient les timides en plaçant
leurs espoirs dans le Parlement. Vous ne pouvez, disait-il,
attendre du Parlement qu'il sauve votre liberté, qu'il défende
vos droits et vos intérêts. Lui confier le soin de décider de vos
impôts, de vos emprunts, de vos biens, ne sera jamais qu'une
abdication coupable : il ne juge qu'en fonction de ses égoïsmes,
enregistre tel emprunt à la hâte pour ne pas perdre ses vacances,
refuse la subvention territoriale pour préserver ses exemptions,
enfin ne s'émeut que pour lui, jamais, jamais pour vous. Le
Parlement a pu apparaître longtemps comme un frein au
despotisme : c'est qu'il n'en existait pas d'autre. Mais le temps
de la violence touche à son terme, les États vont régénérer le
royaume et le constituer. Jusque-là discrétionnaire, l'impôt sera
soumis au consentement de la nation. Les États feront plus : ils
aboliront « tous les privilèges dont l'effet, depuis des siècles, est
d'exhéréder la nation en faveur de quelques milliers d'indivi-

1. Suite à la dénonciation de l'agiotage, 1788.
2. Juillet 1788.

dus » ; ils aboliront les lettres de cachet, réformeront tout, armée, justice, police, enfin, « tout ce qui, nuisant au plus grand nombre, est favorable aux hommes puissants qui, profitant des abus, les protègent et les défendent ».

Mirabeau exprimait, avec la force de sa conviction et l'efficacité de son éloquence, ce que pensait toute la nation. Les résistances du ministère étaient vaines, les États généraux, appelés tout d'une voix par vingt millions d'hommes, ne pouvaient plus être reculés. Les arrêts du 5 juillet et du 8 août en décidèrent la convocation pour le printemps 89. Mirabeau triomphait : son heure, tant attendue, venait de sonner.

6. Campagne en Provence

Des États généraux ! C'était pour le régime, qui avait tenté autant qu'il l'avait pu de repousser l'échéance fatale, l'aveu de son impuissance et le constat cuisant de son échec. La monarchie absolutiste avait gouverné pendant près de deux siècles selon son bon plaisir. Elle devait aujourd'hui, la mort dans l'âme, faire appel à la nation, reconnaître son droit de contrôle, dans des circonstances bien peu favorables à son prestige, dans un climat qui annonce déjà de grandes convulsions.

Pour Mirabeau, l'événement se charge de significations symboliques. Ce qu'il y voit d'abord, c'est une promesse, une ultime chance, l'espoir. Il a quarante ans. Malgré ses fatigues, ses travaux, le bruit qu'il a fait, il n'est rien. Quoi en vérité ? Un publiciste, un homme taré, accusé de vénalité, qu'on utilise à la sauvette, en secret, qu'on compromet à l'occasion, mais qu'on méprise et qu'on n'emploie pas. A son âge, les hommes de sa classe qui ont de l'ambition et quelque mérite sont ministre, évêque ou ambassadeur. Mirabeau a été, est toujours, un paria, un proscrit de l'intérieur : il n'a pas sa place dans l'*establishment*. Le voudrait-on, reconnaîtrait-on enfin son talent, qu'on ne pourrait lui confier une responsabilité. Seule une révolution qui bouleverserait l'ordre établi lui permettrait de sortir du ghetto, de jouer enfin le rôle qu'il ambitionne et pour lequel il se sent destiné. Et c'est parce qu'il la souhaite de toutes ses forces, qu'il la prévoit, l'annonce, la précipite.

La convocation des États comble ses espérances et donne à son activité un nouvel aliment. Des États, cela signifie des députés. Il faut, à toute force, qu'il soit de l'assemblée. Que les élections soient libres, que le suffrage soit universel, et le succès de Mirabeau est assuré. Que la consultation se fasse selon les formes traditionnelles, inadaptées mais réclamées à grand cri par tous ceux que la nouveauté inquiète ou irrite, et il restera sur la touche ; pis encore, la révolution n'aura pas lieu : ce sera une consultation de notables où siègeront les représentants des corps constitués et, parmi les nobles, les seuls possesseurs de fiefs. Pourtant, même dans ce cas, Mirabeau ne s'avoue pas vaincu : il peut encore acquérir un fief, et il reçoit en effet des propositions. Tout lui sera bon : il faut, c'est son avenir, c'est l'avenir de la France qui se jouent, il faut qu'il soit des États généraux. Il frappe à toutes les portes, Alsace, Dauphiné, Provence. Il lance une campagne de séduction et de menace, sollicite tous ceux dont l'assistance peut l'aider : son père, son oncle, les ministres, les fidèles qu'il a ici et là.

Au milieu de son activité fébrile, il garde la tête froide et tient loyalement son rôle de mentor de l'opinion. Il voit partout la France bouillonner, de grands changements s'annoncer, mais il constate avec tristesse que les principes ne sont pas sûrs, qu'on va à la révolution dans le brouillard. Il précise ses idées et montre dès lors ce qu'il sera : révolutionnaire déterminé, mais gardien vigilant du passé national incarné dans la monarchie. Révolutionnaire parce qu'il faut bien détruire tout ce qui bloque la régénération du royaume, toutes ces aristocraties qui ont pris possession de l'État, énervent le pouvoir et travaillent à son anéantissement. Mais, restaurateur de la monarchie, il rêve de lui donner une authentique légitimité : celle du droit et du consentement populaire.

Mirabeau n'est pas un doctrinaire ; mais il sait ce qu'il veut et, dès 1788, en informe ses électeurs potentiels. Puisque l'État s'en va en quenouille, il convient de constituer l'État. Selon des principes simples mais qui sont à eux seuls une révolution. Surtout, pas de replâtrage ! Il ne s'agit pas de réformer ici et là, à la petite semaine, timidement ou au gré du vent : l'État n'existe plus, il faut faire une constitution entière. Savoir innover, voilà la tâche qui attend les constituants de demain. Mais il faut aussi se garder des illusions, ne pas prétendre tout régler d'un coup, s'en tenir à l'essentiel. Faire du neuf, puisque aussi bien toutes les tentatives faites dans le passé ont échoué, mais ne faire que ce qui est faisable et souhaitable. « Gardons-nous de l'érudition, dédaignons ce qui s'est fait, cherchons ce qu'il faut faire et n'entreprenons pas trop. Le consentement national aux impôts et aux emprunts, la liberté civile, les assemblées périodiques : voilà les points capitaux qui doivent reposer sur une déclaration précise des droits nationaux ; le reste viendra assez[1]. » Projet révolutionnaire, puisqu'il s'inscrit contre un lourd héritage de pratiques absolutistes, modéré puisqu'il établit des bornes raisonnables à l'innovation, mais qui peut dresser contre lui tous les bénéficiaires du régime intéressés à sa conservation. Projet audacieux aussi sous son apparente modération : il suppose un large consensus de la nation et la mise au pas de tous ceux dont l'intérêt est qu'il ne se réalise pas. Il inaugure, en effet, une lutte sans merci contre les gens en place qui vivent de la faiblesse de l'État et des désordres civils qu'ils entretiennent. D'où cette proposition belliqueuse : « Guerre aux privilégiés et aux privilèges », et cette autre, complémentaire : « Relever l'autorité royale[2]. » De quoi s'agit-il ? De créer en France un *esprit public,* qui ne prendra corps que si les particularismes, nés d'intérêts opposés, disparaissent. Il est donc nécessaire d'opposer à toutes les forces de désunion un pouvoir dont la légitimité soit incontestable, fondé en raison sur le consentement du peuple, et non sur la crédulité et le copinage. Le pouvoir doit cesser de lier son sort à celui d'une aristocratie — laïque et cléricale — qui, lorsque l'État se désagrège, devient le fléau de la nation et l'instrument de la plus odieuse des tyrannies. Le roi et la nation, solidaires, doivent élever une barrière contre la violence et la dictature que ne manqueraient pas d'instaurer les privilégiés sur les ruines du pouvoir monarchique. Lorsqu'on aura détruit l'oligarchie funeste qui s'est emparée des ministères, des bureaux, des corps constitués, des places, en un mot de la substance de l'État, le pouvoir royal et la nation pourront travailler, dans le respect l'un de l'autre, à l'œuvre de redressement national, à la constitution d'un État fondé sur les principes de la raison, de la justice et des droits de l'homme. Dès lors la position de Mirabeau est claire et restera celle de toute sa vie : « Ce qui est très vrai, et ce qu'on peut croire, c'est que je serai

---

1. Lettre à Levrault, libraire à Strasbourg, 16 août 1788, Montigny, t. V, p. 187-189.
2. *Ibid.*

dans l'assemblée nationale très zélé monarchiste, parce que je sens profondément combien nous avons besoin de tuer le despotisme ministériel et de relever l'autorité royale [1]. » S'il évoque une constitution républicaine, c'est pour l'écarter aussitôt. Une république suppose un consensus sur des principes généraux, un véritable esprit public, qui fait cruellement défaut à la France ; elle est la proie des factions rivales, d'intérêts qui se contredisent. Sans un roi, unique symbole d'unité, sans un roi légitimé par la volonté nationale, les minorités, responsables et bénéficiaires du chaos, plongeraient la France dans l'arbitraire et la nation dans les fers. « Que serait une république composée de toutes les aristocraties qui nous rongent ? Le foyer de la plus active tyrannie [2]. »

Les révolutionnaires commettent toujours une faute capitale : comme ces urbanistes qui s'impatientent des obstacles que leur opposent les vestiges du passé, et qui détruisent en bloc les ruines et les immeubles solides qui n'ont besoin que d'un ravalement, ils exigent des espaces et des matériaux neufs ; le bon et le mauvais, tout ce qui rappelle le passé, doit disparaître. Piège que la Révolution française ne sut pas éviter ; piège dans lequel Mirabeau ne tomba jamais. Dans la vieille maison française, il reste des valeurs sûres ; les abattre ruinerait le royaume. On doit, au contraire, asseoir les innovations sur les piliers de l'héritage, faire preuve d'audace et d'invention sans se priver de la charpente vive qui permettra la reconstruction. « Ce serait reculer barbarement notre âge que de recourir à des révolutions violentes ; l'instruction, grâce à l'imprimerie, suffit pour opérer toutes celles que se doit l'espèce humaine ; et de cette manière, les nations ne perdront rien de leurs acquisitions [3]. »

Ici se manifeste le malentendu entre Mirabeau et les révolutionnaires exaltés. Homme des lumières, de l'Encyclopédie, de la race des philosophes du XVIIIe siècle, il croit au cumul des expériences, au perfectionnement des sociétés. Mais il n'est ni un réformiste à la façon de Turgot ni un opportuniste à la

1. Lettre à Lauzun, 14 novembre 1788.
2. Lettre à Levrault, 16 août 1788.
3. *Ibid.*

manière de Necker. Il appartient à une génération de rebelles. Sa réflexion lui a révélé deux évidences : une société de privilèges se renverse, mais ne se réforme pas ; seule une société unanime, dans ses intérêts comme dans ses ambitions, peut, dans la situation présente, venir à bout des privilèges et du despotisme, imposer la révolution nécessaire pour sauver l'autorité légitime et constituer l'État. Cet État, il s'en fait une si haute idée qu'il exige que sa légitimité ne puisse être contestée, que la délégation populaire remplace le droit divin désormais inefficace. Révolution radicale qui substitue l'immanence de la clameur populaire à la transcendance d'une mission divine qui ne rencontre qu'incrédulité : loin d'anéantir le pouvoir monarchique, elle le relèvera, lui rendra vie et autorité. La collaboration de la nation au pouvoir implique un surcroît de prestige pour le roi, symbole de son droit et de sa puissance.

La guerre aux privilèges ne relève pas du seul souci de justice ; elle est essentielle au succès de la révolution. Sans elle pas de consensus, et sans consensus pas de nation, qui suppose un accord global sur un type de société et d'institutions, et donc la disparition de tout ce qui entretient querelles et divisions : « Jamais [notre nation] n'aura d'esprit public, tant qu'elle ne sera pas délivrée des privilèges et des privilégiés[1]. » Mais ce n'est pas encore suffisant. Mirabeau sait que les aristocraties et les privilèges renaissent toujours d'un manque d'autorité. D'où la nécessité de sauvegarder la seule institution qui fasse l'unanimité des Français et que son prestige, entamé mais facile à rétablir, désigne encore à tous : la monarchie. « Voilà pourquoi nous devons rester, et pourquoi je serai personnellement, moi, très monarchiste[1]. » En conséquence, on doit tout tenter pour relever l'autorité royale devenue le *plus impuissant des pouvoirs* par le discrédit des *routiniers en despotisme* qui l'ont coupée de ses racines légitimes : le peuple de France. « On a oublié que le droit de la souveraineté résidant uniquement et inaliénablement dans le peuple, le souverain n'était et ne pouvait être que le premier magistrat de ce peuple... Les sujets en sont venus, aussi bien que les princes, à se persuader que l'hérédité était un droit

---

1. Lettre citée à Levrault.

indépendant du peuple, un don de Dieu, une acquisition de l'épée [1]. »

Oubliées ces chimères, le souverain est nu : seul le peuple peut lui rendre prestige et légitimité. Or, qu'est-ce que le peuple ? Le peuple, c'est une certaine idée de l'homme, c'est un démenti à l'idéologie des aristocrates, la négation du principe de l'hérédité, le droit pour ceux qui le représentent le mieux d'être ses leaders naturels. Débat jamais clos entre conservateurs et révolutionnaires, entre mérite et naissance, débat éternel qui faisait dire encore au début de ce siècle au président d'un club aristocratique : « Grâce à Dieu nous sommes encore quelques-uns en Europe pour qui le mérite personnel ne compte pas. » Ils étaient nombreux, au XVIIIe siècle, dans le ghetto aristocratique, à penser ainsi. Cependant l'intelligentsia progressiste, qui comptait de nombreux adeptes parmi les nobles éclairés, s'était engagée crânement dans le combat. Et Mirabeau, qui n'avait cessé de proclamer la supériorité du génie, annonçait les temps nouveaux où le conflit intellectuel serait réglé en faveur du talent ; c'est comme un cri de guerre et un bulletin de victoire qu'il lançait à son oncle cette affirmation orgueilleuse qui aurait pu devenir la devise de toutes les forces de rénovation qui agitaient la France : « Le jour est venu où le talent aussi sera une puissance. » Cri de victoire qui répond à l'observation désabusée d'un autre ambitieux, le jeune Barnave, qui attendait aussi d'une révolution le déverrouillage d'une société qui, obstinément, lui refusait sa place : « Les chemins sont fermés de toute part. » Mirabeau ouvrait l'espoir à tous les humiliés, bourgeois et nobles sans crédit, que la société aristocratique maintenait en position subalterne et écartait des responsabilités du pouvoir.

La société d'Ancien Régime était injuste et tyrannique parce qu'elle croyait à l'inégalité fondamentale des hommes. La société de demain, celle que Mirabeau appelle de ses vœux, sera juste et démocratique parce que les hommes sont fondamentalement égaux, que les inégalités ne portent que sur le plus ou le moins de talent qui désigne tel ou tel pour des postes de responsabilité sans priver tous les autres de leurs droits naturels.

1. *Des lettres de cachet et des prisons d'État, op. cit.*

Aujourd'hui où reparaissent de vieux démons qui tentent de justifier l'injustice par l'inégalité, il n'est pas inutile de rappeler qu'il n'est pas de débat plus éculé et plus vain ; Mirabeau l'a depuis longtemps conclu par l'argument le plus juste et le plus noble, le seul qui se réclame de l'humanisme. L'inégalité du talent que l'on constate parmi les hommes, résultat de la variété des dons de la nature et de la variété des circonstances, les aide diversement à réussir. « De là, par l'enchaînement des choses et du temps, résulte la disparité de succès, d'avantages et de rang : mais les hommes ont tous les mêmes besoins et les organes nécessaires pour satisfaire à ces besoins. L'entière propriété personnelle, ou la liberté est donc le droit de tous, puisqu'elle est nécessaire à tous ; et c'est en cela que les hommes sont et seront à jamais égaux : c'est là, ou du moins ce doit être, la mesure commune de la société[1]. »

C'était affirmer le droit à la réussite pour tous, en fonction des capacités de chacun, au moment où une assemblée élue allait permettre le succès du talent. Titre, gloire, fortune compteraient moins désormais que l'audace, la pensée, l'éloquence. Ce serait l'avènement de la parole, cet idéal poursuivi par tout le siècle qui devait faire des philosophes les guides de la nation. L'heure de Mirabeau avait donc sonné, mais la partie était difficile. Necker, de retour au ministère, pouvait devenir un obstacle. Il fallait pourtant obtenir la neutralité, voire le soutien actif du gouvernement.

Mirabeau se lance alors dans la campagne, se lance à l'assaut des ministres, offre ses services en échange d'une place aux États généraux. Dans une longue lettre à Montmorin, ministre des Affaires étrangères, il propose ses conseils et, avec une hauteur peut-être maladroite, met en garde l'autorité contre ses faiblesses : le roi risque de devenir un otage entre les mains de l'Assemblée si l'on ne prend à temps les mesures nécessaires. « Vous aimez le roi et vous lui devez comme homme et comme ministre. Moi, comme citoyen, je tremble pour l'autorité royale, plus que jamais nécessaire au moment où elle est sur le penchant de sa ruine. Jamais crise ne fut plus embarrassante et ne présenta plus de prétextes à la licence ; jamais la coalition des

---

1. *Des lettres de cachet et des prisons d'État, op. cit.*

privilégiés ne fut aussi effrayante pour le roi, aussi redoutable pour la nation ; jamais assemblée nationale ne menaça d'être aussi orageuse que celle qui va décider du sort de la monarchie, et l'on y arrive avec tant de précipitation et de méfiance mutuelle.

» Cependant le ministère, qui s'est précipité dans ce défilé fatal pour s'être efforcé de reculer les États généraux au lieu de s'y préparer, s'occupe-t-il de n'avoir pas à craindre leur contrôle, ou plutôt de rendre utile leur concours ? A-t-il un plan fixe et solide que les représentants de la nation n'aient plus qu'à sanctionner ? Eh bien ! ce plan, je l'ai, monsieur le comte. Il est lié à celui d'une constitution qui nous sauverait des complots de l'aristocratie, des excès de la démocratie, et de l'anarchie profonde où l'autorité, pour avoir voulu être absolue, est plongée avec nous. » Ce plan, une constitution proposée par le ministère lui-même qui permettrait de « coalitionner l'autorité royale avec le peuple contre les privilégiés », Mirabeau est prêt à le confier au gouvernement en échange de son soutien. « Aurez-vous le courage de mettre une fois à son poste de citoyen, un sujet fidèle, un homme courageux, un intrépide défenseur de la justice et de la vérité ? Sans le concours, du moins secret, du gouvernement, je ne puis être aux États généraux... En nous entendant, il me serait très aisé d'éluder les difficultés ou de surmonter les obstacles ; et certes, il n'y a pas trop de trois mois pour se préparer, lier sa partie et se montrer digne et influent défenseur du trône et de la chose publique [1]. » Prêt à tout pour être député, Mirabeau l'est avec une sorte de fureur rentrée ; prêt à s'allier à ses ennemis d'hier, prêt, comme il dit, à accepter des mains même d'Arimane une place dans la future assemblée. Il frappe à toutes les portes et, faut-il que sa passion soit violente ? s'adresse même à son père pour lui demander sa voix ! Tous ces efforts, toutes ces bassesses, en pure perte. Alors, il s'abandonne à la colère, à la rage. Est-ce seulement l'effondrement de ses espoirs qui l'incite à perdre toute prudence et à publier les *Lettres à Cerutti* contre Necker où il affirme : « Je ne me tiendrais pas exclu, parce que M. Necker

---

1. Lettre à Montmorin, 28 décembre 1788, in *Correspondance entre le comte de Mirabeau et le comte de La Marck*, publiée par A. de Bacourt, 1851, t. I, p. 339.

aurait voulu m'exclure. Quoi qu'il en soit je désire passionnément d'être aux États généraux. » Necker en effet lui barre la
route ; mais ce n'est pas tout. Necker, affirme Mirabeau, est un
incapable, un timide, un brouillon ; son incurie trouble les
esprits, met la France en danger : il ne s'explique ni sur les
garanties dues aux créanciers de l'État, ni sur les lettres de
cachet, ni sur cette autre question, si grave, du vote par tête ou
par ordre. Pas un mot non plus sur ce point dont Mirabeau
attend peut-être le salut : le tiers pourra-t-il choisir ses représentants parmi les membres des autres ordres ? Mirabeau ne se fait
aucune illusion, connaît les forces, les intérêts et les passions qui
se coaliseront contre lui. « On s'opposera, par toutes voies, à ce
que je sois aux États généraux, où j'avais la présomption de me
croire utile et même nécessaire ; et la lâcheté de la plupart des
corps qui régissent nos provinces par leur autorité ou leur
influence, ne conspirera que trop avec l'odieuse prévarication
du ministre[1]. »

Ses amis eux-mêmes lui donnaient bien du souci. Ils avaient
formé un club, connu sous le nom de Société des trente, qui,
depuis l'automne 1788, se réunissait chez Duport, conseiller au
Parlement, rue du Grand-Chantier. Là se retrouvaient trois fois
par semaine de grands seigneurs libéraux (Montmorency-
Luxembourg, le duc de Luynes, La Rochefoucauld-Liancourt,
Castellane, La Fayette, les frères Lameth, Talleyrand), les
compères de Mirabeau (Panchaud, Clavière), des magistrats
(Le Peletier de Saint-Fargeau, Huguet de Sémonville, Adrien
Duport), et les ténors du tiers état (Sieyès, Target, Le Chapelier). Ce cénacle politique, l'avant-garde des trois ordres,
l'académie de la nation, son intelligence et sa passion, fonctionnait, pensait, agissait, dans ce pays où tout était à créer, à
imaginer, comme un *parti* moderne : il soufflait des idées,
élaborait revendications et doléances, chauffait ses militants, les
préparait à aller faire campagne en province auprès des électeurs du tiers état dont ils espéraient bien être les élus. Mais
cette « conspiration d'honnêtes gens », comme disait Mirabeau,
rassemblait des personnes que rien ne prédestinait à s'entendre,
et leur amitié reposait sur un malentendu. Mirabeau, le plus

---

1. *Lettres amicales de Mirabeau à M. Mauvillon*, Brunswick, 1794, p. 396.

pénétrant de ces étranges conspirateurs, ne tarda pas à deviner l'équivoque. Il redouta très vite l'influence des parlementaires et crut déceler chez eux, surtout chez Duport, le désir de ruiner et non de servir l'autorité royale à laquelle, quant à lui, il était si profondément attaché. Il exprima ses craintes au duc de Lauzun et entreprit de briser dans l'œuf ce qu'il considérait comme un complot dangereux : « Je ferai demain une motion très sévère dans la société, sur le changement de lieu, et pour un domicile indépendant. Nous avons besoin de toutes nos forces pour échapper à la tyrannie parlementaire, et tout ce que nous sommes de gens qui avons cru faire un peloton de bons citoyens, et non un corps de réserve de parlementaires, doit se réunir pour arrêter une tendance très fâcheuse. » C'est dans ce club, pourtant, qu'il fut décidé que Mirabeau irait prêcher la bonne parole en Provence. Avant de partir, Mirabeau lança un appel solennel et mit en garde ses compatriotes contre les fausses manœuvres, la précipitation et l'illusion. « Si nous ne choisissons pas bien nos députés, s'ils ne comprennent pas bien leur mission, si, même sans y forfaire, ils ne la remplissent pas avec la ténacité la plus infatigable, avec la plus indomptable rigueur, avec la plus inflexible sévérité, la liberté publique peut encore être immolée sur l'autel du despotisme[1]. »

Mirabeau arriva à Aix le 13 janvier 1789. La capitale provençale était en pleine confusion et les partis se déchiraient. Le plus turbulent rassemblait les nobles fieffés et les évêques : non pas un parti mais un clan qui ne représentait rien que lui-même, mais que la constitution de la province érigeait en oligarchie. Son seul dessein, écarter les Provençaux de la consultation, se réserver l'élection des députés aux États généraux. En face, un pauvre petit parti : celui de la nation provençale. On trouve là, pêle-mêle, dressés contre les privilégiés, décidés à défendre chèrement leurs droits, la noblesse de droit commmun, vigilante, audacieuse, le bas clergé, aigri mais timide, le tiers état moins dynamique encore, velléitaire mais prudent, car ceux qui le représentent traditionnellement, mal

---

1. *Lettres à Cerutti*, 1788.

assurés de leur représentativité, se montrent peu résolus et vite intimidés[1].

L'oligarchie disposait dans la province d'une position de force et d'atouts essentiels : le parlement d'Aix, dont 39 membres sur 62 étaient fieffés, mangeait dans sa main ; l'intendant de Provence, des Gallois de La Tour, lui était tout acquis ; quant à son syndic, Vintimille, c'était un homme de cour et l'ami personnel du garde des Sceaux. Cette tribu féodale s'est fixé un objectif, est prête à tout pour y parvenir : obtenir le rétablissement des états de Provence suspendus depuis le règne de Louis XIII. C'est en effet le moyen le plus sûr de se réserver le monopole politique. Que les élections aient lieu au sein des états, et elle fera élire les siens, tous les siens, rien que les siens. Le clergé de second ordre, toute la noblesse non fieffée n'en sont-ils pas exclus ? La représentation du tiers n'y est-elle pas symbolique ? Ses 56 délégués — les maires de 36 villes et bourgs privilégiés et les représentants de 20 vigueries — fort peu représentatifs, ne sont-ils pas en outre étroitement dépendants ? Certains délégués des communautés ne sont-ils pas entièrement assujettis à la volonté de leur seigneur, et plusieurs maires, celui d'Aix tout d'abord, ne sont-ils pas eux-mêmes des nobles fieffés et des suppôts de la coterie dominante ? Dans de telles conditions et dans une telle assemblée, les fieffés pourront faire élire les députés de leur choix ; ils pourront encore faire triompher les thèses les plus réactionnaires, celles, entre toutes, pour lesquelles ils sont mobilisés : le privilège, l'immunité fiscale.

Cette restauration des états, objet de leurs vœux, garantie de leur domination, ils l'obtiennent : leurs intrigues à la cour, où ils ont fait jouer toutes leurs influences, la sympathie active de Brienne, leur ont valu ce succès malgré l'opposition farouche de toute la province, conduite par les onze procureurs du pays entraînés par l'assesseur, le célèbre avocat Pascalis, une des gloires du barreau aixois[2]. Vaincu au ministère par ses adversai-

---

1. Sur la Provence à la veille des élections : C. de Ribbe, *Pascalis et la Fin de la constitution provençale*, 1854 ; G. Guibal, *Mirabeau et la Provence en 1789*, 1887 ; J. Égret, « La prérévolution en Provence », *Annales historiques de la Révolution française*, 1954.
2. Les procureurs du pays formaient l'administration de la province entre les sessions de l'assemblée des communautés qui se réunissait tous les trois ans.

res, Pascalis essaya d'obtenir au moins des concessions. Puisque
les états étaient rétablis, puisque les privilégiés avaient obtenu
gain de cause, il espéra de leur justice quelques compensations.
Il réclama l'abandon du privilège fiscal et, au sein des états,
l'égalité d'influence pour les représentants des non-privilégiés.
L'oligarchie refusa tout en bloc.

Les états allaient donc se réunir, et se réunir selon les formes
traditionnelles, dans leur composition archaïque où 128 fieffés
et 19 ecclésiastiques du premier ordre domineraient facilement
60 députés du tiers, peu représentatifs et souvent dépendants.
Cette facile victoire des privilégiés irrita la province. La révolte
gronda, une vague de colère souffla sur la Provence. Les plus
énergiques représentants du tiers état organisèrent la résistance.
Ils signèrent et firent circuler une pétition qui réclamait une
assemblée générale des communautés. De nombreuses municipalités, Aix en tête malgré l'opposition de son maire, le marquis
de La Fare, privilégié teigneux, s'associèrent à la pétition.
Certaines de ces municipalités pétitionnaires, comme Tarascon,
Manosque et Rians, étaient dirigées par des nobles non fieffés
qui soutinrent spontanément la révolte du tiers état : exclus des
états, soumis à l'impôt comme tout un chacun, cette cause était
aussi la leur. Une campagne d'opinion fit retentir le débat dans
tout le pays. Si Pascalis, intimidé, se tut, un autre avocat,
Bouche, prit la relève. L'enjeu désormais était clair. La
première surprise passée, tout le monde a compris ce que
signifiait la restauration des états. Le tiers, les nobles non
privilégiés, tout ce qui constitue la substance de la Provence,
seront réduits au silence si l'élection se fait au sein de ces états-
croupion, de ce sénat où règne seule l'aristocratie. Encouragée
par l'exemple dauphinois, la résistance s'organisa. Les nobles
non fieffés, fort populaires dans le tiers état, en prirent
l'initiative. A leur tête se trouvaient Levesque, ancien président
de la chambre des comptes d'Aix, cour concurrente du parlement, où la majorité des conseillers s'opposaient aux prétentions de l'oligarchie ; et d'André, un non-fieffé, qui, au nom des
500 nobles de droit commun de la province, rédigea une requête
qui fit l'effet d'une bombe : il déniait hardiment toute légitimité
aux états traditionnels et réclamait une assemblée où tous les
ecclésiastiques, tous les nobles et tous les chefs de famille

auraient droit de séance. Le bien-fondé de ces exigences ne faisait de doute pour personne. Seule l'aristocratie s'obstinait. Quelques-uns de ses membres, cependant, se prenaient à douter. Avaient-ils raison de s'entêter, ne menaient-ils pas le combat d'un autre âge ? Le président de Saint-Vincent, peu favorable pourtant aux innovations, ne put s'empêcher de noter dans son journal l'archaïsme des prétentions des privilégiés : « La noblesse [entendez : les fieffés] de Provence a de la hauteur, elle est aussi attachée à ses droits et privilèges qu'elle l'aurait pu être dans le XVIe siècle [1]. »

La noblesse privilégiée eut beau battre la générale, mobiliser toutes ses forces, user de son arme favorite, l'intimidation, elle ne put empêcher la réunion spontanée, à partir de décembre 1788, d'assemblées des trois ordres, à Aix d'abord, dans d'autres communautés un peu plus tard. Elle n'en fut pas troublée et poursuivit imperturbablement sa route. Elle réunit les états le 26 janvier 89. Mais un petit fait, apparemment anodin, qui allait se révéler lourd de conséquences, était intervenu. Désormais l'oligarchie n'avait plus seulement en face d'elle une opposition diffuse, mais, en son sein même, un homme ; un homme, que dis-je, un colosse, un chêne, plus encore un symbole. Et cet homme né pour le combat, né pour les jeux sanglants de l'arène, rien ne le trouble, rien ne l'intimide, le danger l'exalte, le met au-dessus de lui-même. Face aux orgueilleux seigneurs des états, il fait preuve d'encore plus d'orgueil, de plus d'insolence. Cet homme est comme un paratonnerre qui concentre sur lui tous les éclairs de la foudre ; toutes les fureurs, toutes les violences trouvent en lui un terrible écho. Les aspirations de la Provence, c'est lui ; ses rancœurs, son besoin de revanche, mais aussi ses espérances, sa générosité, sa vie palpitante, c'est lui. Il est doué en outre d'un redoutable talent : celui de donner aux revendications la puissance de l'éloquence et la maîtrise des idées. En un mot, Mirabeau. Mirabeau, arrivé quelques jours plus tôt, et qui, lors de la séance d'ouverture, défila, au nom de son père et comme substitué dans ses fiefs, au milieu des membres des états.

Ce jour-là Mirabeau, que personne n'avait revu depuis son

1. *Journal* du parlement, Bibliothèque Méjanes, manuscrit 1037.

déplorable procès, fit sur la foule une profonde impression.
Après avoir entendu la messe du Saint-Esprit, dans l'église
Saint-Sauveur, les membres des états se rendirent en procession
à l'église du collège Bourbon où devait avoir lieu la séance
d'ouverture. La hiérarchie des rangs avait été scrupuleusement
réglementée. En tête du cortège marchait le comte de Caraman,
gouverneur de la province ; à sa droite, en camail et rochet de
dentelle, l'archevêque d'Aix, Boisgelin ; à sa gauche, de La
Tour, intendant de Provence. Derrière venaient les évêques, en
camail et rochet, les prévôts et députés des chapitres. Venaient
ensuite, à peu d'intervalle, les nobles possédant fiefs, en habit
de cour, l'épée au côté, la démarche assurée, le regard fier, un
grand air d'intimidation sur le visage. Le tiers état, sombre et
modestement vêtu, fermait la marche ; dans cette masse triste
on reconnaissait à leur épée quelques nobles non fieffés à qui
leur qualité d'officiers municipaux donnait droit d'entrée aux
états. La savante ordonnance du cortège devait magnifier les
deux premiers ordres, tout en couleur, en richesse, tout éclat et
toute brillance. Mais leurs espoirs furent déçus. Un seul homme
retenait tous les regards ; il s'était placé un peu en retrait des
privilégiés et marchait, solitaire, entre la noblesse et le tiers.
« Son œil perçant et scrutateur parcourait la foule des spectateurs et semblait interroger la multitude de son regard provocant. Il portait la tête haute et renversée en arrière. Il appuyait
sa main droite sur le pommeau de son épée, et tenait sous son
bras gauche un chapeau à plumet blanc. Son épaisse chevelure
relevée et crêpée sur son large front se terminait en partie à la
hauteur des oreilles en épaisses boucles. Le reste, rassemblé
derrière sa tête, était recueilli dans une large bourse de taffetas
noir qui flottait sur ses épaules. Sa laideur avait quelque chose
d'imposant, et son visage, creusé par la petite vérole, exprimait
l'énergie d'une volonté forte et d'une âme agitée par des
passions aussi mobiles que violentes[1]. » Cette position équivoque, Mirabeau l'a choisie comme un symbole de sa double
appartenance. N'est-il pas, lui, noble et privilégié, par sa
naissance et par le fief de son père ? N'est-il pas aussi le porte-

---

1. Portalis, « Mes souvenirs politiques », *Séances et travaux de l'Académie des
sciences morales et politiques*, t. XLVIII, p. 365-367.

parole et le défenseur de la Provence et de son peuple ? Ne prétend-il pas aussi jouer un rôle de modérateur et s'interposer, pour le bien public, entre les factions qui s'affrontent ? Rôle d'équilibre, rôle de sage, bien difficile à tenir dans l'atmosphère d'exaspération où se trouve la province. « Le tiers, écrit-il, me poursuit de marques de confiance et d'enthousiasme très imprudentes pour sa cause même ; car il met le comble à la rage des nobles, qui ont toutes les convulsions de Turnus expirant. Je n'ai jamais vu un corps de noblesse plus ignorant, plus cupide, plus insolent. Ces gens-là me feraient devenir tribun du peuple malgré moi, si je ne me tenais pas à quatre [1]. »

Dans l'assemblée de la noblesse, depuis le 23 janvier, Mirabeau a multiplié les protestations ; toutes ses ouvertures, toutes ses propositions ont été rejetées avec violence et ont accru la haine des privilégiés dont la répugnance à l'égard de ce stentor qui fraie avec la canaille va jusqu'à la frénésie. « Ils m'assassineront peut-être », écrit-il à Comps, mais il ne désarme pas. Dans les états il lutte pied à pied avec la majorité hostile. Il lutte pour la Provence et il lutte pour lui. Le 30 janvier, reprenant les thèses du tiers et de la noblesse non fieffée, il dénonce l'illégalité de la représentation des états et réclame la convocation d'une assemblée des trois ordres. Imprimé, son discours se répand dans toute la province. Il pose en principe que tout individu doit être électeur ou élu, et que les communes et les deux premiers ordres doivent être égaux en nombre et en puissance. « Trois ordres sont dans les états ; mais la nation n'y est point, si ceux qui se disent ses représentants n'ont pas été choisis par une élection libre et individuelle. » Jugez, dit-il, si les états représentent la nation provençale : les possédant fiefs ne représentent pas la noblesse ; les évêques ne représentent pas davantage le clergé ; dernière, mais non la moindre, des contradictions, la représentation des privilégiés l'emporte sur celle des communes. « Je ne dirai pas que l'ordre de la nation doit l'emporter sur les ordres qui ne sont pas la nation ; je léguerai ce principe à la postérité. Je ne veux être, du moins dans les assemblées politiques, ni plus juste, ni plus sage que mon siècle. Mais je demande s'il est juste, même dans le

---

1. Lettre à E. de Comps, 19 janvier 1789, Montigny, t. V. p. 256.

siècle où nous sommes, que les deux ordres qui ne sont pas la
nation, l'emportent sur la nation. » Ce discours porta à son
comble la rage des privilégiés. La popularité croissante de
Mirabeau les aigrissait encore. La population aixoise l'acclamait, des paysans, venus dans la capitale provençale pour le
marché, lui portaient leurs hommages, couvraient ses pas de
leurs applaudissements, faisaient retentir les rues et les places de
leur ferveur. Au même moment, des incidents, cruels à son
orgueil, mettaient aux prises l'oligarchie et la foule : l'archevêque d'Aix était insulté en sortant des états, l'évêque de Toulon,
pourchassé et molesté. L'agitation devenait dangereuse, il fallut
suspendre les états. Des rassemblements populaires se formè-
rent dans de nombreuses cités de Provence, à Sisteron, à Solliès,
à Draguignan, tandis que le clergé et les nobles non fieffés, sous
la direction de leurs leaders, le conseiller d'André, le chevalier
de Clapiers et le président des comptes Duranti de Calade,
manifestaient aussi leur volonté de prendre part aux élections.
   Devant cette levée de boucliers, les privilégiés s'affolaient,
perdaient la tête. Ils cherchaient une riposte. Puisque Mirabeau
enflammait la province, il fallait à tout prix le faire taire. On
pouvait le dénoncer comme un dangereux fauteur de troubles.
Ne venait-il pas par sa déclaration incendiaire de rompre la paix,
ne jetait-il pas à tout propos de l'huile sur le feu ? On l'accusa de
fermer la voie à tout accommodement. Mirabeau ne se défendit
pas : avec hauteur, avec la dignité méprisante du juste calomnié, il attaqua. Dans une réponse publique, il ironisa, montra le
ridicule impie de la coterie sans scrupule qui voulait le perdre,
accusa son égoïsme, dénonça, dans sa résistance, sa volonté de
rendre ses privilèges éternels et, dans un élan d'éloquence
sublime, se référant à la Rome républicaine, appela à son
secours les héroïques tribuns de l'Antiquité. « Dans tous les
pays, dans tous les âges, les aristocraties ont implacablement
poursuivi les amis du peuple ; et si, par je ne sais quelle
combinaison de la nature, il s'en est élevé quelqu'un dans leur
sein, c'est celui-là surtout qu'ils ont frappé, avides qu'ils étaient
d'inspirer la terreur par le choix de leur victime. Ainsi périt le
dernier des Gracques de la main des patriciens ; mais, atteint du
coup mortel, il lança de la poussière vers le ciel, en attestant les
dieux vengeurs, et de cette poussière naquit Marius, Marius

moins grand pour avoir exterminé les Cimbres, que pour avoir abattu dans Rome l'aristocratie de la noblesse. » Après ce rappel historique, la voie de l'héroïsme s'ouvrait devant lui, il ne lui restait qu'une chose à faire, offrir sa personne, sa vie au tiers état, se donner au peuple sans réserve, au peuple et à la liberté. « J'ai été, je suis, je serai jusqu'au tombeau l'homme de la liberté publique, l'homme de la constitution. Malheur aux ordres privilégiés, si c'est là plutôt être l'homme du peuple que celui des nobles ! Car les privilèges finiront, mais le peuple est éternel. »

Pour l'oligarchie, moins un être déjà qu'un fantôme usé, Mirabeau-La-Terreur était un blasphème, chacune de ses paroles un sacrilège, sa vue faisait horreur, il fallait en finir avec cet enragé qui prenait les Gracques pour des martyrs et Marius pour modèle. Depuis la suspension des états, les privilégiés continuaient à se réunir. Le 8 février, à la suite d'une machination peu glorieuse manigancée par le marquis de La Fare, ils exclurent Mirabeau. Le prétexte ? Il n'était pas propriétaire de ses fiefs mais seulement substitué par son contrat de mariage. Argument de procureur qui pouvait bien avoir quelque valeur. La dignité de ceux qui y avaient recours, ceux-là mêmes qui prétendaient être au-dessus des chicanes et fonder leur conduite sur le sentiment de l'honneur, ne s'en trouvait pas rehaussée. Ce qui les avait conduits, poussés à cette extrémité mesquine, misérable, déshonorante, c'était un sentiment vil, médiocre, bas : la haine, celle qui avilit, celle qui déconsidère parce qu'elle procède de la peur et de la fureur du vaincu. Mirabeau, dans un *Appel à la nation provençale*, révéla la véritable raison de son exclusion en plaçant dans la bouche des privilégiés cette condamnation qui décidait de son sort : « Cet homme qui n'opine pas comme nous n'est pas des nôtres. » Acclamé par toute une province, mais privé de son droit de séance aux états, il voyait s'envoler tous ses espoirs d'être député. A moins qu'*in extremis* une décision du ministère ne modifiât le mode d'élection.

Incertain sur son avenir politique, il était aussi dans une situation angoissante à l'égard de la justice et des ministres. Une fois de plus, volant au secours des embarras, il s'était mis dans une situation intenable. Par besoin d'argent, pour alimenter sa

campagne électorale, par romanesque aussi, pour complaire à sa
maîtresse, la femme du libraire Lejay au bord de la faillite, il a
autorisé la publication des lettres à Cerutti et de sa correspondance diplomatique de Berlin. Double faute : la liaison peu
honorable avec une aventurière provoque la rupture avec la
bonne Mme de Nehra ; l'indélicatesse entraîne une action
judiciaire. Le parlement condamne le livre de Mirabeau au feu.
Il encourait des sanctions plus graves, une lettre de cachet,
l'emprisonnement. La situation pourtant était si grave qu'on
n'osa pas toucher à celui que la foule acclamait comme le père
du peuple. Mais ses ennemis profitèrent de cette occasion
inespérée pour tenter de le déconsidérer. La rumeur de
Provence colporta sur son compte les opinions les plus malveil-
lantes. « Vous n'avez pas idée, écrit-il alors à Étienne de
Comps, des horreurs qui se débitent ici au sujet de ces deux
ouvrages. Je ne suis pas moins qu'un chien enragé auquel les
Provençaux ne sauraient donner la moindre confiance. J'ai
répondu à ceux qui m'ont dit cela : c'est une grande raison de
m'élire si je suis un chien enragé, car le despotisme et les
privilèges mourront de mes morsures. » La bombe des privilégiés, cependant, fit long feu. Les événements, qui se précipi-
taient, reléguaient à l'arrière-plan le scandale qu'avaient cru
pouvoir exploiter les adversaires de Mirabeau. Écourtant le
séjour qu'il faisait à Paris, il regagna Aix en toute hâte. Son
retour fut un triomphe. Pendant son absence les choses
avaient changé de face : les états étaient en déroute et la
nation triomphait. Necker avait décidé d'appliquer à la Provence le règlement général du 24 décembre 1788, complété
par un règlement particulier : les élections ne se feraient pas au
sein des états, mais par la convocation des trois ordres dans
chaque sénéchaussée, au suffrage universel (mais à plusieurs
degrés pour le tiers état). Pour l'oligarchie, c'était l'échec,
pour Mirabeau la revanche éclatante. Il pouvait désormais
être élu, il pouvait l'être deux fois : par l'assemblée de la
noblesse où tous les nobles seraient là et les privilégiés minoritaires, ou par celle du tiers état qui déjà murmurait son
nom.

Les fieffés, qui s'étaient flattés qu'il ne reviendrait jamais, qui
croyaient l'avoir anéanti, effacé des mémoires, virent entrer

Mirabeau en triomphateur, salué comme l'idole de la liberté, dans une Provence conquise, fervente, adulatrice. Les villes, les villages qu'il traversait s'agenouillaient sur son passage ; les cris de joie, les ovations accompagnaient ses pas : Vive Mirabeau ! Vive le père de la patrie ! Les vivats éclataient partout, dans la joie, une liesse ardente, et la vénération de tout un peuple. Jamais prince, jamais évêque, jamais gouverneur, n'avait reçu un si vibrant accueil. Depuis son entrée dans la province, jusqu'à Aix où il arriva le 5 mars, ce fut un bain de foule continuel, l'adulation, la frénésie. A Lambesc, la municipalité avait pris la tête d'un immense cortège tandis que les cloches sonnaient. Dans leur enthousiasme des hommes voulurent dételer la voiture et prendre la place des chevaux. Mirabeau s'en scandalisa. C'était bien là l'effet déplorable du despotisme, les stigmates de la servitude. Il en fut attristé, humilié, s'en plaignit amèrement. « Je vois comment les hommes sont devenus esclaves ; la tyrannie s'est entée sur la reconnaissance. Mes amis, lança-t-il à la foule, les hommes ne sont pas faits pour porter un homme, et vous n'en portez déjà que trop. » A Saint-Cannat, simple village, les paysans se pressaient pour applaudir le héros du jour. Mais, c'est en approchant d'Aix, que son retour triomphal toucha au délire. Quelque dix mille citoyens se portèrent à sa rencontre, le couvrirent de fleurs et de couronnes, l'accompagnèrent au son des tambourins jusque sur le cours et la place des Prêcheurs, et c'est porté par la foule qu'il pénétra chez son ami Jaubert qui l'attendait pour dîner. Il dut promettre de se rendre, le soir, à la comédie. Des dizaines de communautés lui firent porter des remerciements ; à Aix, la bourgeoisie et les corps de métiers lui envoyèrent députation sur députation. Ces marques d'estime fanatiques, superbe revanche sur ses ennemis, cette gratitude sincère, mais exagérée, folle, l'inquiétaient ; elles lui faisaient craindre que le peuple ne fût pas mûr pour la liberté, lui qui avait écrit et continuait à proclamer devant cette foule trop servile : « Malheur, malheur aux peuples reconnaissants ! Ils cèdent tous leurs droits à qui leur en fait recouvrer un seul ! Ils se forgent des fers ! Ils corrompent par une excessive confiance jusqu'au grand homme qu'ils eussent honoré par leur ingratitude !... Si quelque citoyen extraordinaire vous rend d'importants services, si même il vous sauve de

l'esclavage, respectez son caractère ; admirez, mais surtout
craignez ses talents[1]. »

Mais rien ne calmait l'émotion que son arrivée avait déclen-
chée chez les Provençaux. Des paysans, sollicités par Mme de
Mirabeau, qui après l'avoir persécuté, se prenait maintenant
d'admiration pour son grand homme de mari, s'étaient mis dans
la tête de réconcilier le couple séparé et proclamaient, comme
s'il se fût agi d'une dynastie de libérateurs : « Aquo est une trop
belle race ; serie pena que manquè » (c'est une trop belle race ;
ce serait un crève-cœur qu'elle manquât).

Ces manifestations, dont Mirabeau déplorait les excès, satisfaisaient son ambition. Il ne pouvait plus désormais avoir aucun
doute sur le succès de son élection ; il serait député. Cependant,
il voulait mettre toutes les chances de son côté, et surtout élargir
au maximum son assise électorale. Son rêve aurait été d'être
l'élu de toute la Provence. Le règlement électoral le lui
interdisait. Il pouvait du moins montrer l'étendue de sa popularité en se faisant élire dans plusieurs sénéchaussées. Il songea
tout naturellement à la grande cité phocéenne. Il y fit le 18 mars
une visite électorale qui tourna une fois de plus au triomphe et
lui permit de galvaniser les noyaux de sympathisants qu'il
comptait déjà dans la jeunesse bourgeoise. Dans une lettre au
comte de Caraman, il a décrit l'enthousiasme des manifestations
qui accompagnèrent son arrivée. « Figurez-vous cent vingt mille
individus dans les rues de Marseille ; toute une ville si indus-
trieuse et si commerçante ayant perdu la journée ; les fenêtres
louées un et deux louis ; les chevaux autant ; le carrosse de
l'homme qui n'a été qu'équitable, couvert de palmes, de lauriers
et d'oliviers ; le peuple baisant les roues, les femmes lui offrant
en oblation leurs enfants. » La spontanéité de toutes ces
manifestations n'est pas douteuse. Mais Mirabeau savait entretenir sa popularité. Il ne se passait pas de jour qu'il ne répande
quelque écrit pour entretenir le feu sacré et fignoler son portrait
de tribun nécessaire. Et ses amis s'employaient à maintenir la
flamme parmi les jeunes gens, la bourgeoisie, les portefaix du
port. Sa campagne fut menée de façon toute moderne, orches-
trée par ses agents électoraux, tel l'avocat Brémond-Julien ; il

1. *Aux Bataves sur le Stathouderat*, 1788, p. 26.

inaugura les meetings où se chauffe l'ardeur des militants, où se gagnent par milliers les sympathisants et les électeurs.

Pendant que se préparait l'élection du tribun, l'oligarchie, humiliée par ce triomphe, désavouée partout, réduite à elle-même, mais opiniâtre et têtue, tentait de prendre la Provence de vitesse : passant outre au règlement du roi, se mettant ainsi en position de révolte ouverte contre l'autorité, elle rédigea en toute hâte son propre cahier de doléances et procéda à l'élection de ses députés. Jamais patriciat ne se montra plus vain, plus irréaliste, pour tout dire plus imbécile, bloqué sur des positions indéfendables que partout en France la noblesse elle-même avait dès lors abandonnées. Son cahier est un véritable catalogue de provocations. Comment la Provence eût-elle pu ne pas s'en indigner ! Il réclamait le maintien de la constitution provençale et l'exclusion des nobles non fieffés des états ; ordonnait impérativement à ses députés de s'opposer au vote par tête, et consacrait l'essentiel de son exposé à la défense de son exemption fiscale, à la suppression de laquelle, disait-il, « la noblesse provençale ne pourra jamais consentir [1] ». Ayant ainsi affirmé son refus de toute réforme, et consacré son isolement au sein de la nation et au sein même de la noblesse qui renonçait alors dans toute la France à ses privilèges fiscaux, le patriciat provençal, comme saisi de folie, mit à la tête de sa députation le duc de Bourbon et les plus intransigeants des siens. Son calcul fut cruellement déçu : les états généraux refusèrent de reconnaître cette députation illégale et renvoyèrent ses membres à leurs illusions.

Contre les privilégiés, Mirabeau avait lutté pied à pied ; leur haine meurtrière avait eu pour contrepartie une faveur grandissante dans l'opinion. Le tiers état avait besoin d'un leader. Il était mal organisé, sans expérience, malhabile. Ici nulle trace de partis, d'organisations secrètes, d'influences maçonniques manœuvrant souterrainement. Mirabeau n'est pas, n'a jamais été franc-maçon [2]. Le ralliement aux chefs qui se présentent se

1. AD, Bouches-du-Rhône, C 1840.
2. Sur les manœuvres, vraies ou supposées, auxquelles donnèrent lieu les élections, voir A. Cochin, « La campagne électorale de 1789 en Bourgogne », in *Les Sociétés de pensée et la Démocratie moderne,* Copernic, 1978 ; D. Ligou, « Mirabeau a-t-il été franc-maçon ? », in *Les Mirabeau et leur temps, op. cit.*

fait spontanément. En deux mois de lutte contre le patriciat, Mirabeau a déchaîné l'enthousiasme de la plèbe et de la jeune bourgeoisie. Certes, le haut tiers, et surtout cette partie de la bourgeoisie aixoise que le barreau liait au parlement, se montrait plus réservé. Le radicalisme du tribun l'étonnait et l'effrayait. Portalis, victime lors du procès d'Aix de son éloquence méprisante, mal remis de sa blessure, ne voulait voir en lui qu'un aventurier sordide, un ruffian sans honneur, indigne de représenter la Provence aux États généraux. Mais ces réticences comptaient peu ; elles étaient ensevelies sous un flot d'admiration et de confiance éperdue. La réputation de Mirabeau avait traversé le pays comme une traînée de poudre. Les moindres villages répétaient son nom et la communauté de Mirabeau elle-même, oubliant toute rancune contre le jeune seigneur venu la mater en 1772, ne voulait voir en lui que le patricien généreux, « l'ami du peuple », « le seul de son ordre qui ait plaidé la cause du tiers état ».

Cette popularité prodigieuse, elle est cependant récente, elle est encore fragile, un faux pas peut la détruire à tout moment. Pour peu nombreux qu'ils soient, ses ennemis sont puissants, déterminés, sans scrupule, prêts à saisir le moindre prétexte, ou à le susciter, pour le discréditer, pour ruiner l'influence de ce dangereux transfuge qui les a trahis, bafoués, vaincus. Les événements qui se produisent en Provence du 15 mars au début d'avril, l'exaspération, la violence, sont peut-être l'occasion de faire trébucher le traître. Lui attribuer la responsabilité des émeutes, transformer l'adversaire politique en factieux, lui opposer tous les ennemis du désordre, n'est-ce pas le moyen de le perdre aux yeux des électeurs ? Voyez le fauteur de troubles, le dévoyé, l'agitateur ! On pouvait dénoncer l'instigateur secret de bandes déchaînées, l'homme sans foi, sans principes, le marginal douteux manœuvrant, au profit de son ambition, les bas-fonds de la société : car dans cette révolte qui plonge la Provence dans le chaos, les étrangers, les repris de justice, les gens sans aveu, nombreux surtout dans le grand port méditerranéen, jouent leur rôle. Le patriciat n'avait pas hésité, lors du procès en séparation, à dénoncer en Mirabeau l'archétype méprisable du scélérat domestique. Le temps était venu de compléter le portrait du monstre sans entrailles : le mauvais fils, le mauvais mari, le mauvais père, se doublait d'un mauvais citoyen, d'un scélérat politique. Les troubles de Provence, que l'obstination égoïste de ces délateurs enragés avait contribué à échauffer, il fallait que Mirabeau en fût responsable. Un hypocrite et un fauteur de guerre civile, voilà ce qu'était l'idole de la Provence. Dans l'espoir d'être crus, ils s'attendrissaient sur les maux de la province, murmuraient sournoisement : « C'est M. de Mirabeau qui a fait tout le mal. » Vaines calomnies ! Ils eurent beau semer le doute, répandre le soupçon, ils ne furent pas crus. Mirabeau sortit grandi d'une épreuve qui ajouta, à sa gloire de tribun, l'honneur du pacificateur et la reconnaissance des Provençaux pour l'habile homme qui avait ramené le calme. Durant ces journées tragiques un autre Mirabeau s'était révélé ; il connaissait désormais sa puissance, son magnétisme, son pouvoir sur les foules. L'orateur du prétoire se doublait d'un orateur populaire.

Il était impossible de croire à la fable d'une sédition fomentée par un agitateur, cet agitateur eût-il le génie et l'intrigue de Mirabeau. De mars à mai le feu se met partout en France, de la Bretagne à la Champagne, de l'Alsace à la Provence. Les causes en sont partout les mêmes : la disette, et l'effervescence qu'entraîne l'espoir d'un prochain changement. La récolte de 1788 a été déficitaire, et l'hiver qui suit est terrible ; en Provence, les oliviers ont gelé. Le pain est rare et cher. Si le peuple se révolte, c'est qu'il a faim. Mais il a eu faim en d'autres temps, et il a subi silencieusement sa détresse. D'où vient qu'il sorte maintenant de sa résignation ? C'est qu'on lui a rendu l'espoir. On lui a promis que son sort allait changer, on l'a engagé à se réunir, à rédiger ses doléances, à exprimer ses griefs et ses vœux. Ses maîtres, ses magistrats, l'État lui-même ont dénoncé les abus dont il est la victime, lui ont fait espérer que tout allait changer, que la justice serait établie, les plaies pansées. Les paysans dans leurs communautés, les ouvriers dans les assemblées primaires couchent par écrit l'énumération de leurs maux, les impôts trop lourds, les privilèges du seigneur, la dîme du clergé, les taxes municipales qui renchérissent le prix du pain et de la viande. En nommant les causes de sa misère, le peuple, jusqu'alors abîmé dans un fatalisme résigné, s'excite, s'étonne que, puisque les causes en sont connues, ses maux

durent encore. Qu'attend-on ? Ne lui a-t-on pas promis la
régénération et le bonheur ? Le peuple a traduit selon ses
exigences : le pain bon marché, les abus supprimés, l'impôt
aboli. Alors qu'il s'assemble, qu'il discute, qu'il s'enfièvre, le
pain manque, les prix flambent, des accapareurs trafiquent, les
autorités par habitude, par paresse, se font leurs complices. Des
bruits courent sur les fournisseurs avides, sur les fermiers des
droits, sur les municipalités complaisantes. Alors la colère
gronde et soudain se déchaîne. Il suffit d'un mot lancé, d'un
meneur échauffé, pour que la révolte éclate. Ici on lapide un
évêque tout dévoué aux privilégiés, là le grenier à blé est pillé,
ailleurs on poursuit le fermier des droits et sa maison est
saccagée. Partout ce sont les accès de fureur, spontanés,
irrésistibles et, parfois, la violence devient tuerie : un seigneur
est massacré, son corps dépecé. Anticipant sur les développe-
ments ultérieurs de la révolution, l'émeute se radicalise, devient
guerre sociale : humiliés contre les puissants, pauvres contre
riches. On s'en prend de préférence aux évêques, aux seigneurs,
aux agents du fisc. Le tout au nom du roi et de sa volonté de
justice.

Devant ces explosions de violence, ce peuple furieux exhibant
son masque de colère, l'autorité était désarmée, sans courage,
sans force. L'intendant, le gouverneur, surpris, débordés,
baissaient les bras ; les consuls, terrorisés, promettaient tout ce
qu'on voulait. Le 23 mars, jour où se réunissaient les grands
électeurs, Marseille, remplie d'ouvriers, mais aussi d'étrangers,
de figures sombres et terribles, était en feu. Le maire, le
marquis de Gaillard, connu pour ses opinions conservatrices,
avait dû fuir devant l'émeute ; le subdélégué de l'intendant
aussi. La maison du fermier de la ville, accusé de malversations
et de marchés frauduleux, avait été attaquée. Des bandes
d'hommes armés parcouraient les rues ; la foule, pressée autour
de l'hôtel de ville, réclamait la baisse du prix de la viande et du
pain. Il fallut lui donner satisfaction. Une brève visite du
commandant militaire, Caraman, ramena momentanément le
calme, mais les troubles reprirent dès son départ. La maison de
l'intendant fut assaillie, on parlait d'ouvrir les prisons. Caraman
offrit des troupes : Marseille refusa sagement une intervention
militaire qui pouvait se terminer dans un bain de sang. Elle

préféra organiser ses jeunes gens en milice, inaugurant ainsi, par une initiative hardie, ce qui deviendra la Garde nationale. Mais la situation restait explosive. La municipalité perdait chaque jour de fortes sommes pour maintenir le pain à deux sous ; elle ne pouvait soutenir indéfiniment cet effort financier. L'inquiétude des Marseillais croissait. Les jeunes gens, qui avaient donné à une de leurs compagnies le nom de Mirabeau, tournaient les yeux vers lui. Porte-parole de ses concitoyens, le jeune avocat Bremond-Julien lui lança un appel au secours : « Tout est perdu s'il faut céder au peuple, tout est détruit si l'on emploie la force. Votre présence peut-être calmerait les choses. » Et dans son enthousiasme il ajoutait : « Quand on n'attend plus rien des hommes, il faut bien recourir aux Dieux[1]. » Mirabeau arriva à bride abattue dans une ville en proie au tumulte et à la désolation. Le blé manquait ; des gens trop prudents avaient fait des provisions de pain et, des campagnes voisines, on accourait pour avoir du pain à deux sous. Mirabeau essaya de ramener le calme. Les jeunes gens des milices étaient à sa dévotion, les portefaix du port le vénéraient. Il fallait raisonner le peuple affamé. Il était évident qu'après la faillite des finances municipales, obérées par le soutien donné aux boulangers et aux bouchers, ceux-ci se verraient dans l'obligation de fermer leurs boutiques. Pendant que le conseil et les électeurs délibéraient, Mirabeau rédigea en hâte et fit afficher un *Avis au peuple de Marseille*. Il y expliquait, avec une grande familiarité et une éloquence simple et persuasive, qu'il fallait accepter une augmentation du prix du pain pour être assuré d'en avoir toujours. Placardé partout, cet *Avis* fit un effet immédiat sur la population entraînée par les jeunes gens et les bandes que Mirabeau avait postées à tous les carrefours pour applaudir.

Le calme revint momentanement. Mirabeau, sa mission accomplie, et après avoir tiré la leçon politique de son succès (« il ne faut au peuple que des choses raisonnables, les gouvernements seront avancés quand ils sauront cela »), put regagner Aix où des troubles de même nature venaient d'éclater. Caraman lui-même, débordé, le rappelait. L'émeute aixoise

1. Bremond-Julien à Mirabeau, 23 mars, Montigny, t. V, p. 287.

avait les mêmes causes que celle de Marseille ; Toulon connaissait les mêmes difficultés. Mirabeau exagérait lorsqu'il accusait
les privilégiés de l'avoir provoquée pour en faire retomber la
faute sur lui-même. Peut-être cependant, le plus haineux d'entre
eux, le maire d'Aix, marquis de La Fare, a-t-il volontairement
provoqué la foule s'il est vrai, comme l'affirme Mirabeau, qu'il
ait déclaré aux femmes qui réclamaient du pain : « Vous n'êtes
faites que pour manger la fiente de mes chevaux. » Quoi qu'il en
soit, la foule jeta des pierres, la troupe déchargea, il y eut des
morts. On allait vers une tuerie si Mirabeau, accouru à franc
étrier, ne s'était interposé. Il persuada Caraman de retirer ses
troupes et organisa, sur le modèle marseillais, la police de la
ville, avec garde bourgeoise et piquets aux portes et aux points
stratégiques. En quelques heures il était maître d'Aix et
haranguait la foule, jouant avec un art consommé de cette
passion qu'il inspirait au peuple. Bientôt il n'y eut plus aucun
vestige de trouble et Aix acclamait celui qui le détournait de
l'émeute et du pillage. Épuisé par ses veilles, Mirabeau pouvait
se réjouir de ses succès et écrire le 27 mars à son jeune ami
Bremond-Julien : « Les femmes, les hommes, les enfants ont
arrosé de larmes mes mains, mes habits, et m'ont proclamé leur
sauveur, leur Dieu. » Il apparaissait désormais comme le génie
tutélaire de la Provence. Son père vieillissant, secrètement ravi,
s'étonnait : « Voilà de la gloire, de la vraie gloire. » Mirabeau
l'interdit, Mirabeau le proscrit, était relevé par la voix publique.
Ses ennemis mordaient la poussière. Plus rien ne pouvait
l'empêcher d'être des États généraux. Il n'était plus un candidat
comme les autres, attendant le verdict des électeurs. Aix
unanime, cédant au ravissement, l'avait déjà choisi. Les élections ne seraient plus qu'une formalité.

Les assemblées électorales se réunirent à Aix du 2 au 7 avril,
rédigèrent leurs cahiers de doléances et élirent leurs députés.
Mirabeau y participa tout naturellement dans sa chambre
d'appartenance, celle de la noblesse qui, purgée des privilégiés
qui s'abstinrent, suivit l'opinion de ceux qui avaient dirigé la
résistance au patriciat : d'André, qui en fut le secrétaire, et
Mirabeau qui, loin d'être exclu par ses pairs comme l'ont
affirmé des historiens pressés confondant noblesse et privilégiés,
en reçut des marques d'estime et influença de façon décisive la

rédaction du cahier. La noblesse ne pouvait élire Mirabeau que
la voix publique désignait déjà comme le représentant du tiers
état. Elle choisit d'André qui, fidèle à ses principes et à ses
instructions, sera des premiers à se réunir au tiers, et Louis de
Clapiers-Collonges, son cousin, qui trompera l'attente de ses
commettants. Le lendemain 6 avril, ce fut au tour du tiers :
Mirabeau fut élu en tête, devant l'avocat Charles-François
Bouche et le lieutenant général du siège Audier-Massillon. La
fascination qu'exerçaient sur les bourgeois d'Aix les nobles
favorables à la cause du tiers état lui fit encore choisir pour
quatrième député un haut magistrat étranger au pays, ancien
avocat général au parlement de Grenoble, Servan, avantageusement connu pour ses opinions libérales et « ses efforts pour la
cause du peuple » ; il refusa en raison de son grand âge et l'on se
rabattit, en désespoir de cause, sur Pascalis : l'ancien adversaire
de Mirabeau, par orgueil ou dédain, refusa à son tour, et
l'avocat du Pochet fut élu[1].

En élisant des nobles, le tiers état d'Aix ne se singularisait pas
autant qu'on pourrait le croire. Vingt-six autres nobles un peu
partout en France furent élus par le tiers état qui désirait
envoyer aux États généraux des hommes de poids en qui ils
voyaient, à tort ou à raison, les plus efficaces défenseurs de la
liberté. Il en aurait élu bien davantage si la noblesse ne les avait
pas elle-même choisis : ainsi le tiers de Riom avait réservé une
place à La Fayette et l'aurait nommé si les intrigues qui se
tramaient contre lui dans l'ordre de la noblesse, et tendaient à
l'exclure, avaient réussi[2]. Parmi ces élus du tiers état, certains,
anoblis de fraîche date, avaient encore de nombreuses attaches
roturières ; d'autres, authentiques aristocrates doivent leur
nomination à des causes variables, parfois contradictoires.
L'élection du marquis de Chambors, dans le Couserans, s'explique sans doute par la dépendance et l'autorité qu'il exerçait sur
des populations entièrement soumises à son influence, et le
comte de Colonna-Rocca bénéficia de la fidélité naïve des
Corses à l'égard de leurs seigneurs. Ailleurs c'est la gloire
acquise par les combattants de la guerre d'Amérique qui leur

---

1. Procès-verbal de l'ordre de la noblesse et du tiers état, AN, BIII 2.
2. P.-V. Malouet, *Mémoires*, 1874, p. 243.

valut une réputation de défenseurs de la liberté et des droits du peuple : c'est dans l'enthousiasme que le marquis de Rostaing fut élu dans le Forez « pour avoir fourni les armes à la main une contribution glorieuse à l'établissement de la liberté [1] ». Dans ce bailliage régnait d'ailleurs une entente parfaite entre le tiers et la noblesse qui exigeait le rachat des droits féodaux et la suppression des distinctions humiliantes auxquelles le tiers état était soumis.

Cette communauté de vue entre les deux ordres fut illustrée à Aix plus qu'ailleurs et à Marseille également ; l'influence de Mirabeau sur la rédaction des cahiers ne fut pas étrangère à la complicité qui régna entre nobles et roturiers. Dans toute la France tiers et noblesse étaient d'accord pour réclamer une constitution qui mît fin à l'absolutisme et organisât un régime constitutionnel et libéral. Mais à Marseille et à Aix l'identité de vue allait plus loin et donnait satisfaction aux exigences pour lesquelles Mirabeau et le tiers s'étaient battus : tous les cahiers, *y compris ceux de la noblesse,* réclamaient le vote par tête et la suppression de toutes les distinctions qui avilissaient le tiers état [2]. On voit là, sans qu'il soit besoin d'insister, combien la noblesse, lorsqu'elle était séparée de la poignée de privilégiés qui anéantissaient par leur obstruction toute velléité de réforme, se montrait ouverte aux idées nouvelles, se sentait solidaire du tiers état et partageait ses préoccupations.

Député d'Aix, Mirabeau venait aussi d'être élu à Marseille, dans des conditions, il est vrai, moins triomphales. Les négociants marseillais, soit qu'ils se méfiassent de sa personnalité turbulente, soit qu'ils aient eu seulement le souci de faire passer le plus grand nombre possible de représentants du commerce, ne montrèrent pas beaucoup d'empressement à l'élire. Il fallut l'intervention des jeunes gens de la ville, leur pression, voire leurs menaces sur les électeurs, pour que Mirabeau fût péniblement élu quatrième et dernier de la liste. Déçu par ce score peu flatteur, il refusa et opta pour Aix. Nul doute que Mirabeau eût préféré être le député de la grande cité phocéenne plutôt que de la petite ville d'Aix. Mais qu'importe ! Il tenait son mandat. Les

1. AN, procès-verbal du tiers état, BIII 67.
2. Cahiers de la noblesse et du tiers d'Aix et de Marseille, AN, BIII 82 et Ba 9.

États généraux ne se réuniraient pas sans lui. Son vieil adversaire, Portalis, l'allié des Marignane et des privilégiés, n'en serait pas. Par rancune il refusait la députation de la sénéchaussée de Toulon, expliquant sa renonciation par l'ombrage que lui portait Mirabeau : « Je refusais, écrit-il, à tout droit de représenter la Provence, depuis qu'une sénéchaussée y avait assez mal entendu ses intérêts pour députer le comte de Mirabeau aux États généraux[1]. » Renoncement symbolique : avec Portalis, c'était tout le clan qui, depuis 1783, avait poursuivi Mirabeau de sa haine, qui sortait de la compétition.

Traîné dans l'ordure par ses adversaires vaincus, Mirabeau quitta la Provence en enfant chéri de la gloire, accompagné dans sa route par une province exultante, criant sa confiance et sa foi dans le sauveur qui portait à Paris ses espérances.

1. Lettre de Portalis, 12 avril, citée par Guibal, *Mirabeau et la Provence en 1789*, *op. cit.* Sur la prétendue éviction de Portalis par les manœuvres de Mirabeau, voir M. Agulhon, « Portalis adversaire de Mirabeau », in *Les Mirabeau et leur temps*, *op. cit.*, qui fait justice de cette légende.

7. L'entrée dans la légende

En avril 1789, tandis que les députés des bailliages gagnent Versailles, la cour s'affole, l'esprit d'intrigue s'exaspère ; on redoute de grands dangers, on tremble. Les scènes d'émeute qui ont éclaté en mars dans les provinces, l'opinion surexcitée, l'effervescence parisienne — émeutes, rassemblements, fermentation du Palais-Royal, ce creuset de la prostitution et du patriotisme —, autant de symptômes de la dégradation de l'autorité, autant de motifs d'avoir peur : peur du désordre, peur de la foule, peur du Tiers État qui, chauffé à blanc, semble prêt à toutes les audaces, insouciant du respect et de l'obéissance. Il y a plus grave encore. Les cahiers de doléances commencent à parvenir ; on les lit avec avidité, avec fébrilité, et on s'inquiète. De tous les ordres, noblesse comprise, se lève une même, profonde, impérieuse volonté de changer le régime, de donner une constitution à la France. Le Tiers État, comble d'audace, ne cache pas sa détermination de mettre fin aux privilèges. Ces États généraux tant redoutés, que l'on n'a convoqués que contraint et forcé, vont-ils bouleverser la France, priver le roi de son pouvoir, qui sait ? élire un nouveau monarque, pis encore, instaurer une république ?

Les députés ont reçu de leurs commettants l'ordre de refuser tout subside jusqu'à l'achèvement de la constitution. Si on les laisse faire, la monarchie de droit divin aura vécu. Ces États, qui arrivent avec un programme complet de régénération, le ministère les avait convoqués pour tout autre chose, bornant leur rôle et leur pouvoir. Il les avait conçus comme un conseil élargi auquel on soutirerait facilement l'argent nécessaire à la restauration des finances. Après quoi, la situation financière assainie, on les aurait renvoyés, le pouvoir intact et même renforcé. Or, ces députés, la plupart inconnus, ces provinciaux, la plupart sans nom, ne s'avisaient-ils pas de hausser la tête, brandissant leurs mandats révolutionnaires, avec l'intention d'en imposer au roi, au ministère et, sous prétexte qu'on avait besoin d'eux, de se déclarer nécessaires ?

La cour — non pas le roi, hésitant, débordé, dépassé, mais les conseillers, les favoris, les princes, les entours de la reine — prépare une riposte. Il s'agit d'aller vite, de faire voir à ces bouseux qui est le maître. Puisque les États veulent sortir du rôle qu'on leur a fixé de chambre d'enregistrement, puisqu'ils veulent devenir assemblée constituante, ils n'auront pas lieu. Le comte d'Artois et les Polignac, tout-puissant conseil de la reine, quintessence de la courtisanerie, brillance et insignifiance tout à la fois, s'enfoncent alors dans les intrigues de palais. Le but : renverser Necker, trop enclin à suivre la pente de la cause nationale, le remplacer par un ministère tout dévoué aux intérêts du roi et des privilégiés. On pense aux « durs », les Broglie, les Foulon, les Breteuil, les La Vauguyon, seuls capables de mater ces brouillons arrogants qui veulent régénérer la France, ces petits avocats, ces médiocres robins, parmi lesquels figurent même des monstres, tel ce Mirabeau pervers, dévoyé, criblé de dettes et de scandales, qui revendique plus fort que les autres la liberté, la constitution, la fin des privilèges, au nom des droits de l'homme et de la nation.

Mais la cabale se casse les dents, plus encore devant l'inertie du roi que devant l'autorité du ministre. Necker l'emporte, provisoirement. Les États, dont l'ouverture prévue initialement pour la fin d'avril a été retardée par les intrigues, sont convoqués pour le 5 mai. Pourtant les termites de la cour ne s'avouent pas vaincus. On allait bien voir. De toute urgence il fallait rabaisser le caquet de ces petits messieurs du Tiers ; qu'ils sentent bien qu'ils n'étaient rien que par la volonté du roi, qu'ils le sachent, qu'ils l'éprouvent dans leur dignité. On allait, puisqu'on ne pouvait mieux faire, rabattre leurs prétentions. Il suffit pour cela de multiplier les humiliations. Les maîtres des cérémonies, ces sergents de la hiérarchie, ont à leur disposition tout un arsenal de brimades. Qu'ils en usent, qu'ils en abusent, et que la nation apprenne qu'elle n'est rien et que les députés du Tiers, ces moinillons de la grande Église française, ne peuvent

rivaliser avec les dignitaires, les maîtres du clergé, les grands de
la noblesse. Qu'on les mette au pas dès le premier jour ; qu'ils
sentent leur servitude, qu'on leur apprenne à respecter leurs
maîtres, à ne pas confondre évêque et curé, noble et bourgeois,
ceux qui sont les conseillers naturels, héréditaires, du roi, et les
sujets de seconde zone qui doivent respect et obéissance, qui
doivent admirer, remercier et se taire.

Pour une aussi grande entreprise, les petits moyens sont les
meilleurs : l'humiliation avilit, elle déconsidère et paralyse ; à ce
jeu, on perd aisément ses moyens et son prestige. Ministres,
maîtres des cérémonies s'emploient à toute force à raffiner les
brimades. Le 2 mai le roi reçoit les députés pour la présentation
officielle. Les membres du clergé, ceux de la noblesse sont reçus
avec égard dans le cabinet du roi ; ceux des communes dans une
autre salle — distinction oblige — à la va-vite, dans une
indescriptible cohue, défilant comme un troupeau sur lequel
Louis XVI jette un œil égaré, à peine capable de reconnaître ici
et là un député déjà célèbre, tandis que circulent au pas de
charge ces visages anonymes que la honte et la colère rembru-
nissent. Mais c'est pourtant la France qu'on présente ici à son
roi ! Mirabeau, qui n'a pas perdu une minute pour informer
l'opinion — il a déjà fondé un journal —, s'indigne « du peu de
solennité d'une présentation qui devait être si importante ». Il
s'emporte contre la puérilité dangereuse de pareilles nuances,
« douloureuses pour la partie vraiment nationale des trois
ordres[1] ». Mais la présentation est restée enfermée dans
l'enceinte de la cour. Ce n'est pas une humiliation publique cela,
et les fanatiques sont insatisfaits. Il leur faut une démonstration
solennelle pour que tout le monde sache qu'en dépit des
maximes audacieuses et impies il n'y a pas, il ne doit pas y avoir
d'égalité ; que le Tiers ne l'emporte, malgré son nombre, ni en
honneur, ni en puissance, ni en prestige, sur les représentants de
l'Église et des grands fiefs du royaume. Le costume : voilà qui
parle aux yeux et remet chacun à sa place. La procession
solennelle, qui devait avoir lieu le 4 mai, montrerait au peuple
ce qu'étaient les distinctions et l'ordre monarchique.

Ce jour-là, en effet, les trois ordres défilent dans Versailles.

---

1. *Journal des États généraux*, n° 1, 2-4 mai 1789, BN, Res. 4° Lc 2233.

On a ressorti les habits traditionnels vieux de deux siècles, costumes de carnaval aujourd'hui, dont l'étiquette soigneusement concoctée exalte la gloire des deux premiers ordres et ridiculise le Tiers État. Les évêques tout moire et or, chapeau rouge, rochet, camail, robes violettes, la noblesse épée de parade au côté, cravate de dentelle, chapeau à plume retroussé à la Henri IV, éblouissent les yeux, éclaboussent d'opulence et de lumière : contraste éloquent, que la foule remarque, avec la mesquinerie drolatique de l'équipage des communes. D'un côté la pompe et l'orgueil, de l'autre l'austérité, le noir, le ridicule. Ridicules en effet cet habit, ce manteau noir des hommes de loi sur le dos d'hommes appartenant à toutes les professions qui, sous cet accoutrement grotesque, ressemblent à des acteurs de comédie. N'avait-on pas, pour rendre plus amère la plaisanterie, imaginé d'ajouter au manteau qui, à la couleur près, était celui des bedeaux de paroisse, une toque en velours noir, celle-là même que portent au théâtre les rôles de Géronte et de Crispin [1].

Pauvre manœuvre, aussi mesquine qu'impolitique, aussi inefficace que dérisoire. Le peuple, dédaignant noblesse et clergé, leurs atours magnifiques et l'insolence de leur port de tête, fait un accueil enthousiaste au Tiers, nonobstant le peu de dignité de son costume, et tout particulièrement à quelques députés dont on murmure les noms de bouche à oreille, ceux du Dauphiné surtout, connus pour leur audace, leur action, leur position courageuse en faveur de la cause populaire. Mais un homme, entre tous, retient l'attention de la foule, un seigneur au milieu du peuple, noir comme lui et fier comme lui : Mirabeau. Plus qu'un simple député, il est déjà un personnage et un symbole. Mme de Staël, la fille de Necker, présente et attentive, tout mépris, toute colère, toute haine contre cet ennemi de son père, ne voit que lui ; longtemps après, elle est encore terrifiée et hypnotisée par la présence de ce colosse qui représente à ses yeux toute l'immoralité de l'enfer, toute la force brutale d'un peuple dont l'éveil l'épouvante et la fascine. « On remarquait

---

1. *Journal* de La Galissonnière, cité par G. Lefebvre, *Recueil de documents relatifs aux États généraux. I. Les Préliminaires. 1. La séance du 5 mai*, CNRS, 1953, p. 74.

surtout, écrit-elle, le comte de Mirabeau... Aucun nom, excepté
le sien, n'était encore célèbre parmi les six cents députés du
Tiers... L'opinion que l'on avait de son esprit était singulière-
ment augmentée par la peur que faisait son immoralité. Il était
difficile de ne pas le regarder longtemps quand on l'avait une
fois aperçu : son immense chevelure le distinguait entre tous ;
on eût dit que sa force en dépendait comme celle de Samson ;
son visage empruntait de l'expression de sa laideur même et
toute sa personne donnait l'idée d'une puissance irrégulière,
mais enfin d'une puissance telle qu'on se la représenterait dans
un tribun du peuple [1]. » L'inquiétude ou la peur se lisent sur
certains visages : ce transfuge est un traître, ce noble au milieu
du Tiers un danger. Mais son regard hautain fait taire les
murmures. N'avait-il pas annoncé fièrement lorsqu'il croupissait
à Vincennes : « Je suis sûr à mon premier pas dans le monde de
faire baisser la tête, plus encore par ma conduite que par mes
regards, à quiconque aurait osé me préparer du mépris. »

Le mépris, il le rencontre le lendemain 5 mai : séance
solennelle d'ouverture des États généraux. Dans la grande salle
des menus plaisirs ornée pour la circonstance, sous les yeux de la
cour, de près de deux mille spectateurs pressés dans les tribunes,
devant le magnifique dais royal, un mouvement de curiosité
s'empare du public au moment où l'on annonce le comte de
Mirabeau. Chut ! crie-t-on pour prévenir les applaudissements ;
la salle retient son souffle pour mieux regarder, mieux voir cette
figure puissante, ce survivant des geôles royales qui a déclaré la
guerre à l'absolutisme et à ses suppôts : ceux-ci, tendus,
haineux, méprisants, profitent du silence pour faire entendre
leurs murmures flétrissants. Froid, dédaigneux, le regard chargé
de colère, Mirabeau gagne sa place. Il est près de midi déjà. Le
député d'Aix a été introduit avec le reste du Tiers après que tous
les autres, ceux du clergé et de la noblesse, ont pris leur place, à
part, à droite et à gauche de la tribune royale. Le Tiers, séparé
par une barrière des ordres privilégiés, a été parqué sur des
banquettes réservées, après avoir attendu longtemps dans
l'inconfort et la gêne d'un corridor obscur. Car la manœuvre
d'intimidation se poursuit. Les communes ne doivent pas un

---

1. *Considérations sur la Révolution française,* éd. Charpentier, 1862, t. I, p. 150.

instant oublier leur position subalterne, et que le dernier rang,
partout, est leur véritable place. On n'a pas osé cependant aller
au bout de l'humiliation et exiger que le Tiers parlât à genoux.
On a tourné la difficulté : le Tiers ne parlerait pas ; Mirabeau,
dont on redoute l'intervention, ne parlera pas.

Le roi, la reine viennent d'entrer. Louis prononce un bref
discours ; hormis une allusion au « désir exagéré d'innovations », il ne dit rien. Mais telle est encore la magie de la
personne royale et de son verbe, que l'enthousiasme des
députés éclate en applaudissements frénétiques. Mirabeau, que
cette exaltation naïve étonne et déconcerte, déclare aussitôt,
narquois : « Espérons que les représentants de la nation senti-
ront mieux désormais la dignité de leurs fonctions, de leur
mission, de leur caractère ; qu'ils ne consentiront pas à se
montrer enthousiastes à tout prix, et sans condition ; qu'enfin,
au lieu de donner à l'Europe le spectacle de jeunes écoliers,
échappés à la férule, ivres de joie parce qu'on leur promet un
congé de plus par semaine, ils se montreront des hommes [1]. »
Survenant dans la foulée de l'intervention du roi, le discours du
garde des Sceaux, prononcé d'une voix plate et insuffisante,
n'est même pas entendu. Qui s'en soucie ? C'est qu'on attend le
grand événement de la journée : la prestation de la « colonne
du peuple », du ministre dont on imagine les lumières immenses, la dévotion à la cause populaire entière, de Necker enfin,
l'homme aux miracles, l'oracle de la France, qui lui du moins,
personne n'en doute, dirait ce que veut le roi, ce que doivent
faire les États généraux. Il dirait ce qu'on attendait : qu'on ne
les avait pas assemblés pour rire, pour défiler et pour se taire,
mais pour accomplir l'œuvre que les Français leur avaient
confiée, mais pour restaurer les finances, mais pour donner au
pays une constitution qui reconnaîtrait, à côté du pouvoir royal,
le pouvoir du peuple de France, qui garantirait les libertés,
assurerait la paix et le bonheur du royaume sous l'autorité du
meilleur des rois.

Mirabeau, tendu, écoute. Le discours fleuve, emphatique,
coule des lèvres de Necker comme un sirop douceâtre, puis de
celles d'un lecteur à qui Necker, épuisé, a cédé la place.

---

1. *Journal des États généraux*, n° 2.

Mirabeau écoute, et s'impatiente. Déjà dans son esprit mûrissent les phrases qui, demain dans son journal, mettront les Français en face de la dure réalité. Necker n'est qu'un sot, un incapable dont l'incompétence aura les plus désastreux effets ; ses hésitations, sa nullité rendront les États inutiles ou les jetteront dans les plus terribles convulsions. Quoi ! Est-ce donc là le grand Necker, la coqueluche de la France, dont le discours ne contient que du vent, « pas une ressource d'homme d'État, pas même un grand expédient de financier » ? En fait, Necker finasse ; inquiet des ambitions de l'assemblée, il veut la remettre à sa place, la faire rentrer dans le néant. Si le roi, déclame-t-il, a fait appel à la nation, ce n'est que par complaisance. Qu'elle ne s'imagine pas nécessaire, on peut fort bien se passer d'elle. Puisqu'elle est là, qu'elle reste mais qu'elle sache : qu'elle sache que ses pouvoirs tiennent en un mot, obéissance. Mirabeau ne s'y trompe pas et dénonce l'escamotage. Necker veut réduire l'assemblée de la nation au rôle de figurant, la convertir en « bureau d'administration » ou en « chambre de finance ». Croiriez-vous qu'il n'a pas même reconnu son droit à consentir l'impôt ! Sa lourde éloquence s'est déployée dans l'énumération, « immorale autant qu'impolitique », des multiples ressources par lesquelles on aurait pu se dispenser d'assembler la nation. Mais c'est sur un point décisif, que l'on attend surtout l'orateur, un point dont l'avenir dépend : la délibération aura-t-elle lieu par tête, tous ordres réunis, ou par ordre, clergé, noblesse, Tiers siégeant à part, délibérant à part, ce qui donnerait aux ordres privilégiés deux voix contre une et priverait le Tiers du bénéfice du doublement ? Dans cette question capitale, Necker s'empêtre ; il n'est pas sûr de sa doctrine, trouve cependant les plus grands avantages au vote par ordre. Mirabeau fulmine ; il enrage de cette « longue apologie du mode de délibérer et d'opiner par ordre ». La brûlante question était tranchée par le ministre ; elle l'était à l'avantage des ordres privilégiés dans la plus grande illégalité, ou plutôt selon les principes du despotisme car, observait Mirabeau, c'est une question qui « ne peut être soumise qu'à la discussion parfaitement libre, et à la discussion complètement absolue des États généraux en assemblée générale [1] ». Mais les dés sont jetés ; le conflit, qui va

1. *Journal des États généraux*, n° 2.

opposer pendant six semaines les communes aux privilégiés, commence.

Inconscient du risque qu'il vient de prendre, Louis XVI lève brusquement la séance : ainsi sont prévenus les députés qui veulent obliger le roi à vider l'abcès sur-le-champ. Mirabeau doit se taire, rentrer le discours qu'il a préparé et où il réclame, sur la réunion ou la division des ordres, une discussion immédiate en présence du roi. « Vous discernerez bientôt alors », dirait-il s'il lui était permis de parler, « de quel côté sont la justice, la vérité, les bonnes intentions, le zèle pour le trône et l'amour pour votre personne sacrée. » Mais il est trop tard ; déjà le roi est sorti. Comme Mirabeau l'a annoncé, suivant l'illogisme qu'il a dénoncé, les ordres vont se séparer pour décider s'ils doivent se réunir.

Le lendemain, 6 mai, le Tiers se rassemble dans la salle commune, celle des menus ; il laisse libres les bancs du clergé et de la noblesse, affectant d'attendre leur arrivée, tandis que les deux premiers ordres gagnent leurs chambres respectives. On a désormais trois assemblées, d'inégale importance, portant des espoirs contradictoires, des intentions, des desseins irréconciliables ; mais d'assemblée nationale point. Un Tiers, fort de 600 membres, qui souhaite la réunion ; un clergé divisé, avec une majorité de curés que leurs origines rapprochent des communes mais que la discipline ecclésiastique maintient dans la dépendance des prélats ; une noblesse déchirée entre deux tendances inégales, bientôt figée dans une attitude d'arrogance défensive.

La guerre est désormais inévitable. Était-elle prévisible ? Pendant la campagne électorale les trois ordres avaient fait assaut de prévenance. La noblesse avait multiplié les témoignages d'amitié au Tiers État. Rédigés par tous les nobles des bailliages, les cahiers ne dégageaient pas de majorité en faveur du vote par ordre et rien ne laissait prévoir que les représentants se renfermeraient, presque à l'unanimité, dans la volonté de siéger à part et opposeraient la résistance la plus opiniâtre à toute proposition de réunion. Le partage des mandats, les prises de position contradictoires sur le mode d'opiner, ne devaient pas, si les représentants s'étaient montrés dociles aux vœux de leurs commettants, dégager une aussi forte majorité pour le vote par ordre. Quelques bailliages seulement (8,2 % du total) avaient imposé impérativement à leurs députés le vote par tête. Mais ceux qui s'étaient déclarés sans ambages pour le vote par ordre ne formaient pas une majorité : 41,04 %. Entre ces deux positions extrêmes, une majorité de bailliages s'en était remise aux circonstances et au vœu de la majorité des États généraux. Les uns (20,14 %) se prononçaient pour le vote par tête *ou* par ordre selon la nature des questions. D'autres plus nombreux (30,56 %) se déclaraient prêts à se rallier au vote par ordre si le vœu de la nation et l'intérêt général l'exigeaient. A Dole, par exemple, les nobles s'en étaient remis à la sagesse des États généraux : « Comme c'est à la nation assemblée en États généraux à statuer sur la forme la plus avantageuse de ses délibérations, on laisse au député la liberté de délibérer quelle que soit la forme que la majorité adoptera » ; et ils ajoutaient : « Nous osons croire que l'égalité numérique accordée aux représentants du Tiers État est l'annonce de l'égalité réelle des suffrages qui doit exister entre cet ordre et les deux autres réunis. » A Provins encore, qui n'a pas osé prendre officiellement position pour le vote par tête, le vœu des nobles n'est pas moins clair : « Que les États statuent sur la question du vote par tête ou par ordre selon le bien général », et ils recommandent à leur député de se regarder « moins comme gentilhomme que comme Français, moins comme notre représentant particulier que comme celui de la nation, et qu'à ses yeux tous les intérêts particuliers disparaissent devant l'intérêt général[1] ». Les deux courants auraient donc dû se retrouver à l'assemblée de forces à peu près égales. Il n'en fut rien. Dès le premier jour, 183 voix se prononcèrent pour le vote par ordre ; il n'y eut que 46 opposants. Alors ? Une partie des députés auraient-ils trahi les intentions de leurs électeurs ? Dans certains cas, oui, cela ne fait aucun doute. Le plus souvent l'ambiguïté du message laissait ouverte la voie des interprétations personnelles. Dans les bailliages les résultats avaient été acquis souvent au terme d'âpres luttes, et le député représentait plus souvent l'opinion d'une faction que celle de l'assemblée tout entière. Lorsque le

1. G. Chaussinand-Nogaret, *La Noblesse au XVIIIᵉ siècle. De la féodalité aux Lumières*, Hachette, 1976, p. 188-191.

mandat n'était pas impératif, il se réservait de l'interpréter à sa
manière. Souvent l'élu, personnage en vue dans sa province,
grand propriétaire, plus aristocrate que ses électeurs, restait
plus qu'eux attaché aux prérogatives de son ordre. A Versailles
il trouva une atmosphère bien propre à lui faire adopter une
attitude plus rigide que ne l'avaient souhaitée ses mandants.
Flottant dans son opinion, il fut aussitôt assailli. Les extrémistes, qui prirent dès la première séance possession de l'assemblée, étaient bien organisés autour de Bouthillier, de Cazalès,
de La Queuille et de d'Entraigues ; ils avaient en d'Éprémesnil
un orateur redoutable qui faisait, au dire de Mirabeau, peser sur
la noblesse « le despotisme de la parole », et emportait facilement l'adhésion des plus hésitants. Face à ces champions de
l'immobilisme, la petite minorité libérale avait un grand tort :
elle était celle des « jeunes colonels », de ces aristocrates qui
rêvaient de liberté, de ces courtisans qu'entraînaient le duc
d'Orléans et La Fayette ; cette jeunesse de cour, brillante et
généreuse, les provinciaux qui formaient la majorité de l'assemblée la détestaient. Dès qu'elle ouvrait la bouche, des murmures
s'élevaient et on la faisait taire. Par mépris, par haine, des
députés furent amenés à prendre des positions tranchées qui
étaient loin de correspondre à la prudence recommandée par
leurs commettants. De son côté, et avec des moyens supérieurs,
la coterie la plus dure de la cour, celle d'Artois et des Polignac,
ne négligeait rien pour circonvenir ces provinciaux, faciles à
éblouir, vite gagnés. Les hésitants étaient happés, choyés,
charmés. Le marquis de Ferrières, invité chez Diane de Polignac, en sortait converti. Ferrières, justement, se rangea à l'avis
de la majorité, sans que ses électeurs l'y aient invité, sans être
seulement convaincu lui-même de la sagesse politique de son
choix. « Le mot de votement par tête ou de votement par ordre,
écrivait-il à sa femme, n'est pas même prononcé dans mon
cahier ; et je suis très indifférent dans mon opinion particulière
sur l'une ou l'autre manière de délibérer, mais je ne crus pas
devoir abandonner mon ordre, dans la circonstance critique où
il se trouvait[1]. »

　　Mirabeau parle, Mirabeau écrit. Il s'agite, s'indigne, veut être

---

1. *Correspondance inédite,* éditée par H. Carré, 1932, p. 76.

partout, est partout. L'assemblée, confuse, inorganisée, hésite
sur le parti à prendre. Seul, dans la salle des menus, le Tiers
attend vainement que les ordres privilégiés viennent le rejoindre, pour accomplir ensemble le premier acte : la vérification
des pouvoirs. L'enjeu est de taille, car le sort de l'assemblée se
joue, donc l'avenir : celui de la constitution et du régime. Que
les ordres siègent et délibèrent séparément, et ce sera la fin de
l'espoir : le Tiers sera joué, floué ; la nation, qu'il représente,
n'aura qu'une toute petite voix. La noblesse et le clergé
primeront, décideront. Or, tout se joue très vite. La noblesse
prend le mors aux dents ; c'est qu'elle ne veut pas être gagnée de
vitesse. Par 188 voix contre 47 elle décide de vérifier elle-même,
et seule, les pouvoirs de ses membres. Plus divisé, le clergé
prend la même décision à une faible majorité. Voilà le Tiers au
pied du mur ; le Tiers affaibli par ses propres divisions : en son
sein, les individus dévoués au ministère et aux ordres privilégiés
ne manquent pas, les timides non plus. Ils poussent les
communes à la faute : se comporter en assemblée constituée, et
par là consacrer la division des ordres. Mirabeau, narines
palpitantes, l'œil rivé sur l'avenir, flaire la manœuvre, déjoue les
calculs, indique la voie à suivre : « Les communes doivent
fonder toute leur force actuelle sur leur immobilité[1]. » La
tactique est clairement formulée, et le Tiers va la suivre.
Attendre et ne rien faire, laisser les privilégiés aller de l'avant et
se donner tous les torts. Le peuple jugera ; l'opinion enflera la
force des communes, elles se rendront respectables et formida-
bles ; le temps joue pour elles. On reconnaîtra sa sagesse, on
reconnaîtra son droit. Noblesse, clergé, apparaîtront avec le
temps pour ce qu'ils sont : des fauteurs de division, des ennemis
de la paix et de la nation. L'inaction favorisera encore la réunion
des sages : les bons citoyens des deux premiers ordres auront le
temps de la réflexion et du ralliement. Alors, plus nombreuse,
renforcée par sa modération, l'assemblée pourra agir. A présent
son inertie est le gage de son succès « Temporiser n'est pas
perdre le temps, assure Mirabeau, mais le gagner. La France,
l'Europe vous regardent avec attention mais non avec impa-

---

1. Seconde lettre à ses commettants.

tience... Prenez quinze jours s'il le faut... Quinze jours ne font
rien dans l'histoire des siècles où vous figurez[1]. »

Actif dans l'assemblée, Mirabeau, au-dehors, travaille l'opinion. Dès le 6, indifférent à la censure, aux gros yeux du
ministère, il a lancé un journal, bravant courageusement
interdits et décrets royaux. Le libraire Lejay, cocu magnifique,
dont la femme, intrigante sans scrupule est encore, hélas, la
maîtresse du tribun, en est l'éditeur. Les amis genevois,
Du Roveray, Dumont, en partagent avec Mirabeau l'effort et le
bénéfice. Le journal connaît un succès immédiat ; il est le seul à
n'être pas à la solde des ministres. En quelques jours il gagne
3 000 abonnés. Il rend compte, mais aussi il commente, mais
encore il critique, avec toute la passion, toute la hauteur que
Mirabeau sait mettre en ses écrits. Mais la liberté de la presse,
réclamée par tous, ne fait pas l'affaire de Necker. Le 7, le
ministère fait interdire le journal par un arrêt du conseil.
Aussitôt le taureau provençal bondit. Sans égard pour le décret,
il récidive. Les *Lettres du comte de Mirabeau à ses commettants*
remplacent le *Journal des États généraux*, et clouent au pilori le
ministre responsable de cet acte attentatoire à la liberté
publique : « Il est donc vrai que, loin d'affranchir la nation, on
ne cherche qu'à river ses fers ! que c'est en face de la nation
assemblée qu'on ose produire ces décrets auliques où l'on
attente à ses droits les plus sacrés ; et que, joignant l'insulte à la
dérision, on a l'incroyable impéritie de lui faire envisager cet
acte de despotisme et d'iniquité ministériels, comme un provisoire utile à ses intérêts. » Châtié dans les termes les plus vifs, le
ministère, accusé « de privilégier le trafic du mensonge », n'ose
bouger, et Mirabeau peut désormais écrire sans être inquiété. Il
vient de remporter sa première, peut-être sa plus belle victoire :
la liberté de la presse.

Mais ce succès même, et déjà l'éclat de sa parole sur
l'assemblée mettaient le comble à la furie des nobles. Le
vicomte de Mirabeau, propre frère du tribun et député du
Limousin, enragé fanatique, dénonçait publiquement à son
ordre « l'éloquence dangereuse » de cet aîné dont il enviait le
talent. Pauvre sire au verbe haut mais à l'éloquence balbutiante,

---

1. Seconde lettre à ses commettants.

le génie de son frère l'empêchait de dormir. Passant pour un sot dans sa famille, ses frasques, presque aussi nombreuses que celles de son frère, ne lui valaient même pas la réputation de mauvais sujet, dont à défaut d'une autre il se serait contenté. Ses attaques venimeuses contre Mirabeau étaient si outrées que la noblesse elle-même lui imposait silence et que son père, que les premiers succès de Gabriel avaient ramené à plus de clairvoyance, lui conseillait de se taire : « Quand on a un frère comme le vôtre aux États généraux, et qu'on est vous, on laisse parler son frère et on garde le silence. » Il est bien dommage que la noblesse entière n'ait pas suivi ce conseil. Tout d'une voix elle le conspue, le décrit comme un monstre. Ce renégat, qui devrait la guider, n'est-il pas cause de tout le mal ? Qui pousse le Tiers à l'inaction ? Qui s'oppose à toute conciliation ? Qui hurle sa haine des privilèges ? Qui s'est vendu au parti d'Orléans, ce prince du sang ennemi du trône qui entraîne la noblesse libérale dans ses excès démocratiques ? Mirabeau. Mirabeau toutes griffes dehors, la plume déchaînée, l'éloquence vouée à la mauvaise cause. Oh ! ce n'est pas que l'on refuse à ce transfuge insolent, du talent et même du génie. Mais il effraie. C'est un Néron, un Caligula, c'est « un esprit pervers, couvert de crimes ». Avec ça, on peut compter sur lui, si on ne l'arrête pas, pour parvenir à ses fins maléfiques, car c'est l'homme qui a « le plus d'idées, le plus de force d'expression, le plus de moyens d'intrigues, et peut-être le seul en état de concevoir et d'exécuter un grand plan [1] ». Dans le Tiers aussi, où le parti populaire le reconnaît déjà pour son chef, les ennemis ne lui manquent pas. On le redoute, on se méfie. On a tenté en vain de faire invalider son élection. Ce noble qui a trahi son ordre n'inspire pas confiance. Certains de ses collègues, sans le connaître, le méprisent ; ils voient en lui un produit des bas-fonds, devenu démocrate par dépit et par ambition. Ils lui font crime de sa laideur, y voient le symbole de son impureté. « Cet homme », écrit son collègue Duquesnoy, « est une bête féroce, un enragé ; il a la figure d'un tigre. Il ne parle que par convulsions, sa figure se contracte, il a le sifflement de la fureur ; au reste, il parle

1. La Galissonnière, cité par Olga Ilovaïsky, *Recueil de documents relatifs aux séances des États généraux*. II. *Les Séances de la noblesse*, CNRS, 1974, p. 488.

mal : un français détestable, des raisonnements faux, des contradictions, de la mauvaise foi[1]. » Toute l'assemblée, Dieu merci, ne juge pas ainsi ; Mirabeau fascine les uns comme il repousse les autres. Déjà il fait figure de leader et ses ennemis le déplorent. Malheureusement, ajoute Duquesnoy à son portrait vengeur, « il a beaucoup de partisans. Tous les Bretons sont de son bord... Les Provençaux, un peu moins furieux, sont aussi de chauds partisans du comte de Mirabeau ». Alors, ce médiocre aux dents pointues espère contre toute attente. Il guette les fausses notes de ce ténor qui l'indispose, pousse des cris de triomphe au moindre signe d'insuccès. Le 8 mai, malgré l'opposition de Mirabeau, l'assemblée a voté un règlement provisoire et Duquesnoy jubile : « Un peu d'adresse de la part des gens sages a diminué son crédit : je crois qu'il se noie. » Douce illusion. Mirabeau devait connaître des échecs plus cuisants, mais son ascendant sur l'assemblée ne devait cesser de croître. Sensible à cette hostilité, au point d'en verser des larmes de dépit, Mirabeau ne se laisse pas abattre. Il sait qu'il doit surmonter de grandes préventions, même chez ceux dont il défend la cause. Il s'en plaint avec amertume à son ami Mauvillon : « Dans les ordres privilégiés on dit que c'est son insidieuse et funeste éloquence qui acharne les communes ; dans les communes on dit que par trop de zèle je perdrai la chose publique. Là on cabale, ici on intrigue : partout je suis le point de mire de la calomnie[2]. » Mais, ajoute-t-il fièrement « je vais mon chemin ». Ce chemin, Mirabeau le connaît par cœur et emploie toutes ses ressources à le baliser. Dans l'immédiat il s'agit de mettre fin aux insidieuses menées des aristocrates, et de ramener le ministère à plus de clairvoyance et de franchise. Mais qu'attendre d'un ministre qui, en dépit de sa popularité, a « déserté la cause du peuple », de ce Necker, jouet des privilégiés, qui veut « régénérer le royaume avec du tabac en poudre » ? Qu'attendre du roi, « tout aux magnats » ; qu'attendre même de cette assemblée des communes que toute la poigne de Mirabeau ne suffit pas à tenir dans « les bons principes » ? L'heure est grave et Mirabeau redoute le pire. Si les privilégiés

1. *Journal*, 1894, p. 9.
2. Lettre 5, vers le 10 juin 1789.

l'emportent, gare au retour de bâton, à l'horreur de la répression : « Le peu de véritables citoyens et d'hommes éclairés, qu'il y a dans la tourbe de l'assemblée nationale, fera bien de gagner le grand procès de la révolution, ou de fuir en Amérique ; car si l'aristocratie judiciaire du moins n'est pas tuée, les vengeances de la féodalité et de la jugerie n'auront ni terme ni mesure [1]. »

De fait, la noblesse tentait de prendre le Tiers de vitesse. Tandis que le clergé annonçait des mesures de conciliation, la chambre noble décidait, le 11 mai, qu'elle était suffisamment constituée pour procéder à la vérification des pouvoirs de ses membres. Le 13 elle en informait les autres chambres et, soit dérision soit provocation, elle proposait la nomination de commissaires pour se concerter. Ainsi elle décidait seule, et feignait de vouloir transiger. Mirabeau bondit, dénonça la duplicité, la mauvaise foi et le mépris. La France entière frémit de son indignation que sa troisième lettre à ses commettants rendit publique. Comme lui elle ironisa sur les prétentions des aristocrates et lut avidement les amplifications vengeresses de celui qui se déclarait, comme il l'avait toujours été, l'adversaire le plus résolu de cette petite corporation de 200 000 individus qui voulait subordonner la volonté de 25 millions de Français à ses intérêts et à sa morgue. « Puisqu'ils ont le droit, disait-il, de se refuser à l'ajournement ordonné par le roi, de vérifier leurs pouvoirs séparément, de se constituer en chambre sans le consentement des autres ordres, qui les empêche d'aller en avant, de faire une constitution, de régler les finances, de promulguer des lois. Les nobles ne sont-ils pas tout en France ? »

Mirabeau touchait juste, et touchait profond. Une partie de l'assemblée sentait la nécessité de sortir de l'inaction, l'urgence d'une contre-attaque. D'autres jugeaient qu'il n'était pas encore temps de rompre les digues. Un pasteur nîmois, Rabaut-Saint-Étienne, craignant un geste brutal, proposa d'épuiser toutes les mesures de conciliation. Mais un Breton, Le Chapelier, avocat et membre de la Société des trente, réclama la fin des temporisations : l'assemblée devait sortir de sa torpeur,

1. Lettre 5, citée.

dénoncer l'illégalité de la conduite des privilégiés, les sommer
de se réunir ou prononcer défaut contre eux. Mirabeau était
embarrassé. Sa prudence s'inquiétait d'une décision qui
consommait la rupture, alors que l'opinion était encore hésitante, alors que l'assemblée était divisée, alors que les intentions
du ministère restaient menaçantes. N'allait-on pas vers une
impasse, pis encore, ne courait-on pas tout droit à une dissolution ? Mirabeau monta à la tribune. On était le 18 mai. A
l'attitude arrogante de la noblesse, il opposa l'action concilia-
trice du clergé et conjura ses collègues de ne pas confondre deux
ordres dont les démarches étaient si différentes. Il mit en garde
contre une déclaration qui, en prononçant défaut contre les
deux ordres, constituerait les communes en assemblée nationale, attirerait sur elles la plus cinglante riposte, une dissolution
qui livrerait la France aux plus terribles désordres. Cherchez la
conciliation avec le clergé, conseillait-il ; vous laisserez ainsi aux
membres de cet ordre qui désirent la réunion le temps de se
joindre à vous. « Envoyons au clergé des hommes munis de
notre confiance... Laissons la noblesse continuer paisiblement
sa marche usurpatrice autant qu'orgueilleuse ; plus elle aura fait
de chemin, plus elle se sera donné de torts, plus les communes,
qui n'en veulent point avoir, qui n'en auront jamais, seront
encouragées aux principes, sûres de leur force, et par cela même
de leur modération ; plus la concorde, l'ensemble, l'harmonie
s'établiront parmi nous, plus l'esprit public se formera, et de lui
seul se composeront notre irrésistible puissance, nos glorieux et
durables succès. » La motion de Le Chapelier fut rejetée, celle
de Rabaut passa avec des amendements qui bornèrent la
mission des commissaires à délibérer sur la vérification des pouvoirs. Les commissaires des trois ordres se réunirent donc. Ils
n'aboutirent, ne pouvaient aboutir à rien. La noblesse avait désigné pour la représenter aux conférences les hommes les moins
faits pour ramener la paix ; tous appartenaient à la faction fana-
tisée des adversaires de la réunion[1], que l'on trouvera bientôt

---

1. Le Marquis de Bouthillier, né en 1743, colonel, émigre le 1er octobre 1791,
rejoint l'armée de Condé ; le baron de Pouilly, né en 1731, démissionnaire, émigre
et fait la campagne de 1792 contre la France ; le duc de Luxembourg, né en 1737,
démissionnaire le 20 août 1789, commandant en second l'armée de Condé ;
Cazalès, né en 1752, capitaine, émigre à Coblentz ; Muslié de Bressé ; le comte

au premier rang et parmi les leaders de la contre-révolution.

L'échec des négociations brisait tout espoir de conciliation. Une partie de l'assemblée ne voyait d'autre issue qu'un recours au ministre. Des hommes comme Malouet ou Dupont de Nemours se concertaient avec Necker et mettaient leurs espoirs dans un appel au roi pour rassembler les trois ordres en une assemblée générale où les pouvoirs seraient enfin vérifiés en commun. Solution rejetée par la plus grande partie des députés : Necker n'inspirait pas confiance et sa position était fragile. Le parti d'Artois conspirait, entourait le roi, faisait le vide autour de lui pour le gagner à ses projets. Projets simples et radicaux : renvoyer Necker et son collègue Montmorin, peu sûrs, les remplacer par des hommes de confiance qui dissoudraient les États généraux. Solution à laquelle une partie croissante de la noblesse semblait se rallier. Necker, de son côté, poursuivant ses propres vues, encourageait les députés du tiers qui lui étaient acquis à pousser les communes à se constituer séparément. Il espérait ainsi ouvrir la voie au bicamérisme, sa solution pour sortir de la crise : le haut clergé et la noblesse constitueraient une chambre haute dont l'influence équilibrerait celle des communes. Ces projets irritaient, inquiétaient Mirabeau. Il lança une campagne contre une chambre haute ; ses lettres à ses commettants lui servirent de tribune. Il y dénonça « une cause décriée, je dirais presque perdue dans l'opinion publique ». L'Angleterre, citée comme modèle, où la noblesse est peu nombreuse et purement décorative, l'Amérique où le Sénat a le pouvoir exécutif, en France entre les mains du gouvernement, ne pouvaient servir d'exemple : on ne pouvait opposer au « pouvoir souverain, qui appartient au peuple » celui « d'une corporation de nobles et de prêtres ». « Ne vous paraît-il pas absurde, concluait Mirabeau, de mettre en opposition les intérêts de deux cent mille privilégiés avec ceux de vingt-cinq millions de citoyens[1] ? »

d'Entraigues ; le marquis de La Queuille, né en 1742, maréchal de camp, démissionne en mai 1792, rejoint l'armée des princes.

Ferrières écrit (*Mémoires*, 1821, t. I, p. 42) : « Le choix de ces commissaires, fait dans le club, et moins motivé sur la connaissance des talents que sur la certitude du caractère le plus despote et de l'attachement le plus marqué aux opinions aristocratiques, fit évanouir tout espoir de conciliation. »

1. Troisième, quatrième et septième lettres à ses commettants.

Pendant que s'échafaudaient projets et ripostes, les conférences des trois ordres s'achevaient. Sans résultat. Le 27 mai la
noblesse faisait notifier aux communes sa résolution de laisser
les ordres vérifier les pouvoirs séparément. A la suite d'une
intervention de Mirabeau, les communes décidèrent d'isoler la
noblesse. Elles appelleraient solennellement le clergé à se réunir
et, forte de ce nouvel appui, pourraient faire à la noblesse une
dernière sommation. On en revenait donc au plan que Mirabeau
avait déjà soutenu le 18. Cette fois, le ministère s'interposa. Le
28, le roi invita les trois ordres à reprendre leurs conférences en
présence du garde des Sceaux. Du 30 mai au 9 juin on se
concerta en vain. L'échec fut total. On se trouvait dans une
impasse et l'inquiétude augmentait. Le risque d'une dissolution
grandissait. A tout le moins on n'éviterait pas l'arbitrage royal,
et bien habile celui qui dirait dans quel sens il s'exercerait. Les
communes étaient peut-être en danger.

On décida de précipiter le mouvement, de sortir de l'immobilisme où l'on s'était prudemment tenu jusqu'alors. Il fallait,
Mirabeau l'a dit le 29 mai, empêcher que le roi, qui n'est que
l'organe du jugement national, n'en devînt l'auteur. Dès le
8 juin Malouet a proposé aux communes de se constituer. Le 10,
Sieyès, qui s'est concerté avec Mirabeau, Sieyès le sage, l'oracle
de l'assemblée et le « cher maître [1] » du député d'Aix, a mis la
machine en branle : « C'est un devoir pressant pour tous les
représentants de la nation, quelle que soit la classe de citoyens à
laquelle ils appartiennent, de se former, sans autre délai, en
assemblée active, capable de commencer et de remplir l'objet de
leur mission. » L'assemblée décida qu'elle sommerait solennellement les deux ordres de se réunir pour se soumettre à la
vérification des pouvoirs.

Les communes avaient donc rompu les amarres. Soutenues par
le peuple de Versailles et de Paris, ayant mis les privilégiés dans
la situation de se rallier ou d'achever de se déconsidérer, elles
mettaient aussi le gouvernement au pied du mur. Il n'avait
désormais d'autre alternative que le coup d'État ou la passivité.
Necker, qui avait des partisans aux communes, crut y avoir une

1. C'est ainsi que Mirabeau nomme Sieyès dans la correspondance conservée
aux Archives nationales, 284 AP 8.

majorité. Il commit la faute de dédaigner leurs chefs. Mirabeau dans sa manche pouvait être un atout décisif ; son ascendant sur l'assemblée grandissait. Le 11 juin un incident, la mise en cause d'un de ses amis, lui avait donné l'occasion de mesurer sa force. Retournant l'assemblée menaçante, il avait, par une improvisation superbe, placé les députés et les tribunes sous le charme de son éloquence. On n'avait jamais entendu rien de tel ; on ne se lasserait plus d'écouter l'homme à la bouche d'or. Mirabeau, toujours prudent, s'inquiétait de l'exaltation de l'assemblée. Il voyait les esprits échauffés ; il craignait les décisions irréversibles dont la monarchie ne se relèverait peut-être pas. Il redoutait tout autant une riposte irréfléchie de la royauté qui, mettant fin à la législature balbutiante, déchaînerait la violence, la guerre civile, des calamités dont il n'osait préciser les horreurs. Le salut était dans la voie moyenne, acceptable pour le régime et pour la nation. Il devait convaincre le ministre ; une coopération sincère, un plan raisonnable pouvaient éviter que l'on tombât dans des excès où ni la monarchie, dont il s'était toujours déclaré le défenseur, ni la nation, dont il se voulait le porte-parole, ne trouveraient leur compte.

Mais le ministre était Necker ; mais ce ministre avait jusqu'à présent louvoyé en aveugle, sans énergie, sans cohérence, ballotté par l'événement. Pouvait-on lui accorder un soupçon de crédit pour dénouer la situation d'une manière acceptable par tous, c'est-à-dire qui, sans méconnaître la prérogative royale, reconnaîtrait la nouveauté de la situation et ne tenterait pas d'enterrer les États généraux. Mirabeau ne croyait pas à la capacité de Necker, à son autorité, à sa souplesse. Néanmoins il était prêt à tout tenter. Il s'adressa à Malouet, qui avait des contacts avec Necker, pour prendre langue avec le ministre, lui proposer de soutenir son plan, s'il en avait un « raisonnable » ; au besoin il lui soufflerait son rôle. Mirabeau offrait donc ses services ; non pour se vendre, mais par sa conviction profonde qu'aucune solution ne pouvait s'imposer sans lui. Il posait d'ailleurs, avec la hauteur qu'il mettait partout où la chose publique était en cause, des conditions à son ralliement : que le ministère et le roi ne tentent pas de biaiser ; qu'ils se rendent de bonne foi aux principes et aux moyens d'un gouvernement libre : « Ce ne sont pas des paroles vagues, c'est un plan arrêté que je demande ; s'il est bon, je m'y dévoue. Si, au contraire, on veut nous jouer, on nous trouvera sur la brèche. » Malouet, convaincu de la sincérité de Mirabeau, avait devant lui une rude besogne : faire tomber les préventions de Necker, celles de Montmorin, obstacle presque insurmontable. Il s'y employa tout entier, vanta l'influence du député d'Aix ; son attachement aux principes modérés ; montra que, comme ennemi, Mirabeau valait une armée, qu'ami, il pouvait faire basculer toute l'assemblée et l'opinion avec elle. Necker, que sa vertueuse impuissance aveuglait, ne voulait voir en Mirabeau qu'un homme décrié, esclave de ses vices, déconsidéré par son passé ; il ne devina ni la sincérité du patriote et du monarchiste, ni l'atout formidable qu'il apportait à son jeu. Méprisant l'homme, il n'en pouvait apprécier le talent. Il crut bêtement que ce grand citoyen venait se vendre ; il crut qu'avec de l'argent, avec quelques milliers d'écus, il en ferait le serviteur vénal et docile de ses projets. Il ne se connaissait pas en hommes. Il accorda une entrevue, prêt à acheter pour conserver son poste celui qui se donnait pour sauver la monarchie et la nation. Oubliant ses rancœurs contre le ministre qu'il avait tant critiqué, Mirabeau vint dans l'espoir d'entendre de sa bouche les initiatives qui sauveraient l'assemblée et le roi ; prêt, si ce plan était praticable, s'il rompait ouvertement avec les abus et les privilégiés, à user de toute son influence pour le soutenir ; prêt à l'adopter si le ministère, abdiquant le pouvoir absolu et l'arbitraire, proposait un régime de liberté. L'entrevue fut brève : deux phrases seulement y furent échangées. Necker, dans sa suffisante médiocrité, ne voulut voir en Mirabeau qu'un quémandeur. Il ne sut pas deviner, derrière l'ignoble masque de celui qui venait à lui, l'image du salut.

— Monsieur, M. Malouet m'a dit que vous aviez des propositions à me faire. Quelles sont-elles ?

Rouge de colère, Mirabeau se leva :

— Ma proposition est de vous souhaiter le bonjour.

Et il sortit. Rencontrant Malouet à l'assemblée, encore sous le coup de l'injure, il lui lança : « Votre homme est un sot, il aura de mes nouvelles[1]. » Grande occasion manquée ! L'aveu-

---

1. Le récit de cette entrevue, in Malouet, *Mémoires, op. cit.,* p. 276-282.

glement de Necker tenait aussi à ses illusions : il se croyait
assuré d'une majorité à l'assemblée. Mounier, Malouet ne
travaillaient-ils pas pour lui ?

Fantasme. Depuis le 12 juin les communes allaient de l'avant ;
ce jour-là, elles avaient commencé l'appel des bailliages. Le 13,
sous les applaudissements, les curés du Poitou s'étaient présen-
tés, avaient remis leurs pouvoirs ; le 14 d'autres étaient venus les
rejoindre. Le 15 les communes décidèrent de se constituer.
Depuis le 6 mai, leur situation était bien changée, l'inaction les
avait servies. L'opinion s'était aigrie contre les privilégiés ; une
partie du clergé lorgnait vers elles, la noblesse elle-même, avec
sa minorité menée par le duc d'Orléans et La Fayette, le grand
héros populaire, était divisée. Le peuple de Versailles insultait
les nobles jusqu'à la porte de l'assemblée et le nom d'*aristocrates*
qu'il leur donnait désignait des partisans et non des représentants de la nation.

Se constituer, c'était d'abord se donner un nom. Se dénom-
merait-on Assemblée nationale ? C'était déclarer tout d'abord
que les communes étaient tout, gommer d'un trait de plume la
noblesse et le clergé ; c'était même négliger le roi. S'intituler
Assemblée des communes, c'était reconnaître les ordres, laisser
subsister les chambres séparées, en un mot reconnaître l'existence d'une chambre haute. Les débats durèrent trois jours ; les
partis s'affrontèrent avec une violence que l'assemblée n'avait
pas encore connue. Sieyès avait proposé un titre ambigu :
Assemblée des représentants connus et vérifiés de la nation
française. Mounier avait fait une proposition plus alambiquée
encore : Assemblée légitime de la majeure partie de la nation en
l'absence de la mineure partie. Sur une question si essentielle
Mirabeau ne pouvait se taire. Elle avait été débattue dans son
petit comité genevois, son « atelier », qui réunissait Dumont,
Du Roveray, Clavière ; sans ce *brain trust* qui soufflait des idées,
rédigeait des discours, Mirabeau n'aurait pu suffire aux tâches
immenses qu'il s'imposait. Les « genevois » craignaient une
rupture avec la cour et la noblesse. Admirateurs de l'Angleterre, ils tentaient de convaincre Mirabeau de l'excellence d'une
constitution qui divisait le corps législatif en deux chambres. Le
tribun ne se laissa pas convertir. Il ne voyait dans une chambre
haute que le refuge d'intérêts partisans. Il serait temps d'y

songer, peut-être, lorsque privilèges et abus auraient été abolis.
Mirabeau était aux partis modérés. Il s'engagea dans la voie
d'une définition qui, sans rompre définitivement les ponts,
ménagerait l'avenir. Il prit la parole dans une assemblée
surchauffée, devant un public houleux, excité et avide de
l'entendre. Malade, agité par la fièvre, mais n'ayant rien perdu
de sa voix magnifique, de son timbre clair et vibrant, de son jeu
de scène digne d'un acteur professionnel, il justifia d'abord
l'attitude de l'assemblée jusqu'à ce jour. Mais, ajouta-t-il,
« voici le moment de rassurer vos âmes et d'inspirer la retenue,
la crainte, j'ai presque dit la terreur du respect à vos adversaires,
en montrant, dès vos premières opérations, la prévoyance de
l'habileté jointe à la fermeté douce de la raison ». S'il n'était
plus question de conciliation — la preuve est faite que le projet
de vos ennemis est de replonger la France « dans les gothiques
oppressions des siècles barbares » —, il ne serait pas sage non
plus de viser aux partis extrêmes. Se constituer en assemblée
nationale, ou sous une dénomination équivalente, serait courir
un double risque : que le roi refuse sa sanction, voire, ce qui
serait pis, que la nation se dérobe. Si le roi refusait, si les
privilégiés parvenaient à le circonvenir, s'il dissolvait les États,
alors tout serait perdu ; ce serait « le déchaînement de toutes les
vengeances, la coalition de toutes les aristocraties, et la hideuse
anarchie qui toujours ramène le despotisme. Vous aurez des
pillages, vous aurez des boucheries ; vous n'aurez pas même
l'exécrable honneur d'une guerre civile ». Il proposa donc un
titre incontestable, et qui ne pouvait effrayer : Représentants du
peuple français. Redoutait-on une feinte ? Y avait-il place dans
son esprit pour une seconde chambre ? Non, répondait-il :
l'assemblée ne reconnaît « aucun veto des ordres privilégiés,
aucun droit de prendre des résolutions séparées des nôtres ». Ce
discours, bien argumenté, souvent pathétique, fut mal accueilli,
moins en raison de son contenu que des desseins obscurs dont
on le soupçonnait. Malouet, que l'on disait vendu au ministre, le
soutint : ce fut assez pour le discréditer. Thouret l'attaqua
vivement, contestant l'emploi du mot peuple, confus, à double
sens : ou il signifie *plebs*, le tiers état, « en ce cas vous
sanctionneriez la division des ordres », ou il signifie *populus*,
nation, « en ce cas vous iriez trop au-delà des intentions de la

chambre des communes ». Mais déjà, l'assemblée avait fait son choix. Un député obscur, Legrand, avait lancé le mot d'Assemblée nationale. L'expression, dans sa concision, a frappé les communes, Sieyès aussitôt s'est rallié. Mirabeau, avec l'infatigable insistance qu'il met à toute chose, n'a pas voulu s'avouer vaincu. Il est remonté à la tribune ; déjà il est suspect. Ne fait-il pas le jeu du ministère et des aristocrates ? N'a-t-il pas défendu avec vigueur la sanction royale ? N'y revient-il pas avec plus de force encore et de conviction ? « Je crois le veto du roi tellement nécessaire, que j'aimerais mieux vivre à Constantinople qu'en France s'il ne l'avait pas : oui, je le déclare, je ne connaîtrais rien de plus terrible que l'aristocratie souveraine de six cents personnes qui demain pourraient se rendre inamovibles, après-demain héréditaires, et finiraient, comme toutes les aristocraties de tous les pays du monde, par tout envahir. » Quant au mot peuple qu'on lui reproche tant, n'est-ce pas celui qui convient le mieux justement parce qu'il contient tout, *plebs* et *populus,* canaille et nation, « un mot qui se prête à tout, qui, modeste aujourd'hui, puisse agrandir notre existence à mesure que les circonstances le rendront nécessaire, à mesure que par leur obstination, par leurs fautes, les classes privilégiées nous forceront à prendre en main la défense des droits nationaux, de la liberté du peuple ». Sentant l'hostilité de l'assemblée, Dumont, qui était dans la salle, griffonna une péroraison, la fit passer à Mirabeau ; violente, maladroite, vexatoire, elle fut accueillie par des huées. Le tribun menaçant n'accusait-il pas à présent les députés d'orgueil, ne les dénonçait-il pas de sa voix tonnante à la haine et au mépris de la foule ? « Représentants du peuple, daignez me répondre : irez-vous dire à vos commettants que vous avez repoussé ce nom de peuple ? Que, si vous n'avez pas rougi d'eux, vous avez pourtant cherché à éluder cette dénomination qui ne vous paraît pas assez brillante ? Qu'il vous faut un titre plus fastueux que celui qu'ils vous ont conféré ?... Plus habiles que nous, les héros bataves qui fondèrent la liberté de leur pays prirent le nom de *gueux...* Les amis de la liberté choisissent le nom qui les sert le mieux, et non celui qui les flatte le plus : ils s'appelleront les *remontrants* en Amérique, les *pâtres* en Suisse, les *gueux* dans les Pays-Bas ; ils se pareront des injures de leurs ennemis ; ils leur ôteront le pouvoir de les humilier, avec des expressions dont ils auront su s'honorer. » L'assemblée n'aimait pas les leçons ; elle se vengea : Mirabeau sortit sous les imprécations. Ses adversaires triomphaient, menaçaient de le dénoncer à la nation. Duquesnoy notait avec délices : « Ceci me confirme bien dans l'opinion que cet homme n'est qu'un scélérat vendu à l'autorité [1]. » Dans l'échec, Mirabeau restait crâne ; il voyait son heure approcher. Ces députés, qu'il comparait à des onagres, à des ânes sauvages, reviendraient vers lui. « Ils ne m'ont pas fait peur », confiait-il à Dumont ; « dans huit jours vous me verrez plus fort que jamais. Il faudra bien qu'ils viennent à moi quand ils seront prêts à être submergés par la terrible tempête qu'ils viennent de déchaîner [2]. »

En effet, par 491 voix contre 90, les communes se constituèrent en Assemblée nationale. Les craintes de Mirabeau se précisaient. La noblesse, effrayée et rageuse, poussait le roi à un acte d'autorité. Il pouvait en sortir un déchaînement de passions et de violences. Mais l'assemblée enthousiaste acclamait Sieyès. « Quelle pitié, confiait Mirabeau à Dumont. Ils s'imaginent que tout est fini, mais je ne serais pas surpris si la guerre civile était le fruit de leur beau décret [3]. » Il était amer, la défiance de l'assemblée s'était réveillée, déjà on murmurait le mot de trahison. « On a pensé m'écarteler », écrivait-il à Mauvillon, l'ami, le collaborateur de *la Monarchie prussienne,* « et fait circuler le bruit que j'étais l'homme du gouvernement. En vérité, je me vends à tant de gens, que je ne comprends pas comment je n'ai pas encore acquis la monarchie universelle [4]. »

Cependant, l'Assemblée, sûre de son droit, ne l'était pas de sa force. Elle devait se garantir contre un coup d'autorité qui annulerait ses décisions, qui, peut-être, la disperserait. Elle décida de se prémunir et crut en trouver le moyen dans un décret où, pour la première fois, elle s'arrogeait le pouvoir législatif et cassait, comme arbitraire, un acte de l'autorité royale. Reprenant une proposition de Mirabeau, elle déclara, le 17 juin, les impôts illégaux. Elle en autorisa néanmoins la

1. *Journal*, p. 100.
2. É. Dumont, *Souvenirs sur Mirabeau*, 1832, p. 82.
3. *Ibid.*, p. 83.
4. Lettre 6, 16 juin 1789.

perception provisoire, mais seulement jusqu'à la séparation de l'Assemblée, de quelque cause qu'elle provienne, et elle plaça les créanciers de l'État sous sa sauvegarde. Si l'Assemblée était dissoute, le roi se trouverait sans ressources. Pour sauver ses finances, la monarchie devait négocier, ou prendre le risque d'une banqueroute qui mettrait son pouvoir en péril : elle tomberait sûrement dans le mépris et la France dans l'anarchie. La crise financière, qui avait provoqué l'appel aux États généraux, les sauvait de la colère de la cour et du roi. « Le déficit, s'écriait Mirabeau, est le trésor de la nation. »

Devant cette répétition d'actes souverains, inouïs dans les annales royales ; devant cette prise de pouvoir par l'Assemblée, le ministère se cabra. « Vous avez abusé, disait Necker à Malouet, du pouvoir législatif en vous l'attribuant exclusivement par une disposition qui n'est fondée sur aucun texte ; c'est maintenant au roi à reprendre l'exercice de ce pouvoir et à vous remettre tous à votre place[1]. » Le conflit de compétence était engagé. Necker, qui l'a compris, prend le mors aux dents, désormais converti à la manière forte. Une séance royale où le roi dictera ses volontés : voilà le parti auquel il s'est arrêté. Un peu vite sans doute. Depuis quelques jours, chez les députés comme dans l'opinion publique, il n'y a plus de place pour une défaite ; la tension stimule l'esprit de résistance. Necker ne voit rien, ne devine rien. Le roi n'a-t-il pas à sa disposition tout l'appareil de l'arbitraire, et cet énorme capital de respect qui en impose encore ? Necker est d'ailleurs prêt à faire des concessions importantes : habilement ménagées, elles feront passer le reste. Illusion ! Le ministre a un régime de retard. On n'est plus sous Louis XV et l'Assemblée n'est pas le Parlement qu'on pouvait gronder et exiler à Pontoise. Un lit de justice en 1789, c'est folie si l'on n'est pas décidé à aller jusqu'au bout, jusqu'à la répression, s'il le faut jusqu'à la guerre civile. Necker, comme toujours optimiste, va son chemin. Le 20 juin les députés trouvent les portes de l'Assemblée défendues par des gardes ; on leur en défend l'entrée sous prétexte de réparations. Irritation, colère, affolement : que signifie cette sanction, et qu'annonce-t-elle ? Mirabeau, poussant un cri d'alarme, traduit les inquiétu-

---

1. P.-V. Malouet, *Mémoires, op. cit.*, t. I, p. 284.

des de tous : « La salle des États généraux fermée aux représentants du Peuple, dans le moment où ils commençaient à se mettre en activité ; le spectacle inouï de l'Assemblée nationale réduite à quêter un asile, à prendre l'attitude d'un attroupement illicite, à n'avoir que des séances précaires ; tout, jusqu'au prétexte même dont on avait tâché de colorer cet incroyable attentat contre la liberté publique, tout semblait annoncer les plus sinistres projets[1]. »

Les craintes de Mirabeau n'étaient pas chimériques ; de sinistres projets étaient bien dans l'air. Ils faisaient à la cour l'objet d'une lutte serrée entre Necker et le parti d'Artois. La fièvre s'était emparée des princes, de la noblesse, qui exigeaient la dissolution des États, des ministres Villedeuil, Puységur et Barentin coalisés contre Necker et Montmorin. Une course de vitesse s'est engagée entre les deux factions, et l'enjeu en est la volonté du roi. L'idée de la dissolution, écartée au dernier moment par le comte d'Artois par peur de la guerre civile, les deux partis se sont ralliés au même projet : une séance royale accompagnée de tout l'appareil militaire d'un lit de justice. Mais si Necker et la cabale princière sont d'accord sur le principe, ils s'opposent sur le contenu de l'intervention du roi. Le projet de Necker permettait au roi de reprendre l'initiative, tout en faisant d'importantes concessions sur la liberté, le pouvoir législatif de la chambre, le droit au consentement de l'impôt ; si les droits seigneuriaux étaient en fait confirmés, le régime social était bouleversé par la reconnaissance du libre accès de tous à tous les emplois civils et militaires. Le contre-projet soutenu par Artois confirmait tous les abus, rétablissait l'ancien régime politique et social. L'intervention de la reine le fit adopter. Le roi, circonvenu, mais au fond indifférent, se précipitait dans une aventure qui exigeait un grand caractère et beaucoup d'audace pour réussir, mais que toute faiblesse conduirait à l'échec et à des conséquences incalculables pour la royauté.

Tandis que le conseil concoctait sa revanche sur l'Assemblée, préparait avec soin la bombe qui, contre son attente, allait ensevelir l'absolutisme sous ses éclats, tandis qu'il rédigeait

---

1. Troisième lettre à ses commettants.

fébrilement ce « testament du despotisme[1] », les députés étaient à la recherche d'un toit pour leurs séances et, devant la menace trop visible, paraient au plus pressé. Refoulés de la salle des États, conduits par Bailly leur président, ils avaient trouvé un refuge provisoire dans la salle du Jeu de paume. Qu'on ne se méprenne pas. Ces députés ne sont pas des factieux, tous respectent le roi, leur audace n'est pas une atteinte à la majesté royale. Seulement leur sens civique leur conseille de ne pas céder à la violence. Contre la faction odieuse qui rêve d'anéantir la représentation nationale, ils doivent agir pour sauvegarder leur existence, et pour sauver le roi même des conseillers perfides. Alors, dans cette salle nue, sans meubles, que seule la dignité des représentants rend majestueuse, ils prêtent un terrible serment. Partout où ils sont réunis, là est l'Assemblée de la nation ; ils jurent tous, et dans un grand élan, de ne pas se séparer avant d'avoir donné une constitution à la France. La foule, qui a pénétré dans la salle et qui se presse alentour, applaudit ; des cris de joie résonnent dans Versailles. Mirabeau, simple comparse aujourd'hui, a juré au milieu des autres.

Mais ces députés unanimes — même la minorité qui s'était opposée à la constitution en assemblée nationale a juré sans restriction — où iront-ils demain, quel asile trouveront-ils puisque toutes les portes se ferment ? Par une bravade puérile, le comte d'Artois a loué le Jeu de paume. C'est une église qui les recueille, et, dans ce lieu saint, dernier asile des proscrits, ils ont la joie de trouver des renforts ; 150 curés et 3 évêques sont venus les rejoindre.

Devant cette obstination, la noblesse désemparée, la cour débordée, le roi inquiet dans sa volonté chancelante, n'ont plus d'espoir que dans leur coup de force. Le 22 au soir les dés sont jetés : Artois a vaincu la résistance du roi, l'influence de Necker. L'heure n'est plus à la négociation ; Louis XVI, qui veut la paix, est devenu l'otage des partisans de la violence. Une fois encore, mais pour la dernière fois, le monarque va parler en despote. Necker vaincu a décidé de bouder la séance royale ; son absence, remarquée, va fortifier la résistance.

Le 23 le roi parle. Il est entouré d'un grand concours de

---

1. Michelet, *Histoire de la Révolution*.

troupes ; les gardes-françaises, les régiments suisses entourent la
salle des États et sillonnent Versailles. Le public ne passera
pas : des sentinelles, l'arme au poing, ne laissent entrer que les
députés. Tout cet apparat de puissance, de menace, accroît
l'inquiétude. A voir tous ces soldats, on est fixé, on sait que le
roi a pris le parti de la réaction, celui des privilégiés. Un silence,
lourd d'hostilité, l'accueille. C'est un duel qui s'engage : l'appareil de la tyrannie, le ton d'un monarque abolu, tous les
ingrédients du despotisme affrontent la nation assemblée. Ce
n'est pas le bon roi Louis XVI, le « restaurateur de la liberté »,
qui parle à la France pleine d'espérance, c'est Louis XV,
châtiant son Parlement rebelle dans toute la terrible majesté
d'un lit de justice, qui dicte ses volontés. Le roi parle, en effet,
en maître absolu. Toutes les délibérations de l'assemblée sont
cassées. On est ramené au premier jour ; tout ce qui a été fait
depuis le 5 mai, le long cheminement du Tiers, tous ses décrets
sont annulés. L'Ancien Régime, les abus, le veto des ordres
privilégiés, sont restaurés dans toute leur intégralité. L'admis-
sion de tous aux emplois publics, cette grande attente du Tiers,
est refusée. La liberté individuelle n'est pas garantie. Aucun
pouvoir législatif n'est reconnu à cette assemblée que le roi
gronde comme une classe d'élèves indisciplinés. Les députés
sont anéantis, Mirabeau s'indigne : « On ne trouve point dans
cette déclaration la responsabilité des ministres, solennellement
réclamée par la nation ; il n'y est même pas parlé d'une
participation quelconque des États généraux au pouvoir législatif [1]. » La stupeur s'est abattue sur les communes. Tout est-il
donc déjà fini ? La majorité de la noblesse le croit, laisse éclater
sa joie, sans retenue, sans pudeur. Curieuse victoire que celle de
ces aristocrates, comme on se plaît aujourd'hui à les désigner,
qui, pas plus tard qu'hier, tonnaient contre le despotisme ; joie
délirante, victoire à la Pyrrhus que les esprits les moins aigris,
les plus clairvoyants, les plus fidèles aussi aux vœux de leurs
commettants, ne peuvent s'empêcher de condamner. Le marquis de Ferrières, ennemi cependant de toute concession au
Tiers, n'apprécia pas cette séance royale qui ramenait la France
aux heures les plus sombres de l'absolutisme le plus outré. « Le

---

1. Treizième lettre à ses commettants.

roi, écrit-il, parla plutôt en despote qui commande qu'en monarque qui discute, avec les représentants du peuple, les intérêts d'une grande nation. Des *je veux* souvent répétés choquèrent des hommes fatigués de la servitude, impatients de conquérir la liberté[1]. » Si la noblesse libérale fut atterrée, si les modérés du second ordre regrettèrent l'intransigeance du roi, les fanatiques exultèrent. Des regards de triomphe accompagnèrent leurs applaudissements. Il fallut des *paix-là, paix-là* répétés, pour calmer leur insolence. Ils se trompaient de siècle, encouragés par la déraison du roi qui terminait l'exposé de ses volontés par une péroraison qui n'eût pas été déplacée dans la bouche de Louis le Grand, champion de l'absolutisme, de l'intolérance et de la servitude française : « Vous venez, messieurs, d'entendre le résultat de mes dispositions et de mes vues ; elles sont conformes au vif désir que j'ai d'opérer le bien public ; et si, par une fatalité loin de ma pensée, vous m'abandonniez dans une si belle entreprise, seul je ferai le bien de mes peuples. » Après les ordres, la menace.

Mais demain, toute la France saura ; Mirabeau veille et commente : « Ainsi le roi, non content de prescrire des lois aux États généraux, et même leur police, soit intérieure, soit extérieure, ne parle que par cette formule : *je veux, je défends, j'ordonne* ; de sorte qu'un monarque ne s'est jamais plus formellement arrogé tous les pouvoirs sans limites et sans partage. » Avant de se retirer le roi a laissé tomber un dernier ordre, celui qui restaure les privilégiés dans toutes leurs prérogatives et réduit à néant tous les efforts du tiers : « Je vous ordonne de vous séparer tout de suite, et de vous rendre demain chacun dans les chambres affectées à votre ordre. » La noblesse, se flattant de sa victoire, esclave de ses passions autant que de la tyrannie, se retire suivie par la minorité du clergé. Que les communes cèdent à la peur, et la cour triomphe.

Ici l'histoire vacille, la détermination d'un homme en dirige le cours. La veille, Mirabeau et Bailly se sont concertés : quels que soient les ordres du roi, les communes résisteront, elles resteront à leur place, continueront leurs délibérations sans égard pour l'interdiction royale. L'heure de la désobéissance a sonné,

1. *Mémoires..., op. cit.*, t. I, p. 58.

l'heure où la nation doit se dresser contre la volonté du roi ; l'heure de Mirabeau aussi, dont l'attitude en ce jour mémorable doit fixer la légende pour la postérité. Les députés sont inquiets, l'angoisse noue les gorges ; pour la première fois l'Assemblée se place en situation révolutionnaire. Les plus calmes, les plus courageux tentent de ramener la confiance. Sieyès rassure : « Vous êtes aujourd'hui ce que vous étiez hier. » Mais le marquis de Brézé, grand maître des cérémonies, vient rappeler les ordres du roi, veiller à leur exécution. Bailly, timide mais ferme, se tournant vers ses collègues : « Je crois que la nation assemblée ne peut recevoir d'ordres. » L'assemblée hésite, prisonnière de sa vénération, j'ai presque dit de son mysticisme pour la personne sacrée du roi. Elle attend la voix impérieuse qui lui dictera sa conduite. Déjà les yeux cherchent un homme.

Alors Mirabeau se lève. Sa voix s'enfle, gronde, prononce les mots que tout le monde attend, jette avec superbe l'apostrophe célèbre qui décide du sort de l'Assemblée et fait de l'orateur le symbole de la révolution. Brézé courbe la tête sous l'interpellation cinglante : « Monsieur, nous avons entendu les intentions qu'on a suggérées au roi, et vous qui ne sauriez être son organe auprès des États généraux, vous qui n'avez ici ni place ni voix, vous n'êtes pas fait pour nous rappeler son discours. Cependant pour éviter toute équivoque et tout délai, je vous déclare que si l'on vous a chargé de nous faire sortir d'ici, vous devez demander des ordres pour employer la force, car nous ne quitterons nos places que par la puissance de la baïonnette. » L'Assemblée, d'un coup, a retrouvé sa confiance, sa volonté de résistance ; d'une voix unanime elle approuve Mirabeau : « Tel est le vœu de l'Assemblée » résonne longuement à travers la salle, tandis que Brézé, impressionné par la majesté du nouveau pouvoir qui s'affirme, se retire à reculons comme il eût fait devant le roi.

La cour, qui ne semblait pas s'attendre à une résistance, fut décontenancée. Le parti de la violence songea à employer la force pour disperser l'Assemblée. Le roi céda à son penchant pour la passivité ; cette séance royale, on la lui avait imposée. Il était accablé par la froideur, par l'hostilité que le peuple de Versailles lui témoignait. Ne rêvait-il pas d'être un roi populaire, aimé de ses sujets, et ne l'était-il pas ? La violence répugnait à son caractère ; déjà sa volonté vacillait. « Ils veulent rester, eh bien qu'ils restent. » Cependant les esprits chagrins rechignaient. Il fallait faire quelque chose. Quand on n'ose ou ne peut employer les grands moyens, il reste aux médiocres à se tourner vers les partis mesquins. On eut recours à une parade puérile et dérisoire. On envoya des ouvriers à la salle des États : le bruit de leurs marteaux interromprait les délibérations de l'Assemblée, les députés céderaient au vacarme ce qu'ils refusaient à l'autorité, ce serait encore une victoire. L'espérance fut trompée ; séduits par la majesté de la scène, les ouvriers se transformèrent en public respectueux et muet, regardèrent, se turent et admirèrent. Les députés travaillaient. L'ordre du jour était la révolution. Ils annulèrent la séance royale. Mirabeau qui, dans son loyalisme monarchique redoutait des conséquences terribles pour le trône — « c'est ainsi, confiait-il à un de ses amis, qu'on mène les rois à l'échafaud » —, qui, déjà, prévoyait pour Louis XVI le sort de Charles Ier, prenait cependant des précautions contre un retour offensif du fanatisme courtisan et, pour mettre l'Assemblée à l'abri des surprises, faisait déclarer les députés inviolables. Déjà, sur proposition de Le Camus, ils avaient confirmé leurs précédents arrêts. L'Assemblée nationale restait maîtresse du terrain, et Mirabeau, le héros du jour, devenait le symbole de la victoire et de la révolution.

8. Le tribun de la Révolution

« Faites donc qu'au château on me sache plus disposé pour eux que contre eux. » Cette ouverture révélatrice, mais qui ne saurait surprendre dans la bouche d'un homme qui n'a cessé d'affirmer ses sentiments monarchiques, intervient peu de jours après la réunion, sur l'ordre du roi, des deux ordres privilégiés à l'assemblée des communes. Le bénéficiaire de la confidence est le comte de La Marck, grand seigneur étranger mais possessionné en France et député du Quesnoy aux États généraux. Bien vu de la reine, il a ses entrées auprès des souverains qui l'estiment et l'écoutent. Inquiet de la tournure prise par les événements, impressionné par l'ascendant acquis par le tribun provençal sur l'Assemblée nationale, il s'interroge, avec une nuance de soupçon, sur les contradictions apparentes et le double jeu que semble suivre Mirabeau, défenseur de la prérogative royale, mais aussi, mais surtout, la plus forte voix du parti populaire. Il interroge et s'indigne : « Où voulez-vous en venir, vous, avec la marche incendiaire que vous avez adoptée dans l'intérieur de l'Assemblée et au-dehors ? » Mirabeau ne se justifie pas ; justifie-t-on l'évidence ? Certes, il admet que sa place n'est peut-être pas à côté des plus durs ; mais a-t-il d'autres choix devant le dédain de la cour, le mépris et l'ineptie des ministres ? Au château on doit faire un grand retour sur soi-même, reconnaître les erreurs, prendre les moyens de les réparer. Il est temps de faire appel aux hommes dévoués et aux hommes de tête, ceux qui, dans les circonstances présentes, veulent sauver la monarchie et en ont les moyens sans trahir la révolution ; il est temps de rompre avec les confidents impoliti-ques et stupides qui, pour ne vouloir rien lâcher, perdront tout ; il est temps de se rallier ceux qui pensent au lieu de s'abandon-

ner, contre toute raison, aux nostalgiques qui rêvent. « Le
temps est venu, gronde-t-il, où il faut estimer les hommes
d'après ce qu'ils portent dans ce petit espace, sous le front, entre
les deux sourcils. » Mais on l'accuse de dépit, mais on le noircit,
mais on le soupçonne. Quel aveuglement, et quelle veulerie ! La
cour doit savoir qu'il n'y a pas d'alternative au choix qu'il
propose. Elle se flatte vainement si elle espère rétablir la
situation antérieure, revenir sur ce qui a été acquis, restaurer ce
qui est définitivement condamné : « Les mots de *liberté, d'impôts consentis par le peuple* ont retenti dans tout le royaume. On
ne sortira plus de là sans un gouvernement plus ou moins
semblable à celui de l'Angleterre. » Que les souverains se
persuadent que cette évolution est irréversible et qu'ils s'y
soumettent de bonne grâce ; toute résistance serait vaine, pis,
dangereuse. Car c'est alors que tout serait perdu et la monarchie
en péril. Mais on peut, si l'on est habile, diriger au lieu de subir
et instituer un régime où le roi aura sa part et le peuple la
sienne ; on peut, si l'on veut renoncer à poursuivre des
chimères, et à s'opposer à ce qu'il n'est plus possible d'empêcher, parvenir à un compromis satisfaisant pour tous et le seul
que la nation soit disposée à accepter. En d'autres termes, au
lieu de résister puérilement à l'Assemblée il faut la rendre
favorable, au lieu de chercher les moyens de la détruire il faut la
neutraliser, au lieu de la violenter la séduire. « Si on veut sauver
la France, il n'y a plus à tarder d'employer les seuls moyens pour
y parvenir. Le système que l'on suit est absurde, insensé. On
abandonne l'Assemblée à elle-même, et on se flatte, ou de la
soumettre par la force, comme le prétend le parti aristocratique,
ou de la ramener par les phrases vides et redondantes de
M. Necker, tandis qu'il faudrait que le gouvernement cherchât à
s'y former un parti au moyen d'hommes qui ont le pouvoir de
l'influencer, de l'entraîner et de la calmer[1]. »

Déjà le futur conseiller du roi perçait sous le tribun. Mirabeau
le révolutionnaire, celui que ses adversaires flétrissaient du
terme injurieux de démagogue, voulait la liberté dans l'ordre,
un gouvernement représentatif et une monarchie qui eût, afin

---

1. *Correspondance entre le comte de Mirabeau et le comte de La Marck, op. cit.*,
t. I, p. 92-94.

d'éviter l'anarchie, le pouvoir d'exécuter la volonté de la démocratie. Programme raisonnable et ambitieux, que la majorité monarchiste de l'Assemblée ne pouvait rejeter sans outrepasser les pouvoirs que le peuple de France lui avait remis. C'était compter sans la cour. Inquiète mais têtue, désorientée mais vindicative, elle avait de tout autres projets. L'esprit de revanche prévalait, un héroïsme indiscret échauffait les têtes et l'on songeait à la violence ; déjà les bravaches donnaient au château un air de contre-révolution. L'Assemblée, qui craignait pour son existence, se prenait à trembler ; des listes de proscription, où figurait Mirabeau, circulaient et donnaient corps aux rumeurs imprécises.

Depuis que tous les députés, ceux de la noblesse et ceux du clergé, étaient réunis dans la salle commune, l'Assemblée pouvait estimer sa force, mais aussi toutes les résistances qui se manifestaient en son sein. Jusque-là, tout infirme, toute menacée qu'elle fût, elle avait remporté d'éclatantes victoires dues à son courage et à son homogénéité ; depuis la réunion, elle était devenue composite. Des partis se formaient et l'éclatement des ordres, en provoquant des reclassements contradictoires, attisait les haines ; la noblesse ne pardonnait pas à ses transfuges, passés au parti populaire, leur trahison ; et l'on regardait avec méfiance les roturiers qui avaient rejoint les rangs des aristocrates.

Bien que l'on ait vu des prêtres démocrates et de nombreux nobles prendre avec vigueur la tête de l'aile gauche de l'Assemblée, c'est encore le privilège qui, pour l'essentiel, marque les clivages. La répartition par ordre rend compte en grande partie de la géographie des reclassements. Sur les 1 250 députés qui ont siégé au cours de la session, 386 étaient nobles et 297 ecclésiastiques. A chaque membre du Tiers correspondait donc un prêtre ou un noble. Mais l'opposition est plus superficielle qu'il n'y paraît. La différence de statut, noble ou roturier, est la seule distinction significative et lourde de conflits entre les membres d'une Assemblée qui, par ailleurs, étonne par sa cohésion, son uniformité, sa structure fermée et l'étroitesse de son éventail professionnel. Typique, l'homogénéité de son recrutement ; typique, la sous-représentation des forces productives et des carrières indépendantes ; typique encore un secteur dominant, celui des fonctionnaires, officiers, magistrats, agents de l'exécutif, militaires. La Constituante, que l'on a qualifiée un peu vite d'assemblée d'avocats, est en réalité fille de l'administration royale et le miroir de l'*establishment*. Les avocats n'en sont certes pas absents, et un Le Chapelier, un Barnave comptent parmi les ténors, mais au total ils ne représentent que 12 %. Si l'on ajoute à ce pourcentage toutes les professions libérales et tous les agents économiques, enfin tous ceux qui ne sont pas liés par état au régime, on ne trouve qu'une petite minorité de 27 %. L'Assemblée regroupait en fait le Tout-État monarchique, et c'est le plus éclatant symptôme de la totale décomposition de l'absolutisme : l'élite de l'administration royale, déléguée par la nation pour rénover et non pour détruire, devait déserter le bateau, abandonner le régime qui l'avait nourrie, le condamner et le faire périr après avoir participé activement à la propagande philosophique et contestataire qui avait sournoisement miné son audience et ses assises par le truchement des outils dont disposaient le siècle, sociétés savantes, académies, franc-maçonnerie, où rebondissait la critique des théoriciens et où fermentaient, en toute liberté avec la bénédiction du pouvoir, les idées nouvelles qui devaient l'emporter. Dans ce milieu privilégié de la culture et de la fortune sur lequel reposait tout l'échafaudage du régime, l'antiabsolutisme avait fait son chemin, et il n'y avait pas loin du noble au roturier, l'un et l'autre au service du roi dans son armée, ses tribunaux, ses ministères et ses bureaux. Pourtant, une barrière les séparait que seule une fraction de la noblesse eut le courage ou la sagesse de franchir : le privilège, qui devait provoquer la rupture et rendre irréconciliables ceux que tout semblait rapprocher. Ce serait pourtant caricaturer l'image de l'Assemblée, et simplifier abusivement une situation très complexe, que de faire du privilège l'axe unique de la cassure. Une trentaine de roturiers rejoignirent les rangs des privilégiés et, en plus grand nombre, des nobles comme Lally et Clermont-Tonnerre se retrouvèrent aux côtés des constitutionnels, tandis qu'à gauche le courtisan Lameth se retrouve, avec le parlementaire Duport, au coude à coude avec Barnave, et ceux que l'on devait bientôt surnommer le *triumvirat* entraînèrent dans leur sillage les Menou, les d'Aiguillon, les Beauharnais. Il n'en reste pas moins que le compromis des élites ne se réalisa qu'avec une minorité de la

ORIGINE ET RÉPARTITION DES DÉPUTÉS [1]

1 250 députés ont siégé au cours de la session

- 386 nobles   308 élus de la noblesse
  (30,8 %)   63 élus du clergé
               15 élus du Tiers État
- 864 roturiers   234 ecclésiastiques (231 + 3 élus par le Tiers)
  (69,2 %)   630 laïcs (50,4 %)

Répartition professionnelle :

ecclésiastiques	297	(23,8 %)
militaires	229	(18,3 %)
offices et commissions	382	(30,5 %)
	(315 roturiers)	
avocats	152	(12 %)
	(1 noble)	
agents économiques	90	(7,2 %)
agriculture	40	(3,2 %)
divers	42 roturiers	
		(4,8 %)
	18 nobles	

près de 50 % au service de l'État ; plus, si l'on y ajoute les évêques.

divers : surtout médecins et propriétaires et, pour les nobles, militaires retraités.

(1) Ce tableau a été établi à partir de mes fichiers et pour le Tiers État, de l'article de E. Lemay. « La composition du Tiers État de l'Assemblée nationale constituante : les hommes de la continuité », RHMC, 1977.

noblesse. Pour les autres le pas était trop difficile à franchir ; à des rancunes traditionnelles s'ajoutait une lourde hérédité d'hostilité aux roturiers qu'explique la concurrence qu'ils s'étaient livrée au cours du XVIIIe siècle au sein de l'armée. L'obstacle majeur vient en effet de la noblesse provinciale, majoritaire dans l'Assemblée, habituée au service dans les grades subalternes de la hiérarchie militaire et qui ne veut admettre l'accès de tous à tous les emplois, et notamment aux grades militaires. Cazalès, de noblesse récente et capitaine, et leader de la réaction, illustre la résistance d'un corps qui voit dans ses privilèges le gage de son honneur et de son gagne-pain. Ceux qui, au contraire, font cause commune avec le Tiers, ignorent ces problèmes subalternes, sont colonels ou généraux, portent des noms illustres comme d'Aiguillon, ont souvent fait la guerre d'indépendance américaine comme La Fayette ou Lameth, possèdent la culture supérieure des jeunes gens de l'aristocratie et se posent d'emblée en leaders et non en concurrents d'un Tiers État qui voit en eux des guides éclairés et généreux, des tuteurs vénérables qui mettent leur prestige, leurs noms et leurs talents au service du peuple et de la révolution.

L'Assemblée était maintenant au complet, les ordres mêlés, une tâche immense devant elle ; allait-elle enfin commencer ses travaux et réaliser l'œuvre que ses commettants lui avaient fixée : donner à la France une constitution ? Elle avait d'abord à surmonter des résistances internes. La noblesse dissidente ne s'était réunie que sur l'ordre formel du roi ; nombreux étaient ceux qui regrettaient sa faiblesse et pensaient avec Cazalès qu'elle s'était déshonorée, avilie, « rendue comme une putain ». Ils cherchaient à monnayer leur ralliement ou à paralyser l'Assemblée, et les protestations, constamment renouvelées, interdisaient tout travail sérieux. L'attention des députés était par ailleurs monopolisée par l'inquiétude. Les troubles agitaient Paris, Versailles, la France entière, et la présence de troupes près de la capitale et autour de l'Assemblée entretenait la fièvre.

L'audace des députés avait galvanisé partout l'esprit de résistance ; les électeurs de Paris, gagnés par son assurance, s'étaient réunis le 25 à l'Hôtel-de-Ville ; ils avaient formé une commune et avaient réclamé l'éloignement des troupes et la liberté de l'Assemblée. Un nouveau pouvoir venait de se constituer, sans mandat mais aussi sans contrôle. Il y avait plus grave : l'indiscipline avait gagné l'armée, et le régiment des gardes françaises cantonné dans Paris, grignoté par le patriotisme, indisposé par la déclaration royale de maintenir la discipline militaire et les privilèges des grades, s'était mis hors de page de sa propre autorité ; les soldats avaient quitté leurs

casernes, s'étaient répandus dans Paris, avaient fraternisé avec
le peuple du Palais-Royal. Leur colonel en avait fait arrêter une
dizaine et les avait enfermés à la prison de l'Abbaye ; on parlait
de les transférer à Bicêtre, odieuse maison de force où
croupissaient voleurs et vénériens, prison infamante dont l'horreur avait été récemment dénoncée par Mirabeau, et dont le
nom seul évoquait à la fois le supplice et le déshonneur. Une
troupe d'émeutiers, renforcée de badauds, bons bourgeois et
gardes françaises, les avait délivrés, conduits en triomphe au
Palais-Royal ; on avait demandé, presque exigé leur grâce.
Ailleurs, la tension n'était pas moindre. Partout en France, la
foule manquant de pain (la récolte a été mauvaise et la soudure
n'est pas faite) s'excitait et l'on voyait ici et là des scènes de
désordre. Des mendiants assiégeaient les villes, des vagabonds,
des paysans déracinés par la misère descendaient des montagnes, des rumeurs annonçaient des armées de brigands et
jetaient partout l'inquiétude et la peur. L'Assemblée, redoutant
des excès, prévoyant des pillages, s'alarmait du désordre et de la
faillite de l'autorité. Elle craignait que l'anarchie, prétexte à
intervention, ne jouât contre elle. Encore mal établie, menacée,
craignant pour son existence, que pouvait-elle faire ? Elle
délibéra. Mirabeau proposa un remède d'une efficacité douteuse : rendre publique une adresse aux Français, dénoncer les
dangers, calmer les esprits. Chargé de la rédiger, il y peignit le
roi sous des couleurs touchantes et sépara habilement sa cause
de celle de l'aristocratie présentée comme l'ennemi du trône
autant que du peuple. Il rassura aussi sur l'avenir et, rappelant
la séance du 23 juin, lava le roi de tout soupçon et en attribua
exclusivement la faute aux obsessions de conseillers perfides
accusés de vouloir restaurer « les masures de la féodalité ». Il
lança un appel d'espoir : « Les préjugés s'usent et succombent
enfin par la discussion. Notre confiance est donc ferme et
tranquille. » Mirabeau, que ses ennemis accuseront dans peu de
temps de complot contre la sûreté de l'État, se révéla au
contraire partisan du calme, mit la France en garde contre les
imprudences et les désordres qui nuisent à la cause populaire,
fournissent des prétextes à la contre-révolution et encouragent
les provocateurs. « C'est dans une classe vénale et corrompue
que nos ennemis chercheront à exciter des tumultes, des

révoltes, qui embarrasseront et retarderont la chose publique. »
Loin d'encourager le désordre, il le dénonça comme le grand
péril de la liberté, le prétexte de la servitude, l'arme des
ennemis de la révolution. « Ah ! qu'ils sont funestes à la liberté
ceux qui croient la soutenir par leurs inquiétudes et leurs
révoltes ! Ne voient-ils pas qu'ils font redoubler les précautions
qui enchaînent les peuples, qu'ils arment la calomnie au moins
d'un prétexte, qu'ils effraient toutes les âmes faibles et soulè-
vent tous ceux qui, n'ayant rien à perdre, se font un moment
auxiliaires pour devenir les plus dangereux ennemis. » Après
cette condamnation de la clientèle douteuse des contre-révolutionnaires, Mirabeau aurait pu tonner contre l'aristocratie
irréductible, et contre son aveuglement. Alors qu'il lisait son
adresse à l'Assemblée dans l'après-midi du 25, les dissidents de
la noblesse et du clergé, qui ne devaient venir qu'à cinq heures,
ne s'étaient pas encore réunis et leur décision n'était pas encore
connue. Oui, Mirabeau aurait pu tonner. Il préféra inviter à la
modération, conseilla de convaincre avant de condamner des
esprits égarés par le préjugé et la peur. « Il faut, dit-il, plaindre
les uns, donner aux autres le temps de revenir. » Être conciliant
pour deux, porter l'esprit de tolérance jusqu'à la témérité, c'est
à ce prix que l'œuvre à laquelle la France est appelée, à laquelle
l'Assemblée doit concourir, s'accomplira dans le calme et la
paix, sans exclusion, sans violence, sans tragédie. « Qu'il sera
glorieux pour la France, pour nous, que cette grande révolution
ne coûte à l'humanité ni des forfaits ni des larmes... L'histoire
n'a trop souvent raconté les actions que des bêtes féroces, parmi
lesquelles on distingue de loin en loin des héros ; il nous est
permis d'espérer que nous commençons l'histoire des hommes. » L'histoire des hommes ! Elle ne peut se réaliser que dans
la tolérance et la compréhension réciproque, mais rien ne
pourra arrêter son cours si la sagesse prévaut : « La violence
seule pourrait rendre douteuse ou même anéantir cette liberté
que la raison nous assure. »

Rappeler qu'il n'y a pas de liberté sans ordre et, en même
temps, revendiquer bien haut la prérogative de l'Assemblée,
exalter son pouvoir, faire respecter son autorité, pour Mirabeau
c'est tout un. La représentation nationale ne devait en aucun cas
être humiliée. Des nobles récemment réunis, des membres du

clergé, accablaient l'Assemblée de leur mauvaise humeur et de leurs protestations. Mirabeau s'emporta : « On ne proteste pas, on ne fait pas de réserves contre la nation ; nul ne peut rester membre de l'Assemblée s'il n'en reconnaît pas la souveraineté. » Il ajoutait cette phrase, qu'il faut relever dans la bouche de celui qui s'était déjà fait, et qui sera bientôt à nouveau le champion du *veto* royal : « Aucune puissance sous le ciel, pas même le pouvoir exécutif, n'a le droit de dire *je veux* aux représentants de la nation. » Il avait déjà écrit dans la quatrième lettre à ses commettants : « Nul ne doute que le pouvoir du peuple ne doive être supérieur à celui du monarque. » Profession de foi démocratique à retenir ; elle permettra de mieux apprécier sa pensée au moment du grand débat sur le *veto*, et de ne pas faire d'un partisan déclaré d'un régime parlementaire équilibré, le défenseur de la prérogative royale sans contre-partie.

Malgré les appels au calme, Paris et les provinces étaient la proie d'une inquiétante fermentation. La peur était partout, l'incendie menaçait, l'esprit public fermentait dangereusement. Dès la fin de juin des troupes avaient investi Versailles et Paris. Non sans raison, on soupçonnait la cour de projets sinistres ; des rumeurs de contre-révolution déchaînaient la panique, et la résistance s'organisait. Louis XVI avait rappelé le maréchal de Broglie, un rescapé de la guerre de Sept ans, soldat imperturbable ne connaissant que sa consigne, et dix régiments étrangers, aux noms barbares, inquiétants, imperméables à la propagande patriotique : assurément ils tireraient si l'ordre leur en était donné et ne feraient pas de quartier. On était au bord de la guerre civile. D'un côté, des mercenaires tout dévoués à leurs chefs ; en face, une armée de patriotes — des soldats parmi eux — terrifiés et rebelles. Un coup de force était dans l'air. L'Assemblée, déjà surveillée, pouvait être dispersée, les meneurs arrêtés. Le temps pressait. Il fallait éviter l'effusion de sang, le déchaînement de la violence ; il fallait sauvegarder l'existence et la liberté de l'Assemblée. Mais les députés imperturbables et comme inconscients du danger poursuivaient l'ordre du jour. Demain, ce soir peut-être, elle pouvait être dissoute, dispersée par l'armée, et elle délibérait ! Alors Mirabeau rompit le charme, interrompit les débats, secoua la chape

d'inertie. Sa voix claire et tonnante lança le cri d'alarme : la
contre-révolution menaçait. On était le 8 juillet. Réveillez-
vous ! Mirabeau est à la tribune, la chevelure immense, l'œil
lançant l'éclair. Le péril est imminent, « il menace tout à la fois
et la paix du royaume et l'Assemblée nationale et la sûreté du
monarque ». Voici les faits, regardez, osez regarder la vérité en
face : « Déjà un grand nombre de troupes nous environnaient ;
il en est arrivé davantage, il en arrive chaque jour, elles
accourent de toutes parts. Trente-cinq mille hommes sont déjà
répartis entre Paris et Versailles. Des trains d'artillerie les
suivent. Des points sont désignés pour des batteries. On s'assure
de toutes les communications. On intercepte tous les passa-
ges. » Préparatifs de guerre effrayants qui annoncent des
calamités et vouent au mépris public d'irresponsables conseillers. Maudits soient-ils ces courtisans imbéciles qui ont surpris la
bonne foi du roi, trop bon pour vouloir le mal, trop faible pour
lui résister. Toutes ces démonstrations de force, fruit de
l'intrigue du sérail, ne menacent pas seulement la liberté de
l'Assemblée et la liberté publique ; c'est la sécurité même du roi
qui est en danger. « Ont-ils prévu, les conseillers de ces
mesures, ont-ils prévu les suites qu'elles entraînent pour la
sécurité même du trône ? Ont-ils étudié dans l'histoire de tous
les peuples comment les révolutions ont commencé, comment
elles se sont opérées ? Ont-ils observé par quel enchaînement
funeste de circonstances les esprits les plus sages se sont jetés
hors de toutes les limites de la modération, et par quelle
impulsion terrible un peuple enivré se précipite vers des excès
dont la première idée l'eût fait frémir ? »
    Jamais, confesse Duquesnoy, qui pourtant le déteste, Mira-
beau n'a parlé avec autant de force et de noblesse, jamais il n'a
été aussi supérieur à lui-même. Mais c'est toute l'Assemblée qui
a vibré ; séduite par l'éloquence, par l'opportunité du propos,
elle a accepté d'enthousiasme la proposition de Mirabeau :
demander au roi le renvoi des troupes. Une autre proposition de
Mirabeau de lever une garde bourgeoise sous l'autorité du roi a
été rejetée par l'Assemblée ; mais sa confiance était acquise à
l'orateur : il fut chargé de rédiger le projet d'adresse au roi.
Cette adresse, dont l'éloquence passionnée a été revendiquée
par Dumont, est sans doute le fruit de la collaboration du tribun

et de son ami. Alexandre de Lameth, qui a vu Mirabeau y travailler, lui en attribue tout le mérite. Elle porte en tout cas le signe du maître, la patte du lion, ces traits brillants que l'orateur, trop occupé pour rédiger lui-même tous ses discours, plaquait comme des griffes de feu sur la rhétorique un peu lourde de ses faiseurs. Dénonçant la perfidie de son entourage et les conseils de haine, Mirabeau suppliait le roi de ne régner que par l'amour, car cet empire est le seul qu'il soit aujourd'hui possible d'exercer. « La France ne souffrira pas que l'on abuse le meilleur des rois et qu'on l'écarte, par des vues sinistres, du noble plan qu'il a lui-même tracé... Sire, nous vous en conjurons, au nom de la patrie, au nom de votre bonheur et de votre gloire, renvoyez vos soldats aux postes d'où vos conseillers les ont tirés : renvoyez cette artillerie, destinée à couvrir vos frontières ; renvoyez surtout les troupes étrangères, ces alliés de la nation, que nous payons pour défendre et non pour troubler nos foyers. Votre Majesté n'en a pas besoin : eh ! pourquoi un monarque adoré de vingt-cinq millions de Français ferait-il accourir à grands frais autour du trône quelques milliers d'étrangers. Sire, au milieu de vos enfants, soyez gardé par leur amour. » Langage habile, audacieux et soumis, il répondait aux sentiments monarchistes de l'Assemblée qui en récompensa l'auteur : Mirabeau fit partie de la délégation qui apporta l'adresse au roi. Mais son espoir fut déçu. Louis XVI ne renvoya pas les troupes ; bien plus, il menaça l'Assemblée d'un transfert en province. Mirabeau ne s'avouait jamais vaincu ; l'Assemblée, moins bien trempée que lui, s'abandonnait facilement au découragement. A-t-il senti sa lassitude, redoute-t-il un abandon, une défaillance, un renoncement ? Il remonte à la tribune, réveille l'Assemblée assoupie, la secoue, la force, la fait sortir de sa torpeur. Il faut ouvrir les yeux, regarder la vérité en face ; le temps n'est plus à la faiblesse ni à la douce béatitude que leur amour pour le roi inspire aux députés. « Nous savons tous, grogne-t-il, que la confiance habituelle des Français pour leur roi est moins une vertu qu'un vice, si surtout elle s'étend à toutes les parties de l'administration. » Il faut réagir, s'obstiner, revenir à la charge, faire le siège de la cour jusqu'à satisfaction, sans se laisser intimider, sans céder aux menaces et au chantage : « Nous avons demandé la retraite des troupes. Nous

n'avons pas demandé à fuir les troupes... Nous n'avons qu'une
conduite à tenir ; c'est d'insister sans relâche sur le renvoi des
troupes, seul moyen infaillible de l'obtenir. »

Pendant que l'énergique éloquence de Mirabeau secouait
l'inertie de l'Assemblée, la cour préparait ouvertement sa
revanche ; elle la voulait éclatante et décisive. Les troupes
étaient en place, les plus exaltés des contre-révolutionnaires
affichaient déjà des airs de victoire. Mais Paris manquait de
pain, la tension montait, les harangueurs du Palais-Royal
entretenaient l'exaltation d'une foule qui pouvait à tout moment
se déchaîner et trouverait peut-être des auxiliaires dans les
soldats patriotes, ces gardes-françaises habitués dans Paris, déjà
passés du côté de l'insurrection. Imperturbable, sûre de ses
mercenaires, la cour poursuivait son plan. La provocation éclata
le 11 juillet : Necker fut renvoyé, les ministres qui l'avaient
soutenu, destitués. Le 12 le ministère de la contre-révolution fut
constitué : Breteuil, La Vauguyon, Broglie, les amis de la reine
et les vieux troupiers, les ennemis irréconciliables de la révolution étaient en place. Dès que la nouvelle fut connue, Paris
s'enfiévra. Accourue au Palais-Royal, la foule, abasourdie et
rugissante, s'attroupa, gronda, s'organisa. Ici et là des cris
d'insurrection fusèrent. La capitale retentit de cris sinistres. Aux
armes ! Aux armes ! Des bandes, bourgeois, ouvriers, gardes-
françaises mêlés, sillonnèrent les rues, les magasins des armu-
riers furent pillés et des hommes armés menacèrent les troupes
régulières. L'assemblée des électeurs de Paris créa en toute hâte
un comité permanent qui décida séance tenante la formation
d'une milice civique. Pendant ce temps, à Versailles, l'Assemblée multipliait les initiatives. Sur un nouveau refus du roi de
renvoyer les troupes, elle liquida l'ancien régime politique,
établit un régime constitutionnel de fait, décréta la responsabilité ministérielle et chargea les ministres et les conseillers du roi
« des malheurs présents et de tous ceux qui peuvent suivre ».
Ces décisions cachaient une sourde inquiétude. Le danger était
partout, risque d'émeute d'un côté, répression et proscription
de l'autre. De Paris, le 14, parvint la nouvelle de la prise des
Invalides, puis de la Bastille. Dans l'Assemblée, la confusion et
la peur étaient à leur comble, les sentiments qui dominaient les
députés étaient l'anxiété, l'émotion provoquée par les événe-

ments parisiens, l'incertitude et la crainte, l'attente angoissée d'une réaction de la cour et d'un épilogue sanglant, tout le cortège des convulsions d'une guerre civile greffée sur les malheurs déjà redoutables de la famine. Le 15, les députés décidèrent d'envoyer au roi une ultime députation. Mirabeau lui dicta ses paroles, des paroles de vérité et de colère, car le temps n'était plus aux messages tendrement respectueux : le roi se trompait, était trompé, il fallait à toute force lui ouvrir les yeux. « Dites-lui, clama le tribun, que les hordes étrangères dont nous sommes investis ont reçu hier la visite des princes, des princesses, des favoris, des favorites ; et leurs caresses et leurs exhortations et leurs présents ; dites-lui que toute la nuit, ces satellites étrangers, gorgés d'or et de vin, ont prédit, dans leurs chants impies, l'asservissement de la France, et que leurs vœux brutaux invoquaient la destruction de l'Assemblée nationale ; dites-lui que, dans son palais même, les courtisans ont mêlé leurs danses au son de cette musique barbare, et que telle fut l'avant-scène de la Saint-Barthélemy.

» Dites-lui que ce Henri dont l'univers bénit la mémoire, celui de ses aïeux qu'il voulait prendre pour modèle, faisait passer des vivres dans Paris révolté qu'il assiégeait en personne, et que ses conseillers féroces font rebrousser les farines que le commerce apporte dans Paris fidèle et affamé. »

Digne du Mirabeau du 23 juin, cette harangue incendiaire n'atteignit jamais le roi. Louis XVI en effet avait déjà cédé. Le 16 il se présentait devant l'Assemblée en vaincu. Soulagée, reconnaissante, elle allait manifester sa joie, applaudir le monarque bienfaisant revenu de ses erreurs ; Mirabeau la retint. S'emparant d'un mot qu'un ecclésiastique avait jeté à voix basse, il modéra ses excès d'allégresse : « Qu'un morne respect soit le premier accueil fait au monarque dans un moment de douleur. Le silence des peuples est la leçon des rois. » Mais, après tant de tension et d'angoisse, l'Assemblée avait un besoin physique d'extérioriser son soulagement. Accueilli d'abord dans le silence, comme Mirabeau l'avait voulu, Louis XVI fut reconduit en triomphe, escorté par les députés, acclamé par un peuple en délire.

Depuis quarante-huit heures les événements s'étaient précipités ; dans le combat entre le despotisme et la liberté, l'Assem-

blée et Paris avaient remporté la première manche. Tirant la
leçon du 14 juillet, Mirabeau vanta la modération du peuple de
la capitale ; alors que certains députés s'abandonnaient à la
peur, il loua les « prodiges de valeur » accomplis lors de la prise
de la Bastille, le dévouement des gardes-françaises à la cause de
la liberté, la sagesse du peuple qui s'était gardé de tout pillage,
de toute férocité. De cette journée, alors si diversement jugée, il
retint surtout ce que l'histoire devait en retenir : sa mythologie,
sa valeur fondatrice, la fin de la tyrannie et de ses symboles,
l'inauguration d'une ère nouvelle : « Tout l'antique édifice, usé,
vermoulu dans tous ses appuis, pourri dans tous ses liens, est
tombé dès le premier choc pour ne se relever jamais : et l'aire
étant nettoyée, on pourra construire sur un nouveau plan, et
affermir cette structure sur les bases immuables des droits
éternels des peuples [1]. »

Louis XVI avait renvoyé les troupes ; mais l'opinion réclamait
davantage, elle exigeait le rappel de Necker. L'Assemblée
hésitait. Demanderait-elle, faisant jouer le principe de la
responsabilité ministérielle, le renvoi du ministère, ou se
contenterait-elle de porter au pied du trône de symboliques
souhaits ? Mirabeau, comme toujours, tenta de poser clairement
la question, mit l'Assemblée en face de ses responsabilités,
exposa les méfaits d'un ministère suspect de vouloir porter des
mains sacrilèges sur les représentants de la nation. A ce
ministère-là l'Assemblée ne peut, ne doit accorder aucune
confiance et, dans ces conditions, comme une conséquence
logique du régime constitutionnel, le roi a le devoir de s'en
séparer. Mirabeau fut applaudi, Barnave le soutint, mais
Mounier s'inquiéta. Attaché au principe de la séparation des
pouvoirs qu'il voulait appliquer dans toute sa rigidité, il
s'opposa à l'intervention de l'Assemblée dans un domaine qui, à
ses yeux, ne concernait que l'exécutif. Alors Mirabeau, conséquent avec lui-même et fidèle aux vœux des cahiers et aux
principes que l'Assemblée avait déjà reconnus, posa clairement
la question de la responsabilité. « S'il est une maxime impie et
détestable, ce serait celle qui interdirait à l'Assemblée nationale
de déclarer au monarque que son peuple n'a point de confiance

---

1. Dix-neuvième lettre à ses commettants.

dans ses ministres. Cette opinion attaque à la fois et la nature des choses, et les droits essentiels du peuple, et la loi de la responsabilité ministérielle, loi que nous sommes chargés de statuer ; loi plus importante encore s'il est possible au roi qu'à son peuple ; loi qui ne sera jamais en exercice si les représentants du peuple n'ont pas l'initiative de l'accusation. » Mirabeau, qui soutiendra bientôt, en véritable parlementaire, le droit pour l'exécutif à concourir à l'élaboration de la loi, admet la réciprocité. Un pouvoir législatif qui n'aurait aucune participation à l'exécutif ne serait qu'un trompe-l'œil, et ceux qui veulent priver l'Assemblée de tout droit de contrôle oublient l'essentiel : « Vous oubliez que ce peuple, à qui vous opposez les limites des trois pouvoirs, est la source de tous les pouvoirs, et que lui seul peut les déléguer. » Mais Mounier avait cité l'Angleterre en exemple, en exemple négatif, en exemple à ne pas suivre ; il avait proclamé que la responsabilité ministérielle avait perdu l'Angleterre. Mirabeau, dont la véhémence se colorait parfois d'ironie et d'humour, s'était alors écrié : « L'Angleterre est perdue ! Ah ! grand Dieu ! quelle sinistre nouvelle ! Eh ! par quelle latitude s'est-elle donc perdue ? ou quel tremblement de terre, quelle convulsion de la nature a englouti cette île fameuse, cet inépuisable foyer de si grands exemples, cette terre classique des amis de la liberté ? Mais vous me rassurez... L'Angleterre fleurit encore pour l'éternelle instruction du monde : l'Angleterre répare dans un glorieux silence les plaies qu'au milieu d'une fièvre ardente elle s'est faites. L'Angleterre développe tous les genres d'industrie, exploite tous les filons de la prospérité humaine, et tout à l'heure encore elle vient de remplir une grande lacune de sa constitution avec toute la vigueur de la plus énergique jeunesse, et l'imposante maturité d'un peuple vieilli dans les affaires publiques. »

L'Assemblée n'eut pas à trancher la question entre Mounier et Mirabeau. Le roi prévint sa décision, exigea la démission du ministère et rappela Necker. Ce geste fut d'abord la victoire de Paris qui en recueillit le fruit le 17 : ce jour-là, Louis XVI vint se livrer à la capitale devenue, avec ses nouvelles institutions, municipalité et garde bourgeoise, une puissance avec laquelle il faudrait désormais compter. Accueilli aux cris de « Vive la

nation ! », le roi put y mesurer les progrès accomplis par la
liberté, mais aussi la popularité que lui valut son geste de
soumission : « Celui qui a conseillé cette démarche, confia
Mirabeau à Dumont, est un hardi mortel ; sans cela Paris était
perdu pour lui. Deux ou trois jours plus tard il n'aurait peut-être
pas été le maître d'y entrer. »

Le 15 juillet Paris s'était donné un maire. Bailly, doux savant
que l'Assemblée avait choisi pour premier président, fut élu.
Cette place si importante, Mirabeau aurait pu la briguer ; son
ambition lui en faisait un devoir, sa popularité lui assurait le
succès. Il est vain de s'interroger sur les conséquences d'un
choix qui aurait porté Mirabeau à la première place : la face de
la révolution pouvait en être changée. Mais, ce jour-là, il était
retenu loin de Paris. Le vieux marquis, père de Gabriel, était
mort le 11 juillet. Il avait vu, avec un certain orgueil, l'étoile de
son fils monter, mais sa gloire n'avait pas assoupi sa rancune ni
désarmé son ironie. L'approche de la mort ne l'avait pas calmé ;
il peignait maintenant son fils sous les traits du roi des fous
conduisant la troupe des bouffons : « Douze cent cinquante
législateurs, lançait-il le 8 juillet, tous neufs à toute sorte
d'administration, tous gens sans conduite dans leurs propres
affaires, vont faire une merveilleuse constitution d'État, avec le
bonnet vert [Mirabeau] en tête, et l'homme aux contes bleus
[Necker] pour guide. » Mais Mirabeau pleura sur la tombe de
son persécuteur ; il organisa pieusement la pompe funèbre de
celui qui l'avait déshérité. La foule cria sur son passage : « Vive
Mirabeau le grêlé ! »

Pendant que Mirabeau observait par décence une demi-
retraite, Paris était le théâtre de scènes de sauvagerie. La crainte
de la disette, les rumeurs de coup de force qui circulaient
encore, provoquèrent le peuple à des excès. Le 23, l'intendant
de Paris, Bertier, et son gendre Foulon, soupçonnés de contre-
révolution, furent massacrés. Tandis que Barnave lançait la
phrase fameuse qu'on lui a tant reprochée, « le sang qui a coulé
était-il donc si pur ? », Mirabeau entreprenait de son côté de
justifier la colère populaire. Le peuple avait commis une
atrocité, il avait certes fait couler le sang, mais n'était-ce pas
pour échapper à des crimes infiniment plus horribles ? « Que
l'on compare le nombre des innocents sacrifiés par les méprises

et les sanguinaires maximes des tribunaux, les vengeances
ministérielles excercées sourdement dans le donjon de Vincennes, dans les cachots de la Bastille, qu'on les compare avec les
soudaines et impétueuses vengeances de la multitude, et qu'a-
près on décide de quel côté est la barbarie... Il faut que le
peuple soit essentiellement bon pour que cette révélation des
atrocités des ministres ne l'ait pas rendu aussi cruel qu'eux-
mêmes, et n'ait pas fait verser plus de sang... Le peuple a puni
un petit nombre de ceux que le cri public désignait comme
l'auteur de ses maux ; mais qu'on nous dise s'il n'eût pas coulé
plus de sang dans le triomphe de nos ennemis [1]. » Mais s'il
excuse, Mirabeau n'encourage pas. De tels événements sont
inévitables, peut-être nécessaires ; s'ils devenaient une habitude, ils seraient funestes à la cause de la liberté. Une colère
juste a provoqué le drame ; la sagesse et le salut de la révolution
exigent qu'il ne se reproduise pas, car « la société serait bientôt
dissoute si la multitude s'accoutumait au sang et au désordre, se
mettait au-dessus des magistrats et bravait l'autorité des lois ; au
lieu de courir à la liberté, le peuple se jetterait bientôt dans
l'abîme de la servitude ; car trop souvent le danger rallie à la
domination absolue, et dans le sein de l'anarchie un despote
même paraît un sauveur. »

Ces phrases exprimaient l'inquiétude de Mirabeau. Son
ambition mais surtout le souci de ne pas laisser le pouvoir
monarchique perdre toute autorité, rendaient nécessaire sa
collaboration avec le ministère. Lui seul, pensait-il, non sans
raison, avait assez d'influence et de popularité, pour soutenir de
ses conseils le trône chancelant sans être accusé, et en vérité
sans trahir la révolution. Il estimait le moment venu, après avoir
élargi au maximum la prérogative de l'Assemblée, de rendre à
l'exécutif une partie de sa force pour assurer le fonctionnement
régulier d'un véritable régime constitutionnel et la collaboration
confiante entre les représentants de la nation et le monarque.
Méfiant à l'égard d'un régime d'assemblée qui pourrait vite se
révéler une véritable dictature, comme il l'avait été à l'égard de
l'absolutisme et du despotisme ministériel, il souhaitait que l'on
parvînt à un accord raisonnable où le roi aurait le pouvoir de

---

1. Dix-neuvième lettre à ses commettants.

prévenir tout excès de l'Assemblée, où l'Assemblée pourrait
contrôler très étroitement le ministère. Lui seul était en mesure
de convaincre l'Assemblée que le roi ne devait pas être un vain
fantoche ; lui seul était capable de conseiller utilement le roi
d'accepter sans réticence un véritable régime parlementaire, et
d'en jouer le jeu.

Dans les premiers jours d'août Mirabeau tenta de s'introduire
auprès des ministres. Necker le gênait, il le considérait comme
l'obstacle majeur à la réalisation de ses projets et au salut de la
monarchie. Son incompétence, sa confiance béate en ses
mérites, son aveuglement politique qui lui avait fait négliger
toutes les occasions de se faire un parti parmi les hommes qui
dominaient l'Assemblée, exigeaient qu'on le convertît ou qu'on
se séparât de lui. Il fit sonder Champion de Cicé qui, depuis le
3 août, remplaçait Barentin comme garde des Sceaux ; prélat
éclairé, bien disposé aux réformes, il avait été des premiers
ecclésiastiques à se réunir au Tiers. La Marck, intermédiaire
obligé avec la cour, se rendit chez le ministre qui aussitôt
désabusa l'envoyé de Mirabeau sur les espoirs qu'il pouvait
nourrir. Necker, avoua-t-il, ne comprenait rien à la situation,
perdait la France ; mais il ne se résoudrait jamais, par suffisance
et par sottise, à se rapprocher des leaders de l'Assemblée.
Quant à Mirabeau, le Genevois le considérait comme son
ennemi personnel et, avec le mépris de la vertu intransigeante,
comme une incarnation de Satan. « Tant que M. Necker restera
au ministère, ajouta Champion de Cicé, on ne doit espérer
aucune démarche de ce genre, et moi-même je ne puis avoir
sous ce rapport aucune influence sur ce ministre [1]. »

Une fois de plus Mirabeau voyait le ministère le repousser et
décliner son offre. Rejeté dans l'opposition, il aurait pu abuser
de sa popularité. Homme d'État avant tout, il ne s'abandonna ni
à sa déception, ni à son humeur, ni à son ressentiment.
Repoussé par la cour, il travailla pour elle, fidèle en dépit de
toutes les disgrâces à sa conviction. On le verra bien en
septembre, lorsqu'il défendra, au risque de sa popularité, la
prérogative royale indispensable à ses yeux pour maintenir à la
constitution son équilibre, au régime sa stabilité, à la démocratie

---

1. *Correspondance* Mirabeau-La Marck, *op. cit.*, t. I, p. 98.

parlementaire ses garde-fous. La révolution, pour ce révolutionnaire passionné et lucide, était le moyen d'établir une constitution équilibrée, non pas de substituer la dictature d'une assemblée au despotisme d'un monarque.

Pour faire adopter ses principes, Mirabeau avait besoin de
régner sur l'Assemblée : pour la diriger à sa guise, il lui fallait
s'appuyer sur une énorme popularité et compenser la méfiance
des députés par des hurrahs populaires ; pour en être le mentor,
il devait être le roi de Paris. On le vit courir les districts
parisiens, assidu à celui de l'Oratoire auquel il appartenait par
son domicile ; il fréquenta les harangueurs du Palais-Royal, se
lia d'amitié avec Camille Desmoulins. Cette popularité, qui
faisait craindre que Mirabeau ne supplantât Bailly à la mairie de
Paris, irritait et inquiétait l'Assemblée qui tenta d'en saper la
base. Le tribun dut lutter, victorieusement, contre une proposition dirigée contre lui, qui prétendait interdire aux représentants de la nation la fréquentation des districts.

Le temps était venu de donner à la France la constitution pour
laquelle l'Assemblée avait été réunie. Mirabeau écrivait, ou
faisait écrire dans *le Courrier de Provence*, journal qui, depuis le
24 juillet, faisait suite aux *Lettres à ses commettants*, et auquel
collaboraient Dumont et Du Roveray, que le temps était venu
de travailler au grand œuvre de la régénération de la France.
Depuis le début d'août l'importante question de la Déclaration
des droits divisait les députés. De nombreux cahiers l'avaient
réclamée et La Fayette avait déclenché l'enthousiasme de
l'Assemblée en en faisant la proposition dès le début de juillet.
Un comité avait été nommé pour sa rédaction, et Mirabeau,
auteur dès 1788 d'une déclaration des droits[1], avait été nommé
rapporteur. Il présenta son projet le 17 août et ne le défendit
qu'avec méfiance : « Une déclaration des droits, dit-il, est un
ouvrage difficile. Il l'est davantage encore lorsqu'il doit servir de
préambule à une constitution qui n'est pas connue. » Devant les
critiques que suscita son projet, Mirabeau prit d'abord le parti
de le défendre puis, revenant à l'objection qu'il avait présentée
la veille, proposa de renvoyer la rédaction définitive de la
déclaration après celle de la constitution. Cette volte-face, plus

1. Dans *Aux Bataves* sur le Stathouderat.

apparente que réelle, provoqua un tollé ; on cria à la dictature, on accusa Mirabeau de prostituer son talent pour faire tourner l'Assemblée au gré de ses humeurs. Un député dénonça « cette supériorité de talents avec laquelle il conduit l'Assemblée vers des buts contraires », tandis que s'élevaient des murmures et des allusions perfides à son passé orageux. Mirabeau, blessé, se cabra, accabla de mépris ses contradicteurs : « Sans doute, au milieu d'une jeunesse très orageuse, par la faute des autres et surtout par la mienne, j'ai eu de grands torts et peu d'hommes ont, dans leur vie privée, donné plus que moi prétexte à la calomnie, pâture à la médisance ; mais j'ose vous en attester tous, nul écrivain, nul homme public n'a plus que moi le droit de s'honorer de sentiments courageux, d'une fière indépendance, d'une uniformité de principes inflexibles. Ma prétendue supériorité dans l'art de vous conduire vers des buts contraires est donc une injure vide de sens, un trait lancé de bas en haut, que trente volumes repoussent assez pour que je dédaigne de m'en occuper. »

Le projet fut renvoyé à la discussion des bureaux et le travail parlementaire s'engagea. Mirabeau prouva, sur chaque article, qu'il portait plus loin que tout autre le respect de la liberté. Il intervint partout où elle lui paraissait menacée. Ici, redoutant de voir les agents de l'administration se muer en tyrans subalternes, il s'écriait : « Le chef de la société seul excepté, toute la hiérarchie sociale doit être responsable. Il faut signer cette maxime si l'on veut consolider la liberté particulière et publique. La responsabilité serait illusoire si elle ne s'étendait depuis le Premier ministre jusqu'au dernier des sbires. » Là, Mirabeau l'agnostique, Mirabeau l'incrédule, imposait à l'Assemblée la liberté indéfinie des cultes qu'il opposait à la banale tolérance, trop limitative à son gré : « La liberté la plus illimitée de religion est à mes yeux un droit si sacré, que le mot *tolérance*, qui voudrait l'exprimer, me paraît en quelque sorte tyrannique lui-même, puisque l'existence de l'autorité qui a le pouvoir de tolérer attente à la liberté de penser par cela même qu'elle pourrait ne pas tolérer. »

La déclaration des droits rédigée, l'Assemblée allait passer à la constitution. La discussion s'engageait dans des circonstances difficiles. Mirabeau alerta l'Assemblée : « Oui, messieurs, je ne crains pas de le répéter, la constitution est aujourd'hui à l'enchère. » C'était mettre en garde à la fois contre les manœuvres du ministère et contre la pression de la rue, au moment où allait s'engager le débat le plus important, le plus lourd de conséquences et le plus décisif pour l'avenir. Le 27 août, le comte de Lally, rapporteur du comité de constitution, posa la question dont dépendait la nature du régime : le roi serait-il obligé d'accorder sa sanction, ou aurait-il le droit de refuser son consentement, d'opposer ce qu'on appelait d'un terme ambigu son *veto,* aux actes du corps législatif ? Cette question constitutionnelle, qui exigeait de la réflexion et du recueillement, ne serait pas débattue seulement dans le champ clos de l'Assemblée. La France entière se déclarait constituante. Le peuple, les clubs, les journaux, les districts s'étaient emparés de la question, le veto était devenu le mot du jour, on en débattait dans la rue, et la pression populaire ne laissait à l'Assemblée qu'une faible marge de manœuvre. L'opinion générale faisait du veto une calamité. Necker prenait aisément son parti d'un accommodement qui réduisait au minimum son efficacité : il se contentait d'un *veto suspensif* c'est-à-dire temporaire qui, insuffisant pour assurer l'autorité de l'exécutif, était assez impopulaire pour le compromettre.

A l'Assemblée deux doctrines s'affrontaient. Celle de Mounier et de la majorité du comité de constitution se prononçait pour le veto. Sieyès, doctrinaire rigide, métaphysicien politique à qui Mirabeau reprochait de ne pas marcher assez sur la mappemonde, ne reconnaissait qu'aux représentants de la nation le droit d'exercer le pouvoir souverain. Les idées de Sieyès furent écartées, la gauche accepta un compromis et la discussion se borna à l'alternative suivante : le roi aurait-il un veto absolu, indéfini, ou seulement un veto suspensif, limité dans le temps ? Débat important à plus d'un titre. Il fixait la nature du régime : monarchie constitutionnelle dans le premier cas, mais régime d'assemblée avec un fantôme de roi si la seconde motion l'emportait. La lutte fut très chaude et modela le paysage politique de la France contemporaine. Ceux qui votèrent pour le veto absolu, rangés à la droite du président, constituèrent désormais la *droite* où l'on vit des patriotes modérés tels que Mounier et Lally rejoindre la faction aristocratique ; à gauche se rangèrent les partisans du veto suspensif où l'on remarquait surtout trois hommes que l'opinion désignait déjà, d'un terme ironique, les *triumvirs* : le parlementaire Duport, le jeune avocat Barnave, l'aristocrate Lameth, trio uni dans une même passion patriotique dont on résumait la complicité et les talents complémentaires par une boutade : *ce que Duport pense, Barnave le dit, Lameth le fait.* En fait, le débat était déjà jugé lorsqu'il s'engagea. Le peuple menaçait d'avoir recours à l'insurrection si le veto absolu passait. Necker, inconscient de l'importance de la partie qui se jouait, avait déserté le champ de bataille avant que le premier coup de feu fût tiré. Devant cette démission ministérielle, les défenseurs de la prérogative royale étaient encouragés à se taire. C'est alors que Mirabeau, dont le dédain de la cour et les rebuffades du ministre auraient très largement justifié le silence, se leva pour défendre une cause que les plus intéressés à son succès avaient abandonnée. Bel exemple de fidélité à des conceptions maintes fois affirmées. Dès le mois de juin, entre deux assauts pour sauver l'Assemblée, il avait claironné, et il n'avait depuis cessé de répéter, alors même que de toute son énergie il combattait pour faire reconnaître l'autorité des représentants de la nation, que la prérogative royale trouverait toujours en lui un défenseur résolu, car il y voyait la sauvegarde de la liberté et de la démocratie contre la dictature prévisible d'une assemblée souveraine privée du balancier d'un exécutif également souverain. Rappelons-nous avec quel génie de la provocation il avait annoncé ses principes à une Assemblée largement hostile, toujours prête à soupçonner la trahison chez celui qui la courbait sous le poids de son éloquence. « Et moi, messieurs, je crois le veto du roi tellement nécessaire, que j'aimerais mieux vivre à Constantinople qu'en France, s'il ne l'avait pas. Oui ! je le déclare, je ne connaîtrais rien de plus terrible que l'aristocratie souveraine de six cents personnes qui, demain, pourraient se rendre inamovibles, après-demain héréditaires, et finiraient comme toutes les aristocraties de tous les pays par tout envahir [1]. »

Le 7 août, à l'occasion de la discussion sur les *plaisirs* du roi

---

1. Discours du 16 juin.

(le droit de chasse hors des limites de son domaine), il s'était élevé contre l'octroi au souverain de privilèges attentatoires à la liberté et à la propriété. Mais plus il refusait au roi le bénéfice de prérogatives illégales et de marques de servitude qui l'assimilaient à un potentat oriental plus qu'au souverain d'un pays libre, plus il voulait que le roi fût grand, plus il insistait sur la nécessité de lui reconnaître le droit de concourir à l'élaboration de la loi. « Ah ! certes la prérogative royale est d'un prix trop élevé à mes yeux pour que je me contente de la faire consister dans un faible passe-temps oppressif. Quand il sera question de la prérogative royale, c'est-à-dire, comme je le montrerai en son temps, du plus précieux domaine du peuple, on jugera si j'en connais l'étendue ; et je défie d'avance le plus respectable de mes collègues d'en porter plus loin le respect religieux. » Ne disait-il pas, par ailleurs, qu'à la superstition de la monarchie, il voulait substituer son culte ?

Eût-il eu seulement le souci de sa popularité, Mirabeau n'eût pas défendu une cause impopulaire. Homme d'État responsable, il ne transigeait pas avec ses convictions. Une monarchie constitutionnelle — c'était ce que voulait la France, et ce que l'Assemblée devait établir — exigeait à ses yeux le droit de veto, sauf à faire du monarque un inaugurateur de chrysanthèmes ; un véritable régime équilibré exigeait que le roi concourût à l'élaboration de la loi, qu'il eût non seulement le devoir de la sanctionner mais le droit de la refuser, c'est-à-dire de faire appel au peuple en cas de conflit entre le trône et l'assemblée. C'est ce que cette dernière refusa en accordant seulement le veto suspensif. Mirabeau avait en vain conclu son intervention par un projet entier de constitution qui, tout en mettant l'exécutif à l'abri de la tentation du coup d'État, offrait des garanties contre tout abus d'autorité ministérielle : « Annualité de l'assemblée, annualité de l'armée, annualité de l'impôt, responsabilité des ministres ; et la sanction royale, sans restriction écrite, mais parfaitement limitée de fait, sera le *palladium* de la liberté nationale et le plus précieux exercice de la liberté du peuple. » C'est en vain que Mirabeau avait montré le danger d'une constitution où le roi serait privé du veto. Prophétiquement, il avait annoncé le règne de la Terreur que quelques décrets suffiraient à établir : « Il ne faudrait plus, sous un prince faible, qu'un peu de temps et d'adresse pour établir *légalement* la domination de douze cents aristocrates, réduire l'autorité royale à n'être que l'instrument passif de leurs volontés, à replonger le peuple dans un état d'avilissement qui accompagne toujours la servitude du prince. » Mirabeau ne savait pas si bien dire. Mais il s'était exposé en vain. Il perdit son combat : le 11 septembre l'Assemblée adopta le veto suspensif par 679 voix contre 325. Mirabeau n'entendait pas pour autant être victime de son courage et compromettre sa popularité et sa situation personnelle à l'Assemblée. Il s'abstint donc de prendre part au vote, laissant planer le doute sur ses véritables intentions. Si la droite ne lui sut aucun gré de s'être fait son champion, la gauche ne lui en voulut pas. Son discours[1] avait été assez confus pour qu'on l'accusât d'habileté, assez peu entendu pour qu'il pût apparaître non comme une défense mais comme une condamnation du veto. Le peuple, les journalistes, Camille Desmoulins, Lousta-lot furent pris au piège de Mirabeau : ils saluèrent en lui un sauveur qui leur avait épargné l'infâme veto. Il trouva, quelques jours plus tard, l'occasion de faire tomber les dernières réticences de la gauche à l'occasion de la discussion sur la sanction royale aux décrets du 4 au 11 août.

Il faut ici faire un bref retour en arrière. On a tant répété que Mirabeau était hostile à l'abolition de la féodalité, qu'il avait censuré cette nuit du 4 août, qualifiée par lui de « nuit d'orgie », où la noblesse avait bradé ses privilèges, qu'il faut y regarder de plus près. Mirabeau n'assistait pas à la séance du soir du 4 août où, sur proposition d'un cadet sans avoir (Noailles) et du plus riche propriétaire du royaume (d'Aiguillon), les droits seigneuriaux et les privilèges nobiliaires furent abolis. Retenu par une réunion familiale, il ne joua donc aucun rôle dans la plus fameuse séance de l'Assemblée. Mais la manière dont il appréciait cette immense braderie nous est connue par ce qu'il écrivait ou faisait écrire dans *le Courrier de Provence*, et par la correspondance qu'il échangea à ce propos avec son oncle le bailli. Il est vrai que Mirabeau regretta, non sans de bonnes raisons, la précipitation avec laquelle tous ces abandons furent

---

1. Largement emprunté à Charles Cazaux, *Simplicité de l'idée d'une constitution et de quelques autres*, 1789.

consentis. Son sens des formes légales s'irritait de la confusion qui avait présidé à cette séance capitale ; on aurait pu, disait-il, « procéder avec des formes plus méthodiques », mais il reconnaissait que les « résultats n'auraient pû être plus avantageux ». En fait, ses scrupules n'étaient pas inutiles : il redoutait que le remords succède à l'enthousiasme et que l'on tentât, la première exaltation passée, de revenir sur les concessions. C'est pourquoi il mettait en garde contre toutes velléités de reprendre ce que l'on avait donné. « Toutes ces résolutions de l'Assemblée nationale, écrivait-il, sont irrévocables, elles sont sous la garantie sacrée de l'honneur, il n'est pas un Français qui ne crût flétrir la gloire nationale et s'avilir lui-même en proposant d'attenter à des sacrifices qui sont devenus le bien de la patrie [1]. » Dans une lettre au bailli, indigné de cette immense destruction, il avait fait les mêmes réserves sur la précipitation de l'Assemblée dont la dignité exigeait plus de maturité et de réflexion : « Au lieu d'une renonciation bien moins solennelle qu'un décret, j'aurais voulu que toutes les questions de privilèges et de fiefs, de propriétés acquises à titre onéreux, eussent été discutées [2]. » Mirabeau n'avait pas craint de faire, le 8 août, à l'Assemblée elle-même le reproche de prendre ses décisions sur des coups de tête et de provoquer ainsi l'inquiétude sur le respect des propriétés ; il avait condamné son besoin irraisonné d'émotions vives. Mais il l'avait aussitôt rassurée ; vous n'avez pas touché à la propriété, disait-il, vous n'y avez porté aucune atteinte mais le préjugé a reçu une commotion violente car la barrière n'est pas encore claire entre propriété et usurpation : « Il faut que l'on s'accoutume à distinguer ce qui appartient à la nation, d'avec ce qui appartient aux individus, et ces abstractions ont à lutter contre l'habitude. »

  Le 4 août avait aussi sanctionné le principe de l'abolition des dîmes sous la réserve expresse qu'elles seraient rachetables. Mais l'Assemblée était loin d'être unanime lorsque la discussion s'engagea le 10 août. Les dîmes étaient-elles une propriété, donc rachetables, ou, comme le soutenait Mirabeau, un simple « tribut oppressif » ? Sieyès soutint la première thèse. Mirabeau

---

1. *Le Courrier de Provence*, nᵒˢ XXIII et XXIV.
2. Lettre du 25 octobre 1789.

s'attacha à démontrer que les dîmes n'étaient qu' « une contribution destinée à cette partie du service public qui concerne les
ministres des autels ; c'est le subside avec lequel la nation salarie
les officiers de morale et d'instruction ». Composée d'officiers
publics, de prêtres et de soldats, l'Assemblée reçut comme une
gifle ce terme de *salaire* que le préjugé rendait ignominieux. Des
murmures s'élevèrent, Mirabeau fut accusé de porter atteinte à
la dignité de l'Église. La réplique jaillit avec cette spontanéité et
cette puissance de conviction par lesquelles Mirabeau subju-
guait ses collègues au moment même où ils paraissaient le plus
hostiles : « Il serait temps, leur jeta-t-il, dans cette révolution
qui fait éclore tant de sentiments justes et généreux, que l'on
abjurât les préjugés d'ignorance orgueilleuse qui font dédaigner
les mots *salaire* et *salariés*. Je ne connais que trois manières
d'exister dans la société : il faut y être mendiant, voleur ou
salarié ; le propriétaire lui-même n'est que le premier des
salariés. »

Mirabeau l'emporta sur Sieyès : les dîmes furent abolies sans
rachat.

Tout l'édifice des abus, des exemptions, des exceptions au
droit commun, se trouvait entièrement renversé. Dans l'esprit
de la majorité, les décisions prises du 4 au 11 août étaient des
décrets constitutionnels, non soumis par conséquent à la sanction royale. Mounier lui-même avait déclaré : « Le roi n'a pas
de consentement à donner à la constitution ; elle est antérieure à
la monarchie. » Mirabeau, dans son discours sur la sanction
royale, avait surenchéri : « Ce droit d'arrêter, ce veto, ne
saurait s'exercer quand il s'agit de créer la constitution : je ne
conçois pas comment on pourrait disputer à un peuple le droit
de se donner lui-même la constitution par laquelle il lui plaît
d'être gouverné désormais. » Mais l'Assemblée, sous la pression des modérés, avait commis la faute d'envoyer les décrets à
la sanction royale. Louis XVI répondit par un long mémoire
mais différa sa sanction. Mirabeau y vit un abus, contesta, après
Le Chapelier, la nécessité de la sanction. La constitution était
l'œuvre de la nation ; c'est elle qui instituait la monarchie, et non
l'inverse. Le roi devait donc promulguer les décrets constitutionnels sans discussion ; son consentement était inutile, sauf à
tenir compte ultérieurement des observations du roi dans la

rédaction des lois d'application. Convaincue, l'Assemblée exigea la promulgation pure et simple.

En quelques jours, du grand discours sur le veto à celui sur les décrets constitutionnels, la doctrine de Mirabeau, précisée, affinée, avait été exposée à l'Assemblée. A la théorie de la monarchie de droit divin avait été substituée celle de la souveraineté de la nation. Mirabeau avait été très ferme : le peuple français, libre de choisir la forme de gouvernement qu'il souhaitait, se donnait une constitution, ne recevait pas une charte octroyée. Cette constitution établissait une monarchie sans pouvoir pour la modifier, mais dont l'autorité était reconnue : le roi, détenteur du pouvoir exécutif, pouvait intervenir, en les acceptant ou les refusant, dans l'élaboration des lois de règlement. Mirabeau aurait voulu que l'Assemblée n'imposât aucune limite à l'exercice de cette faculté ; elle en avait jugé autrement. Ayant travaillé plus qu'un autre à faire reconnaître la souveraineté nationale, mais soucieux de ne pas priver l'exécutif de tout moyen d'intervention, il avait éprouvé sur ce dernier point un échec évident. Il n'en était pas moins autorisé à proclamer fièrement à son ami Mauvillon : « J'ai mis plus de suite qu'un autre mortel peut-être, à vouloir opérer, améliorer et étendre une révolution, qui plus qu'aucune autre avancera l'espèce humaine [1]. »

1. *Lettres* à Mauvillon, *op. cit.*, p. 8, mi-septembre 1789.

9. Le combat de la dernière chance

« On ne connaît pas la toute-puissance de ma laideur ; quand je secoue ma terrible hure, il n'y a personne qui osât m'interrompre. » Voix argentine, masque de tragédie, geste d'acteur : tous les ingrédients du spectacle et, couronnant le tout, un improbable imparfait du subjonctif que n'eût pas désavoué Racine. Tour à tour convaincant, terrifiant, comique, il abuse du néologisme, malmène la syntaxe, ramasse les mots dans la boue et les élève jusqu'à lui en aristocrate du langage ; il torture la phrase avec le génie d'un Saint-Simon, et frappe ses formules comme Tacite. Torrentueux sans tact, onirique à l'occasion comme si son verbe lui échappait, facétieux dans la réplique, grondant, écumant dans la controverse, étouffant parfois sous une rhétorique pâteuse lorsqu'il lit la prose de ses faiseurs, il éclate soudain en traits d'improvisation fulgurante qui charrient indifféremment l'invective et le tonnerre, et courbent l'Assemblée sous des flots d'hilarité, des frissons d'enthousiasme, d'indignation ou d'horreur. Cicéron-Mirabeau ! Il est devenu le maître incontesté de la tribune, l'autorité suprême, la voix magique à laquelle l'Assemblée s'abandonne malgré elle, à la fois ravie et piaffante, hostile à ce génie qui la subjugue, qu'elle écoute avec délectation, incapable de résister à ce torrent impétueux qui coule sans discrétion, indifférent aux accusations de dictature dont l'accablent ses ennemis de droite et de gauche. Inlassable, ne s'avouant jamais vaincu, il fait front sans faiblesse, poursuit son but avec une ténacité que ni les rebuffades ni les échecs ne peuvent ébranler.

Cette supériorité, patiemment imposée pendant tout le mois d'août, trouve sa récompense en septembre. Le 26 il prononce son plus célèbre discours, discours inspiré sur un sujet qui

l'inspire : la banqueroute. Il parle et, aussitôt, il devient un
monstre sacré, l'Assemblée ne lui reconnaît plus d'égal. Les
bons orateurs, les Lally, les Barnave, les Cazalès, ne sont plus
désormais qu'au second rang, des besogneux, des écoliers. On
admet qu'ils parlent bien : à Mirabeau seul on reconnaît du
génie. Il fit, ce jour-là, une impression si profonde que ses
adversaires mêmes durent admirer. « Oh ! le sacré bougre, qu'il
a de talent » : aveu arraché à un irréductible ennemi (Roche-
chouart) qui en dit long sur l'état d'esprit de l'Assemblée. Le
public ne fut pas moins ému. Mme de Staël, présente, admira le
« prodigieux effet » de son éloquence et Garat, dans le *Journal
de Paris,* rappela le mot d'Eschine sur Démosthène : « Qu'auriez-vous ressenti, qu'auriez-vous dit, si vous aviez vu et
entendu le monstre ? » Désormais Mirabeau n'eut qu'à paraître.
Terreur de l'Assemblée, il en devint aussi le divertissement, le
charme, le philtre d'enchantement. « Depuis ce jour, écrit
Dumont, Mirabeau fut considéré comme un être unique ; il
n'eut plus de rival ; il y avait d'autres orateurs, lui seul était
éloquent, et l'impression fut d'autant plus vive que ce discours
était une réponse soudaine qui ne pouvait pas être préparée[1]. »
Voilà qui en dit long sur la prétendue dépendance du député de
Provence à l'égard de son atelier. Les Genevois pouvaient bien
revendiquer la paternité de nombreux discours prononcés par
Mirabeau : il garde tout le mérite de ses éclats d'éloquence.
Malgré ses rancœurs, Dumont dut d'ailleurs en convenir et, tout
en accusant le tribun d'usurper sa réputation, avouer, comme
malgré lui, la supériorité de son patron. Après l'avoir couvert
d'injures, il lui rend rapidement justice : « Avec tout cela, je
dois vous ajouter qu'il improvise à la tribune avec beaucoup de
succès, qu'il a des coups de temps et des à-propos d'une grande
précision et d'un singulier bonheur, que son éloquence de
conversation soutient sa réputation d'écrivain, et qu'il efface
tous ses faiseurs à un point qu'il n'est pas possible de ne pas lui
pardonner sa charlatanerie[2]. »

1. *Souvenirs sur Mirabeau, op. cit.*
2. Cité par J. Bénétruy, *L'Atelier de Mirabeau* (A. et J. Picart, 1962), qui fait du
tribun un simple déclamateur, un « profiteur » qui a usurpé « une gloire
frauduleuse ». Sur l'éloquence de Mirabeau, voir A. Lebois, « Comment parlait
Mirabeau », in *Les Mirabeau et leur temps, op. cit.*

Ce discours du 26 septembre qui valut à Mirabeau cette gloire étonnante, c'est la situation des finances, un sujet avec lequel Mirabeau a entretenu toute sa vie des relations ambiguës, qui lui en fournit l'occasion. Les finances! Cause première de la réunion des États généraux, l'Assemblée leur devait son existence. Mais, manquant de compétence en ce domaine, elle s'en remettait volontiers au ministre, dont la réputation d'habileté était encore presque intacte, et avait d'ailleurs bien d'autres sujets de préoccupation. Pourtant la situation était quasiment désespérée. Depuis 1788, depuis les troubles qui avaient agité les provinces, l'impôt rentrait mal. Les désordres qui n'avaient cessé de se multiplier, l'affaiblissement, l'impuissance où était tombée l'autorité royale, avaient aggravé la situation du Trésor victime du désarroi fiscal et des dépenses en hausse. Il avait fallu, la disette sévissant, accorder des primes aux importateurs de blé, acheter massivement des grains pour le compte de l'État, ouvrir des ateliers de charité pour fournir du travail et du pain aux chômeurs. L'emprunt, panacée défaillante, sur laquelle Necker avait déjà trop compté pour combler le déficit, ne rendait plus rien. Le crédit public était au plus bas, les capitalistes, les rentiers, méfiants, redoutaient la banqueroute et se cachaient. L'Assemblée, que la crainte d'une dissolution avait rendue prudente, avait accru le trouble en décrétant, le 17 juin, les impôts illégaux. Ses efforts pour rassurer les rentiers, ses engagements solennels de consolider la dette, n'avaient eu aucun effet : on la savait hostile aux capitalistes et capable de prononcer une banqueroute au moins partielle. Du reste, elle minimisait l'ampleur de la crise, se fermait les yeux, ne voulait rien voir ; peu au fait des questions financières, et longtemps entretenue par Necker dans l'illusion, elle ne pensait pas que la situation fût désespérée. Elle se félicitait plutôt des embarras du gouvernement : ils garantissaient son impuissance. Pourtant, avec les événements de juillet, la détérioration des finances atteignit un point critique. L'administration fiscale avait perdu toute autorité ; les attentats contre les bureaux et les commis se multipliaient ; l'impôt avait pratiquement cessé d'être perçu. Le 7 août Necker était venu décrire devant l'Assemblée l'état lamentable du Trésor et proposer un emprunt de 30 millions ; les députés l'accordèrent mais en réduisant le taux d'intérêt malgré Mirabeau qui remontra la nécessité de rassurer les rentiers et de maintenir la confiance dans les engagements de l'État. L'emprunt ne fut pas rempli et Necker dut revenir à la charge le 27 août : il proposa un nouvel emprunt de 80 millions à 5 % payable moitié en espèces, moitié en effets publics reçus au pair malgré leur dépréciation. Mirabeau soutint le ministre et engagea l'Assemblée à donner des garanties aux créanciers de l'État. Il mit en garde, cria casse-cou, se donna à fond pour convaincre : « Approuver l'emprunt sans consolider la dette, sans la mettre à l'abri de toute discussion, de toute atteinte, c'est semer la défiance et l'effroi parmi les capitalistes, c'est leur annoncer des intentions sinistres. Et dans quel temps, à quelle époque, pensez-vous annoncer des vues aussi malheureuses ! C'est quand vous êtes prêts à recevoir le grand, l'inestimable bienfait d'une constitution libre. Or c'est la dette publique qui a été le germe de notre liberté. Voudriez-vous recevoir le bienfait et vous refuser à en acquitter le prix ? » Mirabeau prêchait en vain et trop tard ; la confiance était morte. L'Assemblée put bien voter l'emprunt, garantir la dette : les capitalistes n'étaient pas rassurés ; ils boudèrent et l'échec fut total. On ne pouvait plus compter sur l'impôt ; aucune ressource ne venait de l'emprunt. Le numéraire manquait. L'émigration, commencée dès le 14 juillet, faisait sortir du royaume des sommes considérables. Le Trésor était vide. Il fallait trouver de toute urgence 80 millions pour finir l'année. On mit un dernier espoir dans une ultime ressource : la générosité, le bon cœur, le patriotisme des citoyens. Le roi, prêchant d'exemple, avait fait porter sa vaisselle d'or et d'argent à la Monnaie. Gouy d'Arsy, député de Saint-Domingue et riche planteur, proposa d'imposer le capital ; mais la difficulté de l'évaluer et la lenteur d'un tel recouvrement rendaient dans l'immédiat ce projet irréalisable. Necker soumit aux députés un plan de survie. Le 24 septembre il vint informer l'Assemblée de l'état des finances et proposer une contribution extraordinaire du quart des revenus (au-dessus de 400 livres), établie sur simple déclaration des citoyens, et remboursable dès que l'amélioration du crédit le permettrait. Le comité des finances ne mit aucun enthousiasme à adopter le projet. Par ignorance, par crainte, l'Assemblée était hésitante et partagée. N'exagérait-on pas la gravité du mal ? Ne cherchait-on pas à l'effrayer ? Certains, par haine des financiers, des banquiers et des capitalistes, envisageaient avec une secrète jubilation l'éventualité d'une banqueroute. Tel député, représentatif de cet état d'esprit, écrivait à ses commettants, le 26, une lettre révélatrice : « On voudrait nous pousser l'épée dans les reins, nous intimider par ces considérations de ruine prochaine de l'État. Comme la banqueroute ne tomberait que sur les gros capitalistes de Paris et des grandes villes, qui ruinent l'État par les intérêts excessifs qu'ils ont exigés, je n'y verrai pas grand mal[1]. » Cet esprit négatif progressait ; l'Assemblée discutait, perdait du temps. C'est alors, le 26, que Mirabeau intervint pour couper court aux délibérations stériles, rappeler l'état d'urgence et l'impossibilité pour l'Assemblée de se livrer à une analyse constructive du plan ministériel ou de lui en substituer un autre dans des délais raisonnables. Il insista sur la nécessité de laisser à Necker l'entière responsabilité de son projet, que le résultat en fût la réussite ou l'échec, pour garder, quoi qu'il arrivât, le crédit de l'Assemblée intact. « Que si, à Dieu ne plaise ! le premier ministre des finances échouait dans sa pénible entreprise, le vaisseau public recevrait sans doute une grande secousse sur l'écueil où le pilote l'aurait laissé toucher ; mais ce heurtement ne nous découragerait pas : vous seriez là, messieurs, votre crédit serait intact, la chose publique resterait tout entière. » Convaincue, l'Assemblée engagea Mirabeau à rédiger un projet de décret. Alors l'opposition s'agita. A droite, d'Éprémesnil s'étonna de trouver l'éloge de Necker dans la bouche de Mirabeau et soupçonna une manœuvre. Les amis du ministre l'accusèrent de feindre, de tendre un piège mortel à son ennemi, de chercher à le compromettre, de lui laisser supporter seul les conséquences d'un échec. C'était bien en effet ce que voulait Mirabeau : préserver l'Assemblée de toute compromission dans une affaire incertaine et, en cas d'insuccès, provoquer la chute de Necker. « Ainsi, dit-il, l'on m'a deviné, ou plutôt on m'a entendu ; car je n'ai jamais prétendu me cacher. Je ne crois pas en effet que le crédit de l'Assemblée nationale doive être mis en balance avec celui du premier ministre des finances ; je

---

1. Hardy de Largère, député de Bretagne. Cité par M. Marion, *Histoire financière de la France,* Rousseau et Cie, 1927, t. II, p. 18.

ne crois pas que le salut de la monarchie doive être attaché à la
tête d'un mortel quelconque ; je ne crois pas que le royaume fût
en péril quand M. Necker se serait trompé ; et je crois que le
salut public serait très compromis si une ressource vraiment
nationale avait avorté, si l'Assemblée avait perdu son crédit et
manqué une opération décisive. » Il fallait donc laisser carte
blanche au ministre, mais ne pas prendre la responsabilité de
garantir un plan que l'urgence ne permettait ni de peser ni
d'amender. J'aurais préféré, souligna Mirabeau, une contribution forcée ; mais peu importe mes préférences. Nous n'avons
aucun délai devant nous. Nous ne pouvons ni établir un plan, ni
examiner celui qu'on nous propose. L'Assemblée hésitait
encore ; des voix s'élevaient pour réclamer le renvoi au comité
des finances.

Pour la quatrième fois de la journée Mirabeau monta à la
tribune. Il dénonça les temporisations, soupçonna des arrière-
pensées, fit frémir les députés par un tableau saisissant des
horreurs de la banqueroute. Ce discours, que l'éloquence
mirabellienne ne dépassa jamais, il faut le citer presque entier.
Même à la lecture il reste encore quelque chose du frisson qui
parcourut les rangs de l'Assemblée. « Oh ! si des déclarations
moins solennelles ne garantissaient pas notre respect pour la foi
publique, notre horreur pour *l'infâme mot de banqueroute*,
j'oserais scruter les motifs secrets, et peut-être, hélas ! ignorés
de nous-mêmes, qui nous font si imprudemment reculer au
moment de proclamer l'acte d'un grand dévouement, certainement inefficace s'il n'est pas rapide et vraiment abandonné. Je
dirais à ceux qui se familiarisent peut-être avec l'idée de
manquer aux engagements publics, par la crainte de l'excès des
sacrifices, par la terreur de l'impôt... Qu'est-ce donc que la
banqueroute, si ce n'est pas le plus cruel, le plus inique, le plus
inégal, le plus désastreux des impôts ?... Mes amis, un mot, un
seul mot.

» Deux siècles de déprédations et de brigandages ont creusé
le gouffre où le royaume est près de s'engloutir. Il faut le
combler ce gouffre effroyable. Eh bien ! voici la liste des
propriétaires français. Choisissez parmi les plus riches, afin de
sacrifier moins de citoyens. Mais choisissez ; car ne faut-il pas
qu'un petit nombre périsse pour sauver la masse du peuple ?

Allons ! ces deux mille notables possèdent de quoi combler le déficit. Ramenez l'ordre dans vos finances, la paix et la prospérité dans le royaume. Frappez, immolez sans pitié ces tristes victimes, précipitez-les dans l'abîme, il va se refermer... Vous reculez d'horreur... Hommes inconséquents, hommes pusillanimes ! Eh ! Ne voyez-vous pas qu'en décrétant la banqueroute ou, ce qui est plus odieux encore, en la rendant inévitable sans la décréter, vous vous souillez d'un acte mille fois plus criminel et, chose inconcevable ! gratuitement criminel ; car enfin cet horrible sacrifice ferait du moins disparaître le déficit. Mais, croyez-vous, parce que vous n'aurez pas payé, que vous ne devrez plus rien ? Croyez-vous que les milliers, que les millions d'hommes qui perdront en un instant, par l'explosion terrible ou par ses contrecoups, tout ce qui faisait la consolation de leur vie, et peut-être leur unique moyen de se sustenter, vous laisseront paisiblement jouir de votre crime ? Contemplateurs stoïques de maux incalculables que cette catastrophe vomira sur la France ; impassibles égoïstes, qui pensez que ces convulsions du désespoir et de la misère passeront comme tant d'autres, et d'autant plus rapidement qu'elles seront plus violentes, êtes-vous bien sûrs que tant d'hommes sans pain vous laisseront tranquillement savourer les mets dont vous n'aurez voulu diminuer ni le nombre ni la délicatesse ?... Non, vous périrez ; et dans la conflagration universelle que vous ne craignez pas d'allumer, la perte de votre honneur ne sauvera pas une seule de vos détestables jouissances.

» Voilà où nous marchons... J'entends parler de patriotisme, d'élans de patriotisme, d'invocations au patriotisme. Ah ! Ne prostituez pas ces mots de patrie et de patriotisme. Il est donc bien magnanime l'effort de donner une portion de son revenu pour sauver tout ce qu'on possède. Eh ! messieurs, ce n'est là que de la simple arithmétique ; et celui qui hésitera ne peut désarmer l'indignation que par le mépris qu'inspirera sa stupidité. Oui, messieurs, c'est la prudence la plus ordinaire, la sagesse, la plus triviale, c'est votre intérêt le plus grossier que j'invoque. Je ne vous dis plus comme autrefois : donnerez-vous les premiers aux nations le spectacle d'un peuple assemblé pour manquer à la foi publique ? Je ne vous dis plus : eh ! quels titres avez-vous à la liberté ? Quels moyens vous resteront pour la

maintenir, si dès votre premier pas vous surpassez les turpitudes
des gouvernements les plus corrompus ; si le besoin de votre
concours et de votre surveillance n'est pas le garant de votre
constitution ?... Je vous dis : vous serez tous entraînés dans la
ruine universelle ; et les premiers intéressés au sacrifice que le
gouvernement vous demande, c'est vous-mêmes.

» Votez donc ce subside extraordinaire, qui puisse-t-il être
suffisant ! Votez-le parce que si vous avez des doutes sur les
moyens (doutes vagues et mal éclaircis), vous n'en avez pas sur
sa nécessité et sur notre impuissance à le remplacer, immédiatement du moins. Votez-le, parce que les circonstances publiques
ne souffrent aucun retard, et que nous serions comptables de
tout délai. Gardez-vous de demander du temps ; le malheur n'en
accorde jamais... Eh ! messieurs, à propos d'une ridicule motion
du Palais-Royal, d'une risible insurrection qui n'eut jamais
d'importance que dans les imaginations faibles ou les desseins
pervers de quelques hommes de mauvaise foi, vous avez
entendu naguère ces mots forcenés : *Catilina est aux portes de
Rome, et l'on délibère.* Et certes, il n'y avait autour de nous ni
Catilina, ni périls, ni factions, ni Rome... Mais aujourd'hui la
banqueroute, la hideuse banqueroute est là : elle menace de
consumer, vous, vos propriétés, votre honneur..., et vous
délibérez ! »

L'*impressive* éloquence de Mirabeau, pour reprendre le mot
de Mme de Staël, avait conquis toutes les volontés, anéanti les
résistances, paralysé l'Assemblée. Tout d'une pièce, elle se
rendit, s'abandonna à la volonté de l'orateur, effrayée, livrée à
l'impression terrible que la voix du tribun avait imprimée dans le
cœur de chaque député. « Le silence du recueillement, écrit
Ferrières, semblait lier toutes les pensées à des vérités grandes
et terribles. Le premier sentiment fit place à un sentiment plus
impérieux ; et comme si chaque député se fut empressé de
rejeter de sur sa tête cette responsabilité redoutable dont le
menaçait Mirabeau, et qu'il eût vu tout à coup devant lui
l'abîme du déficit appelant ses victimes, l'Assemblée se leva tout
entière, demanda d'aller aux voix, et rendit à l'unanimité le
décret[1]. »

---

1. *Mémoires..., op. cit.,* t. I, p. 262.

Malgré la haine que lui vouait consciencieusement le côté droit, malgré le mépris qu'il inspirait à maints modérés et la méfiance que lui témoignaient de nombreux patriotes, Mirabeau en imposait et, par moments, terrorisait l'Assemblée. Cette maîtrise jupitérienne, il ne la devait pas à sa seule éloquence. Quelques mois de révolution n'avaient pas suffi à transformer la sensibilité des hommes, à effacer les habitudes de soumission et de respect aux représentants des grandes races. Le seigneur restait un maître ; les Orléans, les Montmorency, les Talleyrand inspiraient encore crainte et vénération. Bien qu'il n'en eût ni le ton ni les manières, Mirabeau était un aristocrate et son nom lui valait une grande considération. Dans cette assemblée composée de tout l'*establishment* de l'ancienne société, on n'accordait pas également sa considération à tous. La noblesse, surtout lorsqu'elle avait rompu avec les conservateurs de l'ordre ancien pour se ranger du côté des patriotes et fraterniser avec les bourgeois, ajoutait le prestige de la générosité à celui de la naissance et à l'illustration du nom. Jamais, peut-être, les nobles ne furent plus populaires, leur influence plus grande. Tout au long de la législature, ils furent portés au premier rang par l'Assemblée : une fois sur deux, elle éleva l'un des leurs à la présidence. Ils apparaissaient encore comme des chefs naturels destinés à diriger les pas hésitants de la révolution. Voici un témoignage : il révèle toute l'autorité que la noblesse avait conservée et laisse deviner le rôle qu'elle aurait pu jouer si la majorité ne s'était pas entêtée dans une opposition stérile. Mounier ayant été élu le 28 septembre à la présidence de l'Assemblée, Duquesnoy, que la servilité de ses collègues révulse et enrage, note avec amertume la timidité des roturiers, l'ascendant des nobles et le préjugé qui leur confère la prééminence. « En tout, il est fâcheux de le dire, mais cela est vrai, aucun homme des communes ne saura présider convenablement, ou ne le pourra, pendant la législature actuelle. Nous ne sommes pas encore assez forts, nous n'avons pas l'esprit assez juste pour apprécier les hommes à leur valeur et indépendamment de leurs frivoles et méprisables décorations extérieures. Un cordon bleu nous en impose encore, tant nous sommes stupides, et l'homme même des communes élu président ne sait pas s'élever à la hauteur de sa place ; tout étourdi du rang où il est élevé, il ne voit pas d'un œil égal tous les hommes qu'il préside. Il faut encore un peu de temps pour achever la révolution qui placera les hommes à leur niveau[1]. »

Quelques jours après son discours-tonnerre, le 5 octobre, Mounier présidant encore l'Assemblée, Mirabeau se faufila jusqu'à son fauteuil et, d'une voix tendue, lui glissa à l'oreille :

— Mounier, Paris marche sur nous.

— Je n'en sais rien.

— Croyez-moi ou ne me croyez pas, mais Paris marche sur nous. Trouvez-vous mal, allez au château, donnez-leur cet avis ; dites, si vous le voulez, que vous le tenez de moi, j'y consens. Mais faites cesser cette controverse scandaleuse, le temps presse, il n'y a pas une minute à perdre.

— Paris marche sur nous ? Eh bien, tant mieux ; nous en serons plus tôt république.

Mirabeau était bien informé. Dans cette journée du 5 octobre s'accomplissait la marche revendicatrice et punitive de quelques milliers d'amazones prolétariennes sous la conduite d'une jeune prêtresse d'Éros, Théroigne de Méricourt, chapeau à plumes en tête et sabre au côté qui, à défaut d'amants, était devenue la maîtresse de la liberté. Cette colonne de femmes, typique des émeutes frumentaires, était toutefois bien encadrée par des meneurs éprouvés, Hulin ou encore Maillard, l'un des chefs des « vainqueurs de la Bastille ». La Garde nationale, La Fayette en tête, devait bientôt suivre cette horde féminine, infiltrée par de nombreux hommes déguisés, qui marchait sur Versailles pour réclamer du pain et intimider le roi et l'Assemblée. Cette *journée* était-elle vraiment une simple émeute de la faim, ou le résultat d'une intrigue sordide, d'un complot dynastique, manipulée par le duc d'Orléans et Mirabeau, à coups d'argent distribué, de clubs complices, pour contraindre Louis XVI à la fuite et le remplacer par celui qui allait devenir bientôt Philippe Égalité ?

Par définition les complots se trament dans l'ombre. L'obscurité recouvre celui-ci. On connaît les faits. La foule à Versailles le 5 octobre, l'Assemblée envahie par les femmes banquetant jusque sur le bureau du président. Le 6 au matin, le drame : le

1. *Journal*, 1894, t. I, p. 375.

château envahi, la vie de la reine menacée, des gardes du corps tués. Le soir, le roi ramené à Paris avec sa famille, bientôt suivi de l'Assemblée nationale. Une seule certitude : sous l'apparente spontanéité d'une émeute de la faim, on devine un plan prémédité ; derrière l'improvisation des femmes, un encadrement éprouvé. Cette *journée* n'est d'ailleurs qu'une récidive. Déjà le 30 août une première marche sur Versailles avait été arrêtée : Saint-Huruge, le marquis rouge, émeutier du Palais-Royal, lié à Orléans, devait en prendre la direction. La cour, une fois de plus, avait fourni le prétexte : les journées d'octobre pouvaient apparaître comme une simple réplique à des menées contre-révolutionnaires. Le bruit, non dénué de fondement, que la cour préparait un plan de repli de Louis XVI à Metz d'où il devait revenir à la tête de troupes d'émigrés et d'étrangers, courait la capitale. Les gardes-françaises parlaient déjà de se rendre à Versailles. Le château riposta en faisant venir un régiment d'infanterie pour soutenir les gardes du corps, et choisit un « bon » régiment, connu pour ses sentiments royalistes. Son arrivée, le 23 septembre, jeta l'alarme dans Paris. La tension monta lorsque les gardes du corps et les officiers du régiment de Flandre se livrèrent à des provocations. Dans un banquet qui les réunit, où parurent le roi et la reine, la cocarde tricolore fut foulée aux pieds, l'Assemblée nationale fut brocardée, insultée. A Paris les districts s'agitèrent ; le Palais-Royal tonna, cria à la contre-révolution. Les journées eurent lieu... S'il y eut complot pour forcer le roi à la fuite et à céder la place, ce qui est vraisemblable, les preuves manquent pour l'affirmer. Le pain manquait, les femmes se soulevèrent, l'apparence d'émeute spontanée fut préservée. Le complot ne fut jamais prouvé, surtout en ce qui concerne Mirabeau.

Les biographes du tribun, soucieux de le laver de tout soupçon, ont affirmé que les accusations lancées contre lui ressemblaient fort à des affabulations. Qu'il fût coupable ou non, qu'il ait été ou non mêlé à une intrigue dynastique, ne peut aujourd'hui encore être établi avec certitude. Mais ce n'est peut-être pas le plus important : Mirabeau pouvait souhaiter un changement de dynastie sans être mêlé directement au complot. Je m'en expliquerai tout à l'heure, après avoir résumé un dossier qui a déjà fait verser beaucoup d'encre.

Les accusateurs d'abord : ce sont les royalistes et Peltier leur porte-parole, ce sont les témoins entendus au cours de la procédure ouverte plus tard par le Châtelet, ce sont surtout Virieu, Bergasse et Mounier. D'après les déclarations de Mounier, Mirabeau aurait réuni en juillet, outre l'accusateur, Bergasse, La Fayette et Duport, et leur aurait confié : « Messieurs, j'ai rencontré le duc d'Orléans à qui j'ai dit : Monseigneur vous ne pouvez pas nier que nous puissions avoir bientôt Louis XVII au lieu de Louis XVI et, si cela n'était pas ainsi, vous seriez au moins lieutenant général du royaume. Le duc d'Orléans, messieurs, m'a répondu des choses fort aimables. » Autre déclaration, suivant le même témoignage, et confirmée aussi par Virieu : comme Mounier redoutait qu'un prince ambitieux s'emparât du trône, Mirabeau lui aurait répondu : « Mais, bonhomme que vous êtes, je suis aussi attaché que vous à la royauté ; mais qu'importe que nous ayons Louis XVII au lieu de Louis XVI et qu'avons-nous besoin d'un gamin pour nous gouverner. » Ces confidences échappées à Mirabeau dévoilent une philosophie politique ; elles ne prouvent pas un complot. En faveur de celui-ci, des présomptions dont la valeur est invérifiable ; au premier rang, ses relations avec Biron, avec Laclos, conseillers du duc d'Orléans, avec Camille Desmoulins, démagogue du Palais-Royal, qu'il reçoit précisément chez lui au début d'octobre. On peut encore citer comme preuves à charge son plaidoyer à l'Assemblée en faveur de la branche d'Orléans contre les Bourbons d'Espagne et le témoignage, peu convaincant, d'accusateurs qui affirmèrent avoir vu Mirabeau le 5 octobre, passant le sabre à la main (!) devant le front du régiment de Flandre pour répandre l'indiscipline dans les troupes. Que vaut, également, la déclaration que, selon Ferrières, Mirabeau aurait faite peu avant les événements à un libraire versaillais : « Mon cher Blaisot, par amitié pour vous, je veux vous prévenir que dans très peu de jours vous verrez de grands malheurs, des horreurs même, du sang répandu à Versailles[1]. » Il aurait encore déclaré, quelques jours après les journées d'octobre, parlant du duc d'Orléans : « Il veut mais ne peut ; c'est un eunuque pour le crime », et aurait même ajouté : « Nous avions

---

1. *Mémoires..., op. cit.*, t. I, p. 265.

besoin d'un mannequin ; ce c...-là faisait autant l'affaire qu'un autre. » En sens inverse, La Marck a lavé son ami de toute complicité dans les événements d'octobre. Son témoignage, il est vrai, ne porte pas sur les préparatifs, mais seulement sur l'après-midi du 5 octobre que Mirabeau aurait passé, et rien ne permet de ne pas le croire, en sa compagnie ; d'autre part, il affirme que Mirabeau était alors complètement démuni, et l'on a en effet de la peine à croire que, s'il avait été au service d'Orléans, il n'ait pas profité de ses largesses.

Il n'est donc pas possible de conclure, et le doute subsiste quant à la participation active du tribun aux journées d'octobre ? Mais sur un point au moins il ne saurait y avoir d'hésitations : ces événements allaient dans un sens que Mirabeau ne pouvait qu'approuver et qui, quelle que soit sa part de responsabilité, satisfaisaient à la fois ses ambitions personnelles et les objectifs politiques qu'il s'était fixés. Laissons là l'intrigue et prenons un peu de hauteur. Jusqu'alors la révolution avait suivi le rythme et pris la forme que lui avaient imposée les élites. Les interventions populaires de juillet, la jacquerie paysanne s'étaient contentées de donner des coups de pouce, bien accueillis, à la révolution bourgeoise. Le 14 juillet avait consacré l'impuissance du monarque, renforcé l'autorité de l'Assemblée ; la *grande peur* avait rendu possible le 4 août qui renforça la propriété en évacuant son excroissance, la propriété féodale. Les événements d'octobre avaient fait intervenir dans la révolution un élément nouveau qui en changea la nature et l'orientation. De ces *journées* date la prise de conscience par la bourgeoisie constituante du fossé culturel qui séparait l'Assemblée de la plèbe parisienne, désormais partie prenante dans la révolution. L'esprit des *Lumières* qui dominait l'Assemblée se heurtait tout d'abord, et sans préparation, à travers l'intervention populaire, à une idéologie contradictoire qui était en fait, déjà, celle de 93. La droite et les modérés de l'Assemblée ne s'y trompèrent pas ; ils datèrent de cette époque, et non sans raison, le commencement de la Terreur. Ils fuirent, se réfugièrent dans les provinces d'abord, à l'étranger ensuite. Mounier, prototype du modéré effrayé par l'événement, gagna le Dauphiné et de là la Suisse. Le roi et l'Assemblée à Paris sous le contrôle immédiat du peuple, c'était ce que l'Assemblée n'avait jamais

voulu : c'était l'écueil de la révolution bourgeoise, c'était, en
quelque sorte, son terme. S'il semble qu'il l'ait prévu, Mirabeau
n'avait pas voulu que la révolution fût ainsi détournée de ses
objectifs initiaux. Mais ce qu'il a pu envisager, ce qu'il a
certainement souhaité, c'est qu'à la faveur de ces événements,
intervienne un changement de dynastie. Il n'avait aucune
raison, bien loin de là, d'être attaché à Louis XVI. Aux
rancunes personnelles, aux obstacles élevés par la cour à ses
ambitions, s'ajoutaient des arguments politiques d'une singulière puissance. Il était clair que Louis XVI n'acceptait qu'à
contrecœur et du bout des lèvres une révolution imposée qui
meurtrissait sa conscience et blessait son orgueil. Mirabeau ne
pouvait qu'appeler de ses vœux un souverain qui, élevé par la
révolution, lui devant sa dignité et son pouvoir, l'accepterait de
bonne foi et la consoliderait avec l'aide de celui qui s'était
identifié à elle. Les journées d'octobre, qu'elles aient été ou non
préparées par des intrigues, fournissaient une occasion inespérée de réaliser ce double objectif : lier à la révolution un
souverain qui lui devrait l'existence et qui verrait son intérêt
dans sa stabilisation ; ouvrir enfin à Mirabeau la voie du
ministère, que les préventions de Louis XVI et de la cour lui
avaient jusqu'alors fermée.

Les journées d'octobre eurent des résultats que Mirabeau ne
pouvait prévoir. Non seulement elles accélérèrent la révolution,
mais elles la détournèrent. Si Mirabeau avait mis ses espoirs
dans le duc d'Orléans, ils s'évanouirent. Dégoûté de ce prince
médiocre et pusillanime, il n'aura plus d'autre ambition désormais que de réaliser ses projets dans la légalité monarchique. Il
essaiera de convaincre Louis XVI de jouer à fond le jeu de la
constitution et de se fier à lui pour détourner les risques que
l'intervention populaire ferait peser sur la révolution bourgeoise : ce sera, le moment venu, l'objet de son contrat avec la
cour.

Mais, en ce début d'octobre 89, il n'en est pas encore là. Il est
la proie de ses ambitions ministérielles, et tous les espoirs lui
sont encore permis. En un mois, il va tout tenter, complots,
intrigues, batailles parlementaires, pour réaliser le rêve de toute
sa vie. Un mois d'activité intense où il aura tout envisagé, même
la guerre civile, et qui aboutira le 7 novembre, après une bataille

épique sur le terrain qui lui est le plus familier et où il est passé maître, celui du débat parlementaire, à un échec décisif qui l'éliminera à tout jamais des premiers rôles au grand jour, et ne lui laissera d'autre alternative que l'action obscure, un peu honteuse et subalterne qui, quel que soit le jugement que l'on porte sur ses motifs, ne manquera pas de le compromettre dans l'opinion et, plus tard, dans le jugement de l'histoire.

Les soupçons de complicité ou de connivence dans les journées d'octobre ont encore déconsidéré Mirabeau aux yeux de ceux qui étaient déjà réticents ou hostiles. Si sa popularité parisienne reste intacte, si même elle grandit — harangères et poissardes sanglotent d'émotion à la vue de « notre petite mère Mirabeau » —, le soupçon qui pèse sur lui a accusé les traits de son visage démoniaque dans l'esprit de la cour, chez les modérés de l'Assemblée, chez tous ceux, en vérité, dont Mirabeau a le plus besoin pour assurer la réalisation de son ambition : la reine, qui le croit capable et qu'il a très durement humiliée le 5 octobre[1], le redoute et le méprise plus que jamais. Elle avait déjà, s'engageant avec beaucoup d'irréalisme et de naïveté, déclaré à La Marck non sans présomption ni hauteur : « Nous ne serons jamais assez malheureux, je pense, pour être réduits à la pénible extrémité de recourir à Mirabeau. » Depuis, ses sentiments hostiles n'avaient fait que se renforcer. A l'Assemblée, son ascendant qui tient tout à son éloquence, à son art de débrouiller les questions difficiles, à son pouvoir d'entraînement, reste fragile. Il n'a pas de parti et ceux-là mêmes qui l'applaudissent, le jalousent et le méprisent. Enfin, il vit, dure contrainte pour ce panier percé, dans la gêne, sans argent, poursuivi par ses créanciers comme au temps de son adolescente gueusaille. Il ne vit que des avances, toujours insuffisantes, que lui consent généreusement le comte de La Marck, et des profits, bien peu substantiels, du *Courrier de Provence*. Son *atelier*, ses secrétaires — il a engagé depuis peu le Provençal Pellenc —, sont entièrement à sa charge, et il ne peut songer à s'en séparer maintenant que ses espoirs se précisent car tous ces hommes-là

1. Il avait proposé que « l'Assemblée déclare que la personne du roi est seule inviolable, et que tous les autres individus de l'État, quels qu'ils soient, sont également sujets et responsables devant la loi ». La reine était donc directement visée.

valent de l'or s'il devient ministre. En fin de compte, depuis cinq
mois que la révolution est ouverte, Mirabeau n'a rien gagné ; il
reste le marginal dépenaillé, besogneux et amer que la société
avait rejeté, que son père avait déshérité. Il n'a pas obtenu la
grande place qu'il espérait à la fois par orgueil et par nécessité,
pour agir et pour se libérer, pour donner à la révolution le tour
qu'enfantait son génie et pour mener enfin, dans le luxe et le
plaisir, la vie patricienne dont il avait jusqu'alors été frustré.

    Après le retour du roi à Paris s'ouvre pour Mirabeau une
période d'activité fébrile, activité d'intrigues, où il cherche à
donner au destin le coup de pouce décisif. Comme toujours se
mêlent dans ses projets l'intérêt personnel et le dévouement à la
chose publique. Les calculs sordides cohabitent avec les projets
les plus téméraires, les plus dangereux aussi, pour stabiliser une
révolution que les journées d'octobre ont dévoyée. Ne peut-on
craindre, désormais, la chute de la monarchie et, pis que tout, la
guerre sociale ? Face à ce nouveau danger, Mirabeau est prêt à
tenter, à n'importe quel prix, le sauvetage de la révolution
bourgeoise qu'il s'estime seul capable de réaliser. Il fait désormais flèche de tout bois, allant même jusqu'à envisager la guerre
civile qui lui paraît maintenant moins redoutable que le détour-
nement de la révolution par la « populace agitée » de Paris.

    Le mémoire où il dénonce l'imminence du danger était
destiné à Louis XVI en personne. Il y exposait un plan de
retraite, conseillait au roi de quitter Paris. Il en avait fait dès le
7 octobre la proposition au comte de La Marck : « Si vous avez,
lui avait-il dit ce jour-là, quelque moyen de vous faire entendre
du roi et de la reine, persuadez-leur que la France et eux sont
perdus, si la famille royale ne sort pas de Paris. Je m'occupe
d'un plan pour les en faire sortir : seriez-vous en position d'aller
leur donner l'assurance qu'ils peuvent compter sur moi ? » Ce
plan, rédigé en quelques jours, contenait de sérieux germes de
guerre civile, mais il ne semble pas que Mirabeau s'en soit ému,
si grave lui paraissait la situation. Au contraire, il affirmait à La
Marck, à la fin d'octobre, qu'il voyait dans la guerre civile le seul
moyen de rétablir l'autorité du roi et d'éviter que la foule ne
devienne l'instrument aveugle des factieux. Comme La Marck
lui faisait remarquer que le roi manquait d'argent, Mirabeau
ajouta : « La guerre civile se fait toujours sans argent, et

d'ailleurs, dans les circonstances présentes, elle ne serait pas de longue durée. Tous les Français veulent des places et de l'argent ; on leur ferait des promesses, et vous verriez bientôt le parti du roi prédominant partout[1]. » Le plan du 15 octobre, quant à lui, s'il n'écartait pas tout risque de guerre civile, repoussait catégoriquement toute tentative de contre-révolution. Sous prétexte que l'Assemblée et le roi n'étaient pas libres, les ennemis de la révolution tentaient de pousser la population à refuser l'obéissance à leurs décrets. Mirabeau redoutait les entreprises des parlements et de la noblesse. En conseillant au roi de quitter Paris, il poursuivait un double but : fuir les excès des révolutionnaires exaltés et enlever à la contre-révolution tout prétexte de s'organiser. Sauver la monarchie et la révolution s'accordait trop bien avec ses propres ambitions pour qu'il ne profitât pas de l'occasion de dénoncer son ennemi, ce Necker qui lui barrait la voie du ministère et qu'il espérait bien remplacer à la faveur du déplacement du roi. Aussi, suggérait-il à Louis XVI, avec sa véhémence coutumière, de se séparer d'un ministre qui menait le royaume à la ruine et mettait en danger sa couronne. « Les ministres, disait-il, sont sans moyens. Un seul [Necker], qui toujours eut plutôt des enthousiastes qu'un parti, a encore de la popularité. Mais ses ressources sont connues, il vient de se montrer tout entier. Sa tête véritablement vide n'a osé entreprendre que d'étayer quelques parties d'un édifice qui s'écroule de toutes parts ; il veut prolonger l'agonie jusqu'au moment qu'il a fixé pour sa retraite politique et où, comme en 1781, il croit laisser un prétendu niveau entre la recette et la dépense, et quelques millions dans le Trésor royal. Que son moyen réussisse ou qu'il échoue, le succès ne s'étendra pas au-delà de quelques mois, et ce financier destructeur ne laisse un souffle à Paris qu'en détruisant le royaume. » En un mot l'État se dissout, et seule une grande et courageuse décision peut lui rendre la vie et éviter des désordres tragiques. Cette décision, Mirabeau la propose sans timidité comme seule efficace. « Le seul moyen de sauver l'État et la constitution naissante est de placer le roi dans une position qui lui permette de se coalitionner avec ses peuples. » Qu'est-ce à dire sinon qu'il faut renoncer

1. *Correspondance* Mirabeau-La Marck, *op. cit.*, t. I, p. 126.

à être esclave, à vivre dans la dépendance de Paris et sous sa
surveillance, pour regagner l'estime et l'appui du royaume,
éventualité d'autant plus vraisemblable que « les dissensions
entre Paris et les provinces sont connues ; au moindre événement on les verra éclater ». Quels sont les moyens les plus
propres à réaliser cette coalition ? Mirabeau les connaît. Mais il
sait aussi que, dans l'entourage du roi, des projets se trament et
qu'ils visent tous à la contre-révolution ; des projets qui ne
peuvent en aucun cas se concilier avec les siens.

Si Mirabeau refuse que la révolution règne *sur* le roi, il ne
veut pas non plus que le roi règne *contre* la révolution : mais
qu'il règne *sur* la révolution en la dirigeant et en garantissant les
acquisitions approuvées par la France entière. Il met donc en
garde Louis XVI contre les illusions. Gare aux plans des contre-
révolutionnaires qui comptent sur l'appui des émigrés et des
puissances étrangères : « Se retirer à Metz ou sur toute autre
frontière serait déclarer la guerre à la nation et abdiquer le
trône. » « Moi-même, ajoute-t-il fièrement, après un tel événement je dénoncerais le monarque. » Il serait également impolitique et déloyal de se retirer dans l'intérieur du royaume et d'y
convoquer la noblesse. Non seulement ce serait dresser toute la
France contre la monarchie, ce serait une provocation inutile.
La noblesse ne résisterait pas à la colère de la nation ; d'ailleurs,
il faudrait l'acheter, lui faire des concessions, lui rendre ses
privilèges contre l'ensemble de l'opinion et contre toute justice
car « l'abolition du système féodal était une expiation due à dix
siècles de délire ». Il n'est pas davantage question de fuir pour
dénoncer l'Assemblée : on s'aliénerait les provinces qui, dans
leur grande majorité, soutiennent ses décrets. Ce serait, en
outre, renoncer à la constitution et engager avec la nation une
guerre inexpiable. « Il est certain, d'ailleurs, ajoute Mirabeau,
qu'il faut une grande révolution pour sauver le royaume, que la
nation a des droits, qu'elle est en chemin de les recouvrer tous et
qu'il faut non seulement les rétablir, mais les consolider ; qu'une
convention nationale peut seule régénérer la France ; que
l'Assemblée a déjà fait plusieurs lois qu'il est indispensable
d'adopter, et qu'il n'y a de sûreté pour l'État et pour le roi que
dans la coalition la plus étroite entre le prince et le peuple. »
Mirabeau, on le voit, ne renonce à aucun de ses principes ; au

moment où il s'apprête à trahir la populace parisienne dont il est l'idole, et ses meneurs qui déjà le soupçonnent, il reste fidèle à ce qu'il a toujours été ; l'homme qui écrivait à la mi-septembre à son ami Mauvillon : « J'ai mis plus de suite qu'un autre mortel quelconque peut-être, à vouloir opérer, améliorer et étendre une révolution, qui plus qu'aucune autre avancera l'espèce humaine [1]. »

Ce que proposait Mirabeau, et il le reconnaissait lui-même car nul moins que lui n'était dupe des illusions, n'était pas sans danger. Mais, disait-il, « il ne faut pas s'imaginer pouvoir sortir d'un grand péril sans un péril, et toutes les forces des hommes d'État doivent être employées maintenant à préparer, tempérer, diriger et limiter la crise, et non à empêcher qu'il y en ait une, ce qui est entièrement impossible, ni même à la reculer, ce qui ne réussirait qu'à la rendre plus violente ». Restait à préciser les détails de cette conspiration pour le salut de l'État. Mirabeau le fit en maître du complot, et en profond politique. Le départ du roi devrait être préparé minutieusement, dans le plus grand secret, à l'insu même du ministère. Pendant que l'on organiserait un corps de 10 000 hommes posté entre Paris et Rouen, on éclairerait les provinces et les garnisons sur les véritables intentions du roi. A la date fixée, le roi partirait en plein jour pour Rouen. Le choix de cette ville devait couper court à toute rumeur de fuite et rassurer les populations. Rouen constituait une position stratégique de première force ; on pouvait compter sur la Normandie, la Bretagne et l'Anjou ; le port commandait une circulation immense qui permettrait de ravitailler Paris, d'y porter l'abondance, d'y changer la résistance en bénédictions. Avant de quitter Paris, Louis XVI aurait lancé une proclamation qui lui assurerait l'appui des provinces. Cette proclamation, un petit chef-d'œuvre, faisait du roi non un fuyard animé de mauvais desseins, mais le défenseur de la révolution et de ses acquis contre les contre-révolutionnaires arguant de la dépendance du roi pour refuser d'obéir aux décrets de l'Assemblée nationale sanctionnés par le souverain. Louis XVI dénonçait les menées contre-révolutionnaires coupables de « compromettre une révolution à laquelle il prend autant d'intérêt que les plus

1. *Lettres* à Mauvillon, *op. cit.*, p. 8.

ardents amis de la liberté », s'engageait à appeler auprès de lui
l'Assemblée nationale, et décidait de convoquer bientôt une
convention « pour juger, confirmer, modifier et ratifier les
opérations de la première assemblée » ; il garantissait la dette
publique, prenait l'engagement de détruire au plus tôt les
parlements, « le plus grand fléau de ses peuples », et de vivre
désormais comme un simple particulier. Enfin, Mirabeau
conseillait de ne pas retarder d'un instant l'exécution du plan.

On peut difficilement croire que Mirabeau ait vraiment pensé
que ce projet pourrait se réaliser et réussir sans provoquer de
furieuses résistances. Il contenait en germe la guerre civile que,
d'ailleurs, ses déclarations déjà citées ne repoussaient pas. Sans
doute pensait-il que c'était là un moindre mal et que la guerre ne
serait ni longue ni inexpiable. Quoi qu'il en soit, le plan devait
rester en carton et ne connut même pas un début d'exécution. Il
n'était pas question, en effet, de le remettre directement au roi,
encore moins à la reine. Il fut décidé que La Marck le
montrerait au comte de Provence chargé de le remettre à son
frère. Mais celui-là, bien qu'il approuvât le projet, refusa de le
communiquer à Louis XVI, persuadé que son indécision ne lui
permettrait jamais de prendre un parti aussi brutal.

Si Mirabeau avait espéré, par ce moyen, devenir le conseiller,
peut-être le principal ministre de Louis XVI, il fut donc
cruellement déçu. Mais non pas abattu. Rien ne s'opposait
encore à la réalisation de ses ambitions. Celles-ci n'étaient pas
purement égoïstes. Devenir ministre, c'était réaliser le rêve de
toute sa vie, obtenir le pouvoir, l'argent, les femmes ; mais
c'était aussi donner forme à l'idéal politique auquel il consacrait
toutes ses forces : restaurer le pouvoir exécutif annihilé par
l'incapacité des ministres, capté progressivement par une assemblée qui, n'ayant pas à sa disposition les moyens d'exécution,
entraînait la paralysie de l'État. Pour combattre un dépérissement qu'il jugeait inéluctable, Mirabeau ne voyait qu'un
moyen : mettre en place un nouveau ministère, un ministère
parlementaire, composé d'hommes énergiques et bénéficiant de
l'entière confiance de l'Assemblée. Les membres les plus
influents de la Constituante penchaient aussi vers cette solution.

Mais, pour réussir, il faut à toute force gagner La Fayette,
l'homme qui règne sur Paris et joue à présent les protecteurs de

la couronne. Mirabeau et lui ne sont pas faits pour s'entendre.
Le général aux allures républicaines, aux préjugés bourgeois, à
l'orgueil rigide, à l'intelligence courte, ne peut réprimer ses
haut-le-cœur devant le tribun, la grande gueule qui sent la fange
et étale son cynisme avec provocation. Mirabeau, de son côté,
méprisant et rageur, ironise sur ce *Gilles-César,* ce *Cromwell-
Grandisson,* qui s'entoure de médiocrités et ne sait pas saisir au
vol les occasions que les circonstances lui prodiguent. Les deux
hommes pourtant se rencontrent. Les frères Lameth, Barnave
et Duport organisent l'entrevue. Elle a lieu chez la marquise
d'Aragon, nièce de Mirabeau, à Passy le 15 octobre. Il y a là,
outre les triumvirs, leur ami Laborde de Méréville, fils d'un
banquier de la cour et membre de la Société des trente, élu, bien
que noble, par le tiers état d'Étampes, et qui siège à gauche à
côté de ses amis. La Fayette est venu avec Latour-Maubourg.
Mirabeau est sur ses gardes, à la fois modeste et provocant.
Avec cette fatuité qui étonne tant les bonnes gens, pour montrer
qu'il est prêt à tout, pour scandaliser La Fayette, en un mot pour
épater le bourgeois, il ouvre la discussion par une vantardise
effrayante et sans doute imaginaire. Évoquant son élection à
Aix, il raconte qu'il avait placé près d'un de ses supporters dont
il n'était pas sûr, un homme prêt à le poignarder s'il ne
remplissait pas ses engagements. « Comment, lui dit-on, votre
homme l'aurait tué ? — Oui, tué comme on tue. — Mais c'est un
horrible assassinat. — Oh ! dans les révolutions, la petite morale
tue la grande [1]. » On devine Mirabeau se délectant de l'ahurisse-
ment de ses auditeurs. Aussi bien, continue-t-il sur le même ton.
A La Fayette qui exige que l'on cesse de harceler la reine, il
répond ironiquement : « Eh bien, général, puisque vous le
voulez, qu'elle vive ! une reine humiliée peut être utile, mais une
reine égorgée n'est bonne qu'à faire composer une mauvaise
tragédie à ce pauvre Guibert. » Ayant ainsi donné de lui
l'impression qu'il voulait qu'on en eût, il engagea la conversation sur l'objet de la réunion : la composition d'un ministère.
Convaincre La Fayette, timoré, hésitant, impatient de jouer un
grand rôle mais impuissant à se décider, n'était pas chose facile.
Il fallait d'abord désarmer ce fat trop bien-pensant, s'effacer,

1. A. de Lameth, *Histoire de l'Assemblée constituante,* 1829, t. I.

déclarer qu'on n'ambitionnait rien pour soi-même. Mirabeau s'y
employa. Il s'exclut volontairement du prochain ministère : « Je
n'ai pas ici, dit-il, l'honneur d'un sacrifice, car je sais que j'ai
élevé devant moi un môle de préjugés qu'il faudra du temps
pour détruire. » On devine la colère, la rancœur du génie
humilié ! Combien a dû lui coûter cet aveu devant un La
Fayette, un médiocre qu'il méprise mais qui se trouve élevé par
les circonstances au rôle d'arbitre d'une situation que son
caractère ne lui permet pas de dominer. Ces préliminaires
réglés, La Fayette rassuré, on passe aux choses sérieuses. On
échafaude des combinaisons, on cite des noms : Thouret,
personnage influent de l'Assemblée ; La Rochefoucauld, noble
démocrate d'une famille illustre qui compte six membres dans la
Constituante ; Champagny, un officier de marine qui sera en
1790 secrétaire de l'Assemblée ; le marquis de Lacoste, riche
propriétaire qui siège à gauche et deviendra grand acquéreur de
biens nationaux. La Fayette se prête sans conviction à ces
combinaisons. Malgré ses précautions, il redoute Mirabeau et
n'est pas encore décidé à renverser le ministère. Necker lui en
impose. Il accepte tout au plus de réconcilier le célèbre
Genevois avec Mirabeau. Une entrevue est décidée.

Le 17 octobre Mirabeau rencontre Necker en tête à tête.
L'entretien cette fois-ci dure cinq heures, mais c'est un dialogue
de sourds. Mirabeau parle politique, Necker fait une leçon de
morale. De cette rencontre entre l'intelligence et la vertu, il ne
reste rien qu'une onctueuse déclaration de Necker que sa fille a
pieusement conservée : « Ma force à moi consiste dans la
morale ; vous avez trop d'esprit pour ne pas sentir un jour la
nécessité de cet appui ; jusqu'à ce que ce moment soit arrivé, il
peut convenir au roi de vous avoir pour ministre, mais il ne se
peut pas que nous le soyons ensemble. » Mirabeau fut profondément déçu, pour lui-même autant que pour la chose publique,
de l'inflexibilité du ministre. Il confia son amertume au duc de
Lévis avec une modération qui sent le ménagement, mais sa
véritable opinion il l'exprima deux jours après l'entrevue dans
une lettre à La Fayette où il laisse tomber le masque. Le temps
de la conciliation était révolu ; était venu celui de dénoncer le
ministre incapable à l'Assemblée, d'engager la bataille parlementaire qui ferait tomber Necker et porterait Mirabeau au

pouvoir. Necker résisterait : il fallait le chasser. L'accord de La Fayette était indispensable. « Si vous avez réfléchi, lui écrivait-il le 19 octobre, sur la perfide collision des ministres avec l'orgueil brutal ou plutôt vraiment délirant du méprisable charlatan [Necker] qui a mis le trône et la France à deux doigts de leur perte et qui s'obstine à la consommer plutôt que de s'avouer à lui-même son incapacité, vous ne croyez plus le moins du monde que je puisse être leur auxiliaire. Permettez donc que je vous supplie de ne plus exiger de moi aucun ménagement pour eux et que [...] je mette enfin la nation à même de juger si c'est le ministère actuel qui est propre à sauver l'État[1]. »

Tout en essayant de convaincre La Fayette, Mirabeau profitait des derniers jours d'octobre pour suivre les fils de nombreuses intrigues (dont une avec le garde des Sceaux Champion de Cicé) qui n'aboutirent à rien. Il improvisait ministère sur ministère ; renonçant désormais à ses scrupules, il s'y introduisait de plein droit. Il conservait Necker « parce qu'il faut le rendre aussi impuissant qu'il est incapable et cependant conserver sa popularité au roi », mais il recrutait ses proches, La Marck, le duc de Liancourt, le duc de La Rochefoucauld, Talleyrand, son ancien ami toujours réticent, qui venait de proposer le retour à la nation des biens du clergé. Surtout il s'intronisait lui-même « sans département » car « les petits scrupules du respect humain ne sont plus de saison. Le gouvernement doit afficher tout haut, disait-il, que ses premiers auxiliaires seront désormais les bons principes, le caractère et le talent[2] ». Combinaison que l'hésitation de La Fayette, qui devait être généralissime et maréchal de France, fit échouer une fois de plus.

Pour Mirabeau le temps des intrigues était révolu ; il voulait être ministre, il le serait. Son combat, il ne le mènerait plus dans l'ombre mais au grand jour : l'Assemblée serait son arène. Il allait engager la plus grande bataille parlementaire de sa carrière, celle dont dépendait son avenir, celle où allait, en quelques jours, se jouer son destin.

Pour devenir ministre, il fallait abattre les ministres ; pour

1. *Correspondance* Mirabeau-La Marck, *op. cit.*, t. I, p. 389-390.
2. *Ibid.*, p. 411 ; voir aussi un autre plan, p. 412.

remplacer Necker, acculer Necker à la démission. C'était le seul moyen de parvenir enfin à un ministère capable de réaliser l'œuvre de redressement que Mirabeau s'était fixée, de rendre sa force au pouvoir exécutif, d'éviter que l'autorité ne tombe entièrement entre les mains de l'Assemblée dont les empiètements se manifestaient chaque jour. *Le Courrier de Provence* dénonçait la déliquescence du gouvernement : « Ce n'est pas sans raison, pouvaient y lire les abonnés, que le ministère se prévaut de sa propre annihilation pour s'excuser des désordres de la société : s'il ne peut rien, il n'est responsable de rien. » Rendre à l'exécutif son autorité est chose facile : il suffit d'un Mirabeau à la barre. « La monarchie, écrit-il à Mauvillon, est plutôt en danger parce qu'on ne gouverne pas que parce qu'on y conspire. Si nul pilote ne se présente, il est probable que le vaisseau touchera. Si au contraire la force des choses contraint à appeler un homme de tête, et donne le courage de vaincre tous les respects humains, et la jalousie subalterne qui ne cesseront de s'y opposer, vous ne vous figurez pas à quel point il est aisé de mettre le vaisseau public à flot[1]. » Cet homme de tête se préparait alors à porter un coup décisif aux ministres. Le moment était favorable. Necker était dès lors abandonné par tout ce qui comptait dans l'Assemblée. Le 20 octobre Mirabeau avait soutenu Buzot qui accusait les ministres de retarder l'expédition dans les provinces des décrets du 4 août. Le 21, évoquant les risques de disette, il fit prendre par l'Assemblée un arrêté stipulant que « les ministres du roi déclareront positivement quels sont les moyens et les ressources que l'Assemblée nationale peut leur fournir pour les mettre en état d'assurer les subsistances du royaume et notamment de Paris, afin que l'Assemblée nationale, ayant fait tout ce qui est à sa disposition sur cet objet, puisse compter que les lois seront exécutées et rendre les ministres et autres agents de l'autorité garants de leur inexécution ». Necker répliqua par un long mémoire qu'il conclut par un aveu découragé : « Il faut aujourd'hui, se plaignait-il, bien moins d'efforts, bien moins de vertu pour sacrifier les grandes places que pour les garder. »

Les ministres chancelaient. Mais l'Assemblée, hypocrite et

1. *Lettres* à Mauvillon, *op. cit.*, p. 9, 3 décembre 1789.

jalouse, se préparait à fermer à Mirabeau la porte du ministère. Le 5 novembre, Talon (mêlé aux intrigues qui ont occupé Mirabeau en octobre) prévenait La Marck du danger que courait son ami : « On forme, je le répète, une cabale terrible dans l'assemblée contre Mirabeau[1]. » Mais celui-ci n'était pas impressionnable ; il lança le jour même une nouvelle attaque contre le ministère. Des troubles avaient éclaté à Marseille. Les responsables, arrêtés, faisaient l'objet d'une procédure qui faisait fi de la loi provisoire sur la procédure criminelle votée par l'Assemblée. L'occasion était trop belle, Mirabeau la saisit au vol, accusa les ministres de retarder l'application des lois nouvelles en refusant de les communiquer aux tribunaux, d'entraver les décisions de l'Assemblée, bref, d'être « l'ennemi du corps législatif au lieu d'en être l'auxiliaire ». Mirabeau semblait marquer des points et voyait s'avancer le moment où il accéderait au pouvoir. Il était donc temps de forcer la décision de La Fayette, toujours aussi peu sûr, et il engageait La Marck à le rudoyer. « Servez-vous de ma bataille gagnée hier contre les ministres pour la Provence et, sans vous expliquer, de la grande bataille dont je commence aujourd'hui la première attaque par une simple évolution de tactique. Dites-lui que maintenant il ne lui reste de ressource qu'un ministère de première force, et où il ne se glisse pas la moindre tolérance ; qu'il faut que ce ministère reçoive la commotion du renvoi de Necker ; que si je lui en présente un, dont il alloue les talents et la consistance, et qui prenne cet engagement, il doit me donner carte blanche pour la composition[2]. » Si La Fayette ne se décidait pas, ajoutait-il, ce ministère pourrait bien venir sans son accord. Quant à la simple évolution de tactique, évoquée par le tribun, elle faisait allusion au discours qu'il allait prononcer le 6 novembre, discours mémorable où il proposait de remplacer le régime qui fonctionnait si mal par un véritable régime parlementaire. Ce jour-là, à la suite d'un discours de caractère technique sur les finances et la Caisse d'escompte, il en était venu à la véritable raison de son intervention. Il avait dénoncé « les tristes malentendus » entre l'Assemblée nationale et les ministres, et proposé de mettre fin

1. *Correspondance* Mirabeau-La Marck, *op. cit.*, t. I, p. 416.
2. *Ibid.*, p. 418.

à « ces contradictions qui ne cesseront de s'élever aussi longtemps que les ministres du roi seront absents de l'Assemblée ».
On ne pourrait en effet rétablir la force publique que si, ne se
regardant plus comme des ennemis, le pouvoir exécutif et la
puissance législative ne craignaient plus de discuter en commun
de la chose publique. L'Assemblée serait mieux informée, les
ministres mieux contrôlés. « Où les ministres pourront-ils
combattre avec moins de succès la liberté du peuple ? Où
proposeront-ils avec moins d'inconvénients leurs observations
sur les actes de législation ? Où leurs préjugés, leurs erreurs,
leur ambition seront-ils dévoilés avec plus d'énergie ? Où
contribueront-ils mieux à la stabilité des décrets ? Où s'engage-
ront-ils avec plus de solennité à leur exécution ? N'est-ce pas
dans l'Assemblée nationale ? » Ce n'est que par cette collaboration que sera enfin réalisé le « concert » entre les deux pouvoirs
dont dépend le sort du royaume. Pour conclure, Mirabeau
proposa la motion suivante : les ministres de Sa Majesté seront
invités à venir prendre dans l'Assemblée voix consultative,
jusqu'à ce que la constitution ait fixé les règles qui seront suivies
à cet égard.

La proposition de Mirabeau fut d'abord assez favorablement
accueillie. Mais bientôt la raison vint, ou plutôt la déraison
nourrie par les rancunes, les jalousies, les haines. On soupçonna
chez l'orateur des arrière-pensées, on s'inquiéta de son ambition. S'il devenait ministre, de quelle puissance ne disposerait-il
pas, lui qui déjà, simple député, dominait si impérieusement
l'Assemblée ? Le lendemain, la discussion s'ouvrit. La droite et
la gauche, la première par esprit de vengeance, la seconde par
méfiance, se coalisèrent. Lanjuinais, avocat de Rennes et l'un
des fondateurs du club breton, proposa un décret qui devait
couper court aux ambitions du tribun, décret amendé par Blin,
autre Breton, qui lui donna sa forme définitive : aucun membre
de l'Assemblée nationale ne pourrait passer au ministère
pendant toute la durée de la session. L'Assemblée était unanime, Mirabeau le savait, comprenait qu'il était perdu. Refusant
de s'avouer vaincu, il remonta à la tribune, prononça un
discours (qui doit beaucoup à Du Roveray) où il laissa percer
son amertume et une ironie désespérée. Il y dénonça avec
beaucoup de clairvoyance l'absurdité du décret de Blin :

« Je ne puis croire que l'auteur de la motion veuille sérieuse-
ment faire décider que l'élite de la nation ne peut pas renfermer
un bon ministre ; que la confiance accordée par la nation à un
citoyen doit être un titre d'exclusion à la confiance du
monarque ;

» que le roi, qui, dans des moments difficiles, est venu
demander des conseils aux représentants de la grande famille,
ne puisse prendre le conseil de tel de ces représentants qu'il
voudra choisir ;

» qu'en déclarant que tous les citoyens ont une égale aptitude
à tous les emplois, sans autre distinction que celle des vertus et
des talents, il faille excepter de cette aptitude et de cette égalité
de droits les douze cents députés honorés des suffrages d'un
grand peuple ;

» que l'Assemblée nationale et le ministère doivent être
tellement divisés, tellement opposés l'un à l'autre, qu'il faille
écarter tous les moyens qui pourraient établir plus d'intimité,
plus de confiance, plus d'unité dans les desseins et les démarches.

» Non, messieurs, je ne crois pas que tel soit l'objet de la
motion, parce qu'il ne sera jamais en mon pouvoir de croire une
chose absurde. »

Cette incompatibilité que l'on propose, ajoute-t-il, les mandats ne l'ont pas prévue. Réfléchissez : que peut-on espérer de
mieux qu'une promotion de ministres qui, pris dans le sein
de l'Assemblée, adopteraient ses mesures et partageraient
ses principes ? Qui le roi pourrait-il préférer à ceux que son
peuple a élus ? Songez que Necker lui-même, que toute la
nation a rappelé, n'aurait pu être ministre s'il avait aussi été
député !

Mais Mirabeau sent la partie perdue, l'Assemblée obstinée. Il
renonce alors à convaincre ; avec cet humour grinçant qu'il
manie ici avec un secret désespoir, il dénonce la cabale, perce le
motif secret qui guide ses ennemis. Le ton, plaisant mais amer,
de sa péroraison, mérite une mention. Elle fut accueillie par les
huées de l'Assemblée, vexée et honteuse d'être ainsi découverte :

« Il n'y a, messieurs, que deux personnes dans l'Assemblée
qui puissent être l'objet secret de la motion. Les autres ont

donné assez de preuves de liberté, de courage et d'esprit public
pour rassurer l'honorable député ; mais il y a deux membres sur
lesquels lui et moi pouvons parler avec plus de liberté, qu'il
dépend de lui et de moi d'exclure ; et certainement sa motion ne
peut porter que sur l'un des deux.

» Quels sont ces membres ? Vous l'avez déjà deviné, messieurs, c'est ou l'auteur de la motion ou moi.

» Je dis d'abord l'auteur de la motion, parce qu'il est possible
que sa modestie embarrassée ou son courage mal affermi aient
redouté quelque grande marque de confiance, et qu'il ait voulu
se ménager le moyen de la refuser, en faisant admettre une
exclusion générale. Je dis ensuite moi-même : parce que des
bruits populaires répandus sur mon compte ont donné des
craintes à certaines personnes, et peut-être des espérances à
quelques autres ; qu'il est très possible que l'auteur de la motion
ait cru ces bruits ; qu'il est très possible encore qu'il ait de moi
l'idée que j'en ai moi-même ; et dès lors je ne suis pas étonné
qu'il me croie incapable de remplir une mission que je regarde
fort au-dessus, non de mon zèle ni de mon courage, mais de mes
lumières et de mes talents, surtout si elle devait me priver des
leçons et des conseils que je n'ai cessé de recevoir dans cette
assemblée.

» Voici donc, messieurs, l'amendement que je vous propose :
c'est de borner l'exclusion demandée à M. de Mirabeau, député
des communes de la sénéchaussée d'Aix. »

La motion de Blin fut décrétée. Pour bien comprendre cette
mesure absurde, il faut se rappeler l'état d'esprit de l'Assemblée, les craintes jalouses des uns, la haine vindicative des
autres, à l'égard de l'homme dont tous admiraient le talent mais
que tous redoutaient ; quelle dictature serait-il en mesure
d'exercer s'il devenait ministre ! Les petits calculs de la vanité et
de la médiocrité méfiante ont eu ici plus d'importance que le
salut de l'État. Le discours du 6 novembre avait été compris,
non sans raison, comme une véritable candidature de Mirabeau
et de ses amis au ministère. Duquesnoy, prototype du député
moyen, a résumé ce discours, en extrapolant à peine, d'une
manière qui rend bien compte de la façon dont l'Assemblée
l'avait accueilli. Selon lui, l'intervention de Mirabeau signifiait ceci : « Les ministres sont des gens ineptes et sans talent ;

Le combat de la dernière chance

235

quand ils seront à l'Assemblée, nous qui avons beaucoup plus de talent qu'eux, beaucoup plus de moyens et d'esprit, nous leur ferons des interpellations auxquelles ils ne pourront pas répondre. La France entière, le roi verront que nous en savons plus qu'eux ; ils seront renvoyés et nous serons à leur place [1]. »

Le décret du 7 était mauvais en soi ; les députés le savaient. Mais ils avaient d'abord satisfait leurs rancunes. Mirabeau ne serait pas ministre, et c'est ce qu'ils avaient voulu. Il lui faudrait désormais, pour réaliser sa volonté de puissance, recourir au secret et à l'intrigue, offrir ses services en cachette au risque de compromettre sa popularité et sa réputation. Plus gravement encore, la malheureuse décision de l'Assemblée compromettait l'établissement du régime politique que Mirabeau n'avait cessé de défendre depuis la réunion des États généraux : un régime parlementaire, une collaboration efficace et confiante de l'Assemblée et de l'exécutif, où toute décision serait le résultat d'un accord entre les représentants de la nation — que Mirabeau guiderait de son éloquence — et le ministère — qu'il dirigerait avec autorité. Un régime où la représentation nationale contribuerait au même titre que les ministres à la définition d'une politique générale dont l'efficacité serait garantie par le principe transcendant, parce que reconnu par la nation tout entière, d'un monarque chef de l'exécutif, mais tenu au respect de la volonté populaire par la responsabilité de ses ministres devant le Parlement. Si les comparaisons n'étaient pas toujours trop audacieuses et trop fragiles, je dirais volontiers que le régime que Mirabeau avait souhaité — et qu'il voyait maintenant s'éloigner — ressemblait beaucoup à celui que devait établir de nos jours la République gaullienne : un chef d'État (là héréditaire, ici électif, mais dans les deux cas incarnant la légitimité) pourvu d'initiatives et de pouvoirs étendus, mais un ministère responsable devant une Assemblée dont la compétence législative et le droit de contrôle seraient reconnus.

Quoi qu'il en soit, la voie royale vers le pouvoir était désormais interdite à Mirabeau. La veulerie et la petitesse de ses

1. *Journal, op. cit.*, t. II, p. 22.

ennemis allaient le contraindre à emprunter des voies tortueu-
ses. L'action au grand jour lui était refusée ; par la force des
choses, il allait devenir l'homme du secret et le politicien de
l'ombre.

10. La Révolution *et* le roi

L'Assemblée avait rogné les ailes de l'aigle. Les efforts conjugués du fanatisme et de l'envie avaient remporté un succès dérisoire. Succès définitif, irrévocable ? Voire ! Un homme de la trempe de Mirabeau allait-il s'avouer vaincu, rentrer dans sa coquille, désespérer et renoncer parce qu'il avait subi une défaite ? Certes, on devine chez lui, quelque temps, du découragement, de la lassitude, de l'ennui. Il le dit, le répète, l'écrit : « J'approche du soir de la vie, je ne suis pas découragé mais je suis las. Les circonstances m'ont isolé, j'aspire plus au repos qu'on ne croit, et je l'embrasserai le jour où je le pourrai avec honneur et sécurité. Alors, si je me trouve assez de fortune, je tâcherai d'être heureux, fût-ce en jouant aux quilles[1]. »

Cet espoir de fortune n'est pas une clause de style ; il pouvait alors l'espérer, soit de sa femme qui tentait de se rapprocher de l'homme qu'elle avait tant persécuté, soit d'une ambassade. Mais ce désir de retraite, si sincère qu'il fût, ne fit que traverser son esprit, et son besoin d'action, son énergie, son tempérament l'emportèrent vite sur un pessimisme qui pouvait bien un moment faire fléchir cette robuste nature mais non la terrasser durablement. Déjà il projetait son imagination vers l'avenir, échafaudait des plans, fixait à son esprit mobile de nouveaux objectifs.

Il avait pris à la révolution une part essentielle ; elle était, il voulait qu'elle soit son œuvre. Et la révolution n'était pas terminée. La liberté nationale, disait-il, avait trois ennemis : le clergé, la noblesse et les parlements. On avait abattu le premier,

---

1. Mme du Saillant (écrivant sous la dictée de Mirabeau) à Mme de Mirabeau ; *Correspondance* Mirabeau-La Marck, *op. cit.*, t. I, p. 427-430.

composé avec la deuxième. Restaient les parlements qui conser-
vaient l'espoir de rétablir l'ancien ordre des choses. Il appartenait à Mirabeau de vaincre ce foyer redoutable de contre-
révolution. Ce serait la dernière destruction, « davantage serait
trop ». Une autre tâche l'attendra alors : redonner à l'exécutif
l'autorité sans laquelle la constitution resterait imparfaite, et le
régime équilibré qu'il souhaite pour la France à jamais compromis. « Régénérer l'autorité royale, et la concilier avec la liberté
nationale. Cela ne se fera pas sans un nouveau ministère, et
cette entreprise est assez belle et difficile pour désirer d'en être.
Mais un nouveau ministère sera toujours mal composé tant que
les ministres ne seront pas membres de la législature. Il faut
donc que l'on revienne sur le décret des ministres. On y
reviendra, ou la révolution ne sera jamais consolidée[1]. »
Revenir sur l'absurde décision de l'Assemblée : Mirabeau n'a
jamais douté d'y parvenir ; voilà qui marque les limites de son
découragement.

En attendant que l'Assemblée se ressaisisse, il ne fallait pas
laisser le « charlatan », entendez Necker, continuer ses manœuvres et mettre en péril tout à la fois la liberté et la monarchie.
C'est pourquoi, tout en le combattant avec les armes parlementaires, il multipliait les intrigues destinées, sinon à le renverser,
du moins à lui opposer, au sein du conseil, des gens à lui devant
lesquels il ne pèserait pas lourd. Il ne pouvait être ministre, soit.
Mais il pouvait pousser au premier plan un homme qu'il
manœuvrerait à sa guise. Être dans la coulisse l'âme de celui
qui, selon ses conseils, gouvernerait la France et mettrait au
service de la révolution et de la monarchie ses ressources et ses
idées, ce n'était certes pas connaître la réhabilitation publique et
éclatante qu'un ministère lui aurait apportée : c'était du moins
connaître l'ivresse de tirer les ficelles, et d'être dans l'ombre un
autre Père Joseph du Richelieu qu'il aurait imposé. Qui, mieux
que le comte de Provence, le propre frère du roi, pouvait tenir
ce rôle ? Orléans s'était déconsidéré et Mirabeau méprisait tout
à la fois son indécision et sa poltronnerie, ses velléités et ses
grandes occasions manquées. Artois, autre frère du roi, s'était
mis lui-même hors du jeu en pactisant avec la contre-révolution.

---

1. *Correspondance* Mirabeau-La Marck, *op. cit.*, t. I.

Restait Monsieur. Cadet ambitieux qui rêvait de couronne, il était impatient de jouer un rôle. Choyé par la reine comme un *petit poulet*, tenu à l'écart par son frère, il caressait le projet d'être le tuteur de Louis XVI et, qui sait ? de prendre sa place. Mirabeau mit en lui ses espoirs. Depuis octobre il était en contact avec le Luxembourg, siège de la petite cour de Monsieur. Il proposa un plan : il s'agissait de réserver à Provence un rôle dans le conseil ; guidé par Mirabeau, il y eut bientôt acquis la première place. Que Monsieur eût accepté ce rôle de pion magique dans la main du tribun paraît douteux. Si la lettre que cite Louis Blanc dans son *Histoire de la Révolution française* n'est pas apocryphe, le comte de Provence aurait caressé de bien plus grandes ambitions. « Calmez, lui aurait écrit Mirabeau, calmez, je vous en conjure, une impatience qui perdra tout. C'est précisément parce que votre naissance vous a placé si près du trône, qu'il vous est difficile de franchir la seule marche qui vous en sépare. Nous ne sommes ni en Orient ni en Russie, pour traiter les choses aussi lestement. En France on ne se soumettrait pas à une révolution de sérail. » Monsieur complotait-il, avec ou sans l'appui de Mirabeau ? Une de ses lettres, que cite encore Louis Blanc, ne laisse, si elle est authentique, aucun doute : « Ce n'est point avec des libelles, des tribunes payées, et quelques malheureux groupes soudoyés, que l'on parviendra à écarter Bailly et La Fayette ; ils ont excité l'insurrection parmi le peuple ; il faut qu'une insurrection les corrige à n'y plus retomber. Ce plan a en outre l'avantage d'intimider la nouvelle cour, et de décider l'enlèvement du Soliveau (Louis XVI). Une fois à Metz ou à Péronne, il faudra qu'il se résigne ; tout ce qu'on veut est pour son bien ; puisqu'il aime la nation, il sera enchanté de la voir bien gouvernée. »

Tout cela ne serait que troublant si, par ailleurs, le complot de Favras, découvert à la fin de décembre, ne venait confirmer les intrigues de Provence et les compromissions de Mirabeau. Celui-ci, le 26 décembre, avertit La Marck de la découverte de la conspiration, de l'accusation portée contre Monsieur d'en être l'instigateur, et ajoute : « Le comment nous avons manœuvré, moi et l'homme gris [le duc de Lévis, intermédiaire entre Provence et Mirabeau] sous ma conduite, est inutile. » Il est douteux que Mirabeau ait participé directement au complot, et

sa dernière phrase fait plutôt référence aux manœuvres qu'il
suggéra à Monsieur pour tirer parti de la situation.

La conspiration, en effet, mal conçue, mal préparée, apparaît
comme un projet d'écolier, et le conspirateur comme un
aventurier courageux mais puéril. Le marquis de Favras était un
conspirateur bien peu convaincant, mais il avait imaginé un
coup de main audacieux : lever 30 000 hommes, faire assassiner
La Fayette et Bailly, enlever le roi et le transporter à Péronne ;
Monsieur, dès lors investi de toute l'autorité, aurait dissous
l'Assemblée et convoqué une nouvelle législature. Mal gardé, le
projet devint vite le secret de Polichinelle. Dans la nuit du 24 au
25 décembre Favras fut arrêté ; le Luxembourg perdit la tête.
Mirabeau, que les grands risques exaltaient, conseilla aussitôt
une démarche hardie. Le comte de Provence se rendrait à la
Commune en simple citoyen, s'y justifierait et ferait une
déclaration dans laquelle il se poserait en recours. Monsieur
suivit le conseil, alla à la Commune. Il rappela ses services
antérieurs, sa prise de position en faveur du doublement du
Tiers dans l'assemblée des notables. Il acheva son discours, sous
un tonnerre d'acclamations, par une profession de foi, soufflée
par Mirabeau, d'une remarquable habileté : une grande révolution était en marche, le roi devait en prendre la tête, « l'autorité
royale devait être le rempart de la liberté nationale, et la liberté
nationale la base de l'autorité royale ». Après ce trait profondément politique, et l'accueil enthousiaste qu'il reçut, Mirabeau
ne douta plus du succès : « S'il sait suivre cette ligne, disait-il du
comte de Provence, il va prendre le plus grand ascendant et être
Premier ministre par le fait [1]. » Il peut, pour cela, compter sur
Mirabeau ; déjà il est au travail, il a un projet tout prêt, que
Monsieur sera chargé de remettre au roi. Il s'agissait de se
rendre maître de la situation. Recruter dans l'Assemblée, et
dans les différentes factions, un parti de gouvernement, serait
facile. Si l'on manœuvrait habilement, on rallierait sans peine
l'opinion hésitante qui ne demandait qu'à être rassurée. Une
démarche courageuse et loyale suffirait : que le roi s'annonce
comme le chef de la révolution, qu'il fasse appel au comte de
Provence, et l'on verra « l'espoir renaître, le goût de la

---

1. *Correspondance* Mirabeau-La Marck, *op. cit.*, t. I, p. 440, 26 décembre 1789.

monarchie reparaître, et les partis qui veulent de bonne foi que l'empire français ne se décompose pas, ne devienne pas pour un demi-siècle l'arène des jeux sanglants de quelques ambitieux subalternes, ou de quelques démagogues, se rallier autour du Bourbon devenu le conseil du roi et le chef des amis de l'autorité royale, régler et subjuguer l'opinion et dompter les factieux[1] ».

Mirabeau, une fois de plus, avait rêvé. Il préjugeait trop de l'intelligence du roi et du caractère de Monsieur. Vite détrompé, il se plaignit amèrement à son ami La Marck : « Du côté de la cour, oh ! quelles balles de coton ! quels tâtonneurs ! quelle pusillanimité !... Ce qui est au-dessous de tout, c'est Monsieur. Imaginez qu'on avait été jusqu'à lui donner de tels moyens d'argent, que si votre valet de chambre avait à les offrir, il entrerait au conseil pour peu qu'il le voulût, et ce *Monsieur* n'y entrera probablement pas[2]. » Mirabeau, déçu par celui en qui il avait mis ses espérances, se prenait à désespérer d'être jamais en mesure de déployer son génie ailleurs que dans des intrigues toujours renouvelées et toujours avortées. « Réduit à conseiller, ne pouvant jamais agir, j'aurai probablement le sort de Cassandre : je prédirai toujours vrai et ne serai jamais cru. »

Cependant, la position de Mirabeau à l'Assemblée était toujours aussi forte et il entretenait son image en montant sur la brèche en toute occasion, en intervenant à tout propos, pour combattre Necker, parler de finances ou revendiquer la liberté des Juifs. Le début de l'année 1790 vit venir en discussion la question des parlements. Un décret du 3 novembre les avait mis en vacances indéfinies. Quelques-uns avaient protesté, mais la chambre des vacations du parlement de Rennes avait purement et simplement refusé d'enregistrer le décret comme contraire aux privilèges de la Bretagne et du parlement. Mandé à la barre de l'Assemblée le 8 janvier, le président de la chambre des vacations avait soutenu fermement ses prétentions. Cette résistance risquait de trouver un écho favorable chez tous les contre-révolutionnaires et, à l'Assemblée même, la droite, entraînée par d'Éprémesnil, faisait chorus avec les parlementaires bretons.

---

1. Ce document a été publié dans les pièces justificatives des *Mémoires* de La Fayette ; voir Loménie, t. V, p. 75-76.
2. *Correspondance* Mirabeau-La Marck, *op. cit.*, t. I, p. 460, 27 janvier 1790.

Il appartenait à Mirabeau d'étouffer dans l'œuf ce germe de
rébellion. « Je voyais, écrivit-il à La Marck, et je vois encore
dans cet événement, l'anéantissement de la révolution et le
signal de la désobéissance et de l'anarchie dans toutes les parties
de l'empire, si nous ne prenions pas un parti noble et décisif[1]. »
Il se jeta dans la bataille avec emportement. Il était malade,
aveugle ; surmontant la douleur, la fatigue, il monta le 9 janvier
à la tribune, les yeux enflammés et bandés. L'enjeu n'était pas
frivole : il s'agissait de terrasser ces parlements, dernière
survivance dangereuse de cet ancien régime qui n'en finissait pas
d'expirer. Mirabeau se déchaîna, joua de l'ironie, puis de la
violence ; il dénonça la *démence* d'une poignée de magistrats
impudents, évoqua la terreur des complots, suggéra des complices. « Leurs auxiliaires, messieurs, je vais vous les nommer : ce
sont toutes les espérances odieuses, auxquelles s'attache un
parti défait ; ce sont les préjugés qui restent à vaincre, les
intérêts particuliers, ennemis de l'intérêt général ; ce sont les
projets aussi criminels qu'insensés, que forment pour leur
propre perte les ennemis de la révolution. » La résistance du
parlement ? Un crime de lèse-nation. Sa défense ? une insulte à
l'Assemblée nationale et une violence faite à la Bretagne. Ils
n'ont pas dû enregistrer, disent ces magistrats factieux. « Eh !
qui leur parle d'enregistrer ? Qu'ils inscrivent, qu'ils transcri-
vent, qu'ils copient, qu'ils choisissent parmi ces mots ceux qui
plaisent le plus à leurs habitudes, à leur orgueil féodal, à leur
vanité nobiliaire ; mais qu'ils obéissent à la nation quand elle leur
intime ses ordres sanctionnés par son roi. Êtes-vous Bretons ?
Les Français commandent. N'êtes-vous que des nobles de
Bretagne ? Les Bretons ordonnent ; oui, les Bretons, les hommes, les communes, ce que vous nommez tiers état. » Mirabeau
obtint pleine satisfaction de l'Assemblée. Le décret qui mit fin
au débat déclara les magistrats de la chambre des vacations du
parlement de Rennes inhabiles à remplir aucune fonction de
citoyen actif jusqu'à ce qu'ils aient été admis à prêter le serment
de fidélité à la constitution.

Mirabeau ne perdait pas de vue ses ennemis du côté droit.
Justement, à la faveur d'une manœuvre, ils reprenaient

---

1. *Correspondance* Mirabeau-La Marck, *op. cit.*, t. I, p. 450, 15 janvier 1790.

confiance. Le 4 février 1790, sur le conseil de La Fayette et de
Necker, Louis XVI s'était rendu à l'Assemblée. Il s'était engagé
à collaborer étroitement avec la Constituante et à se mettre à la
tête de la révolution. Sa déclaration avait déclenché l'enthousiasme des députés. La droite vit le parti qu'elle en pouvait tirer
pour renforcer le pouvoir du roi. Mirabeau, qui ne fut pas dupe
un instant de la sincérité du roi, s'inquiéta de cette « panto-
mime » et redouta l'exploitation qu'on ne manquerait pas de
faire d'une démarche soufflée par des hommes qui ne lui
inspiraient aucune confiance dans un but qu'il ne pouvait que
désapprouver. « Quant à nous, écrivait-il, je soutiens que nous
sommes au moment le plus critique de la révolution, à celui où
nous avons à nous défendre de l'impatience et de la lassitude de
la nation et de nous-mêmes, et où l'on profite de notre pente
aux émotions et à l'enthousiasme, pour faire de chaque événement, petit ou grand, le désir, l'occasion ou le prétendu besoin
de renforcer le pouvoir exécutif par des moyens provisoires,
c'est-à-dire de lui donner tous les instruments nécessaires pour
nous empêcher d'achever la constitution[1]. » Mirabeau voyait
juste. La droite sauta sur l'occasion d'exploiter la popularité que
la démarche de Louis XVI lui avait value. Elle se présenta
bientôt. Des violences populaires avaient éclaté à Béziers et les
officiers municipaux avaient refusé de proclamer la loi martiale.
Le comité de constitution proposait de les rappeler à l'ordre.
L'opposition en profita pour dénoncer l'inefficacité des autorités populaires et réclama pour le roi une autorité absolue. Le
seul moyen de sortir du désordre, selon les orateurs de droite,
était de confier pour un temps la dictature au monarque.
Mirabeau désirait de toutes ses forces renforcer l'autorité
monarchique : mais avec des garanties telles que le pouvoir
exécutif ne pourrait jamais abuser de sa puissance et reprendre à
la nation une liberté conquise de haute lutte. Donner au roi,
dans les circonstances présentes, les pleins pouvoirs, c'était
courir à l'aventure, mettre en danger la révolution ; c'était
pourtant ce que proposaient Cazalès et l'abbé Maury. Le
22 février Mirabeau désigna le danger, dénonça les exagérations
des ennemis de la constitution. « On nous fait un tableau

---

1. *Correspondance* Mirabeau-La Marck, *op. cit.*, t. I p. 465, 11 février 1790.

effrayant, chargé des couleurs les plus sombres ; on a généralisé des faits particuliers ; on a représenté quelques tumultes comme des insurrections, comme des brigandages, comme une guerre civile, et l'on a dit : *la république est en danger ;* quand je parle de république, j'entends la chose publique qui embrasse tous les intérêts ; pour sauver donc la république, on nous propose, comme dans l'ancienne Rome, la dictature. La dictature ! c'est-à-dire le pouvoir illimité d'un seul homme sur vingt-quatre millions de Français : la dictature ! dans un pays où tous les pouvoirs viennent d'être renversés, où il s'agit de les remettre tous à leur place au nom de la loi ; dans un pays dont les représentants assemblés ont besoin de la sécurité la plus parfaite. Voulez-vous connaître la dictature militaire, lisez ces lignes de sang dans les lettres de Joseph II au général d'Alton : " J'aime mieux les villes incendiées que des villes révoltées. " Voilà le code des dictateurs. »

Après avoir déconsidéré, en la dramatisant, la proposition de la droite, Mirabeau entreprit de rassurer. En achevant son œuvre, en organisant tous les pouvoirs, l'Assemblée rendrait à l'exécutif la force dont il avait besoin, Mirabeau en était plus qu'un autre convaincu. La droite voulut saisir cet aveu pour obtenir aussitôt un accroissement des pouvoirs monarchiques, mais Mirabeau coupa court à cette tentative. L'achèvement de la constitution était le seul moyen légitime de préciser, de manière satisfaisante pour tous, les pouvoirs de l'exécutif, et l'Assemblée y travaillait activement. « J'ai dit que le pouvoir exécutif, est le dernier résultat de l'organisation sociale ; j'ai dit que nous ne faisions rien pour la constitution qui ne soit pour le pouvoir exécutif... Quand votre constitution sera faite, messieurs, le pouvoir exécutif, par cela même, sera fait. Tout amendement qui tendrait à donner des moyens excentriques, des moyens hors de la constitution, doit être absolument écarté. » Pour conclure, Mirabeau proposa, et l'assemblée adopta, une loi additionnelle à la loi martiale rendue le 21 octobre précédent : les communes seraient responsables des dommages causés par les attroupements quand elles n'auraient pas pris les mesures nécessaires pour les empêcher.

Durant les mois de mars et avril, bien qu'il se fût volontairement un peu effacé, Mirabeau intervint à plusieurs reprises à la tribune de l'Assemblée. Un de ses éclats les plus remarqués eut lieu dans la séance du 13 avril. On avait proposé de déclarer la religion catholique religion de l'État et la seule reconnue. Sujet explosif, qui risquait de déchaîner les passions et qu'il était plus sage, comme le suggérait La Rochefoucauld, de ne pas mettre en discussion. Mais déjà le ton avait monté. Le marquis d'Estournel, grand bailli du Cambrésis, député plutôt effacé qui, après s'être montré assez libéral au début de la révolution, soutenait à présent toutes les motions de la droite, rappela malencontreusement un article de la capitulation du Cambrésis dans laquelle Louis XIV s'engageait à ne jamais reconnaître d'autre religion que la religion catholique. Il n'en fallait pas plus à Mirabeau. Il avait toujours dénoncé en Louis XIV l'archétype du despote. Évoquer sa mémoire, dans une discussion dont l'enjeu était la tolérance, c'était provoquer sa colère et ses sarcasmes. Ses adversaires lui faisaient vraiment la partie trop belle en lui fournissant maladroitement des verges pour les battre. « J'observerai, dit-il, à celui des préopinants qui a parlé avant moi, qu'il n'y a aucun doute que sous un règne signalé par la révocation de l'Édit de Nantes, et que je ne qualifierai pas, on ait consacré toutes sortes d'intolérance. J'observerai encore que le souvenir de ce que les despotes ont fait ne peut servir de modèle à ce que doivent faire les représentants d'un peuple qui veut être libre. Mais puisqu'on se permet des citations histori-ques dans la matière qui nous occupe, je n'en ferai qu'une. Rappelez-vous, messieurs, que d'ici, de cette même tribune où je parle, je vois les fenêtres du palais dans lequel des factieux, unissant des intérêts temporels aux intérêts les plus sacrés de la religion, firent partir de la main d'un roi des Français l'arque-buse fatale qui donna le signal de la Saint-Barthélemy. » Après la séance on lui fit remarquer que, d'où il était placé, il lui était impossible d'apercevoir le Louvre : c'est vrai, répondit Mira-beau, mais, au moment où je parlais, vraiment je le voyais. L'Assemblée, effrayée, eut la même illusion. La petite phrase de l'éloquent visionnaire fit son effet, et l'on décida qu'il n'y avait pas lieu à délibérer.

Malgré ses échecs répétés, la droite ne désarmait pas. Une dernière ressource, pensait-elle, lui restait : obtenir un change-ment de majorité à la faveur d'élections partielles. Certains mandats impératifs avaient en effet limité à un an les pouvoirs des députés, et ceux-ci arrivaient donc à expiration. Contre toute vraisemblance, l'opinion lui étant alors fort peu favorable, la droite espérait que les départements enverraient des députés plus modérés qui se joindraient à elle. Le comité de constitution, de son côté, proposa un décret qui annulait les mandats impératifs et maintenait la présente assemblée jusqu'à l'achèvement de la constitution. La droite, dont les excentricités étaient fréquentes (on avait vu Mirabeau-Tonneau, le propre frère du tribun, briser son épée dans un geste théâtral et, souvent, brandir ses poings contre ses ennemis), libéra ses troupes déchaînées. Maury combattit, avec sa pugnacité ordinaire, la proposition du comité, mais les plus exaltés franchirent les bornes de la décence, s'en prirent à l'Assemblée, dénoncèrent son despotisme, l'accusèrent de se perpétuer contre les vœux de la France, de ne représenter qu'elle-même, d'émettre d'autres opinions que celles professées par les Français qui, à les en croire, l'auraient désavouée. Mirabeau vit rouge. On osait opposer la France à ses représentants ! Il tonna. L'Assemblée, disait-on, avait outrepassé ses pouvoirs, dédaigné les vœux de ses commettants ; il prouva l'inanité de telles affirmations. « Les attentats du despotisme, les périls que nous avons conjurés, la violence que nous avons réprimée, voilà nos titres : nos succès les ont consacrés, l'adhésion tant de fois répétée de toutes les parties de l'empire les a légitimés, les a sanctifiés. » Un des effets oratoires de Mirabeau consiste à faire succéder à une rhétorique souvent serrée le lyrisme historique puisé dans l'arsenal érudit que sa grande mémoire mettait à la disposition de ce lecteur de Cicéron, de ce traducteur de Tacite. Il en usa encore cette fois-ci, et ce fut sous les applaudissements qu'il acheva un discours qui emporta les dernières hésitations de l'Assemblée, enthousiasmée par une évocation qui flattait agréablement la sensibilité de ces honnêtes gens férus d'histoire et de culture latines. « Messieurs, vous connaissez tous le trait de ce Romain qui, pour sauver sa patrie d'une grande conspiration, avait été contraint d'outrepasser les pouvoirs que lui conféraient les lois. Un tribun captieux exigea de lui le serment de les avoir respectées. Il croyait, par cet interrogat insidieux, placer le consul dans l'alternative d'un parjure ou d'un aveu embarrassant : *je jure*, dit le grand homme, *je jure que j'ai sauvé la république.* Messieurs... je jure que vous avez sauvé la chose publique. »

L'œuvre de l'Assemblée allait son train. La constitution était très avancée, la nouvelle organisation du royaume décrétée par les législateurs — municipalités, districts, départements — se mettait progressivement en place. En un an la révolution avait fait de grands progrès. L'absolutisme n'était plus qu'un mauvais souvenir, le despotisme ministériel avait été abattu, le pouvoir législatif n'était plus contesté. Cependant, on était allé trop loin : dans la répartition des pouvoirs, on avait, tant le pouvoir royal excitait encore de crainte, rendu l'exécutif impuissant. Les troubles sans cesse renaissants, l'anarchie, tout laissait supposer que cet effacement de l'exécutif déboucherait sur des mesures encore plus radicales qui réduiraient à rien le pouvoir monarchique. L'incapacité flagrante du ministère, de plus en plus isolé d'une assemblée qui avait pris l'habitude de le compter pour rien, ajoutait encore au déséquilibre et laissait l'Assemblée maîtresse de l'initiative, de la décision, et, de plus en plus, de l'exécution. Cette situation ne pouvait qu'inquiéter Mirabeau ; il avait, au moment même où il luttait pour obtenir la reconnaissance de l'Assemblée, et son pouvoir de contrôle sur le ministère, réclamé avec le même acharnement en faveur de la prérogative royale. En ce printemps 90, celui qui s'était fait le champion de la révolution s'était identifié à elle, et avait porté les coups les plus meurtriers à ceux qui s'opposaient à ses progrès, s'estimait satisfait. Il avait fallu détruire : il avait détruit. L'absolutisme s'était appuyé sur des forces contre-révolutionnaires : il avait, sinon supprimé, du moins neutralisé ces forces. Le clergé avait perdu sa puissance territoriale, la noblesse, ses parlements qui incarnaient sa résistance. A présent, le risque de contre-révolution s'éloignait : le danger était, bien au contraire, dans les excès révolutionnaires qui, après avoir déstabilisé la France, la plongeraient dans une telle anarchie que toutes les aventures, populaires ou dictatoriales, deviendraient possibles. Mirabeau fut le premier des révolutionnaires — il devait y en avoir bien d'autres après lui, à commencer par Barnave son ennemi d'aujourd'hui — à comprendre que la révolution devait s'arrêter maintenant si l'on ne voulait pas voir la monarchie disparaître au profit d'une dictature de l'Assemblée ou d'une anarchie galopante dont le royaume ne se relèverait de longtemps. En mars 90 tout paraissait encore possible et le génie de Mirabeau ne doutait pas de parvenir à rendre au pouvoir royal l'énergie et l'autorité nécessaires au bon fonctionnement du régime parlementaire équilibré dont il rêvait pour la France. Encore fallait-il que le roi et le ministère le missent à même de travailler pour eux, sans contrarier ses projets, et travaillassent en confiance de concert avec lui afin qu'il pût mettre ses talents et son influence au service de la cause royale. Jusqu'alors Mirabeau s'était trouvé isolé. Alors même qu'il travaillait pour l'exécutif, les ministres et le roi lui-même le rendaient responsable de tous leurs malheurs et ne voulaient voir en lui qu'un révolutionnaire exalté. Et certes, Mirabeau avait dénoncé l'incapacité des ministres, et surtout de Necker ; il avait proposé et soutenu des mesures révolutionnaires : ce n'était pas, comme on l'a souvent dit, et comme son ami La Marck lui-même le croyait, par dépit de se voir rejeter. Ses idées, clairement exposées, ce que l'on peut appeler sa doctrine, ne laissent aucun doute sur sa conviction.

En ce printemps 1790 la situation à la cour a beaucoup changé. La confiance en Necker s'est émoussée, Louis XVI ne le garde que par crainte qu'un renvoi ne provoque un nouveau 14 juillet. Les conseils que l'on est allé chercher chez les contre-révolutionnaires, en particulier chez Breteuil, ont prouvé leur inefficacité. Le roi et la reine sont désemparés. Ils savent que Mirabeau a défendu à plusieurs reprises la prérogative royale, mais ne peuvent s'empêcher de voir en lui un ennemi redoutable, peut-être le responsable des journées d'octobre. Pourtant La Marck, qu'ils savent dévoué à la famille royale, est son ami et s'en porte garant ; il a déjà tenté de convaincre la reine de s'assurer l'appui de cet homme efficace dont l'influence égale l'énergie. Si seulement il n'inspirait pas tant d'horreur ! Mais il est peut-être aussi la dernière chance. Alors on lâche du lest. Dans la seconde quinzaine de mars Louis XVI charge Mercy-Argenteau, ambassadeur d'Autriche, ami, confident, protecteur de la reine, de contacter La Marck pour le sonder sur les dispositions de Mirabeau. Dès lors des entrevues secrètes s'organisent ; elles aboutissent en mai à un traité entre le tribun et la cour. L'atmosphère de mystère qui entoure ces pourparlers s'explique par la nécessité de ne pas compromettre Mirabeau, mais il y avait aussi une autre raison : elle était assez grave pour compromettre les chances de Mirabeau de servir utilement la cause de la monarchie. Cette cause, c'était l'indécision chronique de Louis XVI, qui lui interdisait toute action suivie, tout parti définitif : il voulait bien employer Mirabeau, mais hésitait à lui donner les moyens d'agir ; il se réservait de mettre ses conseils à profit, ou de les éluder, selon son humeur et les circonstances ; il consentait à recevoir ses avis, mais ne voulait pas renoncer à en écouter d'autres ; bref, tout engagement, toute politique suivie répugnaient à son tempérament fuyant et à sa faiblesse. Il avait été clair : Necker devait tout ignorer. La position de Mirabeau serait donc des plus inconfortables, il serait en fait réduit à l'inefficacité. Il prodiguerait ses conseils au roi, mais n'aurait aucun moyen d'action sur le ministère qui pourrait tout à son aise traverser ses projets. Mirabeau, une fois de plus, serait seul.

La Marck pensa, non sans raison, qu'on recourait à Mirabeau moins pour l'écouter que pour le neutraliser. Lorsqu'il fit part à son ami des ouvertures de la cour, celui-ci s'illumina : on le reconnaissait enfin ! Cette marque de confiance, si calculée qu'elle fût, était une grande victoire. Sa vanité y trouvait son compte, mais aussi ce respect mystique que la génération de 89 vouait encore à la royauté. La Marck fut surpris de découvrir chez Mirabeau cet amour quasi religieux dont il le croyait bien éloigné et auquel pourtant il n'échappait pas plus qu'un autre. « Je vis, dit-il, cet homme qui se croyait, et avec raison, si haut placé au-dessus des autres, soumis néanmoins à cette sorte de magie que peuvent exercer les personnes royales lorsqu'elles savent se montrer bienveillantes. » Mirabeau, monarchiste par principe, devint monarchiste de cœur dès qu'il eut établi, fût-ce par le truchement de médiateurs, des relations avec la famille royale. Son exaltation toutefois ne modifia pas sa ligne de conduite et sa pensée politique n'en fut pas transformée. Louis XVI lui avait demandé un mémoire. Mirabeau lui envoya le 10 mai une déclaration de foi. Il y affirmait, sans complaisance, ses convictions : nécessité de rétablir l'autorité légitime du roi pour sauver la France de l'anarchie et achever une œuvre qui, sans cela, ne serait qu'une « vaste démolition » ; il s'engageait à servir le roi de tout son pouvoir, mais sans renier aucun de ses principes, et loin de flatter Louis XVI, il le mettait en garde contre les fausses manœuvres et les illusions. Voulait-on rétablir l'ancien ordre des choses ? Il ne faudrait pas compter sur lui. « Je m'engage, écrivait-il, à servir de toute mon influence les véritables intérêts du roi ; et pour que cette assertion ne paraisse pas trop vague, je déclare que je crois une contre-révolution aussi dangereuse et criminelle, que je trouve chimérique, en France, l'espoir ou le projet d'un gouvernement quelconque sans un chef revêtu du pouvoir nécessaire pour appliquer toute la force publique à l'exécution de la loi. » Après cette mise en garde, Mirabeau s'engageait à faire « son affaire capitale de mettre à sa place dans la constitution le pouvoir exécutif, dont la plénitude doit être sans restriction et sans partage dans la main du roi[1] ».

Pour réaliser cet objectif ambitieux, Mirabeau avait besoin de gagner des appuis dans l'Assemblée, à Paris, dans les départements. La Fayette, qui régnait sur la capitale et jouait à la cour le rôle de maire du palais, eût été une recrue de première importance. Mirabeau tenta auprès de lui une démarche très pressante à laquelle le commandant de la Garde nationale resta imperméable. Sa gloire lui montait à la tête, son aveuglement politique ne lui permettait pas de s'associer à une œuvre dont il ne prévoyait ni la portée ni les conséquences. Malgré les flatteries de Mirabeau, il déclara, avec l'orgueil puéril et l'étroitesse de vue qui le mettait si fort au-dessous de son destin exceptionnel : « J'ai vaincu le roi d'Angleterre dans sa puissance, le roi de France dans son autorité, le peuple dans sa fureur ; certainement je ne céderai pas à M. de Mirabeau[2]. » Et pourtant, que n'auraient pu faire ensemble le héros de la bourgeoisie parisienne et le leader parlementaire, la force et la popularité de l'un, l'influence et le talent du second !

Quant au roi, il avait été enchanté de la réponse de Mirabeau ; il se mit en mesure de récompenser des services dont

1. *Correspondance* Mirabeau-La Marck, *op. cit.*, t. II, p. 11-13
2. *Ibid.*, t. I, p. 154.

il espérait peut-être le salut et qui, déjà, le sécurisaient. A nos yeux scrupuleux d'homme du xxe siècle, la seule faveur digne de Mirabeau eût été une grande place. C'était chose impossible. Louis XVI ne pouvait marquer sa reconnaissance que par l'argent. Il fut décidé qu'il le traiterait sans mesquinerie : ses dettes seraient payées (208 000 francs), et une somme mensuelle de 6 000 francs lui serait allouée. C'était un simple traitement, et il n'y a à cela rien à redire. Mais un million fut remis à La Marck, qui devait le donner à Mirabeau à la fin de la session de l'Assemblée si le roi était satisfait de ses services. Mirabeau fut transporté de joie. Finis les tracasseries des créanciers, les recours à la générosité de La Marck, la vie étriquée et besogneuse qui convenait si mal à cette nature gourmande, débordante d'énergie et de désirs. A lui désormais le luxe, les plaisirs et l'insouciance nécessaire à ses grands travaux. On a diversement interprété et le ralliement de Mirabeau à la cour et les dons qu'il en reçut. Il n'a, on l'a vu, rien renié de ses convictions et de son passé, n'a rien sollicité ; il s'est laissé payer, il ne s'est pas vendu. Il croyait d'ailleurs ses dettes trop considérables pour être épongées et ne réclamait que cent louis par mois pour couvrir ses frais. On peut tout au plus lui reprocher de s'être conduit en favori au moment où la publication du petit *Livre rouge* dénonçait à l'opinion la liste des pensionnaires secrets de la cour. Si la gent courtisane ne voyait pas malice, tenait même à honneur d'être prébendée par le souverain, l'opinion, même l'opinion nobiliaire, ne partageait pas ce point de vue. Il suffit d'entendre le marquis de Ferrières, honnête provincial, dénoncer « les déprédations, les folles dépenses, les turpitudes, les dons abusifs d'un gouvernement à la fois pillard et prodigue [1] » pour se convaincre que Mirabeau, en acceptant le somptueux présent de la cour, courait le risque de scandaliser le public. Mais il serait à tort accusé de trahison. Il acceptait certes de l'argent : ce n'était que pour avoir la liberté de manœuvrer à sa guise et de convertir le roi à ses propres convictions [2]. Rien ne ressemble moins à un marché

---

1. *Mémoires...*, *op. cit.*, t. II, p. 39.
2. La Fayette, qui le méprise, écrit dans ses *Mémoires* : « Mirabeau n'était pas inaccessible à l'argent, mais pour aucune somme il n'aurait soutenu une opinion qui eût détruit la liberté et déshonoré son esprit. »

ignoble que la clarté des conditions qu'il avait imposées pour
servir la monarchie. Un gentilhomme aussi scrupuleux que La
Marck ne trouva rien à redire à un traité qui laissait Mirabeau
entièrement libre de ses choix. Quant au tribun, loin d'avoir le
sentiment d'accomplir une action honteuse, il laissa paraître une
joie si naïve de la confiance et de la générosité du roi, que La
Marck en fut médusé : « Mirabeau laissa échapper une ivresse
de bonheur dont l'excès, je l'avoue, m'étonna un peu, et qui
cependant s'expliquait assez naturellement, d'abord par la
satisfaction de sortir de la vie gênée et aventureuse qu'il avait
menée jusque-là, et aussi par le juste orgueil de penser qu'on
comptait enfin avec lui. »

Mirabeau, à cette époque, avait déjà changé de vie et c'est la
cour, déjà, qui lui en avait donné les moyens. Si l'on ignore dans
quelles circonstances, la chose ne fait aucun doute : il est inscrit
sur le *Livre rouge* pour la somme de 195 000 livres[1]. Une lettre
de Dumont à Romilly confirme que c'est dès janvier 90 que
Mirabeau avait été en mesure de monter un train de maison plus
conforme à ses goûts. La lettre, datée du 18 janvier, précisait :
« Il ne vit plus dans son taudis de l'hôtel de Malte, il a un joli
appartement dans la chaussée d'Antin, maison qui était habitée
par une fille, et dont il a acheté l'ameublement, en sorte que le
tribun du peuple, patricien, logé dans un boudoir adoucit un peu
sa sévérité républicaine par des emblèmes de la volupté et
permet au luxe de le caresser un moment dans ses austères
travaux[2]. » Le début de ses prodigalités est donc antérieur à son
traité avec le roi, mais celui-ci lui permit de satisfaire plus
largement son penchant à la dépense. Il avait une maison de
petite-maîtresse ; elle fut équipée désormais de manière seigneuriale. Il eut cuisinier, cocher, valet de chambre et chevaux,
et son boudoir devint le lieu d'exercice d'aventures galantes qui
se multiplièrent à proportion de son appétit et de ses moyens.
Avec une insouciance, et une imprudence qui alarmait La
Marck, il fit étalage de son luxe, comme au bon temps de son
mariage avec Émilie, au risque d'éveiller les soupçons les plus
malveillants et les plus dangereux pour sa réputation. Trop

---

1. Le *Livre rouge* ou liste des pensions secrètes sur le Trésor public, Paris, 1790.
2. Cité par Bénétruy, *L'Atelier de Mirabeau, op. cit.*, p. 261.

longtemps contraint, et d'ailleurs bien incapable de se modérer, son tempérament exubérant prit le dessus, le panier percé reparut, et aucun conseil de sagesse ne put le ramener à plus de mesure. Sa réputation n'était pas seule en péril, mais aussi sa santé, déjà fort compromise, que ses excès acheminaient vers une fin précoce.

Le traité avec la cour venait à peine d'être conclu que Mirabeau eut l'occasion de prouver que ses engagements n'étaient pas paroles en l'air. Un conflit ponctuel entre l'Espagne et l'Angleterre, sur la côte du Pacifique, menaçait de dégénérer en une guerre où la France, liée à la péninsule par le *pacte de famille*, risquait d'être entraînée par le jeu des alliances. Le 14 mai, Montmorin, ministre des Affaires étrangères, a demandé à l'Assemblée un crédit pour armer 14 vaisseaux de ligne. L'Assemblée s'est aussitôt saisie de cette occasion pour poser la question constitutionnelle : à qui, de l'Assemblée ou du roi, appartient le droit de paix et de guerre ? La droite et la gauche se sont aussitôt violemment affrontées. Les patriotes, que dirige le triumvirat, et la noblesse jacobine, tous les Menou, les d'Aiguillon, les Broglie, ont tranché la question en faveur de l'Assemblée. Jusqu'au 20 mai les escarmouches se poursuivent, chaque parti déléguant en avant-garde ses troupes légères. Le bruit court que l'engagement militaire de la France pourrait bien n'être qu'une manœuvre concertée avec l'Angleterre pour donner au roi les moyens de renverser la constitution. Alexandre de Lameth, dramatique, a dénoncé « la cause des rois contre les peuples ».

Pendant que se joue à l'Assemblée ce petit lever de rideau, la pièce principale se prépare ailleurs et les leaders affûtent leurs armes. Une scission s'était produite au mois d'avril au Club des jacobins, et ses membres les plus modérés avaient fondé un club concurrent, celui de 89. C'est là que se retrouvaient Sieyès, Talleyrand, Le Chapelier, La Fayette, Bailly, La Rochefoucauld, Rœderer et, parfois, Mirabeau qui n'avait pas pour autant rompu avec les Jacobins. Il pourrait sans doute compter sur le soutien du Club de 89 dans le combat qu'il s'apprêtait à engager. Le 20 mai, en effet, dans une ambiance passionnée, il monte à la tribune. Le bruit court déjà qu'il est vendu à la cour. Pourtant on ignore encore quel parti il va prendre, quelle cause il soutiendra. Ses premiers mots signalent la confusion qui règne dans l'Assemblée : « Si je prends la parole sur une matière soumise depuis cinq jours à de longs débats, c'est seulement pour établir l'état de la question, laquelle, à mon avis, n'a pas été posée ainsi qu'elle mérite de l'être. » En effet, cette question tient à tant de choses importantes, comme la liberté et la sauvegarde de la constitution, qu'il faut savoir concilier « la raison froide, la profonde méditation de l'homme d'État, avec l'émotion bien excusable que doivent inspirer les craintes qui nous environnent ». L'habileté et la sagesse consistent à respecter la constitution, en préservant l'équilibre des pouvoirs, en reconnaissant à chacun d'eux la compétence qui lui appartient. « Faut-il déléguer au roi l'exercice du droit de faire la paix et la guerre, ou doit-on l'attribuer au corps législatif ? C'est ainsi, messieurs, c'est avec cette alternative qu'on a jusqu'à présent énoncé la question, et j'avoue que cette manière de la poser la rendrait insoluble pour moi-même. Je ne crois pas que l'on puisse, sans anéantir la constitution, déléguer au roi l'exercice de faire la paix et la guerre ; je ne crois pas non plus que l'on puisse attribuer exclusivement ce droit au corps législatif, sans nous préparer des dangers d'une autre nature, et non moins redoutables. Mais sommes-nous forcés de faire un choix exclusif ? Ne peut-on pas, pour une des fonctions du gouvernement qui tient à la fois de l'action et de la volonté, de l'exécution et de la délibération, faire concourir au même but, sans les exclure l'un par l'autre, les deux pouvoirs qui constituent la force de la nation et qui représentent sa sagesse ?... En un mot, ne doit-on pas attribuer concurremment le droit de faire la paix et la guerre aux deux pouvoirs que notre constitution a consacrés. » Ne créez pas, dit-il, deux pouvoirs exécutifs. Rejetant l'idée d'une guerre offensive, qu'une nation libre ne saurait entreprendre sans crime, il démontre que, dans une guerre défensive, on ne peut attendre pour riposter que l'Assemblée ait délibéré. En revanche l'Assemblée aura tout le temps de décider si la guerre doit être ou non poursuivie. Elle pourra juger les ministres qui entraîneraient la France dans une guerre injuste, et aura toujours le pouvoir de contraindre le roi à la paix en refusant les fonds nécessaires à la poursuite de la guerre. « Voilà, messieurs, le véritable droit du corps législatif. Les pouvoirs, alors, ne sont pas confondus ; les formes des divers gouvernements ne sont pas violées, et l'intérêt national est conservé. » Cette proposition, ajoute-t-il, est seule conforme à la constitution, et il renvoie dos à dos ses adversaires de droite et de gauche. L'abbé Maury, tous les orateurs de la droite, veulent que le droit de paix et de guerre n'appartienne qu'au roi. Lui-même, que veut-il ? En vérité, pas autre chose ; mais, plus habile, il affecte de les combattre : « Qu'importe, en effet, à ces hommes de placer à côté de notre constitution une autorité sans bornes, toujours capable de la renverser ? La chérissent-ils, cette constitution ? est-elle leur ouvrage comme le nôtre ? veulent-ils la rendre immortelle comme la justice et la raison ? » Mais la droite n'est pas seule coupable ; à gauche, les Lameth, les Robespierre, les Pétion sont également fautifs de vouloir priver le roi du droit même de concourir à la décision : « Ne veulent-ils pas une chose inconstitutionnelle, puisque vos décrets ont accordé au roi une sorte de concours, même dans les actes purement législatifs ? » Je me suis fait, poursuit Mirabeau, toutes les objections : « Je ne me suis pas dissimulé non plus tous les dangers qu'il peut y avoir de confier à un seul homme le droit, ou plutôt les moyens de ruiner l'État, de disposer des citoyens, de compromettre la sûreté de l'empire, d'attirer sur nos têtes, comme un génie malfaisant, tous les fléaux de la guerre. Ici, comme tant d'autres, je me suis rappelé les noms de ces ministres impies, ordonnant des guerres exécrables pour se rendre nécessaires, ou pour écarter un rival. Ici, j'ai vu l'Europe incendiée pour le gant d'une duchesse trop tard ramassé. Je me suis peint ce roi guerrier et conquérant, s'attachant ses soldats par la corruption et par la victoire, tenté de redevenir despote en rentrant dans ses États, fomentant un parti au-dedans de l'empire, et renversant les lois avec ce même bras que les lois seules avaient armé. »

Mais, pour écarter ces dangers, ne risque-t-on pas d'en faire naître de plus grands encore ? « Je vous le demande à vous-mêmes : sera-t-on mieux assuré de n'avoir que des guerres justes, équitables, si l'on délègue exclusivement à une assemblée de 700 personnes l'exercice du droit de faire la guerre ? Avez-vous prévu jusqu'où les mouvements passionnés, jusqu'où l'exaltation du courage et d'une fausse dignité pourraient porter et justifier l'imprudence ? Nous avons entendu un de nos

orateurs vous proposer, si l'Angleterre faisait à l'Espagne une
guerre injuste, de franchir sur-le-champ les mers, de renverser
une nation sur l'autre, de jouer dans Londres même, avec ces
fiers Anglais, au dernier écu, au dernier homme, et nous avons
tous applaudi ! et je me suis surpris moi-même applaudissant ! et
un mouvement oratoire a suffi pour tromper un instant votre
sagesse. » Mais voici une considération encore plus importante : des dissensions peuvent s'élever dans le corps législatif et
elles se répercuteront aussitôt dans l'opinion. En accordant
exclusivement le droit de guerre à l'Assemblée, nous allons
donc « mettre un germe de dissensions civiles dans notre
constitution ». Mais il y a plus grave encore, et c'est la tentation,
presque l'invitation faite au législatif de se substituer à l'exécutif
dans la direction de la guerre, et de constituer de la sorte un
second pouvoir concurrent du premier. Ce serait renverser tous
les principes que la constitution a consacrés. Or, remarquez-le
bien, insiste Mirabeau, ce que je propose est conforme à ces
principes, conforme aussi aux sentiments des sages, de tous les
hommes qui, faits pour être libres, « redoutent cependant les
commotions du gouvernement populaire ; de ces hommes qui,
après avoir regardé la permanence d'une assemblée nationale
comme la seule barrière du despotisme, regardent aussi la
royauté comme une utile barrière contre l'aristocratie ». D'ailleurs, il ne s'agit pas, comme en Angleterre, de laisser au roi
l'entier exercice du droit de la guerre. Le concours du pouvoir
législatif sera indispensable et il aura le droit d'approuver ou
d'improuver la guerre. C'est là, on le sent bien, une simple
clause de style : on n'arrête pas à volonté une guerre commencée. Mais Mirabeau feint d'ignorer l'objection et insiste sur les
garanties dont disposera l'Assemblée. Elle aura, par exemple, si
le roi fait la guerre en personne, le droit de réunir la Garde
nationale du royaume « de manière à faire une armée pour la
liberté publique ».

Ce que Mirabeau proposait était donc clair : laisser au roi
l'initiative, et donner à l'Assemblée un droit de contrôle *a
posteriori* et le pouvoir de confirmer ou d'infirmer ses décisions.
Dans ces conditions, pensait Mirabeau, il n'y avait rien à
craindre, ni la passion des hommes, ni l'ambition des rois.
« Faites de la magistrature du monarque ce qu'elle doit être, et

ne craignez plus qu'un roi rebelle, abdiquant lui-même sa couronne, s'expose à courir de la victoire à l'échafaud. » Cette allusion au supplice suprême fit bondir la droite qui la jugea sacrilège. D'Éprémesnil, interprète de l'indignation de son parti, rappela Mirabeau à l'ordre : il oublie, s'écria-t-il, que la personne des rois a été déclarée inviolable ? Alors, Mirabeau dédaigneux : « Je me garderai bien de répondre à l'inculpation de mauvaise foi qui m'est faite ; vous avez tous entendu ma supposition d'un roi despote et révolté, qui vient avec une armée de Français conquérir la place des tyrans : or, un roi, dans ce cas, n'est plus roi. » Interrompant les applaudissements qui crépitent, Mirabeau conclut : « Vous avez saisi mon système : il consiste à attribuer concurremment le droit de faire la paix et la guerre aux deux pouvoirs que la constitution a consacrés. »

Le discours de Mirabeau a fait forte impression. Seuls les extrémistes — ceux de droite qui n'ont pas compris le tribun, ceux de gauche qui l'ont trop bien compris et cherchent déjà les moyens de l'abattre — résistent à cette éloquence bien argumentée dont les intentions secrètes sont évidentes. Mirabeau, qui sent les hésitants près d'être convaincus, entonne alors un autre air, celui de la modestie. Avec une habileté redoutable, il se confond en excuses, en regrets, en protestations. Le projet de décret qu'il va présenter..., mais le présentera-t-il ? Il n'est pas bon, il est incomplet. Il supplie l'Assemblée de le perfectionner, il appelle de tous ses vœux hypocrites celui qui en présentera un meilleur. L'homme qui en serait capable — oh ! comme il lui force habilement la main —, que n'apparaît-il ici pour lever tous les doutes, toutes les incertitudes. « Je ne cacherai même pas mon profond regret que l'homme qui a posé les bases de la constitution, et qui a le plus contribué à notre grand ouvrage, que l'homme qui a révélé au monde les véritables principes du gouvernement représentatif, se condamne lui-même à un silence que je déplore, que je trouve coupable, à quelque point que ses immenses services aient été méconnus, que l'abbé Sieyès... Je lui demande pardon, je le nomme..., ne vienne pas poser lui-même dans sa constitution un des plus grands ressorts de l'ordre social. » Dans ce numéro prémédité de grande coquette, Mirabeau excelle. Il y revient, en rajoute : le silence de Sieyès est une catastrophe nationale, c'est une calamité publique. Ces éloges ne sont pas gratuits. Le « cher maître » (c'est ainsi que Mirabeau nomme Sieyès dans sa correspondance) est le leader du Club de 89 et de toute cette partie de l'Assemblée qui voit en lui le législateur génial, l'inventeur des grands principes, le guide irremplaçable. Le flatter pour s'assurer son appui était un coup de maître comme l'étaient ces aveux faussement candides où il affirmait l'insuffisance de son projet de décret. Car il continue à se faire prier : non, il ne lira pas son texte, que l'Assemblée lui fasse grâce, qu'elle lui épargne cette épreuve. Alors des voix, à la fois curieuses et impatientes s'élèvent : lisez ! lisez !

Il n'attendait pas autre chose ; il lit. Ce qu'il dit, en substance, est sans ambiguïté : l'initiative appartiendra au roi ; l'Assemblée n'interviendra qu'*a posteriori* ; elle pourra, il est vrai, exiger la fin de la guerre qu'elle n'aura pas approuvée. Droit illusoire ! Interrompt-on à volonté une guerre déjà engagée ? Mirabeau est très applaudi, sauf à droite, décidément aveugle et sourde, et sur les bancs des triumvirs qui ont, quant à eux, fort bien compris l'intention de Mirabeau. Si le décret passe, le roi sera le maître de la décision.

Mirabeau n'a pas encore gagné la partie ; les jacobins s'apprêtent pour la riposte. En dépit de sa jeunesse, leur orateur se sent capable de briser les reins de son adversaire. Barnave, le sémillant Barnave qui sait si bien jouer de tous ses atouts, de ses vingt-six ans, de sa taille élancée, de son élégance, et qui peut compter sur les applaudissements des jeunes beautés des tribunes, a été désigné pour monter en première ligne. Sa voix, un peu légère, porte bien ; sa dialectique rigoureuse ne dédaigne pas les effets de rhétorique, voire les trémolos démagogiques. Le 21, à la tribune, il porte les espoirs des triumvirs et du parti patriote. Négligeant la droite, Cazalès, Maury, que leurs excès discréditent, il fait rouler tout le feu de son éloquence contre Mirabeau. La guerre, dit-il, ne peut être qu'un acte de la volonté générale ; le projet de son adversaire, qui attribue au roi l'initiative, est donc anticonstitutionnel. Les arguments de Mirabeau ? Barnave peut, d'un mot, les retourner contre lui : « N'est-il pas plus aisé de corrompre le conseil du roi que sept cents personnes élues par le peuple ? » Face à l'argumentation de Mirabeau, l'intervention de Barnave est un peu légère. Mais ses amis applaudissent à tout rompre et espèrent déjà avoir renversé le courant. C'était compter sans l'énergie et l'intelligence de l'adversaire. Mirabeau n'a pas attendu la fin du discours de Barnave. Lorsque l'orateur a qualifié son projet de décret d' « anarchie constitutionnelle », le tribun s'est levé, a soufflé à son voisin : « Je le tiens. En voilà assez d'entendre ; je tiens la réplique, sortons » ; et il est allé se promener dans le jardin des Tuileries.

Barnave achevait son discours sous les acclamations. Il avait proposé de donner à l'Assemblée le droit exclusif de la paix et de la guerre. Les jacobins voulurent profiter de ce triomphe, clore la discussion sur-le-champ, aller aux voix. Cazalès protesta ; Mirabeau, de retour, fit appel à « la générosité de l'admiration », réclama le droit de réponse, mit, une fois de plus, les députés en garde contre l'emballement ; les véritables points de la difficulté, ajouta-t-il, Barnave ne les a pas posés. Et l'Assemblée, soit par souci d'être mieux éclairée, soit qu'elle s'abandonnât au plaisir d'entendre une fois encore le grand orateur, se laissa faire violence, et décida, contre l'usage, que Mirabeau serait admis à répliquer le lendemain.

Dépités, les jacobins, que ne rassure pas le succès de Barnave, salué du titre de « sauveur de la patrie » et porté en triomphe, tentent aussitôt de porter un coup mortel à Mirabeau, hué, et voué à la lanterne par quelques énergumènes excités. Le soir, au Club des jacobins Alexandre de Lameth l'accuse publiquement de trahir la révolution. Une énorme machination est ourdie en quelques heures contre le tribun que menace déjà la fureur populaire. Dès le soir du 21 un pamphlet vengeur court la capitale. Il porte un titre révélateur : *Trahison découverte du comte de Mirabeau.* Le lendemain, 22, lorsque Mirabeau arrive à l'Assemblée, il est aussitôt entouré de menaces ; 50 000 personnes, une foule grondante, hostile, menaçante, entoure la salle du manège. C'est au milieu des insultes qu'il se fraie un passage. On lui montre le libelle qui l'accuse : « J'en sais assez, dit-il simplement, on m'emportera de l'Assemblée triomphant ou en lambeaux. » Tandis qu'il marche à la tribune, Volney lui lance ironiquement : « Mirabeau, hier au Capitole, aujourd'hui à la roche Tarpéienne ! » Sans s'en douter, il vient de fournir à

Mirabeau son entrée en matière. Il dénonce d'abord les basses
manœuvres, les calomnies, les vengeances. « Les discussions
amiables valent mieux pour s'entendre que les insinuations
calomnieuses, les inculpations forcenées, les haines de la
rivalité, les machinations de l'intrigue et de la malveillance. On
répand depuis huit jours que la section de l'Assemblée nationale
qui veut le concours de la volonté royale dans l'exercice du droit
de la paix et de la guerre est parricide de la liberté publique : on
répand les bruits de perfidie, de corruption ; on invoque les
vengeances populaires pour soutenir la tyrannie des opinions. »
Se tournant vers Barnave : « ... et moi aussi, on voulait, il y a
peu de jours, me porter en triomphe ; et maintenant on crie dans
les rues : *la grande trahison du comte de Mirabeau...* Je n'avais
pas besoin de cette leçon pour savoir qu'il est peu de distance du
Capitole à la roche Tarpéienne ; mais l'homme qui combat pour
la raison, pour la patrie, ne se tient pas si aisément pour
vaincu. » Puis il passe à l'attaque : une attaque brutale qui vise
directement les Lameth, courtisans repentis, et ceux qui le
dénoncent comme ennemi de la révolution et veulent livrer aux
fureurs d'un peuple trompé « celui qui, depuis vingt ans,
combat toutes les oppressions, qui parlait aux Français de
liberté, de constitution, de résistance, lorsque ses vils calomnia-
teurs suçaient le lait des cours et vivaient de tous les privilèges
dominants ». Ayant ainsi rappelé l'attention de l'Assemblée, il
se penche vers la gauche : « M. Barnave m'a fait l'honneur de
ne répondre qu'à moi ; j'aurai pour son talent le même égard. »
Barnave avait distingué l'action de la volonté, la première
appartenant au roi, la seconde au corps législatif ; d'où il
résultait, dans son esprit, que la guerre étant un acte de volonté,
il appartenait à l'Assemblée seule d'en décider. C'est en se
référant à la constitution que Mirabeau conteste ce principe.
L'Assemblée, en effet, n'est pas seule et exclusivement l'organe
de la volonté générale puisque la constitution a accordé au roi le
droit de sanctionner les résolutions du corps législatif et
d'exercer le *veto*, au moins provisoire. « Il n'est donc pas exact
de dire que notre constitution a établi deux délégués entièrement distincts, même lorsqu'il s'agit d'exprimer la volonté
générale. » Tenant son argument, il dénonce les « sophismes »
de Barnave, et triomphe : « Vous ne m'échapperez pas ! », puis

accuse : « Vous avez *forfait* la constitution. » Vous avez confondu, dit-il en substance, le *corps* législatif et le *pouvoir* législatif que la constitution accorde concurremment aux deux délégués de la nation, l'Assemblée et le roi. Sachant son argument irréfutable, il pousse Barnave à la réplique : « Si vous voulez substituer dans votre décret, à ces mots : le *corps législatif*, ceux-ci : le *pouvoir législatif*, et définir cette expression en l'appelant un acte de l'Assemblée nationale sanctionné par le roi, nous serons, par cela seul, d'accord sur les principes. Mais vous reviendrez alors à mon décret parce qu'il accorde moins au roi... Vous ne me répondez pas... Je continue. »

Patiemment, consciencieusement, avec une logique accablante, il démontre que l'initiative doit appartenir au roi. Dans le cas contraire le corps législatif régnerait. « La constitution se dénaturerait entièrement ; de monarchique qu'elle doit être, elle deviendrait purement aristocratique. Vous n'avez pas répondu à cette objection et vous n'y répondrez jamais. » Au contraire, on est d'accord avec les principes et avec la constitution si, laissant l'initiative au roi, on borne les délibérations du corps législatif à consentir la guerre ou à la refuser. Et c'est par là seulement que sera réalisé ce contrôle respectif des deux pouvoirs voulu par la constitution. Ainsi, la difficulté n'est-elle pas résolue et la preuve n'est-elle pas faite que Barnave a usé sa gracieuse éloquence dans des sophismes ? Mirabeau, peu enclin aujourd'hui aux ménagements, terrasse son adversaire : « Pour un homme à qui tant d'applaudissements étaient préparés dedans et dehors de cette salle, M. Barnave n'a point du tout abordé la question. Ce serait un triomphe trop facile maintenant que de le poursuivre dans les détails où, s'il a fait voir du talent de parleur, il n'a jamais montré la moindre connaissance d'un homme d'État ni des affaires humaines. » Il a escamoté la difficulté et la démagogie a été son atout maître : « Il a déclamé contre ces maux que peuvent faire et qu'ont faits les rois ; et il s'est bien gardé de remarquer que, dans notre constitution, le monarque ne peut plus désormais être despote, ni rien faire arbitrairement ; et il s'est bien gardé surtout de parler des mouvements populaires ; quoiqu'il eût lui-même donné l'exemple de la facilité avec laquelle les amis d'une puissance étrangère pourraient influer sur l'opinion d'une assemblée nationale, en ameutant le peuple autour d'elle, et en procurant dans les promenades publiques des battements de mains à leurs agents. » Passons, poursuit Mirabeau, aux articles de mon décret. Mes ennemis y voient des pièges. J'ai demandé — affirme-t-il en sollicitant avec une extrême audace son texte primitif — que l'exercice du droit de la guerre et de la paix soit délégué concurremment au corps législatif et au pouvoir exécutif. Où est le piège ? Tous mes articles sont clairs. Encore une fois, je vous le demande, où est le piège ?

Mirabeau descend de la tribune, exténué mais rassuré. Il a gagné et il le sait. On alla immédiatement aux voix. Son décret obtint la priorité et, sous réserve d'amendements, fut adopté. On déclara que le droit de paix et de guerre appartenait à la nation ; que la guerre ne serait décidée que par un décret de l'Assemblée sur proposition formelle du roi et sanctionné par lui ; que le soin de veiller à la sécurité intérieure du royaume était délégué au roi, que lui seul dirigerait les relations extérieures, réglerait et commanderait les forces militaires.

Mirabeau avait donc dû lâcher un peu de lest, mais sur l'essentiel il l'avait emporté. Le roi aurait la proposition et la sanction, mais il ne pourrait seul déclarer la guerre. Le décret était donc un grand succès pour Mirabeau, et pour la cour qui n'en espérait pas tant. Mais ce succès était empoisonné : le soupçon était né, et le tribun allait désormais traîner derrière lui le masque de la corruption. « Mirabeau ! Mirabeau ! s'écriait Fréron, moins de talents et plus de vertu, ou gare à la lanterne ! »

11. L'ordre dans la liberté

Il faut maintenant décrire le projet de Mirabeau, les valeurs qui l'inspirent, les obstacles qui s'opposent à sa réalisation, les moyens qu'il entend mettre en œuvre pour parvenir à ses fins et qu'il élabore progressivement de mai à décembre 1790. Ce que Mirabeau propose n'est pas seulement une cuisine, un ensemble de recettes plus ou moins sophistiquées : c'est un authentique projet culturel destiné à rendre une idéologie à la France vacillante et divisée entre extrémismes irréconciliables, hébétée par ses divisions, découragée par ses excès, bouleversée, et comme éclatée, par des vagues de violence que le pays profond réprouve mais avec lesquelles il prend, sans trop s'en douter, l'habitude de vivre.

Monarchiste, la France l'est encore ; mais entre une droite qui rêve au retour impossible de l'ordre ancien, et une gauche, surtout cette noblesse jacobine des Lameth, des Duport, des La Fayette même, qui hésite entre la république et le roi, l'opinion, abandonnée aux propagandes contradictoires, est laissée sans magistère, ballottée entre les ressentiments des uns, les violences des autres, les surenchères des factieux de tout bord. La grande victime de cette anarchie, que Mirabeau dénonce sans relâche, c'est la France évidemment. Le remède, il l'a dit cent fois, c'est de remettre le royaume sur ses rails, c'est de s'appuyer sur la saine opinion, c'est de rendre à l'exécutif les moyens d'agir, d'administrer, de gouverner. Projet difficile, presque irréalisable dans l'atmosphère de passion, de rivalité qui recouvre l'Assemblée, Paris et même la province. Les obstacles sont à droite et à gauche. Parce que Mirabeau affirme que la constitution ne sera achevée, ne sera viable qu'à condition de respecter la séparation des pouvoirs et de répondre à l'exigence d'efficacité que peut seul conférer un exécutif responsable auquel on reconnaît le droit de gouverner, il voit se dresser contre lui une gauche méfiante qui ne veut voir dans le roi qu'une menace pour la liberté ; parce qu'il repousse énergiquement les illusions de la droite, ses rancœurs, ses nostalgies, tous ceux dont l'ambition est le retour à l'ordre ancien ne veulent voir en lui qu'un factieux et le héros impur de cette révolution qu'ils rêvent d'anéantir.

Ne nous y trompons pas. Mirabeau n'a pas changé, ses relations avec la cour ne l'ont pas transformé ; s'il en suce le lait nourricier, avec l'avidité d'un jeune veau sous sa mère, il ne se laisse pas envahir par ses fantasmes réactionnaires ; le révolutionnaire n'est pas devenu courtisan, l'ardent défenseur de la liberté ne s'est pas reconverti au dogme de l'oppression. Il a seulement retrempé sa fidélité monarchique — je veux dire sa loyauté à l'égard du souverain réel, de Louis XVI, qu'il avait longtemps regardé comme un pis-aller en l'absence d'un roi selon son cœur — et s'est ému du désarroi du prince. Son objectif reste ce qu'il a toujours été : renforcer l'autorité royale par la révolution, pour son succès et sa stabilité, mais non pas contre elle. Pour lui qui a tant contribué à l'abattre, il ne s'agit pas de *restaurer* la vieille institution monarchique à bout de course, mais bien au contraire d'*instituer* une monarchie qui fût de création révolutionnaire, qui assurât la réussite de la révolution. Si celle-ci tombait dans l'anarchie et l'impuissance, c'en était fait de tout ce qui avait été acquis depuis 1789. Le seul moyen de préserver l'œuvre positive de la Constituante était de donner au roi une suffisante autorité pour faire respecter la loi. Mais il fallait, pour cela, que la monarchie rompît ouvertement et sans réserve avec tout ce qui l'avait rendue exécrable : le bon plaisir, l'arbitraire, les privilèges, les nostalgies ; qu'elle y renonçât de bonne foi, non par lassitude ou contrainte, mais par un ralliement sans arrière-pensée à la révolution. Ainsi, la légitimité monarchique, aujourd'hui contestée, retrouverait sa force ; une légitimité nouvelle, populaire, issue du tréfonds de la France et de la révolution, qui rendrait au roi une nouvelle puissance et un nouveau charisme. Une nouvelle puissance ? Pour préserver la liberté et non pour l'écraser. Un nouveau charisme ? Non pas celui, défunt, du droit divin ; celui, bien plus vivant et bien plus efficace, du consentement populaire. En un

mot, non pas la monarchie du bon plaisir mais celle de la
légalité. Cette monarchie-là, avec le temps et les réformes
nécessaires, assurera, bien mieux que l'ancienne, l'autorité du
roi tout en préservant la liberté de la nation : une monarchie
sans risque pour le roi, sans risque pour la France. Tous les
obstacles qui déconsidéraient l'un et limitaient abusivement son
pouvoir, qui menaçaient et avilissaient l'autre, sont désormais
levés : plus de parlements, de noblesse, de clergé, plus de
privilèges particuliers ou collectifs, plus de provinces, plus
d'états. La constitution, loin de priver le roi de son autorité, l'a
garantie, et l'a lavée de tous les soupçons, l'a blanchie de toutes
les suspicions, lui a donné une nouvelle fraîcheur. La responsabilité des ministres le rend inattaquable et transparent, le
consentement de l'impôt par la nation lui enlève tout l'odieux
d'une apparence d'oppression. Le roi sera désormais mieux
aimé parce qu'il n'aura que des bienfaits à distribuer.

Mais l'Assemblée viole la constitution. L'autorité du roi
repose sur sa capacité d'administrer reconnue par la constitution. L'Assemblée retient ce pouvoir. Il faut l'obliger à s'en
dessaisir, en influant sur l'opinion souveraine des législateurs, et
donc travailler les provinces, préparer la seconde législature qui,
munie de pouvoirs constituants, pourra revenir sur les erreurs et
les empiètements de l'actuelle assemblée.

La réalisation de ces plans était œuvre de patience. Mirabeau
avait besoin de temps et d'appuis. La Fayette, qui régnait en
dictateur sur la cour et sur les bourgeois de Paris par la Garde
nationale, pouvait paraître nécessaire — il pouvait par son
ralliement entraîner l'Assemblée — et Mirabeau ne négligea
rien pour le séduire et le convaincre. Il le flatta, le malmena à
l'occasion, lui offrit de « refaire la monarchie en agrandissant et
consolidant la liberté publique ». Le général avait trop de
préventions et de méfiance pour accepter l'alliance qu'on lui
proposait, trop peu d'intelligence politique, une doctrine trop
incertaine, pour saisir la portée des ambitions d'un homme qui,
par ailleurs, l'accusait de forfaire à sa destinée. Rejeté par La
Fayette, car il le fut sans précaution et sans égard, il entreprit
dès lors de le perdre. D'abord dans l'esprit de la cour à qui il
dénonça ce « rival du monarque ». Il fallait à tout prix
l'empêcher d'accroître sa puissance. S'il venait à désigner les

ministres, il deviendrait un véritable dictateur, mais un dictateur servile, esclave de Paris dont il n'était le maître qu'en en flattant les plus viles passions. Comme chaque fois que son orgueil est blessé, et qu'il s'irrite des résistances qu'il rencontre, Mirabeau a recours à la violence verbale : il dénonce avec rage le « prétendu héros », « l'inertie de sa pensée et la nullité de son talent » ; il indique les moyens de le dépopulariser, de lui rogner les ailes, de lui susciter un concurrent pour le priver de cette Garde nationale qui constitue l'essentiel de sa force et le rend si redoutable.

Mais, sur cela comme sur le reste, Mirabeau ne se fait aucune illusion. Il connaît la faiblesse, les hésitations, l'apathie du roi. Il fait plus de fond sur le caractère de Marie-Antoinette. « Le roi n'a qu'un homme, écrit-il plaisamment, c'est sa femme. » Il compte donc sur elle, mais surtout sur lui-même. Dégonfler La Fayette, baudruche incapable et néfaste, c'est pour Mirabeau la tâche prioritaire. La fête de la Fédération, la commémoration du 14 juillet, qui doit être célébrée en grande pompe, peut en fournir l'occasion. Que le roi s'y montre dans tout l'éclat de sa nouvelle souveraineté, qu'il apparaisse comme le roi de la révolution, qu'il prenne la tête de cette éclatante cérémonie et approuve ainsi l'œuvre révolutionnaire, et la partie sera gagnée. Vain espoir. Le roi, apathique et soupçonneux, se contenta de jouer les seconds rôles. Mirabeau lui-même, exclu par La Fayette de la présidence de l'Assemblée, dut abandonner au général tout le bénéfice de la fête ; le peuple, délaissant le roi, fit un triomphe au héros des deux mondes et, dans un accès d'enthousiasme et de veulerie, alla jusqu'à baiser les bottes de celui qui usurpait les hommages des fédérés, rejetant dans l'ombre celui qui eût dû ce jour-là voir resplendir l'étoile de la popularité.

Mirabeau voyait bien que ses conseils à la cour restaient inefficaces ; on lisait ses notes, on ne suivait pas ses avis. Il désira donc rencontrer les souverains, persuadé que sa vue et son éloquence feraient plus d'effet que sa plume, et qu'en une conversation il ferait plus de chemin dans leur esprit que par tous ses rapports. Grâce à La Marck, il obtint satisfaction. La reine lui fixa rendez-vous pour le 3 juillet à Saint-Cloud où la cour résidait alors. Que n'a-t-on brodé sur cette entrevue depuis

Michelet ! Je la vois moins romanesque qu'on ne l'a dit. Certes, Mirabeau, habitué à prendre les femmes d'assaut, n'aura pas manqué, lui le tombeur de Sophie, de Yet-Lie, de tant d'autres, d'essayer toutes les armes de sa panoplie de séducteur. Ne disait-on pas la reine fantasque et frivole ? Mais n'était-elle pas hautaine et méprisante, réticente et peureuse devant ce tribun outré qu'elle tenait pour responsable de ses malheurs et pour l'inspirateur méprisable des 5 et 6 octobre ? Allons ! laissons là le roman, si attendrissant soit-il, d'un Mirabeau humble et présomptueux demandant à la reine de lui donner sa main à baiser et recevant cette faveur comme une promesse d'amour. Bien plutôt, une reine accablée, tremblante, scellant une alliance avec la puissance du jour qu'elle méprise peut-être, redoute sûrement. Lorsque le tribun l'eut quittée, elle eut une faiblesse : non pas faiblesse du cœur, mais faiblesse d'horreur.

Mirabeau avait la passion autant que la force de la conviction. L'entrevue eut deux conséquences : elle raffermit la confiance des souverains — un tel homme si redoutable et si sûr de lui pouvait des merveilles —, elle exalta la conviction de Mirabeau. Certes, la situation lui paraissait plus que jamais compromise. Il s'effrayait des dangers que courait la famille royale : « Vous le verrez, disait-il à La Marck, la populace battra leurs cadavres. » Il cherchait des parades au drame qu'il prévoyait. Prendre un parti actif, ne pas s'abandonner aux événements, à la surenchère de l'Assemblée, ne plus laisser le trône vacant, ne pas se laisser glisser au flot qui emporterait tout, voilà ce qu'il conseillait, voyant même se profiler l'inéluctable nécessité de la guerre civile, qu'il redoutait et appelait à la fois de ses vœux comme l'unique moyen, « lorsque l'anarchie est parvenue au dernier période, de redonner des chefs aux hommes, aux partis, aux opinions ». En attendant, il conseillait au roi de s'assurer une armée en confiant les Suisses à l'inspection de La Marck.

Les quelques mois qui suivent l'entrevue de Saint-Cloud sont pour Mirabeau une période d'activité intense où il est difficile de suivre tous les fils d'une pensée et d'une action où s'enchevêtrent les intentions du révolutionnaire qui ne veut pas que la révolution soit sacrifiée, et les calculs du politique qui veut rendre au pouvoir sa juste part de responsabilité. D'où l'appa-

rence étrange, protéiforme, contradictoire d'un homme et d'une
activité qui le déporte selon les circonstances et ses desseins d'un
bout à l'autre de l'Assemblée, faisant de lui aujourd'hui le
champion de la révolution et demain le champion du monarque,
intransigeant dès qu'on touche aux conquêtes révolutionnaires,
sans faiblesse lorsqu'il s'agit de reconquérir sur l'Assemblée la
prérogative du pouvoir exécutif. Il est attaqué sur deux fronts,
et il attaque sur deux fronts ; il doit se défendre de la cour et se
défendre de la droite, convaincre les souverains de renoncer à
tout projet de contre-révolution, les amener à couper tout lien
avec la réaction, qui joue la politique du pire et perd tout par
ignorance et folie. Il doit aussi isoler la gauche, la réduire ou la
convaincre, ou mieux, la jouer, la prendre au piège du pouvoir :
faire des jacobins des ministres, c'est le moyen de les neutraliser. Si tous ces efforts, machiavéliques mais adroits, échouent, il
restera une ressource : enferrer l'Assemblée, la dépopulariser,
la couper du peuple, et attendre d'une nouvelle législature un
retour aux principes sains que la France, dans son immense
majorité, désire et approuve. La première condition d'un retour
à l'ordre comme d'un retour à la sagesse, c'est la création d'un
nouveau ministère éloigné de la faiblesse, de l'abandon, de la
gestion au jour le jour, de la timidité et de la crainte, mais tout
autant étranger aux projets dangereux du ministère actuel qui
ne fait rien et espère un pourrissement qui se révélerait vite plus
dangereux au roi qu'à ses ennemis. Rien ne peut être fait avec
Necker et avec des ministres qui ne sont rien parce qu'ils
n'acceptent rien, parce que, faibles pots de terre contre le pot de
fer, ils veulent ignorer une révolution qui, ne pouvant se faire
avec eux, se fait contre eux. « Je ne vois, dit-il, aucun remède
que dans la formation d'un ministère bon et de bonne foi,
laquelle formation est impossible aussi longtemps qu'on ne
lèvera pas l'insensé décret qui interdit aux membres de l'Assemblée toute place d'administration. » En effet, les ministres
doivent non seulement être pris dans le sein de l'Assemblée et
disposer de sa confiance : ils doivent être d'authentiques
révolutionnaires, non suspects et non susceptibles de transiger
avec les forces de la réaction. Necker, bien sûr, que « seul le
hasard a placé à la tête d'une révolution à laquelle il est étranger
et qui sent bien que son règne finira le jour du rétablissement de

l'ordre[1] » doit être écarté en priorité. Il faut donc, de toute
urgence, changer de ministère, mais qu'on le sache bien, qu'on
se pénètre de cette idée, un ministère nouveau aura pour tâche
non de résister, mais d'accomplir, mais d'achever la révolution,
qui a déjà tant fait pour la France et, surtout, ne pas l'oublier,
pour le roi. Elle a fait des fautes, certes ; mais elle a fait une
constitution « dont les avantages compensent plus que les
fautes, et qui a donné autant de force au gouvernement
monarchique par la destruction des abus, qu'elle paraît l'ébranler, sur quelques points, par une fausse application de la
distinction des pouvoirs[2] ». Bien sûr, il faudra corriger la
constitution là où elle est fautive, informer l'opinion, la ramener
aux vrais principes, « prouver surtout qu'il ne peut y avoir de
liberté sans obéissance à la loi, de lois sans force publique, et de
force publique sans confiance dans le pouvoir exécutif[3]. »

La première initiative doit être aussi la plus délicate : mettre
en place un ministère qui obtienne la confiance de l'Assemblée.
Manœuvre qui ne réussira pas sans un préalable indispensable :
déconsidérer le ministère actuel déjà à bout de souffle mais que
les attaques réitérées de Mirabeau n'ont pas encore obligé à
partir. La question des *assignats* que Mirabeau — revenant
d'une première opinion — défend, et que Necker condamne,
permet au tribun de déchaîner l'artillerie lourde. Les 400 millions d'assignats hypothéqués sur les biens nationaux, émis au
début de 1790, n'ont servi qu'à combler le déficit de l'impôt qui,
décidément, ne rentre plus. La dette publique, évaluée à
quelque 1 900 millions de francs, reste entière. Mais est-il bien
sage d'émettre une nouvelle masse de papier-monnaie alors que
les premiers assignats perdent déjà sur leur valeur nominale et
que l'argent se cache ? Dupont de Nemours dénonce le danger.
Après Barnave, Mirabeau peu convaincu, mais dont le principal
souci est de faire tomber le ministère qui s'y oppose, défend la
cause des assignats et de l'émission projetée. Dans un discours
du 27 août, qui doit beaucoup à son nouveau collaborateur
Reybaz, il a l'habileté de lier la cause des assignats à celle de la

---

1. *Lettres* à Mauvillon, *op. cit.,* p. 30, 4 août 1790.
2. Vingt-troisième note pour la cour, 7 septembre 1790.
3. *Ibid.*

révolution, leur sort à celui de la constitution. Le décret, qui ne sera rendu que le 29 septembre, lui donnera ample satisfaction en créant 800 millions d'assignats nouveaux. « C'est vraiment là, écrira-t-il alors à Mauvillon, le sceau de la révolution. » Mais, dès la fin août, il a déjà gagné la première manche de son combat. Necker, désavoué par l'Assemblée, a donné sa démission le 4 septembre, terminant dans l'indifférence générale une carrière à laquelle une popularité délirante avait longtemps donné un air de grandeur. La victoire de Mirabeau restait pourtant incomplète ; Necker parti, son ministère restait en place, Champion de Cicé, Montmorin, Saint-Priest, La Tour du Pin étaient toujours là. On pouvait toutefois espérer que, désemparés par le départ de leur chef, ils ne s'éterniseraient pas. Le moment était donc venu pour Mirabeau de relancer l'action, c'est-à-dire d'obtenir l'abrogation du fatal décret qui fermait aux députés l'accès du ministère. Il appartenait au roi de prendre l'initiative de cette révision, seul moyen de rétablir l'harmonie et l'unité d'action entre l'exécutif et l'Assemblée, union indispensable si l'on voulait sauver le royaume de l'impuissance. « Ainsi, il n'y a plus à balancer, écrivait Mirabeau, et le moment est arrivé où le décret qui ne permet pas de former un ministère dans le sein de l'Assemblée nationale doit être ouvertement attaqué par le roi, et par tous ceux qui veulent sauver tout à la fois le gouvernement monarchique et le royaume[1]. » Pour l'Assemblée, Mirabeau avait préparé un grand discours. Il ne le prononça pas. Ses illusions s'évanouirent très vite ; il put constater, avec amertume et un brin de pitié, que les raisons qui avaient provoqué le décret étaient toujours aussi vivaces : il n'avait aucune chance, et il le savait, d'être entendu. C'est en termes désabusés qu'il rendait compte à Mauvillon de l'hostilité de l'Assemblée au seul parti raisonnable et propre à rétablir dans le gouvernement l'autorité indispensable pour faire face à une situation qui se dégradait chaque jour, les rébellions dans l'armée et la marine en font foi[2].

---

1. Vingt-sixième note à la cour, 12 septembre 1790.
2. *Lettres* à Mauvillon, *op. cit.*, 19 octobre 1790 : « L'Assemblée acharnée à soutenir le décret absurde qui défend à tout membre de la législature de prendre une place d'administration, interdit par cela seul au roi tout bon choix et toute unité entre le bras et la volonté. »

Il faut pourtant à toute force, et dans les plus brefs délais, nommer de nouveaux responsables ; les ministres en place ne sont que des « spectateurs », l'État s'engloutit sous leurs yeux sans qu'ils fassent rien. Le voudraient-ils ? Nul ne se fie à eux, ils sont suspects autant qu'inefficaces. Seuls des ministres choisis dans le parti populaire parviendront à vaincre la défiance et à donner au roi l'influence nécessaire à la grande tâche qui l'attend maintenant : la révision de la constitution. Lorsque l'autorité du roi et de ses ministres sera clairement orientée vers la consolidation de la constitution, qui s'y opposerait ? Tous, au contraire, se réjouiront et la consolideront. Le rétablissement de l'autorité royale et la révision de la constitution sont une même œuvre : mais elle n'est possible qu'avec un ministère capable et populaire. Il faut donc agir vite, et pour fortifier l'une et pour réviser l'autre, car si la révolution est consommée, la constitution ne l'est pas. La révolution, qu'est-ce à dire ? Ceci, qui est indéniable : 1789 a fortifié l'autorité royale. « Dans le cours d'une seule année, la liberté a triomphé de plus de préjugés destructeurs du pouvoir, écrasé plus d'ennemis du trône, obtenu plus de sacrifices pour la prospérité nationale que n'aurait pu le faire l'autorité royale pendant plusieurs siècles. J'ai toujours fait remarquer que l'anéantissement du clergé, des parlements, des pays d'états, de la féodalité, des capitulations des provinces, des privilèges de tout genre, est une conquête commune à la nation et au monarque [1]. » Mais, sur quelques points, la constitution est vicieuse. Il faut donc la réviser pour l'améliorer. Ceci ne se fera pas sans un nouveau ministère. Si l'on parvient à faire révoquer le décret, on prendra les ministres dans le parti populaire de l'Assemblée ; si l'on échoue, ce qui est prévisible, il appartiendra au roi de les choisir hors de l'Assemblée, mais de telle manière qu'ils puissent se concerter avec les « fidèles serviteurs du roi », entendez avec moi, Mirabeau le plus conscient et le plus zélé auxiliaire de la monarchie. Alors toutes les conditions seront réunies pour procéder, dans les meilleurs délais, à la révision de la constitution.

Mais, précise Mirabeau, qu'on m'entende bien. Réviser ne veut pas dire rétrograder. Rien ne serait plus dangereux, plus

---

1. Vingt-huitième note pour la cour, 28 septembre 1790.

fou, que d'anéantir une constitution par ailleurs si estimable ; ce
serait revenir au point de départ, faire renaître tous les dangers,
donner des armes aux ennemis du roi et aux ennemis de la
révolution, ce serait ressusciter toutes les forces de désorganisation et d'anarchie, « une noblesse turbulente, un clergé factieux, des magistrats rebelles, des états de province toujours
menaçants, des privilèges odieux, des abus intolérables[1] ». La
constitution est bonne : il ne s'agit que de lui donner une forme
différente en conservant les mêmes matériaux. La révision
devra consacrer toutes les acquisitions : un corps législatif
périodiquement élu et permanent, le vote de l'impôt, la
responsabilité des ministres, la nouvelle division du royaume, la
justice gratuite, la liberté de la presse, la vente des biens du
domaine et du clergé ; elle devra ratifier la suppression des
ordres, des privilèges et des exemptions fiscales, de la féodalité
et des parlements, des pays d'états et des corps de province.
Mirabeau ne renie donc rien de l'œuvre révolutionnaire. Il
entend seulement corriger, affiner et conclure. Un abus s'est
introduit : l'Assemblée ne s'est pas bornée à son rôle : elle a
empiété sur tous les pouvoirs. Et c'est là qu'il faut rectifier, pour
rendre unité et efficacité au pouvoir exécutif « dans tout ce qui
tient à l'administration du royaume, à l'exécution des lois, à la
direction de la force publique ». Ainsi révisée la constitution ne
sera pas antinomique, mais se conciliera parfaitement avec le
pouvoir monarchique. Si l'on n'opère pas cette rectification
indispensable, le régime basculera vers le gouvernement répu-
blicain, ou plutôt vers un régime hybride, incertain, inachevé,
toujours prêt à pencher, selon les circonstances, vers l'un ou
l'autre pôle. C'est bien d'ailleurs ce que, dans leurs hésitations
ont voulu les législateurs, se gardant de mettre à leur constitution la clé de voûte « dans le but secret d'organiser le royaume
de manière qu'ils puissent opter entre la république et la
monarchie et que la royauté fût conservée ou inutile selon les
événements, selon la réalité ou la fausseté des périls dont ils se
croiraient menacés[2] ». Heureusement rien n'est définitif, l'édifice n'est pas achevé ; il est propre à tout et l'on peut encore lui

1. Note pour la cour, 6 octobre 1790.
2. Note pour la cour, 14 octobre 1790.

donner la forme qu'on veut. Mais il faut, pour réussir, se donner les moyens les plus propres à l'exécution. Pour Mirabeau, il n'y a qu'un choix : se rallier au parti populaire. « Le parti véritablement populaire est celui qui veut maintenir la constitution contre les mécontents. » Rien n'est plus facile ni plus nécessaire que d'être de ce parti : il suffit d'abandonner sans retour toutes les formes de contre-révolution, l'ancienne magistrature, la noblesse, le clergé, et de soutenir la majorité actuelle de l'Assemblée. Se réunir à elle, « c'est acquérir le droit et le moyen de la diriger, et diriger, c'est gouverner ». Mais on ne gouverne pas avec n'importe qui, sinon pour faire n'importe quoi. Et c'est ici le plus difficile de l'entreprise de Mirabeau : il doit vaincre une défiance instinctive et forcer la main du roi, l'engager dans une expérience folle, d'une audace inouïe pour l'esprit épais et chimérique de Louis : former un ministère avec des jacobins, unique moyen de neutraliser l'adversaire en le convertissant. En les appelant au ministère, on en ferait d'autres hommes : « Des jacobins ministres ne seraient pas des ministres jacobins. » Mirabeau qui n'a pas fait l'expérience du pouvoir, qui ne la fera jamais, sait combien la fonction transforme un homme ; tel qui se révèle aujourd'hui violent, irritable, excessif, méfiant, serait dans une grande place doux et bénin et passerait avec armes et bagages du côté du roi. « Pour un homme, quel qu'il soit, une grande élévation est une crise qui guérit les maux qu'il a, et lui donne ceux qu'il n'a point. Placé au timon des affaires, le démagogue le plus enragé, voyant de plus près les maux du royaume, reconnaîtrait l'insuffisance du pouvoir royal. Plus il serait flatté de considérer son ouvrage, plus il mettrait de soin à le corriger. Bientôt son parti, pour lui rester fidèle, se relâcherait dans ses principes : il croirait être inébranlable dans ses opinions et, sans le vouloir, sans le savoir, il se trouverait tout à coup neutralisé, il ne serait plus le même [1]. » Si l'on ne veut pas se ranger à son avis, poursuit Mirabeau, si les réticences sont vraiment insurmontables, il faut au moins prendre la majorité des ministres dans une autre fraction du parti populaire et quelques-uns parmi les jacobins, car rien ne rapproche tant les opinions que la communauté du pouvoir.

---

1. Note pour la cour, 13 décembre 1790.

Ainsi la majorité de l'Assemblée serait gagnée, l'harmonie se rétablirait et tournerait immanquablement au profit de l'autorité royale ; alors les factieux, nostalgiques et démagogues, perdraient leurs espérances, et tous ceux qui redoutent la révolution pour ses excès se rallieraient, et l'opinion publique en serait d'un coup transformée.

Malgré la sagesse de ses conseils, Mirabeau n'obtenait de la cour qu'une attention curieuse. On n'avait ni le courage ni le désir de suivre ses vues audacieuses ; on se laissait fasciner souvent, trop souvent, par les sirènes contre-révolutionnaires, et, en même temps, ballotter stupidement par l'inconsistance et la faiblesse d'un ministère épuisé qui, depuis le départ de Necker, n'avait plus ni chef, ni projet, ni volonté. Mirabeau continuait à effrayer la cour par ses violences de tribun, par les coups de gueule qu'il assenait avec force sur une droite rageuse, incapable d'apprécier les intentions d'un homme qui voulait la monarchie sans la tyrannie, l'ordre sans l'oppression, qui tenait à calmer la révolution sans rien renier de son contenu. Mais bien peu dans l'Assemblée avaient assez de capacité pour l'entendre. La méfiance l'emportait et les accusations les plus extravagantes faisaient alternativement de lui un factieux soupçonné aujourd'hui d'avoir organisé les journées d'octobre, et demain de menées contre-révolutionnaires. Accusation absurde, justement, que celle qui voulait faire de Mirabeau le complice d'un petit aventurier obscur suspect de fomenter des troubles en faveur de la contre-révolution. Le 11 septembre Mirabeau avait rejeté cette accusation avec cette éloquence hautaine et digne de l'homme dont tout le passé dément des affabulations dictées par la haine, la jalousie et l'intrigue. Voyez avec quelle force il le revendique, ce passé révolutionnaire, avec quelle ironie cinglante et quelle conviction il affirme sa foi dans la révolution. Mais ces paroles étaient bien propres à inquiéter la cour, bien qu'anodines, cette cour qui ne renonçait ni à ses défiances ni à ses regrets nostalgiques. Je ne peux m'empêcher de citer toute sa péroraison ; elle peint l'homme et elle le justifie. Comment, après cela, l'accuser d'être double, de tenir ici un langage et là un autre, d'avoir un seul instant forfait à sa conviction ? Écoutez : « Depuis longtemps mes torts et mes services, mes malheurs et mes succès, m'ont également appelé à la cause de la liberté ; depuis le donjon de Vincennes et les différents forts du royaume où je n'avais pas élu domicile, mais où j'ai été arrêté pour différents motifs, il serait difficile de citer un fait, un écrit, un discours de moi qui ne montrât pas un grand et énergique amour de la liberté. J'ai vu cinquante-quatre lettres de cachet dans ma famille, oui, messieurs, cinquante-quatre, et j'en ai eu dix-sept pour ma part : ainsi vous voyez que j'ai été partagé en aîné de Normandie. Si cet amour de la liberté m'a donné de grandes jouissances, il m'a donné aussi de grandes peines et de grands tourments. Quoi qu'il en soit ma position est assez singulière ; la semaine prochaine, à ce que le comité me fait espérer, on fera le rapport d'une affaire où je joue le rôle d'un conspirateur factieux ; aujourd'hui on m'accuse comme un conspirateur contre-révolutionnaire. Permettez que je demande la division. Conspiration pour conspiration, procédure pour procédure ; s'il le faut même, supplice pour supplice, permettez du moins que je sois un martyr révolutionnaire. » Puisque nous en sommes là, à ces professions de foi, devançons de quelques jours le temps, venons-en à ce 21 octobre où Mirabeau défendit, dans un de ses plus beaux discours, face aux nostalgiques champions du passé, cette révolution qu'ils voulaient anéantir dans son existence mais encore dans son imaginaire et ses symboles. Le baron de Menou, jacobin exalté, spécialiste des questions militaires, rude adversaire de Mirabeau dans la question du droit de guerre qu'il ne voulait reconnaître qu'à la nation, avait proposé de substituer le pavillon tricolore au drapeau blanc que la flotte nationale conservait encore. La droite réagit avec sa violence coutumière, des cris, des injures furent échangés. Foucault, extrémiste virulent, spécialiste de l'insulte rageuse, traita le drapeau tricolore de « hochet ». Mirabeau avait le sens des symboles ; son émotion devant l'insulte aux couleurs nationales n'était pas feinte, et il s'engagea dans le combat dont l'enjeu n'était pas un simple signe mais la révolution elle-même. « Aux premiers mots proférés dans cet étrange débat, j'ai ressenti les bouillons du patriotisme, jusqu'au plus violent emportement. » Ricanements à droite : « Messieurs, donnez-moi quelques moments d'attention ; je vous jure qu'avant que j'aie cessé de parler, vous ne serez pas tentés de rire. » En effet. Avant peu les sarcasmes de la droite font place à sa fureur. Mirabeau : « Eh bien ! parce que je ne sais quel succès d'une tactique frauduleuse dans la séance d'hier a gonflé les cœurs contre-révolutionnaires, en vingt-quatre heures, en une nuit, tous les principes sont tellement dénaturés, on méconnaît tellement l'esprit public, qu'on ose dire, à vous-mêmes, à la face du peuple qui nous entend, qu'il est des préjugés antiques qu'il faut respecter, comme si votre gloire, et la sienne, n'était pas de les avoir anéantis, ces préjugés que l'on réclame ! Qu'il est indigne de l'Assemblée nationale de tenir à de telles bagatelles, comme si la langue des signes n'était pas partout le mobile le plus puissant pour les hommes, le premier ressort des patriotes et des conspirateurs, pour le succès de leur fédération ou de leurs complots ! On ose, en un mot, vous tenir un langage qui, bien analysé, dit précisément : nous nous croyons assez forts pour arborer la couleur blanche, c'est-à-dire la couleur de la contre-révolution, à la place des odieuses couleurs de la liberté. » Croyez-moi, ajoute-t-il en se tournant vers la droite, « ne vous endormez pas dans une si périlleuse sécurité car le réveil serait terrible ». A droite on crie : c'est là le langage d'un factieux, et les accusations dominent les applaudissements du parti populaire. Furieux, Mirabeau fulmine : « Je prétends que les véritables factieux, les véritables conspirateurs, sont ceux qui parlent des préjugés qu'il faut ménager, en rappelant nos antiques erreurs et les malheurs de notre honteux esclavage. Non, messieurs, non ; leur sotte présomption sera déçue, leurs sinistres présages, leurs hurlements blasphémateurs seront vains : elles vogueront sur les mers, les couleurs nationales, non comme le signe des combats et de la victoire, mais comme celui de la sainte confraternité des amis de la liberté sur toute la terre, et comme la terreur des conspirateurs et des tyrans. »

Après le discours de Mirabeau vivement applaudi, et non moins vivement hué par le côté droit, l'Assemblée donna le spectacle d'un affreux tumulte. Un député, du nom de Guilhermy, avait accusé Mirabeau d'être un scélérat et un assassin. Les patriotes ne pouvaient laisser passer l'injure. Menou demanda l'arrestation du provocateur. Pour sa défense, l'énergumène invoqua l'appel au meurtre : selon lui, Mirabeau aurait voulu attirer la vengeance du peuple sur le parti de ses ennemis. Après quelques passes oratoires entre Menou, Cazalès et Rœderer, Mirabeau conclut le débat avec la hauteur souveraine dont il savait à l'occasion accabler ses contradicteurs : « Je ne puis que répéter que j'ai tenu un langage dont je m'honore, et je livre au mépris de la nation et de l'histoire ceux qui oseront m'imputer à crime mon discours. » Guilhermy fut mis aux arrêts pour trois jours et le décret sur le pavillon national passa avec un amendement de Mirabeau substituant au cri de « Vive le roi » celui de « Vive la nation, la loi et le roi ».

On a reproché, et en particulier La Marck, repris par certains historiens, a reproché à Mirabeau non seulement sa véhémence, mais, plus gravement, d'avoir tenu en cette circonstance un langage contraire à ses engagements et aux intérêts du roi : en somme, de l'avoir joué et trompé. Or rien, dans ce discours, ne justifie une semblable accusation. Mirabeau s'est toujours affirmé, nous l'avons assez vu, l'homme de la monarchie *et* l'homme de la révolution. Il a toujours, sans la moindre ambiguïté, mis la cour en garde contre tout ce qui pourrait ne serait-ce qu'évoquer un projet quelconque de contre-révolution. En défendant la constitution, en défendant la loi, comme en défendant les couleurs nationales, il restait dans son rôle, ne se parjurait ni ne trompait qui que ce soit. Il s'est d'ailleurs justifié lui-même de ces calomnies dans une lettre à La Marck destinée à être mise sous les yeux des souverains. Il y a mis cette chaleur qui l'animait chaque fois qu'il voyait ses efforts compromis par la passion et la sottise de réactionnaires impénitents et dangereux dont les excès impolitiques ne pouvaient que compromettre le roi un peu plus, confirmer l'Assemblée dans sa défiance, éloigner un peu plus l'opinion au moment où il convenait de la ramener à une saine modération. Hier, écrit-il à son ami, « hier je n'ai point été un démagogue ; j'ai été un grand citoyen, et peut-être un habile orateur. Quoi ! ces stupides coquins, enivrés d'un succès de pur hasard, vous offrent tout platement la contre-révolution, et l'on croit que je ne tonnerai pas ! En vérité, mon ami, je n'ai nulle envie de livrer à personne mon honneur et à la cour ma tête. Si je n'étais que politique, je dirais : j'ai besoin que ces gens-là me craignent. Si j'étais leur homme, je dirais : ces gens-là ont besoin de me craindre. Mais je suis un bon citoyen qui aime la gloire, l'honneur et la liberté avant tout, et certes messieurs du rétrograde me trouveront toujours prêt à les foudroyer. Hier j'ai pu les faire massacrer ; s'ils continuaient sur cette piste, ils me forceraient à le vouloir, ne fût-ce que pour le salut du petit nombre d'honnêtes gens d'entre eux. En un mot, *je suis l'homme du rétablissement de l'ordre, et non d'un rétablissement de l'ordre ancien*[1] ».

La question du pavillon national n'avait pas été soulevée inopinément ; elle était venue en discussion avec une autre, non plus symbolique celle-là, mais très concrète et qui mit du baume sur le cœur de Mirabeau. A la suite d'une insurrection survenue dans l'escadre de Brest, le baron de Menou, rapporteur des comités réunis, diplomatique, colonial, de l'armée et de la marine, avait proposé un projet de décret à deux volets, pour l'adoption du pavillon tricolore, mais aussi pour un vote de défiance à l'égard des ministres, en termes clairs pour leur renvoi. Cazalès s'était aussitôt élevé contre cette prétention de l'Assemblée, attentatoire, disait-il, à l'autorité royale. Finalement, après une séance agitée, la plupart des députés étant sortis pour se restaurer, c'est une chambre à peu près vide, où seule la droite était restée (440 députés seulement), qui rejeta la proposition de Menou à la grande indignation de Mirabeau qui dénonça le lendemain « le succès d'une tactique frauduleuse ».

Durant toutes ces palabres, et avant de prendre part le 21 au débat sur le pavillon national, Mirabeau s'était abstenu d'intervenir. Mais il agissait dans la coulisse. Le ministère, c'était d'abord l'affaire du roi. Mais Louis XVI, dans cette passe difficile, hésitant comme toujours, avait plus que jamais besoin de ses conseils. Mirabeau le savait faible, versatile, influençable, il redoutait qu'il se laissât séduire par d'autres conseillers qui, maladroitement, bourdonnaient autour de lui. Bergasse, justement, honnête homme mais de courte vue, poussait la cour à une démarche suicidaire : prendre les devants, ne pas attendre que l'Assemblée ait exigé le renvoi des ministres, mais l'engager à en nommer elle-même de nouveaux. Projet téméraire, maladroit et impolitique que le « royal bétail » heureusement ne suivit pas. Projet bien digne, ironisait Mirabeau, d'un Bergasse,

---

1. *Correspondance* Mirabeau-La Marck, *op. cit.*, 22 octobre 1790. C'est moi qui souligne.

d'un disciple de Mesmer, d'un rêveur extralucide, ô démence !
s'indignait-il, « c'est donc au baquet mesmérique, c'est donc su-
le trépied de l'illumination qu'ils vont chercher un remède à
leurs maux » ! *Royal bétail* en effet, ces têtes si frêles qui
consultent toujours Mirabeau pour ne jamais faire ce qu'il dit[1].
Que conseille-t-il, lui, dans cette circonstance périlleuse dont
l'enjeu est la sauvegarde de ce que le roi garde d'autorité ? Une
démarche toute contraire, hardie et raisonnable. Le droit, dit-il,
du corps législatif de demander le renvoi des ministres est fondé
sur les véritables principes. Mais aujourd'hui la constitution est-
elle assez affermie, l'autorité royale est-elle inébranlable, pour
que l'on prenne le risque d'accorder à l'Assemblée la faculté de
créer une instabilité ministérielle qui aigrirait l'opinion et
bientôt se retournerait contre le monarque qui n'aurait pas su
préserver le gouvernement et la France du chaos ? Mais que
faire ? Ce que font les profonds politiques, faire tourner au
profit de l'autorité royale une démarche qui risque de l'anéantir,
prendre l'Assemblée de vitesse, prévenir le décret qu'elle
s'apprête à rendre, exiger que les ministres donnent leur
démission et en nommer soi-même de nouveaux. Et c'est ici que
le roi doit se montrer habile. Une occasion inattendue et
merveilleuse de retourner la situation se présente ; il faut la
saisir au vol : commencer, à la faveur d'un événement fâcheux,
la révision constitutionnelle, se montrer plus adroit que ses
adversaires par une procédure audacieuse qui bâillonnera
l'opposition et servira les intérêts de la couronne. La nomination d'un nouveau ministère, c'est en effet l'occasion de faire
lever le décret qui exclut les députés des fonctions ministérielles.
Si l'on réussit, l'Assemblée sera gagnée. Mais il ne faut ni
hésiter, ni transiger, ni ménager ; il faut être téméraire, c'est le
moyen d'être habile. « Qu'on nomme ministres les chefs des
jacobins, tous, tous ! [cela fait horreur mais cela est profondément habile]. Qu'on les nomme, car s'ils tiennent, tant mieux ;
ils seront forcés de composer ; et s'ils ne tiennent pas, ils sont
perdus, eux et leur parti[2]. » Mirabeau exposa quelques jours
plus tard le fond de sa pensée[3]. La mésentente entre le roi et la

---

1. *Correspondance* Mirabeau-La Marck, *op. cit.*, 18 octobre 1790.
2. Trente et unième note pour la cour, 15 octobre 1790.
3. Trente-septième note pour la cour, 25 octobre 1790.

majorité de l'Assemblée rend impossible le redressement de la situation : elle engendre l'anarchie, favorise les empiétements du législatif, retarde la révision constitutionnelle. Quelle est, en effet, la hantise de l'Assemblée et de l'opinion. Voir renaître le despotisme. Cette crainte disparaîtra le jour où le roi, sincèrement allié à la majorité, apparaîtra comme le rempart de l'ordre et de la liberté et non, comme aujourd'hui, sous les traits, odieux à la nation, du spectre du retour à un ordre de choses irrémédiablement condamné. « Car alors les esprits bien intentionnés, voyant dans cette réunion une barrière infranchissable contre le despotisme, croiront pouvoir sans péril façonner leur liberté, détruire l'anarchie, et corriger les abus des nouvelles lois. Alors, la confiance ayant repris son cours naturel, le retour de l'opinion tournera tout entier au profit d'une autorité qui aura cessé d'inspirer des craintes. » On a souvent crédité Mirabeau de pensées machiavéliques, de machinations trop habiles, on a fait de lui un spirituel intrigant là où il n'était qu'un politique profond et un utilisateur avisé des ressources du régime parlementaire. Il avait proposé ; il appartenait au roi de décider. Louis XVI ne fit pas lever le décret, n'exigea que tardivement la démission des ministres. Mais ce fut La Fayette, lié au Club de 89, soutenu par une coterie en voie d'extinction, qui imposa les nouveaux choix : les ministres nommés, pas plus que Montmorin, le seul qui fût resté, ne pouvaient ranimer la confiance, mais la dépendance de la cour à l'égard du général de la Garde nationale se trouva désormais accrue.

Mirabeau n'avait pas obtenu que la cour suivît ses conseils. Il était même en perte de vitesse au château, la méfiance du roi et de la reine grandissait, La Marck lui-même, qui mieux qu'un autre connaissait les véritables intentions du tribun, avait de la peine à comprendre ses apparentes volte-face, se perdait dans le labyrinthe de ses combinaisons, se prenait à douter de lui malgré la sincérité de son amitié. « Cet homme, écrivait-il à Mercy-Argenteau, est parfois bien grand et bien petit, peut-être très utile et aussi très nuisible, en un mot il est souvent au-dessus et quelquefois fort au-dessous des autres[1]. » Pourtant Mirabeau payait d'exemple et soutenait ses avertissements par une

---

1. *Correspondance* Mirabeau-La Marck, *op. cit.*, 28 octobre 1790.

conduite qui montrait la voie à suivre. Puisque la majorité était
aux mains des jacobins, il fallait s'emparer des jacobins. Bien
incapable de comprendre ce langage, la cour s'éloignait un peu
plus de Mirabeau chaque fois qu'il donnait des gages au parti
populaire et se refaisait une popularité au prix, parfois, de
quelques excès de langage, lorsque, par exemple, après le
pillage de l'hôtel de Castries, il prenait la défense des excès,
bien réels ceux-là, de la population parisienne. La cour prenait
donc ses distances, tandis que Mirabeau courtisait les jacobins ;
sa popularité remontait en flèche et, malgré le mépris affiché de
quelques-uns et les bruits de vénalité qui couraient, il devenait
« saint Mirabeau » sous la plume généreuse et pie de Camille
Desmoulins ; son portrait en pied était mis en souscription, il
était salué par des ovations ferventes à la Comédie-Française.

Reconquérir le Club des jacobins, y faire pièce à l'influence
des Lameth : c'est, en ce mois de novembre 1790, la grande
ambition de Mirabeau. Avec ses mille membres parisiens, ses
150 sociétés affiliées en province, le Club, qui a, selon Dumont,
acquis « le monopole du patriotisme », le dispute en influence à
l'Assemblée nationale et son fauteuil présidentiel est aussi
convoité que celui de l'Assemblée. Mirabeau, tel l'enfant
prodigue, a été accueilli en triomphateur aux Jacobins, porté à
la présidence le 30 novembre. Son ascendant, l'admiration et le
dévouement qu'on lui portait, s'exprimèrent de façon exemplaire en décembre, lorsqu'il se proposa pour aller rétablir
l'ordre en Provence où des troubles graves avaient éclaté. Ce fut
un délire de protestations ; il semblait que, si Mirabeau s'éloignait, la chose publique était en péril. Des sections de Paris
députèrent auprès de lui pour le supplier de rester, Barnave aux
Jacobins parla dans le même sens, et la *Chronique de Paris*,
invitant ses lecteurs à s'opposer à son départ, affirma : « M. de
Mirabeau est nécessaire à l'Assemblée nationale comme un roi
l'est à un gouvernement monarchique. »

Mirabeau avait donc retrouvé l'influence qui pouvait balayer
les hésitations de la cour. Après l'avoir boudé, elle sentait à
nouveau le besoin de s'attacher à lui. Après la démission des
ministres, Mirabeau avait éprouvé la contrariété de voir le roi
recevoir un ministère des mains de l'homme qu'il méprisait le
plus, de ce La Fayette que La Marck, à qui il avait fait partager

ses préventions, jugeait « insuffisant dans les grandes choses, mais très habile dans les petites[1] ». Mirabeau avait supplié, grondé, menacé : un ministère dévoué à un seul homme, qui serait l'instrument d'une petite faction, représentait un danger. Il fallait au contraire nommer un ministère agréable à la majorité car « c'est la confiance qu'il faut inspirer ; ce sont ces humiliantes barrières placées entre la nation et le roi qu'il faut renverser ; ce sont les combats entre la majorité de l'Assemblée et le ministère qu'il faut prévenir[2] ». Mais la cour n'avait pas écouté. La Fayette avait imposé le choix des ministres. Montmorin, pourtant, restait en place. Seul de l'ancienne administration, connaissant les dossiers, dévoué au roi, il pouvait dominer le nouveau ministère. Il désapprouvait l'influence de La Fayette, Premier ministre hors du ministère. Ignorant, semble-t-il, les relations que Mirabeau entretenait avec la cour, il eut le désir de s'entendre avec lui.

Des amis s'entremirent et, malgré la répulsion qu'ils avaient longtemps éprouvée l'un pour l'autre, les deux hommes se rencontrèrent le 5 décembre. Événement capital pour Mirabeau qui, depuis si longtemps, cherchait à obtenir l'oreille d'un ministre qu'il conseillerait et qui exécuterait les plans que, dans la coulisse, il soufflerait. Montmorin ne négligea rien pour le séduire, dénonça La Fayette, affirma sa volonté de le mettre à l'écart, vanta sa position, l'estime que lui portait l'Assemblée, la faveur dont il jouissait dans l'opinion, parla enfin si habilement que Mirabeau fut conquis. Le ministre lui demanda un projet, un plan qu'il pût mettre à exécution. Mirabeau satisfait ne se laissait pourtant pas emporter par l'ivresse. Il connaissait Montmorin, sa capacité, les moyens dont il disposait. « Jusqu'à présent, écrivait-il à la reine en concluant le récit de son entrevue, les projets de M. de Montmorin sont à peu près nuls, et ses auxiliaires peu de chose. La difficulté reste donc tout entière. Elle consiste principalement à trouver un plan utile, mais c'est précisément ce qu'il demande, et il peut fournir quelques moyens d'exécution[3]. » Malgré ce peu d'enthousiasme

1. A Mercy-Argenteau, 28 octobre 1790.
2. Trente-sixième note pour la cour, 24 octobre 1790.
3. Quarante-sixième note pour la cour, 6 décembre 1790.

apparent, Mirabeau exultait. Désormais il pourrait agir. Il dominerait ceux qui avaient les moyens de l'action. La désinvolture de la cour l'avait irrité et bien souvent découragé ; désormais il allait pouvoir passer par-dessus son apathie et son indifférence. De conseiller d'un prince méfiant, inerte et irrésolu, il passait au rang d'éminence grise d'un ministre confiant et décidé. La Marck traduisait les propres sentiments de Mirabeau en lui confiant le 7 décembre : « J'entrevois donc qu'on va vous compter pour ce que vous valez », et son intime conviction en ajoutant : « Mon cher comte, c'est en vous que j'ai longtemps espéré, et que j'espère encore[1]. »

Ainsi rassuré et stimulé, Mirabeau se mit au travail. Montmorin lui avait réclamé un plan. Celui qu'il lui remit en décembre, sous le titre significatif, d'*Aperçu de la situation de la France et des moyens de concilier la liberté publique avec l'autorité royale*, mérite une analyse détaillée bien que la plupart de ses propositions aient déjà fait l'objet, dans ses précédentes notes à la cour, d'allusions plus ou moins précises ; mais elles sont ici coordonnées et dialectiquement exposées. L'exposé des motifs est conforme, en tous points, à une philosophie déjà maintes fois esquissée. « Le projet de rétablir l'autorité du roi et de sauver la chose publique est tellement conforme à mes principes, que, même sans auxiliaires, j'aurais tenté de l'exécuter, si je ne m'étais pas aperçu qu'un plan systématique peut seul réussir, qu'il faut un grand concours de moyens pour donner un mouvement sensible à une machine aussi vaste, que surtout les simples idées théoriques ne suffisent plus, et qu'il faut y joindre l'exécution. » Le plan de Mirabeau s'articule autour de trois axes qui font successivement l'objet d'une argumentation serrée.

Il examine d'abord les obstacles qui s'opposent à la restauration de l'autorité royale, et les moyens de les surmonter. Le premier réside dans l'indécision du roi ; si elle persistait et se communiquait à l'ensemble du gouvernement, elle entraînerait l'hypertrophie du corps législatif et contribuerait à confondre de plus en plus tous les pouvoirs : « Les peuples finiraient par s'accoutumer à une autre espèce de gouvernement, et la

1. *Correspondance* Mirabeau-La Marck, *op. cit.*, 7 décembre 1790.

royauté, entièrement nulle, graduellement avilie et cependant
très coûteuse, ne paraîtrait bientôt qu'un fantôme dont on
croirait pouvoir se passer. » Pour lever cette indécision, Mirabeau compte d'abord sur l'influence de la reine, dont l'énergie
lui est connue, et sur celle des ministres qui doivent, précise-t-il,
« gouverner avec les moyens qui restent au pouvoir exécutif,
multiplier les points de contact avec tout le royaume, faire sentir
partout la présence et la nécessité de l'autorité ». Mais il existe
un autre obstacle qui tient cette fois à la personnalité de la
reine : son impopularité. Pour lever les préventions si domma-
geables à la popularité du trône, « il faut que la reine rassure sur
ses intentions, que sa conduite publique prenne un autre cours,
qu'une bienfaisance éclairée la rende agréable à la multitude
autant que ses grâces personnelles lui ont conquis ses entours,
que les ministres l'associent en quelque sorte à ce qu'ils feront
dans le sens de la révolution, et l'investissent de toute leur
popularité ». En un mot, il s'agit de souffler au couple royal un
nouveau comportement : ainsi sera redorée leur image, aujour-
d'hui négative, demain odieuse si l'on n'y prend garde. Troisième obstacle, non le moindre : la démagogie frénétique de
Paris. La capitale est le creuset où se réunit tout ce que la
révolution compte de plus excessif et d'impur ; elle s'est imposée
tour à tour à la cour, aux ministres, et, pour finir, à l'Assemblée
dont certains décrets n'ont été rendus que sous la pression de
son agitation et de la peur. On doit s'employer à la rendre
suspecte aux provinces : alors deviendra possible l'installation
de la seconde législature dans une autre ville, où la liberté du roi
et l'indépendance de l'Assemblée seront mieux respectées. Un
autre handicap qu'à tout prix il faut neutraliser : la Garde
nationale ; il suffirait de lui donner de nouveaux chefs et surtout
de contrebalancer son influence par une maison militaire « très
populairement organisée », en appelant tous les départements à
la constituer : un refus de la capitale contribuerait à accroître la
méfiance des provinces et à isoler Paris.

Mais la plus grande difficulté vient de l'Assemblée, de son
« irritabilité », de son amour-propre, de sa résistance obstinée.
Il faut l'affaiblir, l'entraver, la dépopulariser. Pour arriver à ce
résultat, « la laisser aller, plutôt que la diriger ; influer seulement pour porter son attention sur des travaux inutiles ou sur

des questions impopulaires ; lui laisser rendre, sans l'aviser ni la contrarier, des décrets qui pourraient augmenter le nombre des mécontents ». A quoi doit-on tendre ? A ceci : que la seconde législature ait des pouvoirs constituants et puisse, ainsi, réviser la constitution. Il suffira de gagner les mécontents. Mais ici il faut se garder de toute fausse manœuvre, ne pas confondre les mécontents « utiles » avec les ennemis de la révolution, clergé, parlements, possesseurs de fiefs : « Ils sont presque aussi dangereux pour une contre-constitution sage et mesurée, que les démagogues les plus outrés. » Ce n'est pas aux contre-révolu- tionnaires que la cour doit plaire ; c'est à ceux qui « veulent tout à la fois la liberté et le gouvernement monarchique, qui redoutent également l'anarchie et le despotisme, qui louent l'Assemblée nationale d'avoir détruit une foule d'abus, et qui la blâment d'avoir désorganisé tout l'empire, retenu tous les pouvoirs, annihilé l'autorité royale ». Tout effort de propa- gande, tout écrit destiné à ouvrir les yeux des Français, doit être modéré pour être efficace, louer l'Assemblée plutôt que la censurer, et « ne porter l'attention des peuples que sur les décrets évidemment contraires à l'intérêt de tous ». L'attaquer maladroitement l'amènerait à usurper délibérément tous les pouvoirs et elle trouverait alors dans l'opinion assez d'approba- teurs pour se maintenir et se fortifier. L'objectif, en effet, est moins de ruiner l'Assemblée que de rendre au roi son influence : « Il faut donc qu'un pouvoir prenne insensiblement la place de l'autre, et que l'influence royale s'établisse aussi graduellement que celle de l'Assemblée diminuera. »

On connaît maintenant les difficultés, les obstacles, les résistances que l'on rencontrera. Restent à préciser le but que l'on doit poursuivre et les moyens de l'atteindre. Mirabeau l'a déjà dit cent fois, la cour doit se garder de son péché mignon, de cette tentation mortelle de contre-révolution à laquelle elle a si souvent succombé. Ce serait non seulement un projet chiméri- que et dangereux, mais une mauvaise action. Il faut, au contraire, que le roi admette sans réticence la révolution « dans son esprit », et la constitution dans plusieurs de ses bases. « Tendre à une meilleure constitution, voilà donc le seul but que la prudence, l'honneur et le véritable intérêt du roi, inséparable de celui de la nation, permettent d'adopter. »

Une meilleure constitution ? Qu'est-ce à dire ? Tout simplement ceci : conserver tous les décrets qui dotent la royauté de
pouvoirs suffisants et tous ceux qui établissent le pouvoir
législatif de l'Assemblée ; mais tout ce qui entrave la marche de
l'exécutif, tout ce qui livre le royaume à des autorités opposées
et à des tiraillements continuels, tout ce qui risque d'entraîner le
démembrement du royaume ou le retour du despotisme, tout
cela doit être abrogé. Il ne saurait être question, dans ce système
de revenir sur les acquis de la révolution qui sont autant de
bienfaits non seulement pour la liberté et la prospérité du
peuple, mais également pour le monarque lui-même. Toutes les
heureuses destructions, accomplies depuis le 14 juillet, qui ont
mis à bas l'ancien ordre des choses, ordre vicieux et tyrannique,
doivent être confirmées sans arrière-pensée, elles doivent être
désormais intouchables. Ceci, le roi, les ministres, tous ceux qui
ont à cœur d'éviter des troubles au pays, qui désirent asseoir la
constitution sur les bases véritables de la liberté et de la
monarchie, doivent ne jamais le perdre de vue, en faire leur
bréviaire et la règle de toute leur vie. « J'observe, insiste
Mirabeau, que le but que j'indique est le seul possible, le seul
utile, le seul qui laisse une grande latitude dans les moyens
d'attaquer l'Assemblée sans danger pour la chose publique. »

Réviser la constitution pour rétablir le plein exercice du
pouvoir exécutif : seul le corps législatif en a la faculté. Il résulte
de cette évidence que le premier moyen de succès est d'obtenir
la confiance de l'Assemblée, de la gagner pour la manœuvrer.
Mais peut-on attendre de l'actuelle Assemblée qu'elle consente
à se déjuger et réforme elle-même son œuvre ? Dans l'affirma-
tive, suffirait-il d'agir directement sur elle, ou serait-il nécessaire
de provoquer des pétitions dans les départements pour la
contraindre à revenir de ses erreurs sous la pression populaire ?
Il est probable, en fait, que l'Assemblée s'obstinera. Il convien-
dra alors de ruiner son crédit par « des moyens populaires », de
lui tendre des pièges, de l'enferrer, de lui faire « usurper de plus
en plus tous les pouvoirs pour faire redouter sa tyrannie ». C'est
alors que l'Assemblée se perdrait dans l'opinion et terminerait
sa carrière dans une décadence totale, dans l'indifférence et
peut-être dans l'hostilité. La convocation sur-le-champ d'une
seconde législature, ayant pouvoirs constituants, apparaîtrait

alors comme un bienfait. Il appartient au ministère de s'atteler à
la tâche, de préparer cette seconde législature, d'influencer
l'opinion et les hommes capables de seconder son action, les
assemblées électorales, les assemblées administratives, « ce qui
ne sera après tout que gouverner par les seuls moyens appro-
priés à l'ordre nouveau qui vient de s'établir ». Il faut avant tout
agir sur les assemblées électorales : on doit les amener à
réclamer la révision de la constitution et à élire des hommes
favorables à cette révision. Qu'on comprenne bien, insiste
lourdement Mirabeau à l'intention de ses royaux lecteurs, que
seul le corps législatif peut exécuter le projet de réviser la
constitution. Que le roi ne se méprenne pas : toute tentative
qu'il ferait pour se transformer en législateur lui aliénerait sans
retour l'opinion. Qu'il se souvienne du 23 juin 1789 ! Il doit
rivaliser de popularité avec l'Assemblée, non se substituer à elle
et rétablir l'arbitraire dont il serait aussitôt la première victime.
Il ne s'agit que de donner un contrepoids à l'Assemblée qui
aujourd'hui n'en a plus et qui a, dans l'actuelle constitution, la
faculté d'usurper tous les pouvoirs. On ne doit vouloir qu'une
chose raisonnable : rétablir l'équilibre, « distribuer à propos le
triple exercice de la volonté nationale, de l'action publique et
d'un contrôle universel. S'agit-il de faire la loi ? Cette expression
de la volonté publique appartient au pouvoir législatif, et la
surveillance au monarque. S'agit-il au contraire de l'exécution ?
C'est ici le lot d'un seul, l'action de la royauté ; et la surveillance
appartient au corps législatif ». C'est à cette distribution des
pouvoirs, bien mal observée aujourd'hui, qu'il faut tendre en
obtenant l'abrogation des décrets qui attribuent à l'Assemblée
une partie du pouvoir administratif et une part de l'exécutif *sans
responsabilité*. Réformation indispensable donc, mais, répète
Mirabeau, l'Assemblée actuelle ne peut en être l'instrument. La
révision ne pourrait être obtenue aujourd'hui que par une
majorité sur laquelle, à aucun prix, le roi ne doit s'appuyer, une
majorité dont la principale composante serait cette droite
impopulaire et impolitique qui dresserait contre elle toute
l'opinion et entraînerait des résultats contraires à ceux que l'on
espère : l'élection d'une nouvelle législature composée de tous
les factieux les plus exaspérés. Non ! Ce qu'il faut, c'est d'abord
du temps pour préparer l'opinion publique au changement, et

pour faire concourir l'actuelle Assemblée à la révision que devra
tenter la prochaine législature qui ne devra pas être seulement
ratificatrice mais constituante. On doit pouvoir obtenir de
l'Assemblée des décrets utiles. Le plus important serait aisément acquis : la majorité des députés savent qu'ils n'ont aucune
chance d'être réélus et seraient sans doute bien aises de cacher
leur impuissance sous une incompatibilité légale : ils voteraient
donc sans résistance un décret qui interdirait la réélection des
membres de la première Assemblée. Il est, à tout le moins,
nécessaire de faire décréter que les députés ne pourront être
élus hors du département où se trouve leur domicile : sûr moyen
de faire pièce aux démagogues parisiens, d'empêcher les jacobins de se rendre maîtres de toutes les élections, et les
Desmoulins, les Danton, les Marat, les Linguet, de l'emporter
dans presque tous les départements. On doit s'attacher encore à
gagner, par tous les moyens, sans en excepter aucun, les chefs
de l'Assemblée pour les séparer de leur parti. Mais voici plus
important : il faut aider l'Assemblée à se perdre elle-même, à se
ruiner dans l'opinion ; alors, la partie de son ouvrage qui doit
être révisée tombera avec elle. « Le succès est là tout entier et,
peut-être, n'est-il que là. » La marche à suivre n'offre pas de
difficulté. Il suffit de laisser l'Assemblée s'enferrer, la laisser
rendre tous les décrets qui peuvent augmenter le nombre des
mécontents, faciliter au besoin ses usurpations de pouvoir et,
dans le même temps, saisir toutes les occasions d'augmenter la
popularité de la reine et du roi ; amener l'Assemblée à dresser
les provinces contre Paris en lui faisant multiplier les exceptions
pour la capitale, dresser les campagnes contre les villes en
l'amenant à détruire les municipalités rurales.

Tous ces projets, que l'on peut bien qualifier de machiavéliques, et qui, sur plus d'un point, s'éloignaient des principes qu'il
avait professés, Mirabeau en reconnaissait lui-même la perver-
sité : « Il faut que les maux du royaume soient portés à leur
dernier terme, pour que j'indique moi-même de tels moyens ;
mais que m'importe la gloire si l'État doit périr ? » Il n'était pas
dupe, en effet, des moyens qu'il proposait. Il savait que son plan
accroîtrait la désorganisation du royaume, approfondirait
l'anarchie. Il voulait provoquer une crise aiguë, pensant que de
l'excès du mal sortirait un bien ; accroître l'incohérence de

l'Assemblée pour la discréditer davantage. Doit-on recourir à l'intrigue, à la dissimulation, aux pires artifices ? « Il s'agit de sauver, s'il en est encore temps, le plus bel empire du monde ; un tel but justifie tous les moyens dont la nécessité ne laisse plus le choix, et la dissimulation, la fraude même, valent encore mieux que la guerre. »

Ce plan exige de grands moyens qui restent à préciser, une armée de collaborateurs qu'il faut choisir avec soin, des auxiliaires qu'il faut faire concourir au but qu'on se propose, sans cependant leur dévoiler, sinon graduellement, le plan que l'on poursuit. Pour agir sur l'Assemblée, un petit nombre de députés suffira : mais il faut les choisir capables d'entraîner leur parti. Sont de ceux-là, de la droite à la gauche : Bonnay, l'abbé de Montesquiou, Cazalès, Clermont-Tonnerre, d'André, Duquesnoy, l'évêque d'Autun, Emmery, Le Chapelier, Thouret, Barnave. Chacun de ces députés communiquera directement avec Montmorin et ignorera le rôle joué par les autres. Ainsi tiendra-t-on l'Assemblée bien en main. Pour Paris, on créera un atelier de police, sous la surveillance de Talon et de Sémonville, qui sera chargé d'influer tout à la fois sur la Garde nationale, les corps administratifs, les sections, l'opinion publique, les tribunes de l'Assemblée et les journalistes. Les provinces devront être soumises à la double influence d'un atelier de correspondance — constitué par des « voyageurs » qui circuleront dans les départements — et d'un atelier d'ouvrages. Les voyageurs désigneront les gens en place par l'intermédiaire desquels il sera possible d'agir sur les corps administratifs et les assemblées électorales. L'atelier d'ouvrages, confié à Clermont-Tonnerre, permettra de changer par degré les sentiments de la nation ; il se chargera de fournir à la fois des discours pour l'Assemblée nationale, des feuilles pour Paris, des dissertations et des ouvrages étendus « capables de donner une grande impulsion à l'opinion publique ». Mirabeau, seul avec Montmorin, au courant de l'ensemble du plan, devait être le pilier, le point central de son exécution. A sa manière, à la fois dramatique et menaçante, il terminait l'exposé de son plan par une réflexion que Louis XVI jugea excessive mais que l'avenir devait justifier : « On peut tout espérer si ce plan est suivi ; et, s'il ne l'est pas, si cette dernière planche de salut nous échappe,

il n'est aucun malheur, depuis les assassinats individuels jusqu'au pillage, depuis la chute du trône jusqu'à la dissolution de
l'empire, auquel on ne doive s'attendre. »

Quelques jours plus tard, il écrivait encore à la reine : « Le
danger devient plus grave chaque jour, et les ressources plus
grêles. On ne se sauvera que par un plan qui amalgame les
affaires extérieures et l'intérieur du palais, les combinaisons de
l'homme d'État et les ressources de l'intrigue, le courage des
grands citoyens et l'audace des scélérats. Il nous faut une sorte
de pharmacie politique où le chef seul, également muni de
simples salutaires et de plantes vénéneuses, dose ses composi-
tions sous la direction de son génie et sous les auspices d'une
confiance abandonnée de la part du malade. Je me jette
personnellement aux pieds de la reine pour la supplier de ne pas
briser dans nos mains notre dernier instrument de salut. »

Le « plan » de Mirabeau peut, à juste titre, être considéré
comme son testament et comme une œuvre de la littérature
politique universelle digne de figurer aux côtés d'œuvres du
même genre dont le modèle est *le Prince* de Machiavel. Les
« considérations » étaient moins un traité théorique qu'un plan
pour l'action. Il doit donc être jugé non seulement sur ses
principes, mais sur ses résultats et sur les chances mêmes qu'il
avait de réussir. Sur le plan des principes, on doit se souvenir du
précepte que Mirabeau avait si souvent formulé, selon lequel la
petite morale tue la grande : en d'autres termes, ce qui est
malsain, incivique et condamnable chez un simple citoyen,
devient sage, salutaire et juste chez un politique qui a en charge
le destin de la cité. Aussi bien, n'est-il pas à propos de juger *le*
plan du point de vue de la morale quotidienne, mais seulement
en fonction de son efficacité par rapport à son but avoué : la
restauration de l'exécutif et l'établissement d'une constitution
qui, en accordant au Parlement sa naturelle fonction de
contrôle, reconnût à l'exécutif les moyens de l'exécution et du
gouvernement. Sur ce point, Mirabeau n'innove pas : c'est la
théorie qu'il n'a cessé de défendre, devant le roi et devant
l'Assemblée. C'est ce qui distingue ce plan de tout projet de
contre-révolution. Il ne s'agit pas de revenir sur l'œuvre positive
de la révolution, mais au contraire de la reconnaître : pouvoir
législatif et contrôle de l'Assemblée, égalité civile de tous les

citoyens, destruction des ordres et des privilèges, sécularisation des biens ecclésiastiques. Mais la révolution a commis une grande faute, s'est laissée engluer dans une contradiction mortelle. Cette contradiction, ce sont les partis extrémistes de l'Assemblée, les *noirs* et les jacobins, la droite et la gauche, qui l'ont engendrée par abus et méfiance, les uns en exigeant trop, les autres en redoutant trop : la contradiction, c'est d'avoir voulu instaurer une monarchie constitutionnelle sans établir un équilibre rigoureux entre le roi, l'exécutif, et l'Assemblée, le législatif. La droite, par nostalgie et par dépit, a refusé la constitution ; la gauche, par surenchère et par hantise du despotisme, n'a voulu voir dans le roi qu'un gêneur et s'est appliquée à le neutraliser, à le marginaliser, à le transformer en fantôme impuissant, régnant nominalement mais ne gouvernant pas. Les uns ont voulu faire du roi un épouvantail, les autres un fantoche incapable et muet. Mirabeau voulait en faire un monarque constitutionnel, chef de l'exécutif, gouvernant selon la constitution sous le contrôle du Parlement : en un mot, le roi légitime d'une révolution légitime. L'Assemblée a privé le roi de ses prérogatives naturelles, du pouvoir d'administrer et de gouverner. La révision de la constitution est donc devenue nécessaire. Et c'est dans les moyens d'opérer cette révision que, toute considération morale mise à part, le plan de Mirabeau paraît contestable, à certains égards même exécrable.

Déconsidérer l'Assemblée, la pousser à multiplier les fautes, lui faire commettre des faux pas ; la discréditer pour provoquer, lors de l'élection de la seconde législature, une réaction salutaire pouvait apparaître un habile calcul. Au contraire, provoquer l'Assemblée à déclarer ses membres non rééligibles constituait une si grossière erreur qu'on s'étonne que Mirabeau l'ait commise. Il est tombé là, de lui-même, par excès de machiavélisme, dans le piège que, dans quelques mois, aussitôt après sa disparition, ses ennemis de droite et ses ennemis de gauche tendront aux modérés et à la constitution. Les *noirs* pour accélérer le chaos, Robespierre et ses amis parce qu'ils espéreront d'une Assemblée entièrement renouvelée la destruction d'une constitution qu'ils jugent trop royaliste. Alors on verra les triumvirs, Duport, Lameth, Barnave, effrayés, soudain lucides, saisir tout le sens de cette mesure et s'y opposer vainement, et

Robespierre l'emporter et faire passer le décret qui exclut de la
prochaine assemblée tous les membres de la Constituante. A la
décharge de Mirabeau on peut invoquer la cohérence de son
projet : cette mesure, dans son esprit, n'était pas isolée, mais
prenait place dans un vaste effort d'information de l'opinion, de
pression sur les électeurs ; il espérait qu'ils enverraient une
chambre convertie à l'idée d'une révision de la constitution ; il
comptait surtout sur le temps, alors que ses jours touchaient à
leur fin. Mais il mesurait mal les résistances de l'esprit public,
l'état de l'opinion, l'influence des clubs implantés profondément
dans tout le royaume. La marge de manœuvre était si étroite
que son calcul comportait au moins de grands risques. Prononcer la non-rééligibilité, c'était priver les constituants du soin de
réviser, à tout le moins de conserver leur œuvre, à laquelle plus
que personne ils devaient être attachés. La nouvelle Assemblée,
qui pouvait naître d'une poussée de fièvre, ne se sentirait peut-
être pas tenue à l'égard d'une constitution qui lui serait
entièrement étrangère, et détruirait encore quand le temps de
reconstruire était venu. Exclure les législateurs de 89 de la
seconde Assemblée, c'était relancer la révolution au lieu de la
terminer. Ici, Mirabeau s'engageait sur une voie dangereuse.
Son mépris pour la Constituante qu'il qualifiait « d'âne rétif »,
et que, non sans exagération, il dénonçait comme médiocre,
incapable, stupide, n'était pas étranger sans doute à son
aveuglement. Les hommes sages et éclairés n'y étaient pourtant
pas rares, et leur réélection eût apporté dans la législature
suivante un gage de modération, une expérience acquise par de
longs travaux, un désir sincère d'améliorer la constitution. La
sagacité de Mirabeau, sa clairvoyance, qui, généralement, ne le
trompaient ni sur les hommes ni sur les choses, avaient été, pour
une fois, mises en défaut. On ne peut accuser les premières
attaques de la maladie qui devait l'emporter trois mois plus tard,
car il garda jusqu'au dernier moment sa lucidité et son activité
prodigieuse. C'est son excès de confiance, la certitude que son
plan réussirait en tous points si on l'exécutait à la lettre, mais
aussi la sous-estimation de ses ennemis qui, lui donnant trop
d'audace, lui avaient fait minimiser les périls. L'aveuglement de
Mirabeau, dû aussi à une estimation trop optimiste de l'opinion
publique, fut d'ailleurs partagé par tous ceux qui eurent

connaissance du *plan*. Pour Malouet, il fut « la dernière tentative importante qui ait été faite pour empêcher l'écroulement total de la monarchie [1] », et il s'étonne qu'elle soit venue de « l'homme dont le nom se trouve mêlé à tous les excès, à toutes les factions, et qui n'est ni le plus grand coupable, ni l'homme pur de la révolution ». Mercy-Argenteau, mis au courant par La Marck, jugeait le plan « parfait dans sa théorie » ; il y voyait une grande difficulté dans la pratique « parce qu'il exige des coopérateurs qui répondent à la force de celui qui a dicté leur marche [2] ». Le *grand plan* se révéla vite, en effet d'exécution difficile. Il fallut renoncer au concours des ministres, trop peu sûrs, et cela seul condamnait le projet. A la fin de janvier, l'atelier de police, destiné à diriger l'opinion publique, fonctionnait, mais La Marck avouait que le seul résultat certain que l'on eût encore constaté se bornait aux sommes immenses qu'il engloutissait [3]. Si Mirabeau avait vécu et avait eu le temps de mettre vraiment sa machine en marche, peut-être eût-il obtenu des résultats et, comme on l'a souvent dit, le cours de la révolution eût-il été changé. Sans nier l'influence de Mirabeau, ni le rôle qu'il eût pu encore jouer, ni l'étendue de ses ressources, il est toutefois permis d'en douter. Le plan comportait des risques énormes, son exécution était difficile et aléatoire : sauf Montmorin, les ministres n'y participaient pas ; le roi et la reine, dont la sincérité était pour le moins douteuse, constituaient des alliés peu sûrs, hésitants et fragiles.

Enfin, eût-il eu des appuis et beaucoup plus d'atouts dans sa main, le temps allait manquer à Mirabeau. A quarante-deux ans, en pleine gloire, miné par les excès, frappé par un mal incurable, il allait disparaître. Mais les trois derniers mois de son existence ne devaient pas voir se ralentir un seul instant l'activité de ce Titan qui, un pied dans la tombe, en imposait encore à tous et semblait porter l'histoire de la France et le devenir de la monarchie dans sa tête prodigieuse comme Hercule portait le monde sur ses épaules gigantesques.

1. *Mémoires, op. cit.*, t. II, p. 97.
2. Au comte de La Marck, 14 janvier 1791.
3. A. Mercy-Argenteau, 26 janvier 1791.

12. Saint Mirabeau en péril

Chateaubriand, très jeune encore, dîna un soir, en ce Palais-Royal, rendez-vous de la célébrité et de la prostitution, bastion de l'éloquence des rues et cœur de la révolution, avec quelques députés, et avec Mirabeau. Il fut émerveillé, effrayé et ensorcelé par « ses yeux d'orgueil, de vice et de génie », par sa conversation, « tout roman, toute poésie, tout enthousiasme par l'imagination et le langage ». René face à l'enchantement ! Le discours du tribun, dans l'intime convivialité du dîner amical, était une chatoyante, une somptueuse mosaïque où s'entrecroisaient, avec naturel, récits d'amour et invectives, humour et gravité, le ton du libertin et celui de l'homme public. Après dîner, la conversation roulait sur les adversaires de Mirabeau. Chateaubriand tremblant, muet, n'avait rien dit ; Mirabeau lui posa la main sur l'épaule : « Ils ne me pardonneront jamais ma supériorité. » Chateaubriand ne devait jamais l'oublier. Rappelant ce souvenir dans les *Mémoires d'Outre-Tombe,* il frémit encore de ce contact qui l'avait brûlé : « Je sens encore l'impression de cette main comme si Satan m'eût touché de sa griffe de feu[1]. »

Cette présence dyonisiaque qui l'habitait, Mirabeau s'en faisait gloire. Parlant de Barnave, dont il reconnaissait le jeune talent, il disait cependant : « Il n'y a pas de divinité en lui. » Cette divinité, Mirabeau la possédait ; c'était une illumination, un état de grâce, c'était, lorsqu'il parlait, comme si un génie, divin ou infernal, se fût emparé de lui. Alors son auditoire, quel qu'il fût, sentait un souffle enivrant l'envahir. La haine, l'envie, toutes les réserves de l'hypocrisie et de la médiocrité faisaient

---

1. Flammarion, t. I, p. 228.

place à l'admiration. L'Assemblée s'élevait alors au-dessus d'elle-même, Mirabeau emplissait l'air et le public planait. Il en va ainsi de la musique et des mélomanes dans une ambiance idoine. La parole de Mirabeau agissait comme une drogue, c'était un vin capiteux qu'il versait généreusement pour étourdir autant que pour convaincre, et que l'Assemblée nationale, esthète et lettrée, savourait avec ravissement, jusqu'à l'ivresse, sans rien perdre pourtant de sa lucidité. Car l'Assemblée n'était pas dupe et, malgré son enthousiasme, ne se laissait pas prendre au jeu subtil, au jeu trop savant de Mirabeau qui, dans son double rôle, complémentaire mais dangereux, de révolutionnaire convaincu et de restaurateur de l'autorité royale, avait parfois beaucoup de peine à conserver l'équilibre qui lui permît à la fois de ne rien renier de son idéal — liberté et contrôle parlementaire — et de rendre à l'exécutif le pouvoir qu'il jugeait nécessaire à l'établissement d'un bon gouvernement. Ne pas faire le jeu des contre-révolutionnaires (entendez par là tous ceux qui n'acceptaient ni la liberté ni le régime parlementaire, qui ne voulaient ni constitution ni assemblée, qui rêvaient de l'Ancien Régime et désiraient son retour), et cependant pousser l'Assemblée à revenir en arrière et à casser certaines de ses décisions ; garder sa popularité et l'accroître tout en portant l'Assemblée à la faute pour exécuter le « plan », et la déconsidérer dans l'opinion, exigeait une démarche louvoyante, sinueuse, des contradictions, donnait des armes à ses ennemis et des soupçons à ses amis, qui les uns et les autres pouvaient à chaque instant, et d'autant plus aisément qu'il ne pouvait s'en défendre, l'accuser de trahison. De l'habileté à la duplicité la course est si brève, que Mirabeau, dont la réputation n'était à la hauteur ni du courage ni du talent, n'avait aucune chance d'échapper à la suspicion ; il ne fut même pas à l'abri de la calomnie. Contre elle, il utilisa l'arme la plus forte : un splendide et orgueilleux dédain.

C'est au moment de ses discussions avec Montmorin, et alors qu'il mettait au point le grand plan, que vint à l'Assemblée la question religieuse débattue de novembre 1790 à janvier 1791. Mirabeau n'était ni théologien ni mystique, et son appétit de jouissance, comme sa vie agitée ne lui avaient laissé que fort peu de temps pour s'interroger sur les fins dernières de l'homme.

Son opinion, il l'a pourtant clairement exprimée et résumée en une phrase qui ne laisse aucun doute sur son athéisme : « Tout notre être finira avec nous[1]. » Il n'avait que mépris pour les rites religieux, traitait la messe de « sotte cérémonie ». Quant à l'Église, qu'en bon disciple de Voltaire il accusait de toutes les intolérances, elle lui apparaissait comme l'ennemi naturel des principes de la révolution. Il avait dénoncé dans le clergé, puissance énorme entée sur de grandes richesses, l'un des principaux soutiens du despotisme. Sa suppression en tant qu'ordre lors de la réunion des États généraux, puis l'abolition de ses privilèges, enfin la confiscation de ses biens, avaient donc largement satisfait l'anticléricalisme de Mirabeau. Mais le clergé restait encore une formidable puissance et ferait peser une menace tant qu'il n'adhérerait pas sincèrement à la révolution. L'Assemblée soupçonnait les prêtres, non sans raison, de contre-révolution. Il paraissait urgent de les intégrer au nouvel ordre des choses, d'organiser le clergé selon les mêmes principes qui avaient présidé à l'organisation révolutionnaire du royaume. L'esprit voltairien se combinait ici avec l'esprit janséniste, l'un et l'autre bien représentés à l'Assemblée. Sans toucher au dogme, il paraissait de la compétence de l'Assemblée de régler la discipline ecclésiastique. Après de longs débats, la *Constitution civile du clergé* avait été votée le 12 juillet 1790. Elle dessinait une nouvelle géographie des évêchés calquée sur l'organisation départementale, transformait les ecclésiastiques, désormais élus par les collèges électoraux, en fonctionnaires rémunérés par le Trésor public, confiait l'investiture canonique des évêques au métropolitain. Avant leur consécration, les ecclésiastiques élus devaient prêter le serment de fidélité à la Nation, à la Loi et au Roi. Le roi sanctionna la constitution civile le 23 juillet. Il y eut des protestations, on cria au sacrilège, mais on s'efforça généralement de faire accepter la constitution par la papauté. Or le pape, poussé par l'ambassadeur de France à Rome, le cardinal de Bernis, tout au comte d'Artois, refusa toute conciliation. La position du pape entraîna celle des évêques qui, dans une *Exposition des principes,* due à Mgr de

1. *Lettres* écrites du donjon de Vincennes, *op. cit.,* où l'on trouvera de nombreuses notations dans le même sens.

Boisgelin, fixèrent clairement leur doctrine : l'Assemblée ne
pouvait faire de changement dans la religion sans le concours de
l'Église. La résistance au décret du 12 juillet s'organisa dans les
diocèses et dans les cures. Lorsque le 26 novembre le député
Voidel, au nom du comité ecclésiastique, dénonça dans les
manœuvres du clergé une entreprise criminelle, il fut accueilli
par des applaudissements enthousiastes. « Une ligue, dit-il, s'est
formée contre l'État et contre la religion, entre quelques
évêques et quelques curés. La religion en est le prétexte,
l'ambition et l'intérêt en sont les motifs. Montrer au peuple, par
une résistance combinée, qu'on peut impunément braver les
lois, lui apprendre à les mépriser, le façonner à la révolte,
dissoudre tous les liens du contrat social, exciter la guerre civile,
voilà les moyens. » Voidel concluait à l'adoption d'une mesure
d'urgence : l'obligation pour les ecclésiastiques de prêter le
serment *dans les huit jours,* sous peine de remplacement. Dès
que le débat s'engagea, Mirabeau prit possession de la tribune.
Il accusa les évêques de méditer le renversement de la constitution et le déshonneur de l'Assemblée ; de chercher à faire haïr
des persécuteurs du christianisme dans les fondateurs de la
liberté, de réveiller des espérances de guerre civile qui permettrait au despotisme de relever son trône, enfin de rendre
possible un schisme qui déboucherait sur la contre-révolution.
La salle s'enflammait ; lorsque Mirabeau évoqua la générosité
de l'Assemblée, la place privilégiée qu'elle avait réservée à
l'Église dans la nation, ce fut du délire. « C'est ce moment, dit-
il, où vous rendez la destinée de la religion inséparable de celle
de la nation, où vous l'incorporez à l'existence de ce grand
empire, où vous consacrez à la perpétuité de son règne et de son
culte la plus solide portion de la substance de l'État ; c'est ce
moment où vous la faites si glorieusement intervenir dans cette
sublime division du plus beau royaume de l'univers, et où,
plantant le signe auguste du christianisme sur la cime de tous les
départements de la France, vous confessez à la face de toutes les
nations et de tous les siècles, que Dieu est aussi nécessaire que la
liberté au peuple français ; c'est ce moment que les évêques ont
choisi pour vous prêter le caractère des anciens persécuteurs du
christianisme, pour vous imputer, par conséquent, le crime
d'avoir voulu tarir la dernière ressource de l'ordre public, et

éteindre le dernier espoir de la vertu malheureuse. » Il parla des
vices, de la corruption, des intrigues du clergé d'Ancien
Régime, opposa l'indécence de l'administration de la Feuille des
bénéfices à l'impartialité et à la pureté de l'élection. « Non,
poursuivit-il, on ne veut pas sincèrement l'ordre et la justice ; on ne
veut que brouiller et boüleverser. » Discours furieux, discours
dont la théologie était sans doute suspecte, malgré le secours de
l'abbé Lamourette qui l'avait en partie rédigé ; mais discours
habile, destiné à flatter l'opinion, pour mieux lui faire admettre
des conclusions modérées. Après ses violences oratoires, ses
invectives brutales, Mirabeau proposa en effet un projet de
décret infiniment plus raisonnable qui atténuait les mesures de
rigueur proposées par Voidel au nom du comité. Mirabeau
prévoyait, mieux que l'Assemblée, toutes les conséquences d'un
schisme dangereux pour les intérêts de la révolution. Je ne
pense pas qu'il faille voir ici, dans cette façon de lancer à la fois
l'eau et le feu, un effet de cette duplicité qu'on lui a si souvent
reprochée. Conscient de l'influence énorme du clergé, persuadé
qu'il n'attendait que la persécution pour soulever les fidèles
contre la révolution, Mirabeau se voulut une fois encore
l'arbitre entre les passions. Il ne voulait pas désespérer l'Église ;
son discours incendiaire n'était que pour donner le change : sa
motion substituait l'indulgence à la rigueur. Les articles de mon
décret, écrivait-il avec raison, sont « purement de précaution,
purement comminatoires, comminatoires sans terme fatal, tandis que le plus long répit du comité est de huit jours[1] ».
Mirabeau, en effet, ne fixait pas de terme impératif à la
prestation du serment. Mais ces ménagements, la sagesse
même, passèrent inaperçus ; à droite comme à gauche, on ne
retint que la violence du discours. Camille Desmoulins s'en-
flamma : « Mirabeau ne fut jamais plus applaudi ; tout le monde
disait en sortant : c'est vraiment *Mirabeau-Tonnerre*. Saint
Mirabeau, dans cette séance, montra qu'il aurait été en Sor-
bonne *aquila theologiae*. » De son côté, la droite trépignait. Le
lendemain 27, Maury entreprit de réfuter Mirabeau. Il n'espérait pas empêcher le décret de passer ; il voulait qu'il apparût
comme une mesure de violence arrachée à l'intolérance de

---

1. *Correspondance* Mirabeau-La Marck, *op. cit.*, 26 novembre 1790.

l'Assemblée. Aussi se montra-t-il, avec toute l'outrance de son
tempérament, bien servi par sa faconde polémique, tour à tour
âpre, insolent, provocateur. En vain : Mirabeau ne broncha
pas, l'Assemblée, quoi qu'elle en eût, fut empêchée de manifester. Maury espérait qu'on le forcerait à se taire ; il pourrait alors
crier à l'intimidation, dénoncer l'obstruction. Alexandre de
Lameth, qui présidait, éventa la manœuvre, évita toute inter-
ruption, laissa Maury s'empêtrer. Au moindre signe d'impatience échappé à l'Assemblée, il se tournait vers les députés et
jetait ironiquement : « M. l'abbé Maury voudrait bien qu'on
l'interrompît, mais je lui maintiendrai la parole malgré lui-
même. » Hors de lui, joué par le président et l'Assemblée
complices, Maury se retira sans prendre de conclusions, vaincu,
rageur, laissant la place nette à ses ennemis. Car finalement ce
ne fut pas le décret modéré de Mirabeau qui l'emporta, mais
celui de Voidel et du comité.

   En imposant le serment, en fixant un délai, l'Assemblée
s'était mise dans un mauvais pas. Elle semblait faire violence
aux scrupules religieux et à la conscience. La date du 4 janvier
avait été retenue pour la prestation du serment par les ecclésiastiques de l'Assemblée. Presque tous les évêques (sauf quatre
dont Talleyrand) et une majorité de curés refusèrent. Il y eut
désormais deux Églises, un schisme accompli, des fidèles
troublés, vite révoltés, enfin le risque de la guerre religieuse et
de la guerre civile. Mirabeau essaya d'éviter le pire, de ramener
la paix : il tenta d'expliquer, avec beaucoup d'habileté et
d'éloquence, la constitution civile du clergé. Il rédigea et lut à
l'Assemblée le 14 janvier, au nom du comité ecclésiastique, une
adresse où il distingua la religion qui échappe au pouvoir de
l'Assemblée, du culte qui tombe sous le coup de la loi ; il
démontra que l'autorité civile pouvait imposer une géographie
des diocèses sans toucher à l'économie spirituelle de l'Église, et
que le principe de l'élection démocratique était conforme aux
pratiques des temps apostoliques. Il dénonça les abus qui
avaient compromis l'Église dans le passé. Il achevait son adresse
par une comparaison entre la situation passée et la situation
présente, lorsqu'il fut bruyamment interrompu : « On ne peut
entendre cela ! », s'exclama Camus. « Cela », c'était l'apostrophe de Mirabeau à la droite, apostrophe impie à bien des âmes

timides ou intéressées, où il mettait irrévérencieusement en parallèle l'état ancien à l'état nouveau de la France, l'état ancien à l'état nouveau de l'Église : « Et vous, adorateurs de la religion et de la patrie, Français, peuple fidèle et généreux, mais fier et reconnaissant ! Voulez-vous juger les grands changements qui viennent de régénérer ce vaste empire ? Contemplez le contraste de votre état passé et de votre situation à venir. Qu'était la France il y a peu de mois ? Les sages y invoquaient la liberté et la liberté était sourde à la voix des sages ; les chrétiens éclairés y demandaient où s'était réfugiée l'auguste religion de leurs pères, et la vraie religion de l'Évangile ne s'y trouvait pas. Nous étions une nation sans patrie, un peuple sans gouvernement, et une Église sans caractère et sans régime. » Les prêtres ne pouvaient en effet entendre cela. La bonne volonté de Mirabeau se heurtait à l'intolérance du fanatisme. L'Église avait un atout : elle faisait figure de victime, presque de martyre ; l'Assemblée semblait ressusciter les persécuteurs du christianisme.

Seul contre tous, Mirabeau a cherché la modération. Partisan convaincu de la constitution civile du clergé, il ne pouvait accepter, lui, l'apôtre de la liberté, qu'elle fût imposée par la force ; il ne pouvait, lui, le profond politique, accepter une contrainte dont il entrevoyait les désastreuses conséquences. Il n'avait pas réussi à convaincre. Il songea à utiliser la faute de l'Assemblée. Dans le grand plan, il avait proposé d'*enferrer* cette assemblée rétive. Elle venait d'en fournir l'occasion, ce pouvait être le moment d'agir. « On ne pouvait pas trouver, écrivit-il à la cour le 21 janvier [1], une occasion plus favorable de coaliser un grand nombre de mécontents, de mécontents d'une plus dangereuse espèce, et d'augmenter la popularité du roi aux dépens de celle de l'Assemblée nationale. » Mais si le décret du 27 novembre servait les vues de Mirabeau, la droite pouvait être tentée d'en tirer également parti. Lorsque, le 26 janvier, Cazalès demanda à l'Assemblée de suspendre son décret, Maury s'était écrié : « Laissez-les faire, nous avons besoin de ce décret. Nous aimons vos décrets ; rendez-nous-en encore deux ou trois. » Mirabeau devina l'intention ; si le décret amenait la confusion, voire la guerre civile, il ne voulait pas que ce fût au

---

1. Quarante-troisième note pour la cour.

bénéfice des Cazalès et des Maury. « Le mot est profond,
répliqua-t-il, mais peut-être aussi n'est-il qu'indiscret. Peut-être
ceux qui tirent des pronostics sinistres prennent-ils leurs vœux
pour leurs espérances. »

Les difficultés soulevées par la question religieuse ne faisaient
l'affaire de Mirabeau que dans la mesure où elles ne profitaient
pas à ses ennemis. Il devait aussi louvoyer avec la plus grande
habileté pour ne pas compromettre sa popularité, et sa prudence
inquiétait La Marck qui lui reprochait de trouver « dans son
esprit, dans sa défiance, dans ses défauts même, des *a parte* de
finesse, par lesquels il échappe souvent à la plus exacte
surveillance [1] ». Sa popularité, justement, était en hausse. Le 18
janvier il fut élu commandant du bataillon de la Garde nationale
de la chaussée d'Antin où il résidait, et, trois jours plus tard,
membre de l'administration du département de Paris. La Marck
s'inquiétait, craignait que Mirabeau n'échappât à la cour. Le
nouveau commandant, en effet, buvait l'encens de la popularité
avec une sorte d'ivresse. N'allait-il pas, déçu par l'attitude du
souverain, déserter la cause royale et mettre toutes ses espérances dans les applaudissements ? « Si jamais il désespère du
gouvernement, et qu'il place sa gloire dans la popularité, il en
sera insatiable. » La Marck se trompait. Mirabeau n'était pas
homme à sacrifier ses convictions. Certes, il acceptait les
marques d'estime de ses compatriotes avec satisfaction et faisait
étalage de ses nouvelles dignités avec une immodestie un peu
naïve qui lui valait sourires et brocards. *L'Orateur du Peuple,* qui
certes ne lui était pas favorable, décrivit la séance des jacobins
du 20 janvier, où Mirabeau se montra en uniforme rutilant, sur
un ton de persiflage que justifiait peut-être l'équipage ridicule
d'un Mirabeau dont l'élégance vestimentaire n'allait jamais sans
quelque outrance de mauvais goût. Mais écoutons *l'Orateur du
Peuple* rendre compte de cette apparition comme d'une scène
burlesque, « une farce indigne, par son ridicule, d'une assemblée respectable. Figurez-vous Riquetti [2] entrant dans la salle,
chamarré d'un habit bleu avec deux immenses épaulettes,

____

1. A Mercy-Argenteau, 26 janvier 1791.
2. Depuis le décret sur l'abolition de la noblesse, on avait supprimé tous les
noms de terre, ce qui faisait dire à Mirabeau furieux aux journalistes : « Avec
votre Riquetti vous avez désorienté l'Europe pendant trois jours. »

hausse-col, et tout le harnais de l'état-major, tout, jusqu'à la
démarche importante d'un confrère de M. Carle [1] ! Riquetti, en
habit de commandant de bataillon, voulait se faire applaudir. La
Société a d'abord cru que c'était une mascarade de carnaval [2] ».
Gageons que Mirabeau, qui se souvenait avoir été un fringant
capitaine pendant la campagne de Corse, ne sut pas résister au
plaisir de se faire admirer dans son bel habit de parade, adapté
par ses soins à ses propres canons d'élégance. Mais le ridicule
était ailleurs : il apparaissait ainsi comme un sous-ordre de La
Fayette.

Si Mirabeau se montrait puérilement orgueilleux des petits
honneurs qu'on lui conférait en ce mois de janvier 91, il en
ambitionnait un autre infiniment plus important. Depuis le
début de la session l'Assemblée nationale, qui se donnait un
nouveau président tous les quinze jours, avait épuisé tous les
candidats possibles. Elle avait élu, réélu ses meilleurs orateurs,
élu des députés plus effacés, élu des personnages insignifiants.
Mais Mirabeau, son phare et sa gloire, n'avait jamais pu réunir
une majorité sur son nom ; lui qui était si souvent à la tribune ne
s'était jamais assis dans le fauteuil présidentiel. Sa popularité,
aujourd'hui consolidé, allait-elle enfin l'y porter ? Le 3 janvier il
ne fut battu que de justesse, par un député obscur, Emmery, et
à l'élection suivante, le 18, il fut encore devancé malgré le
soutien des jacobins, par l'abbé Grégoire, l'un des premiers
prêtres jureurs. Il passa enfin le 29 janvier. Il y avait bien un peu
de dépit dans cette marque de faveur. Les envieux, ses ennemis
même votèrent pour lui, espérant ainsi le réduire au silence.
Mais il n'était pas homme à s'en laisser conter ; il évita
soigneusement, pendant les quinze jours où il fut rivé à son
fauteuil et écarté de la tribune, qu'aucune question cruciale vînt
en discussion. Il présida comme aucun de ses prédécesseurs ne
l'avait fait ; il semblait qu'il fût le premier et rejeta tous ses
devanciers dans le marais de l'insignifiance. C'était un ton, une
autorité, une brillance qui confondaient. Respectueux de l'Assemblée, ménageant tous les partis, il se fit admirer et craindre :

1. Commandant du bataillon de la section Henri-IV.
2. F.-A. Aulard, *La Société des jacobins, Recueil de documents pour l'histoire du
club des Jacobins de Paris*, 1891, t. II, p. 27.

« D'un mot il éclaircissait la question, d'un mot il apaisait un tumulte[1]. » Alors que sa position le contraignait au silence, il déploya, dans ses réponses aux délégations qui se succédaient à la barre, une nouvelle éloquence qui ajouta un fleuron à sa gloire. Aux délégations les plus indifférentes, il répondait par des discours pleins de patriotisme et de sagesse, de pensées brillantes et de traits piquants, qui forçaient l'admiration générale.

Pendant que Mirabeau exerçait ainsi la magistrature du talent, un grave sujet de préoccupation vint agiter la capitale. Il s'agissait en fait d'un événement de peu d'importance, presque indifférent ; mais l'opinion s'en empara pour en faire une affaire d'État. *Mesdames,* les tantes du roi, voyant Pâques approcher, décidèrent de se rendre à Rome. Il était, à vrai dire, sans conséquence, que ces vieilles dames, bénignes et dévotes, communient à Rome ou à Paris ; mais, lorsque leur projet fut connu, les imaginations s'enfiévrèrent. Le départ de Mesdames ne préparait-il pas un autre départ ? N'allaient-elles pas à l'étranger en avant-garde ? Ne disait-on pas qu'elles emmenaient le Dauphin avec elles ? Enfin ne recevaient-elles pas leur part de la liste civile qui leur faisait un devoir de dépenser leur argent à Paris ?

Mirabeau flaira le danger et conseilla au roi d'interdire ce voyage. On en ferait, souffla-t-il, un présage de la fuite du roi ; il deviendrait le prétexte d'une agitation populaire que les factieux exploiteraient contre la cour. D'ailleurs, Mesdames seraient peut-être empêchées de poursuivre leur voyage. Une interdiction du roi, qui aurait pour effet de conserver à la capitale de grands consommateurs, annoncée par tous les journaux, lui vaudrait une grande popularité. Mirabeau suggérait que le roi fît au moins connaître à l'Assemblée qu'il désapprouvait ce voyage, qu'il lui demandât de fixer ses droits sur les membres de sa famille. Quelle que soit la réponse, le roi y gagnerait surtout si, déclarant que la famille royale n'était soumise qu'à la loi, l'Assemblée désolidarisait le monarque des princes émigrés[2]. La clairvoyance de Mirabeau, en ces circonstances, n'avait rien

1. É. Dumont, *op. cit.,* éd. Duval, p. 265.
2. Cinquantième note pour la cour.

de divinatoire. Des bruits d'émigration massive et de complots
se répandaient ; des scènes de désordre se produisaient dans le
Nord, à Lyon, à Aix où Pascalis était pendu dans la fièvre d'une
émeute qui opposait des clubs rivaux. La famille royale aurait
donc dû s'imposer la plus grande réserve, et les tantes du roi se
conduire avec la plus exacte circonspection. Elles n'en firent
rien, maintinrent leur projet de voyage et le roi ne s'y opposa
pas. Aucune loi ne s'opposait aux déplacements : il avait donc le
droit pour lui ; mais, dans la conjoncture présente, fallait-il
revendiquer la loi ? Les journalistes portèrent l'affaire devant
l'opinion. On accusa Mesdames de laisser des dettes, de partir
avec des millions. « Non, Sire, fulminait Camille Desmoulins,
vos tantes n'ont pas le droit d'aller manger nos millions en terre
papale. » Elles veulent partir ? ajoutait-il ; et bien qu'elles
partent. Mais auparavant qu'elles renoncent à leurs pensions,
qu'elles restituent l'or qu'elles emportent. Marat, à son ordinaire, fut violent, haineux, mensonger : « Il faut garder ces
béguines en otage, et il faut donner une triple garde au reste de
la famille. » Les tantes, accusait-il, emportent 12 millions en or.
Malgré tout, usant de leurs droits constitutionnels, mais com-
mettant une folie, Mesdames partirent. Le 19 elles quittèrent
Paris pour Rome. Arrêtées à Moret, près de Fontainebleau,
leur escorte força le barrage. Pendant ce temps Paris était pris
de fièvre. La famille royale, disait-on, allait suivre l'exemple de
Mesdames. La foule se rendit au Luxembourg, où résidait le
frère du roi, l'obligea à se montrer, à se rendre aux Tuileries.
Cependant Mesdames arrivaient à Arnay-le-Duc. Arguant de
l'irrégularité de leurs passeports, la municipalité interrompit le
voyage, les retint dans une auberge, dépêcha à l'Assemblée
pour prendre ses ordres. Montmorin aussitôt prit conseil de
Mirabeau ; Mirabeau prit conseil de La Marck. Celui-ci supplia
son ami de se découvrir, de s'annoncer le *défenseur* de Mesdames. Plus adroit, Mirabeau, restant sur le plan des principes, et
refusant de s'engager personnellement, fit adopter que Mesdames pourraient poursuivre leur voyage puisque aucune loi ne s'y
opposait. Autant qu'à Mirabeau ce succès était dû au baron de
Menou qui avait fait honte à l'Assemblée par une réflexion
ironique : « L'Europe sera bien étonnée d'apprendre que
l'Assemblée nationale ait débattu si longtemps le départ de deux

femmes qui aiment mieux aller entendre la messe à Rome qu'à Paris. » Mais la sagesse de l'Assemblée ne rassura pas la capitale. Marat, égal à lui-même, hurlait au soulèvement. La foule grondait. Il fallut disposer contre elle la Garde nationale. On évita l'émeute, on ne put empêcher les esprits de s'échauffer, de réclamer à grands cris une loi contre l'émigration. Camille qualifia Mirabeau de « jacobin indigne ». Indigne, Mirabeau ! Indigne au moment, justement, où il s'apprêtait à livrer, contre l'intolérance et la terreur naissante, le plus beau combat de sa carrière, l'ultime combat pour la liberté. En cet instant précis où la révolution, déjà, se fourvoyait, Mirabeau allait tenter en un dernier effort, un dernier cri de ses poumons olympiques, de la remettre sur ses rails. Mais c'était la dernière fois que le cygne allait chanter. Dans un mois Mirabeau ne sera plus.

Dans cette émouvante bataille où l'Hercule de la Révolution[1] mit toute sa conviction et toute sa puissance, l'avenir de la révolution se jouait. Le débat sur l'émigration opposa non seulement deux factions, mais deux sensibilités et deux principes : d'un côté la révolution de la liberté, de la justice et des droits de l'homme ; de l'autre, la révolution du salut public, de la contrainte et de la terreur. Dans ce duel grandiose, si important pour le présent, plus important encore pour l'avenir, Mirabeau n'eut ni doute ni hésitation. Il affronta ses ennemis avec l'audace supérieure que donne au talent la conviction d'une juste cause. Il prouva, en cette circonstance, combien ses amis eux-mêmes le méconnaissaient. La Marck se trompait, qui l'accusait de flotter entre les probabilités de succès et de n'avoir d'autre ambition que d'être du parti triomphant. Lorsque la liberté, l'enjeu de toute sa vie, était en cause, Mirabeau n'hésitait jamais. Il marchait droit au but, oubliant calculs et intérêts, et son éloquence s'exaltait. C'est alors qu'il lançait la foudre, et qu'olympien il terrassait ses adversaires.

28 janvier 1791. Jour de colère et de gloire où Mirabeau acquit des droits sur la postérité. Le Chapelier, au nom du comité de constitution, présente un projet de décret sur l'émigration, ne le lit pas, le déclare anticonstitutionnel parce

---

1. L'image est du duc de Castries, in *Mirabeau..., op. cit.*

qu'attentatoire à la liberté individuelle reconnue par la constitution. Une discussion passionnée, violente, s'engage alors sur ce
projet dont on ignore encore le contenu. Dehors, c'est une
nouvelle fois l'émeute. Le peuple des faubourgs, à qui l'on a
insinué qu'on fortifie Vincennes et qu'un complot contre-
révolutionnaire se prépare, s'est porté sur la citadelle pour la
détruire. La Fayette et la Garde nationale l'ayant refoulé, il est
rentré dans Paris. Au même instant les Tuileries sont le théâtre
d'une scène qui exaspère encore les esprits : croyant la famille
royale menacée, 300 fidèles ont pénétré au château, envahi les
appartements, jurant de mourir pour défendre leur roi ; ils sont
armés, ont des fusils, des poignards. La Fayette arrive, les
humilie, les désarme. Marat, dans sa folie sanguinaire, déplore
qu'on ne les ait pas massacrés ces *chevaliers du poignard,* ce
« noir essaim de conspirateurs ». C'est donc dans une ville prise
par la fièvre, surexcitée, en révolte, que l'Assemblée délibère
dans l'émotion et la peur.

Si le décret du comité est voté, dit Le Chapelier, alors la
liberté sera violée. Un député, Merlin, contre-attaque ; il lit le
Contrat social, cite Rousseau — référence auguste ; qui oserait
réfuter l'autorité d'un tel maître à penser ? « Dans les moments
de trouble, les émigrations peuvent être défendues. » Jean-
Jacques a parlé. Quel intrépide aurait l'audace de se mesurer à
lui ? Qui, sinon Mirabeau qui s'est opposé au roi le 23 juin 1789,
qui s'est opposé à l'Assemblée tant de fois, à l'opinion quand il
l'a fallu, qui s'opposerait à l'univers quand il défend sa foi, sa
conviction, sa liberté. Car aujourd'hui c'est bien elle qu'il faut
préserver des premiers assauts de la terreur. Eh quoi ! La
révolution qui a libéré l'homme du despotisme, de l'arbitraire,
des tribunaux d'exception, des lettres de cachet, de l'intolérance, des princes, des caprices des ministres ; cette révolution
faite au nom de la justice et de la liberté ressusciterait
l'Inquisition, empêcherait le voyageur, le malheureux, l'op-
primé, celui qui ne se sent pas en sécurité, celui qui simplement
ne se sent pas à l'aise, de quitter le pays, de passer la frontière,
de s'exiler. Écoutez-moi, dit Mirabeau, et laissez-moi vous lire
une page écrite il y a huit ans et destinée à un souverain absolu.
Le texte est extrait de cette lettre à Frédéric-Guillaume de
Prusse le jour de son avènement, que j'ai, en son temps,

longuement citée. Aujourd'hui, elle est plus que jamais d'actua-
lité. Elle rappelle que la liberté d'émigrer, d'aller et de venir à
son gré, est la première la plus absolue, la plus nécessaire des
libertés ; que faire d'un État une prison, c'est rendre son séjour
odieux et provoquer les départs que l'on prétend empêcher.
Vivement applaudi, Mirabeau enchaîne, lit un projet de décret
qui propose simplement de passer à l'ordre du jour, considérant
qu'aucune loi sur les émigrants ne peut se concilier avec les
principes de la constitution. Mais la minorité manifeste, exige la
lecture du projet du comité. Le Chapelier, à son corps défendant, s'exécute, lit le texte odieux, interrompu par des cris de
fureur et d'horreur. Ce texte, aucun homme libre ne peut
l'entendre sans frémir : « Il sera nommé par l'Assemblée
nationale un conseil de trois personnes qui exerceront seulement sur le droit de sortir du royaume et sur l'obligation d'y
entrer un pouvoir dictatorial ; il désignera les Français absents,
qui seront tenus de rentrer dans le royaume, sous peine d'être
traités comme rebelles, et il ne sera donné de permission de
sortir de France que par la même autorité. »

Dans l'indescriptible confusion qui suit cette lecture, Mirabeau se lève, monte à la tribune, obtient la parole. « L'Assemblée nationale, dit-il, n'a point fait au comité de constitution le
même honneur que les Athéniens firent à Aristide, qu'ils
laissèrent juge de la moralité de son projet. Mais le frémisse-
ment qui s'est fait entendre à la lecture du projet du comité a
montré que vous étiez aussi bon juge de cette moralité
qu'Aristide, et que vous aviez bien fait de vous en réserver la
juridiction. Je ne ferai pas au comité l'injure de démontrer que
sa loi est digne d'être placée dans le code de Dracon, mais
qu'elle ne pourra jamais entrer parmi les décrets de l'assemblée
nationale de France. » La loi, ajoute-t-il, est impraticable parce
que barbare : « la voteriez-vous que vous ne pourriez l'exécuter
même en ayant recours à la plus horrible tyrannie ». Puis, se
mettant personnellement en cause, selon une stratégie qui lui a
si souvent réussi : « Je serais, et j'en fais le serment, délié à mes
propres yeux, délié de tout serment de fidélité envers ceux qui
auraient eu l'infamie d'établir une inquisition dictatoriale. »
Certes, ajoute-t-il, se tournant vers la partie de l'Assemblée qui
murmure, « certes, la popularité que j'ai ambitionnée, et dont

j'ai eu l'honneur de jouir comme un autre, n'est pas un faible roseau, c'est un chêne dont je veux enfoncer la racine en terre, c'est-à-dire dans l'imperturbable base des principes de la raison et de la justice. Je pense que je serais déshonoré à mes propres yeux, si, dans aucun moment de ma vie, je cessais de repousser avec indignation le droit, le prétendu droit de faire une loi de ce genre... Une telle loi, je jure de n'y obéir jamais, si elle était faite ».

Mirabeau propose alors à nouveau de passer à l'ordre du jour ; mais Vernier réclame l'ajournement du débat. Dans le tumulte qui suit, Mirabeau une fois encore réclame la parole. Alors un cri hargneux s'élève, poussé par Goupil de Préfeln : *c'est une espèce de dictature de M. de Mirabeau dans cette assemblée.* Blessé, Mirabeau rétablit d'une phrase la vérité des faits : « Je prie messieurs les interrupteurs de remarquer que j'ai toute ma vie combattu le despotisme et que je le combattrai toute ma vie. » La faction jacobine, se sentant en minorité, ravale sa rage ; ni Lameth, ni Duport, ni Barnave, n'osent affronter Mirabeau de face. Mais ils murmurent, voudraient l'interdire de parole. Peine perdue ! Mirabeau poursuit : « Je prie maintenant l'Assemblée de considérer qu'il ne suffit pas d'intercaler dans une proposition le mot ajournement, pour la transformer entièrement en une simple proposition d'ajourne-ment... » Les murmures croissent sur les bancs des Lameth. « Il ne suffit pas d'amalgamer deux ou trois propositions et de les revêtir... » Tumulte. Alors Mirabeau olympien et comme lançant la foudre : « Silence aux trente voix. » Coup génial, coup mortel porté à l'extrême gauche, aux Jacobins qui préten-daient dicter leur loi à l'Assemblée et qui, démasqués, se trouvent soudain désignés comme une petite poignée, isolés, sans troupe, usant de l'arme des minorités factieuses : l'intimi-dation.

Mirabeau pourtant n'a obtenu qu'une demi-victoire ; l'ajour-nement a été décrété. La question ne sera réglée qu'en juillet, après la mort du tribun. Mais les Lameth sont sortis de l'Assemblée la rage au cœur. Ils sont allés déverser leurs rancœurs dans le sein de leurs amis, chez eux, là où des applaudissements les attendent, au Club des jacobins. Là ils pourront libérer leur colère, dénoncer le traître, immoler devant

les patriotes celui qui les a humiliés, lui, le frère soudain
déchaîné contre ses frères, devenu l'ami de leurs ennemis, Judas
qui les a livrés.

Pour Mirabeau la journée n'est donc pas finie ; elle devait être
la plus longue et la plus pénible de sa vie parlementaire. A peine
sorti de l'Assemblée, il rejoint ses collègues du Directoire du
département. Il fallait faire face aux troubles qui avaient éclaté
dans la capitale et que j'ai rapportés. Le directoire n'a d'autre
pouvoir que de faire des proclamations. Mirabeau en rédige une
sur-le-champ ; belle occasion d'aggraver son cas aux yeux des
jacobins, car il les accable encore : « Ceux qui veulent vous
porter à des attroupements vous disent sans cesse que la
constitution est en danger, et que les ennemis de la liberté
attaquent les nouvelles lois », ce que Camille Desmoulins
traduit aussitôt : « Les factieux sont ceux qui ne cessent de dire
au peuple : la liberté est en danger. » Mirabeau a donc fait
bonne mesure et les jacobins ne manquent pas de motifs de
rancune. Jusqu'où peut aller leur ressentiment, iront-ils jusqu'au crime comme Mirabeau semble le craindre ? « J'ai
prononcé mon arrêt de mort, confie-t-il le soir même à sa sœur ;
c'est fait de moi, ils me tueront. » Ils se contentent de le
maltraiter. Au soir, il se rend à l'invitation du duc d'Aiguillon,
l'ami des Lameth, où il est prié à dîner. On lui refuse l'entrée.
Alors il se prépare au combat. Sans prendre le temps de
souffler, il se rend dans l'antre de ses adversaires. Ici, dans ce
Club des jacobins dont il est le membre prodigue, il n'a pas,
comme à l'Assemblée, une majorité. Les députés y sont
minoritaires ; les extrémistes, les impatients sont là nombreux et
bruyants et déjà, presque à la lettre, ce qu'ils seront plus tard ; à
côté du triumvirat, qui domine encore le club, se profile et
grandit le visage redoutable de Robespierre.

La scène des jacobins du 28 février, je devrais écrire la Cène
car Mirabeau s'y offrit en holocauste à ses ennemis, nous la
connaissons bien par le journal de Camille Desmoulins et par le
récit d'un Allemand membre du Club[1].

Le *bon fils* (c'est ainsi que Mirabeau nommait Camille au

---

1. *Révolution de France et de Brabant,* à la date du 28 février 1791. Le texte
d'Œlsner a été publié par A. Stern, *Das Leben Mirabeaus,* 1889.

temps de leur grande amitié[1]) regrettait de n'avoir pas, pour décrire cette soirée, la plume de Tacite. Mais son exaltation et son lyrisme suffisent à donner un relief saisissant à cette séance où Mirabeau fut cloué au pilori de la haine par ses anciens compagnons. « Oh ! la belle, la magnifique, l'immortelle séance que celle des Jacobins le 28 février ! Comme l'Assemblée nationale déshonora le peuple français, et comme les jacobins l'honorèrent dans le même jour ! » La réunion a pourtant commencé bien prosaïquement : correspondance avec les sociétés affiliées, motions secondaires. Soudain Mirabeau entre. Émotion, indignation, murmures : « De quel front ose-t-il venir s'asseoir au milieu de nous ? » Duport est à la tribune ; à la vue de l'importun, il se trouble, s'embrouille, hésite ; puis, se décidant à moitié, il s'en prend à La Fayette qu'il accuse d'exciter l'émeute en prétendant la prévenir : quel but poursuit-il, lui et ses amis du ministère ? Faire peur sans doute et, à la faveur d'un péril imaginaire, porter atteinte à la liberté. Mais ce n'est pas là ce que Duport veut dire ; c'est tout juste une entrée en matière, peut-être l'effet d'un scrupule. Comment, en effet ne pas hésiter devant la tâche que ses amis lui imposent : accuser le défenseur si véhément, si efficace, si constant, de la liberté, celui qui, avec un génie superbe, bravant tous les périls, a si souvent, si constamment souffert, lutté, grondé contre l'oppression. Enfin Duport se décide, tardivement comme s'il lui en coûtait, mais avec d'autant plus de cruauté qu'il se fait violence. « Les hommes les plus dangereux à la liberté, laisse-t-il tomber, ne sont pas loin de nous. Je le dis avec douleur, mais il nous est impossible d'en douter : nos plus dangereux ennemis sont ici : ce sont des hommes sur qui s'étaient reposées nos plus grandes espérances, des hommes que vous semblez n'avoir élevés que pour qu'ils vous combattent avec plus d'avantages, et que vous avez armés contre vous de vos suffrages et de vos bienfaits. » Des applaudissements interrompent l'orateur. Tous les visages se tournent vers Mirabeau, des doigts accusateurs se dressent, les plus fanatiques s'approchent et viennent narguer le héros terrassé. La voix de Duport s'élève à nouveau ; il déverse sa rage, sa colère rentrée tout le jour, la laisse déborder en flot

---

1. *Correspondance inédite* de C. Desmoulins, publiée par Matton, 1836.

venimeux. Sachez enfin ce qu'est Mirabeau ; ne vous laissez plus
prendre à ses habiletés, à sa bouche dorée. C'est un despote
insolent et d'un insupportable orgueil. N'a-t-il pas, crime
inexpiable, coalisé l'Assemblée, toute l'Assemblée, contre les
jacobins, ses amis, ses frères ? Qu'il en a gros sur le cœur,
Duport. Mais, soit qu'il veuille compter encore avec cette
puissance, soit, comme l'affirme Camille, par générosité, il offre
le pardon. Mirabeau peut encore être sauvé ; qu'il rentre au
bercail, se repente, et ses amis lui ouvriront les bras. « Qu'il soit
honnête homme, et je cours l'embrasser ; et s'il détourne le
visage, je me féliciterai encore de m'en être fait un ennemi,
pourvu qu'il soit redevenu ami de la chose publique. » Injures
gratuites d'un homme ulcéré par le dépit de sa défaite. Et quelle
heureuse défaite ! Elle épargnait à l'Assemblée la honte d'un
décret barbare et tyrannique, aux chefs jacobins, qui ne
devaient pas tarder à regretter leur fatal engagement, la
responsabilité d'une mesure qui annonçait déjà le règne de la
terreur.

Mirabeau s'apprête à répondre. On veut l'en empêcher. C'est
vouloir retenir l'ouragan. Il se démène, ramène le calme,
s'impose : on l'écoute. Avec noblesse, il défend La Fayette, puis
se défend lui-même. Son apologie est accueillie comme une
insulte par le Club forcené ; lorsqu'il dénonce les « chefs
d'opinion », c'est bien pis : le trait vise Lameth qui bondit,
s'empare de la tribune. Alexandre de Lameth, piètre orateur au
demeurant, mais que la colère empourpre et élève au-dessus de
son talent, fait entendre une éloquence « sublime » ; Camille,
qui compare la situation de Mirabeau à celle de Catilina
confondu par Cicéron dans le Sénat romain, l'affirme. L'apostrophe du matin (« silence aux trente voix ») lui est restée sur le
cœur. Il commence donc par là : « Oui, monsieur Mirabeau,
nous ne sommes plus seulement trente-trois comme vous le
disiez ce matin d'un air assuré de votre triomphe. Nous sommes
ici cent cinquante, qu'on ne désunira plus, et la patrie est sauvée
encore une fois. » Vous voulez nous dénoncer comme des
factieux, employer toutes vos perfidies pour en convaincre
l'Assemblée et l'opinion. Mais nous connaissons vos moyens ;
nous connaissons aussi vos intentions : vous voulez détruire les
jacobins. Voilà ce qu'en substance clame Lameth sous les

applaudissements de ses amis. Ainsi ceux qui, quelques jours plus tôt avaient utilisé l'émeute et la violence pour obtenir la fermeture d'un club rival qui leur portait ombrage n'hésitaient pas maintenant à crier au loup et à se déclarer victimes d'un complot[1]. Lameth n'a pas terminé sa diatribe ; sans se lasser, il vomit ses rancœurs. Mes amis, poursuit-il, Mirabeau vient de vous dénoncer ; dans sa proclamation, « il donne le signalement du factieux, et c'est vous, messieurs, qu'il désigne comme les factieux à exterminer... Niez, monsieur Mirabeau, que votre définition du factieux ne convienne pas à cette seule société ». Et maintenant le verdict : coupable, traître. Traître ! Aux jacobins peut-être, mais à la révolution de la liberté ?

Lameth n'a pas fini. Mirabeau est encore debout, sa face orgueilleuse défie encore cette assemblée hostile. Il faut l'écraser, l'anéantir ; traître oui, traître trois fois, mais encore factieux, mais encore infâme. Il a allumé l'émeute, celle d'hier, celle d'aujourd'hui, pour perpétrer son crime, pour en accuser les jacobins, les déconsidérer, les rendre odieux. « Les factieux, poursuit Lameth que la colère étouffe, ce sont ceux qui, tenant le peuple entre leurs mains, ont fait une émeute en une heure de temps, pour se donner la gloire de la réprimer et d'être les protecteurs de la capitale. Les factieux sont ceux qui, venus d'abord aux jacobins, ont passé à 89[2], puis sont revenus aux jacobins sans avoir quitté 89. Les factieux, les ennemis de la constitution, ce sont ceux qui ne seraient pas pendus s'il y avait une contre-révolution, parce qu'ils ont été applaudis vingt fois par tous les partis, et que les Maury, les Cazalès, les Malouet voient en eux maintenant leurs chefs d'opinion. Je parle avec cette franchise parce que je ne suis pas de ceux qui pensent que la bonne politique veut que l'on ménage M. Mirabeau, qu'on ne le désespère pas. »

Pendant ce discours injuste et haineux, Mirabeau, si l'on en croit Camille, souffrait comme les damnés de Dante : « Il lui tombait de grosses gouttes du visage, il était comme dans le

---

1. Les monarchiens (Clermont-Tonnerre, Malouet) avaient fondé le Club des Amis de la constitution monarchique. Les jacobins, après avoir tenté de les faire interdire légalement, les accusèrent de distribuer au peuple du pain empoisonné et les poursuivirent à coups de pierre et de bâton pour les empêcher de se réunir.
2. Club pour lequel Mirabeau avait un moment déserté les jacobins.

jardin des oliviers, devant le calice. » La salle trépignait,
montrait une joie horrible, outrageait le chêne abattu. Il voulut
parler. Le président crut l'en empêcher en levant la séance.
Mirabeau se redressa, parvint, une fois de plus, à s'imposer. Il
avait, d'après le témoin Œlsner, enduré avec sang-froid les
attaques de Lameth ; il avait eu aussi la présence d'esprit de
préparer sa défense, d'aiguiser ses armes pour la réplique. Il fut
habile, il fut éloquent, « il pétrifia l'auditoire d'étonnement.
C'est ainsi qu'il dompta les furieux, et il n'y eut personne à qui il
n'arrachât, sinon des applaudissements, du moins une haute
admiration[1] ». Il loua, cajola les jacobins, affirma qu'il restait
profondément de cœur avec eux : « Je resterai parmi vous
jusqu'à l'ostracisme. » Il fut applaudi. Mais ces applaudissements n'entraînaient pas l'amour ; ils n'étaient arrachés à la
haine que par l'admiration. Non par l'estime. Ne vous trompez
pas, lui cria-t-on lorsqu'il sortit, sur la nature de ces applaudissements ; l'éloquence de César, quand il défendit Catilina, fit
plus encore : il ramena les opinions, ce que vous n'avez pas
fait.

Mirabeau ne voulait pas rompre tout à fait avec les jacobins ;
il ne voulait leur sacrifier ni ses engagements ni ses principes.
Ayant affirmé sa volonté de rester parmi eux, il n'en saisit pas
moins en une autre circonstance l'occasion de les dénoncer à
nouveau, devant l'Assemblée nationale, comme les perturba-
teurs de l'ordre et les ennemis de la constitution. Il avait été élu,
on s'en souvient, membre du Directoire du département de
Paris. C'est en cette qualité qu'il parut le 1er mars à la barre de
l'Assemblée. Son discours, fort bref, reçut les applaudissements
des députés qui en ordonnèrent l'impression. Seuls les Lameth
et leur faction manifestèrent leur mécontentement. Ils s'étaient
sentis visés par un passage vigoureux dont ils essayèrent
d'obtenir la suppression. « De tous les débris des anciennes
institutions, avait dit Mirabeau, et des anciens abus, s'est
formée une lie infecte, un levain corrupteur, que des hommes
pervers remuent sans cesse pour en développer tous les poisons.
Ce sont des factieux qui, pour renverser la constitution,
persuadent au peuple qu'il doit agir par lui-même, comme s'il

---

1. In *Das Leben Mirabeaus, op. cit.*

était sans lois, sans magistrats. Nous démasquerons ces coupables ennemis de son repos, et nous apprendrons au peuple que, si la plus importante de nos fonctions est de veiller à sa sûreté, son poste est celui du travail, secondé par la paix de l'industrie active et des vertus domestiques et sociales. » Les Lameth ne lui pardonnèrent jamais cette accusation. La mort même ne les réconcilia pas. Mirabeau, en effet, mourut un mois plus tard. Dans l'émotion générale, alors que les jacobins prenaient le deuil, que Camille Desmoulins, oubliant tous ses griefs, s'écriait : « Mirabeau est mort en odeur de patriotisme ! » Alexandre de Lameth, obstiné dans sa haine, refusa de se rendre au chevet du grand homme expirant.

Mirabeau était parvenu au terme de sa vie ; une vie à la fois tragique et grandiose. Il lui restait un mois, pendant lequel il lutta encore, ignorant son mal, paraissant à l'Assemblée, y remportant encore des succès, travaillant tard le soir, n'oubliant jamais ses plaisirs, comme indifférent à l'ombre de la mort.

Si l'on en croit La Marck, confirmé par Bouillé, Mirabeau aurait, au cours de ses ultimes instants, imaginé un plan pour faire sortir le roi de Paris. Le projet n'est pas sans rappeler certaines propositions antérieures du tribun, et le témoignage d'un homme aussi crédible que La Marck ne doit pas être rejeté sans de sérieuses raisons. Mais enfin on ne connaît ce plan que de seconde main. On peut penser que La Marck, négociateur entre la cour et Bouillé, y eut plus de part que Mirabeau lui-même. En tout état de cause, si le plan est bien de lui, il ne pouvait avoir d'autre but que de mettre Louis XVI et la famille royale à l'abri d'un coup de main des Parisiens ; mais certainement pas de lui ouvrir la voie de la collaboration avec l'étranger et l'émigration, éventualité que Mirabeau a toujours repoussée comme une trahison, comme un crime. Rien, par conséquent, qui ressemble, même de loin, à ce que sera, après sa disparition, la fuite à Varennes, que Mirabeau avait par avance condamnée, à son lit de mort, dans une confidence à Cabanis, son médecin, à qui il avait déclaré lorsqu'on évoquait devant lui les bruits insistants de la fuite du roi : « J'ai défendu la monarchie jusqu'au bout, je la défends même, encore que je la crois perdue, parce qu'il dépendrait du roi qu'elle ne le fût point, et que je la crois encore utile, mais s'il part, je monte à la tribune, je fais déclarer le trône vacant et proclamer la République[1]. »

S'il a beaucoup louvoyé, tenté de satisfaire tout le monde à la fois, donné l'impression de manger à tous les rateliers ou, pour reprendre l'expression pittoresque de Camille Des-moulins, déjeuné avec les jacobins, dîné avec le Club de 89, et soupé avec La Marck et les monarchiens, Mirabeau n'a jamais transigé avec le patriotisme et la révolution. Sauver le roi et la monarchie, certes, il y a employé sa plus belle éloquence et usé ses forces ; mais dresser le roi contre la France, avec le concours des Autrichiens, c'est ce que rien ni dans ses actes ni dans ses écrits, ne permet de lui imputer. Il a, dans le grand plan de décembre longuement cité, fait justice de ces calomnies.

Avant de mourir, il restait à Mirabeau deux ultimes devoirs à accomplir. Rendre un dernier service à la monarchie : ce fut son discours du 23 mars sur la régence. S'immoler à l'amitié. C'est ce que ce géant de l'amour fit le 27 mars, à moitié privé de vie, déjà engourdi par le froid de la mort. Depuis le 20 mars l'Assemblée discutait un important problème d'économie, l'ex-ploitation des mines, où s'affrontaient des lobbies opposés, celui des concessionnaires et celui des propriétaires du sol, et des principes contradictoires, celui de la propriété et celui de la libre entreprise. La Marck était intéressé dans d'importantes conces-sions dans le Hainaut et sa fortune dépendait en partie des décisions de l'Assemblée. C'est sans doute par conviction que Mirabeau défendit le parti des concessionnaires, mais c'est par amitié que, le 27 mars, épuisé, mourant, il se rendit à l'Assemblée, évanescent, le visage défait, malgré les efforts de La Marck pour le retenir. « Mon ami, lui dit-il, ces gens-là vont vous ruiner si je n'y vais pas ; je veux partir, vous ne parviendrez pas à me retenir. » Il but du vin de Tokay, qui lui rendit quelque force, et s'arracha des bras amicaux qui veillaient sur sa santé. A trois heures, il fut de retour chez La Marck. Il

---

1. Dr Cabanis, *Journal de la maladie et de la mort d'Honoré-Gabriel Riquetti Mirabeau*, 1791, in *Œuvres* de Cabanis, 1823.

avait le visage altéré, ses forces l'abandonnaient. « Votre cause est gagnée », dit-il simplement à son ami glacé d'effroi, « et moi je suis mort ». Cinq jours après, il rendait le dernier soupir.

Épilogue

Le 4 avril 1791, le parcours qui mène de la Chaussée-d'Antin à Saint-Eustache par le boulevard et la rue Montmartre offrait un spectacle tout à fait inhabituel : aux fenêtres, sur les arbres, sur les toits, des grappes humaines, émues et silencieuses, encore abasourdies par la nouvelle de la mort de Mirabeau, contemplaient l'immense et somptueux cortège qui accompagnait le tribun jusqu'à ce Panthéon que l'Assemblée nationale venait de consacrer aux grands hommes et que Mirabeau et Voltaire devaient inaugurer.

Sur une musique funèbre de Gossec, le convoi progressait si lentement qu'à dix heures du soir il n'était pas encore parvenu à destination. Mais le spectacle était grandiose et le recueillement et l'émotion, qui étreignaient toute la capitale, réunissaient dans un même accès de ferveur tous les spectateurs, royalistes et jacobins, et dans un même regret, une même angoisse pour l'avenir, admirateurs et indifférents, amis et ennemis. En tête du cortège marchaient un piquet de cavalerie et des détachements de la Garde nationale, suivis par les Invalides, les Cent-Suisses, le bataillon du district, le juge de paix et le comité de la section. Le clergé précédait le cercueil porté par douze sergents de la Garde nationale ; le poêle était tenu par six commandants de bataillon. Suivaient les parents, l'Assemblée nationale, le Club des jacobins, les ministres ; venait ensuite un grand concours de citoyens et la marche était fermée par les six divisions de l'armée parisienne.

Le corps de Mirabeau fut déposé dans l'ancienne église Sainte-Geneviève en attendant que, le Panthéon achevé, il fût le premier à y entrer. Il ne devait pas y rester longtemps : le 21 septembre 1793 il en fut chassé et ses restes jetés à la fosse

commune. La patrie préférait alors exprimer sa reconnaissance
à Marat qu'à Mirabeau.

Mais le 4 avril 1791 il n'y eut pas une fausse note dans les
démonstrations d'affliction qui, dans toute la France, manifestèrent les sentiments des Français. Ce furent partout des oraisons
funèbres et des souscriptions ; chacun voulut rendre hommage
au grand homme. La *Chronique de Paris*, résumant l'opinion
générale de la presse, écrivit : « L'histoire donnera à M. de
Mirabeau la première place dans la révolution qui rend à la
France sa liberté. » Desmoulins, Brissot, Danton ne demeurè-
rent pas en reste. Le Club des Jacobins, oubliant tous ses griefs,
prit le deuil pour huit jours, décréta que l'anniversaire de la
mort du tribun serait célébré à perpétuité et décida de placer son
buste dans la salle des séances. Les sociétés affiliées ne se
montrèrent pas moins empressées. Mirabeau faisait à présent
l'unanimité et le jour de sa mort fut son apothéose.

Couché le 28 mars, il était mort le 2 avril. La relation de son
médecin, Cabanis, et le rapport d'autopsie ne permettent pas de
porter un diagnostic formel sur les causes de sa mort ; la
description des symptômes est très imprécise et l'examen
clinique inexistant. J'ai consulté le Dr Jean-François Mallet qui,
avec prudence, a porté le diagnostic suivant : Mirabeau était
atteint d'une lithiase biliaire évolutive, maladie rarement mortelle surtout chez un homme jeune et robuste ; il est mort
vraisemblablement d'une péricardite purulente dont l'origine
est à chercher peut-être dans une tuberculose, bien que cette
dernière maladie ne soit pas démontrée ; mais les fortes
fièvres, les problèmes oculaires et les ganglions au cou peuvent, en l'absence d'autres symptômes, correspondre à une
tuberculose. On ne releva à l'autopsie aucune trace d'empoisonnement récent et la péricardite était suffisante pour entraîner la mort. Les rumeurs qui coururent alors d'un empoisonnement criminel (on citait des noms et, en particulier, celui
d'Alexandre de Lameth) peuvent donc raisonnablement être
écartées.

Cette fin prématurée, dans la pleine force de l'âge et alors que
le plus brillant avenir semblait s'ouvrir devant lui, il semble que
Mirabeau l'ait dès longtemps prévue. A l'ouverture de l'Assemblée il avait été atteint d'un ictère ; il ne s'en était jamais tout à

fait remis et les séquelles, jointes aux ophtalmies et aux fièvres, le prostraient parfois, provoquaient des états de langueur, de mélancolie, qui l'emportaient sur la vigueur d'une constitution qui avait fait de toute sa vie, depuis les faiblesses éprouvées dans ses prisons, une énergique protestation contre les forces de mort. Il avait des accès de fébrilité qui étonnaient chez un homme qui semblait être une force de la nature. « Ses muscles, écrit son médecin, restaient toujours ceux d'un Hercule : ses nerfs étaient presque ceux d'une femme délicate et vaporeuse. » En fait, Mirabeau se sentait atteint ; il avait le sentiment de mourir d'un mal mystérieux comme d'un poison lent. Cependant, lorsqu'il s'alita, il espéra, les premiers jours, en réchapper. La sollicitude de ses amis, surtout de Frochot, de La Marck et de Cabanis, les marques d'intérêt de la population parisienne qui se pressait aux abords de son logement et réclamait des nouvelles — au point qu'il fallut bientôt faire imprimer d'heure en heure des bulletins de santé — aidaient Mirabeau à supporter ses souffrances et à espérer sa guérison. Mais le jeudi 30 mars, il se sentit perdu. Son médecin et le célèbre Antoine Petit, appelé en consultation, ne lui laissaient plus d'espoir ; il se prépara alors à mourir.

Talleyrand devait dire, non sans férocité : « Il a dramatisé sa mort. » La vérité, c'est qu'il est mort très simplement, non dans la résignation du chrétien, mais dans la fermeté du sage, à l'antique, comme un stoïcien, entouré de ses amis, parlant avec eux des choses de ce monde, insouciant d'un au-delà auquel il ne croyait pas. Certes, il voulut mourir dignement, mais il ne mit dans ses derniers moments ni emphase ni affectation, et c'est avec raison qu'il put demander à La Marck : « Mon cher connaisseur en belles morts, êtes-vous content ? » Le soir, comme le canon retentissait, il s'écria : « N'est-ce pas là le commencement des funérailles d'Achille ? » et aux petites heures du jour, le lendemain 2 avril, il se prépara à mourir. « Mon ami, dit-il à Cabanis, je mourrai aujourd'hui. Quand on en est là, il ne reste plus qu'une chose à faire : c'est de se parfumer, de se couronner de fleurs, et de s'environner de musique, afin d'attendre agréablement ce sommeil dont on ne se réveille plus. » Puis il perdit la parole. Les douleurs le réveillèrent à huit heures. Il réclama de l'opium, se plaignit qu'on le laissât souffrir inutilement et, à huit heures trente, rendit le dernier soupir. Il avait quarante-deux ans.

Dans les derniers jours de sa vie Mirabeau a beaucoup parlé, de ses affaires personnelles et des affaires publiques. On lui a prêté beaucoup de mots qu'il n'a sans doute jamais prononcés. L'un d'eux, tout apocryphe qu'il soit, mérite d'être rapporté, car il ne l'eût sans doute pas désavoué : « J'emporte dans mon cœur le deuil de la monarchie, dont les débris vont être la proie des factieux. » Mirabeau redoutait en effet que la liberté ne survive pas à la monarchie qui symbolisait à ses yeux l'ordre et l'autorité nécessaires au respect de la loi et donc à l'épanouissement de la liberté. La liberté ! Elle avait été la grande affaire de toute sa vie, et la Révolution le moyen de l'imposer, la monarchie la certitude de la garantir. C'est le poète, c'est Victor Hugo qui l'a le mieux jugé d'un mot : « Son œuvre à lui, ce n'est pas la République, c'est la Révolution. » Allier la liberté à l'ordre, l'épanouissement de l'homme et du citoyen à un régime qui ne dût qu'à la loi et à la volonté populaire sa légitimité et son autorité, pour rendre à l'individu la plénitude de ses droits naturels et à la société le respect et la sollicitude qu'elle doit à l'individu, telle fut la contribution de Mirabeau à l'histoire, apport unique et glorieux entre tous dont nous sommes aujourd'hui encore les héritiers trop souvent insouciants et prodigues, et dont nous pouvons méditer la leçon. Elle tient en un mot ; un mot qui, hélas, peuple plus souvent les rêves des poètes que la quotidienneté des sociétés : liberté. La véritable mesure de Mirabeau est là : ce fut sa passion sans mesure, qui brûla sa vie comme le plus délirant des amours, pour une maîtresse exigeante et sublime, pour laquelle il supporta et osa tout, pour un mot dont les hommes vivent et pour lequel ils meurent : liberté.

Remerciements

L'hommage que je rends ici à quelques amis dévoués n'est pas une simple formalité. C'est un devoir que je remplis avec la satisfaction et l'empressement de l'amitié comblée. On comprendra sans peine que je passe sous silence tel service rendu en toute simplicité, bien qu'ils ne soient pas de ceux que l'on oublie, pour ne me souvenir que de l'affectueuse attention de ceux qui ont suivi mon travail et m'ont apporté le soutien de leurs encouragements quand j'en avais le plus besoin. Tels sont MM. Michel Christol, Emmanuel Le Roy Ladurie, Henri Michel, auxquels je renouvelle mes sentiments de gratitude et mon attachement.

Que soit remerciée Mlle Trouillet, conservateur des Archives et du musée Arbaud à Aix, dont l'obligeance et la compétence m'ont permis de travailler utilement sur le fonds Mirabeau.

Le Dr Jean-François Mallet a bien voulu lire et analyser les arides rapports de la maladie et de la mort de Mirabeau, et me livrer ses conclusions avec la modestie et la prudence qui sont l'apanage des vrais hommes de science. Qu'il accepte l'expression de ma reconnaissance.

Bibliographie

Les sources les plus importantes concernant Mirabeau sont constituées par ses propres ouvrages, sa correspondance, ses discours. D'importantes archives constituent le fonds Mirabeau conservé au musée Arbaud à Aix-en-Provence, qui contient en particulier la volumineuse correspondance échangée entre le marquis de Mirabeau et son frère. Les Archives nationales (AN) possèdent, sous la cote 284 AP8, une correspondance entre Mirabeau et Sieyès, et les archives des Affaires étrangères possèdent quelques pièces intéressantes. On trouvera dans les notes infrapaginales les références à ces différentes archives, ainsi que les renvois aux Archives départementales des Bouches-du-Rhône (AD).

Les livres traitant plus ou moins longuement de Mirabeau sont si nombreux qu'il faudrait un volume pour les citer tous. Les œuvres de Mirabeau publiées de son vivant, ou posthumes, ont fait l'objet de plusieurs éditions au cours du XIXe siècle, mais il est assez difficile de se les procurer. Le lecteur qui voudrait se familiariser rapidement avec le style de Mirabeau ne pourrait mieux faire que de se reporter à l'édition de ses principaux discours publiés par les soins de François Furet aux éditions Gallimard en 1973. Les éditions EDHIS ont également donné un *reprint* d'une œuvre intéressante : *Sur Moses Mendelssohn et la réforme politique des Juifs*, 1968, et les éditions d'Aujourd'hui, *Lettres d'amour à Sophie*, 1981. Deux romans licencieux ont été récemment réédités : *le Rideau levé ou l'Éducation de Laure,* Eurédis, 1976, et *le Libertin de qualité*, Cercle du livre précieux, 1962.

La liste qui suit représente un choix personnel d'ouvrages ayant valeur de sources et d'études retenues en raison de leur originalité ou de l'intérêt de leur interprétation.

Actes des Apôtres.

Allemand Jeanne, *La Haute Société aixoise dans la seconde moitié du XVIIIe siècle*, Faculté d'Aix-en-Provence, 1936 (mémoire de DES).

Archives parlementaires, publiées par J. Madival et E. Laurent, 1re série, 1875-1889.

Ardascheff P., *Les Intendants de province sous Louis XVI,* 1904.

Aron J.-P. et Kempf R., *Le Pénis et la Démoralisation de l'Occident,* Grasset, 1978.

Audouard J., *Un drame passionnel à la fin du XVIIIe siècle : le crime d'Entrecasteaux, président à mortier au parlement de Provence,* 1910.

Aulard F.-A., *La Société des jacobins. Recueil de documents pour l'histoire du Club des jacobins de Paris,* 1891.
—, *Les Grands Orateurs de la Révolution. Mirabeau,* 1919.

Bailly A., *Mémoires,* publiés par Berville et Barrière, 1822.

Barnave, *Introduction à la Révolution française,* présenté par F. Rude, Colin, 1960.

Barthou L., *Mirabeau,* 1913.

Baudelaire C., *Œuvres diverses,* édition critique de F.-F. Gautier et Y.-G. Le Dantec, 1937.

Bénétruy J., *L'Atelier de Mirabeau,* A. et J. Picart, 1962.

Biron duc de, *Lettres sur les États généraux,* publiées par Maistre de Roger de La Lande, 1865.

Blanc L., *Histoire de la Révolution française,* 1847-1862.

Bloch I., *Le Marquis de Sade et son temps,* A. Michalon, 1901 ; *reprint* Genève, Slatkine, 1970.

Bouche C.-F., *Essai sur l'histoire de la Provence,* 1785.

Brissot J.-P., *Mémoires,* publiés par Cl. Perroud, s.d.

Cabanis, *Journal de la maladie et de la mort d'Honoré-Gabriel Riquetti Mirabeau,* 1791 (in *Œuvres* de Cabanis, 1823).

Cabasse, *Essai historique sur le parlement de Provence jusqu'en 1790,* 1826.

Carré H., *La Noblesse et l'Opinion publique au XVIIIe siècle,* Champion, 1920.

Casanova, *Mémoires,* NRF, Bibliothèque La Pléiade, 1958.

Caste L. « Le mariage de Mirabeau », *Provincia,* 1931, p. 246.

Castries duc de, *Mirabeau ou l'échec du destin,* Fayard, 1960.

Chateaubriand F.-R. de, *Mémoires d'outre-tombe*, Flammarion, 1964.

Chaussinand-Nogaret G. *La Noblesse au XVIIIe siècle. De la féodalité aux lumières*, Hachette, 1976.

Chevallier J.-J., *Barnave ou les deux faces de la Révolution*, 1936 ; rééd. Presses universitaires de Grenoble, 1979.
—, *Mirabeau, un grand destin manqué*, 1947.

Cochin A., *Les Sociétés de pensée et la Démocratie moderne*, Copernic, 1978.

Correspondance entre le comte de Mirabeau et le comte de La Marck pendant les années 1789, 1790, 1791 ; publiée par A. de Bacourt, 1851 (contient les notes secrètes de Mirabeau à la cour).

Courrier de Provence.

Desmoulins C., *Correspondance inédite*, publiée par Matton, 1836.

Dumont É., *Souvenirs sur Mirabeau*, 1832, et édition Bénétruy, 1950.

Duquesnoy A., *Journal*, 1894.

Égret J., « La prérévolution en Provence », *Annales historiques de la Révolution française*, 1954.

Emmanuelli F.-X., *Provence royale et Vie régionale en Provence au déclin de la monarchie*, Université de Lille — III, 1974.

Ferrières marquis de, *Correspondance inédite* publiée par H. Carré, 1932.
—, *Mémoires,* publiés par Berville et Barrière, 1821.

Furet F. et Ozouf M., « Mably et Boulainvilliers : deux légitimations historiques de la société française au XVIIIe siècle », *Annales ESC,* 1979.

Guibal G., *Mirabeau et la Provence en 1789*, 1887.

Hugo V., *Études sur Mirabeau*, 1834.

Ilovaïsky O., *Recueil de documents relatifs aux séances des États généraux.* II. *Les Séances de la noblesse,* CNRS, 1974.

Journal du parlement, Bibliothèque Méjanes à Aix, manuscrit 1037.

La Fayette G. Motier, marquis de, *Mémoires, correspondance et manuscrits du général La Fayette,* publiés par sa famille, 1837.

Lameth A. de, *Histoire de l'Assemblée constituante,* 1829.

Lefebvre G., *Recueil de documents relatifs aux États généraux*. I. *Les Préliminaires*. 1. *La séance du 5 mai*, CNRS, 1953 ; 2. *La séance du 23 juin*, CNRS, 1962.

Lemay E., « La composition du Tiers État de l'Assemblée nationale constituante : les hommes de la continuité », *Revue d'histoire moderne et contemporaine*, 1977.

Lettres amicales de Mirabeau à M. Mauvillon, Brunswick, 1794.

Loménie L. de, *Les Mirabeau, nouvelles études sur la société française au XVIIIe siècle*, 1879-1891.

Lourde C., *Histoire de la Révolution à Marseille et en Provence*, 1838.

Malouet P.-V., *Mémoires*, 1874.

Marion M., *Histoire financière de la France*, 1927.

Le Marquis de Sade, Société des études robespierristes, Centre aixois d'études et de recherches sur le XVIIIe siècle, 1968.

Masson P., *La Provence au XVIIIe siècle*, 1836.

Mémoires biographiques, littéraires et politiques de Mirabeau, écrits par lui-même, par son père, son oncle et son fils adoptif (*Lucas de Montigny*), 1835-1841, 8 vol.

Meunier Dauphin, *Louise de Mirabeau, marquise de Cabris*, 1914.
—, *La Comtesse de Mirabeau*, 1908.

Michelet J., *Histoire de France. La Révolution*, Rencontre, 1967.

Michon G., *Essai sur l'histoire du parti feuillant : A. Duport*, 1929.

Les Mirabeau et leur temps, Société des études robespierristes, Centre aixois d'études et de recherches sur le XVIIIe siècle, 1968.

Nagy P., *Libertinage et Révolution*, Gallimard, 1975.

Peuchet, *Mémoires sur Mirabeau et son époque*, 1824.

Portalis, « Mes souvenirs politiques », *Séances et travaux de l'Académie des sciences morales et politiques*, XLVIII.

Révolutions de France et de Brabant.

Reynald H., *Mirabeau et la Constituante*, 1873.

Ribbe C. de, *Pascalis et la fin de la constitution provençale*, 1854.

Rolland Armande, *Mes souvenirs sur Mirabeau*, 1869.

Staël G. de, *Considérations sur la Révolution française*, 1818.

Starobinski J., *L'Invention de la liberté*, Skira, 1964.

Stern A., *Das Leben Mirabeaus*, 1889.

Teissier O., *Le Comte de Valbelle*, 1890.

Tisserand E., *Histoire de Vence*, 1860.

Vallentin A., *Mirabeau avant la Révolution*, Grasset, 1946.
—, *Mirabeau dans la Révolution*, Grasset, 1947.

Viguier J., *Les Débuts de la Révolution en Provence*, 1845.
—, *La Convocation des États généraux en Provence*, 1846.

Welschinger, *La Mission secrète de Mirabeau à Berlin*, 1900.

Index

Table

IMPRIMERIE BUSSIÈRE À SAINT-AMAND
D. L. FÉVRIER 1984. Nº 6734 (2809)

Collection Points

SÉRIE BIOGRAPHIE

Collection Points

Nouvelle histoire de la France contemporaine